播音主持入门训练丛书

普通话口语训练教程

(第2版)

PUTONGHUA KOUYU XUNLIAN JIAOCHENG

李秀然／编著

中国传媒大学出版社
·北京·

目 录

绪论 /1

第一章 语音训练 /12
第一节 普通话语音常识 /12
第二节 声母训练 /22
第三节 韵母训练 /35
第四节 声调训练 /51

第二章 音变训练 /60
第一节 轻声训练 /60
第二节 儿化训练 /75
第三节 变调训练 /80

第三章 朗读训练 /87
第一节 普通话朗读的基本要求 /87
第二节 普通话朗读的技巧 /90
第三节 普通话朗读作品分析 /103

第四章 说话训练 /165
第一节 说话训练的基本要求 /165
第二节 说话训练的技巧 /167
第三节 说话训练的途径 /170
第四节 说话训练的提纲和范文 /186

第五章 普通话水平测试应试训练 /215
第一节 普通话水平测试概述 /215
第二节 计算机辅助普通话水平测试 /240
第三节 临测紧张心理调控对策 /251

参考文献 /256

前 言

普通话是全国通用的语言,是信息时代重要的交际工具,"学好语言是学好一切的根本"(吕叔湘),大力推广、积极普及普通话是现阶段语言文字工作的首要任务。普通话水平测试是国家级考试,1994年10月,国家语委、国家教委和广电部联合发布了《关于开展普通话水平测试工作的决定》,并颁布了《普通话水平测试等级标准(试行)》,把普通话水平划分为三级六等,规定从1995年起在教师、播音员、节目主持人等岗位逐步实行持普通话等级证书上岗制度,普通话水平测试工作正式启动。1998年国家语委再次审订普通话水平测试标准,制定了《普通话水平测试大纲》,使普通话培训测试工作更加规范。2000年10月31日,全国人大又审议通过了《国家通用语言文字法》,其十九条中明确规定:"凡是以普通话作为工作语言的岗位,其工作人员应当具备说普通话的能力。以普通话作为工作语言的播音员、节目主持人和影视话剧演员、教师、国家机关工作人员的普通话水平,应当分别达到国家规定的等级标准;对尚未达到国家规定的普通话等级标准的,分情况进行培训。"各行业据此制定了相应的标准,"普通话水平测试等级证书"成为学生就业必备的"通行证"。全国大中专院校纷纷组建测试机构积极开展普通话培训测试工作,特别是2008年以来随着"国家普通话水平智能测试系统"的研发推广,运用计算机辅助普通话测试使测试更客观规范、高效便捷,一定程度上加大了"推普"力度。同时,伴随着测试工作的深入,普通话水平测试的内容和要求有了大幅度的调整,出题范围有了较大变化,许多省份统一调整为国家级测试内容,原来的培训教材已不能适应现阶段普通话水平测试的需要。为了使普通话培训更有针对性,以适应测试试题范围变化,适应计算机辅助普通话测试要求,适应不断变化的就业市场需求,我们依据《普通话水平测试大纲》,在多年校本教材的基础上编写了这本书。此书理论阐释科学、资料翔实,有一定的针对性、实用性,可作为播音主持、公共服务行业和窗口行业普通话培训测试的教材,也可用作普通话口语学习和教学的参考书。

本书共五章,绪论部分从我国"推普"历程谈到普通话的确立,由方言区划认识到"推普"的意义,而后介绍了学习普通话的方法。第一至四章以普通话基础训练为主,分"语音训练""音变训练""朗读训练""说话训练"四个板块,从声韵调、语流音变、口语规范表达入手,整理了编者多年来在普通话口语教学中积累的资料,根据十余年参加各级普通话培训测试工作的经验,针对学生学习中的难点、弱点,精心设计训练内容。在第一、二章增加了误读词、易错词、诗词朗诵训练;在第三章设计了朗读指导内容,帮助学生更好地理解作品;在第四章循序渐进地介绍了说话训练的方法、步骤,配置了大量的训练素材,整理了说话提纲、说话范文,以期提高普通话培训的实效性,达到"以测促学"的效果;第五章"普通话水平测试应试训练"部分介绍了普通话水平测试概况,以期使学生了解测试的性质、对象、等级及范围;为了使学生适应计算机辅助测试要求,本书还介绍了计算机辅助测试流程、规则等内容;除"普通话水平测试""计算机辅助普通话水平测试"两个板块外,又增加了大量模拟试题、应考技巧辅导,对提高普通话测试成绩具有针对性和实效性。人才培养要有精品意识,根据学生求职就业需要,本书还融入了语音发声和口才训练的相关知识,不仅是对普通话规范表达能力的延伸,还美化了学生语音,锻炼了学生的口语表达,有利于全面提高学生的综合素质。

本书第二版由李秀然执笔编著,李媛媛、吴明达、羊文初、祁延洁、段亚琳参与了第二版的修改工作。在编修过程中,还得到了赵矿英、梁宝琴等领导、同事的帮助与支持,参阅了专家学者和兄弟院校的论述和资料,因体例因素未能一一注明,在此深表感谢。由于时间紧,任务重,本书难免有疏漏之处,望同仁积极提出建议,以便改进。

编者
2017年2月

绪 论

一、普通话概述

(一) 汉语方言分区

我国是多民族、多语言、多方言的大国,56 个民族共有 80 多种彼此不能通话的语言和地区方言,它们分别属于汉藏语系(如汉语、藏语、景颇语、彝语、苗语、壮语等)、阿尔泰语系(如蒙古语、维吾尔语、哈萨克语等)、南岛语系(如台湾高山语)、南亚语系(如云南佤语等)、印欧语系(如俄罗斯语、塔吉克语等)。其中使用汉语的人数最多,除了汉族,还有满族、回族、土家族等少数民族中的大部分人。汉语是世界上使用人数最多的语言。大多数语言都有方言的差别,汉语的方言种类多、差异大,分歧十分严重。

方言就是人们常说的"地方话",指同一种语言因语音、词汇和语法等方面的差异而在不同地区形成的地域分支或变体。汉语方言自然是相对于普通话来说的。普通话通行于全国,是国家通用语言;方言通行于某几个省、某个省或者更小的一个地区,是局部地方的通用语言。普通话为全体汉族人民乃至整个中华民族服务,而方言只能为局部地方的人民服务。从组成语言的要素(语音、词汇、语法)来看,方言之间、方言和普通话之间"同中有异,异中有同",它们之间是兄弟姊妹的关系,都是同一古老语言历史发展和分化的结果。

2012 年,《中国语言地图集》(第 2 版)把使用现代汉语方言的 12.0669 亿人分为官话、晋语、吴语、徽语、赣语、湘语、闽语、粤语、平话和土语、客家话十大区域:[①]

[①] 汉语方言"十区说"的依据是商务印书馆出版的,由中国社会科学院语言研究所、中国社会科学院民族学与人类学研究所、香港城市大学语言资讯科学研究中心合作编制的《中国语言地图集》(第二版)中文版(由李荣、熊正辉、张振兴主编)。黄伯荣、廖序东主编的《现代汉语》(高等教育出版社 2002 年第三版)认为,现代汉语方言分为北方方言、吴方言、湘方言、赣方言、客家方言、闽方言、粤方言七个方言区,而晋语、徽语、平话不应"升格独立"。

表 0-1 现代汉语方言区划

方言区划	方言	地域分布	代表话	使用人口(万)
官话区	北方话	北起黑龙江南至云南,从山东、江苏到新疆大部分说汉语的区域	北京话	79858
晋语区	山西话	山西省及毗连的河北、河南、陕西、内蒙古地区有入声的方言区	太原话	6305
吴语区	江浙话	江苏省的江南地区和浙江省大部	上海话	7379
徽语区	徽语	新安江流域的旧徽州府、浙江旧严州府及江西东北部数县市	屯溪话	330
赣语区	江西话	江西省和福建省西北部,湖南省的东部以及湖北省的东南部	南昌话	4800
湘语区	湖南话	湖南省大部	长沙话	3637
闽语区	闽南话 闽东话 闽北话 闽中话	福建省大部,广东省东部的潮汕地区和西部的雷州半岛,海南省、台湾省大部,浙江省南部,莆田仙游片以莆田话为代表	厦门话 福州话 建瓯话 永安话	7500
粤语区	广东话 白话	广东省大部,广西壮族自治区的东南部,港澳地区和北美华人社区	广州话	5882
平话和土语区	桂南、北平话和湘粤桂土话	广西南、北各地,湖南与广西毗连的十多个县,云南省富宁县等;湖南湘南土话、广东韶州土话、广西贺州土话	桂林话	778
客家话区	客家话	广东省东北部,福建省西北部,江西省与湖北、广东、福建接壤的地区,以及四川、广西和台湾个别地区	梅州话	4220

这十大方言中,以官话和晋语为主的北方话分布最广,使用人口占汉语人口的70%左右,其余八大方言的使用人口总和约占汉语人口的30%。

十大方言是现代汉语方言的粗略划分,实际上的方言情况还要复杂得多。其中,南方方言内部差异最大,不但北方人听不懂广东人、福建人说话,就连广东省内部的广州人、梅州人和汕头人之间,福建省内部的福州人、莆田人、厦门人之间也互相听不懂对方的话。方言最复杂的福建省大田县就有五种互相难以通话的小方言。类似情况在南方方言区的各个省份都很常见。

北方方言内部差异较小,主要差异是语音,语音的主要差异体现为每个声调的调值不同。调值是各地方言面貌的决定性因素之一,因此也是区分北方方言各地差异的主要标志之一。同南方方言比起来,北方方言内部的一致性很强,所以东北的黑龙江人同西南的云贵人交谈,可以互相听懂对方的大概意思,保证最基本的交流需要。北方农村自古流行一句谚语:"从南京到北京,人生话不生。"就是说北京话是北京官话,南京话属江淮官话,都属于官话这个北方话的大方言区,使用的人互相可以听得懂。

十大方言中官话区内部又分八个区:北京官话、东北官话、胶辽官话、冀鲁官话、中原官话、兰银官话、西南官话、江淮官话。

表 0-2 官话内部次方言区划

次方言名称	地域分布	使用人口(万)
北京官话区	北京 14 区 2 县,河北 13 县,天津 1 县,辽宁 6 县,内蒙古 4 县市旗,新疆 11 市县	2676
东北官话区	黑龙江、吉林全省,辽宁大部分市县,内蒙古 10 市县旗	9802
胶辽官话区	山东半岛烟台、威海、青岛、潍坊、临沂部分地区 30 市县,辽东半岛大连、丹东、营口 14 市县	3495
冀鲁官话区	河北 105 市县,山东济南、德州、淄博、聊城 52 市县,天津 5 市县,北京平谷区,山西广灵县	8942
中原官话区	江苏北部 10 市县,安徽 37 市县,山东 31 市县(菏泽、济宁、枣庄、临沂),河南 98 市县,陕西(关中)72 市县,甘肃 49 市县,新疆 44 市县,山西 28 市县,宁夏 6 市县,青海 13 市县,河北 2 市县	18648
兰银官话区	甘肃 21 市县,宁夏 13 市县,新疆 22 市县	1690
西南官话区	四川 156 市县,云南 126 市县,贵州 83 市县,湖北 47 市县,湖南 37 市县,广西 56 市县,陕西 9 市县,江西 9 市县,甘肃 1 县	26000
江淮官话区	安徽、江苏、湖北三省长江以北沿江地带,江苏长江南岸南京、镇江、浙江、江西部分地区	8605

《中国语言地图集》(第 2 版)对现代汉语方言采用最多的是五个层次的分类,依次为:大区—区—片—小片—点,并较详细地画出了各个层次的地理分布范围。比如位于华北的冀鲁官话区,分布着京、津、冀、鲁、晋五省市 162 个县市区,8942.5 万人口,分为三个片,含十三个小片。值得注意的是,方言区划不等同于行政区划。以毗邻京津的河北省为例,见于河北省的方言就有官话和晋语两种,官话内部的次方言有北京官话、冀鲁官话、中原官话三种。其中晋语、北京官话、中原官话都与毗邻省市的行政区划不等同,因此不能简单地以所属的行政区划来判断其方言类别,否则会使普通话的学习走弯路。

表 0-3 河北省行政区划与方言区划对比分析

方言类别	地域分布	数量
晋语	西部毗邻太行山的邯郸、邢台 13 个市县,石家庄赞皇等 5 个市县,张家口宣化等 13 个市县	31 个市县
北京官话	保定涿州、廊坊 5 个市县,承德 7 个市县	13 个市县
冀鲁官话	保定、唐山 55 个市县,石家庄、邢台 43 个市县,沧州、衡水 17 个市县	105 个市县
中原官话	邯郸市的大名、魏县	2 个县

(二)汉民族共同语的形成

汉民族的共同语经历了从雅言、通语、天下通语到官话、国语、普通话的漫长历程。

1. 春秋战国时期的"雅言"

中国自古以来就是一个地域辽阔的大国,有记载的方言分歧早在春秋战国时期就已经存在而且相当严重了。所以,汉语自古以来就既有方言,同时也有共同语言。根据历史记载,春秋时期汉民族的共同语叫"雅言","雅言"以洛阳雅言为标准。记载孔子言行的《论语》里说:"子所雅言,诗、书、执礼,皆雅言也。"可见孔子在诵读《诗经》《尚书》和主持典礼的时候,都是使用通行的"雅言",而不是自己的家乡话鲁国方言。

2. 汉代的"通语"

在汉代,共同语有了进一步的发展,当时人们把共同语叫做"通语",各地讲不同方言的人可以用"通语"进行交流。从周朝到秦朝,王室每年秋天都要派官员到全国各地去搜集地方歌谣和方言,集中保存在朝廷的"密室"(档案室)里,可见当时的统治者是十分重视方言的,可惜这些宝贵的资料在秦末战乱时全部散失了。西汉末年,著名文学家扬雄见到一些残存的资料,就以这些资料为基础,向全国各地来长安的人做广泛的方言调查,用了27年的时间编成了《方言》一书,这本书记载了大量的方言词语,并对其一一加以解释。《方言》多次使用"通语""凡语"这些词,证明早在两千多年前就有共同语与方言并存,并且从秦汉开始,黄河沿岸的中原人陆续向南方迁移,把河洛古语带到了南方。

3. 魏晋至宋代的"天下通语"

从魏晋六朝历经隋唐五代到宋朝,是"天下通语"阶段。虽然没有出现新的类似"通语""凡语"这样的共同语的新名称,但是汉代以后至宋代产生了大量供写作诗词韵文使用的韵书,而且不管原作者的籍贯是哪里,他们在音韵格律上倒是高度一致,因此我们也能断定唐宋时期仍然存在着一种能跨越方言障碍的"天下通语"。比较著名的韵书有魏·李登的《声类》、晋·吕静的《韵集》、梁·沈约的《四声谱》、隋·陆法言的《切韵》、唐·孙愐的《唐韵》、宋·陈彭年等人的《广韵》、宋·丘雍等人的《韵略》等。韵书的作用是正音。以何为正?当然是通行天下的共同语,绝不会是一方之言。

今天我们用普通话诵读唐诗宋词,觉得大多数作品在音韵上都是很美的,只有少部分作品好像押韵不太严格,有的平仄有点问题,是不是唐宋的诗人们不太注意诗词格律呢?其实不是。因为古代至现代,语音变化很大,例如古代的入声字在今天的普通话里都被分别派入阴阳上去四声了,声母、韵母都有不小的变化。唐宋诗人们用的是他们那个时代的音韵。比如隋朝统一中国后定都长安,编著《切韵》,音系以洛阳话和建康话为主。唐代在《切韵》的基础上,制定《唐韵》作为唐朝标准音,规定官员和科举考试必须使用唐韵。宋代在《唐韵》的基础上,制定了《广韵》。

4. 从元代的"天下通语"到明清的"官话"

元明清以来的800多年,北京大多时间是首都,所以中古以后的共同语有了较大的变化。普通话就是由元代以后的共同语发展而来的。

元代定都在大都,就是今天的北京。元代朝廷规定学校教学要使用以大都语音为标准的"天下通语"。元代周德清的《中原音韵》是根据元杂剧的用韵编写的,书中归纳的语音(声母、韵母、声调)系统已经相当接近今天的北京话。"中原",原指长安、洛阳一带,这时的中原已经扩大到以大都为中心的广大北方地区了。这样,中国北方的方言有朝着大都话靠拢的趋势。

明清两代的共同语称作"官话"。明代初年,明太祖朱元璋担心读书人"拘于方言,无以达于上下"(使用方言不利于上下级沟通),命人编纂《洪武正韵》并颁行天下,这是官定的以北京语音为标准音的语音标准。"官话"的名称出现在明代中叶。"官话"名称的出现标志着现代汉民族共同语的早期形式初步形成。清代雍正帝在1728年颁布了历史上第一个推广普通话的官方文件,规定将以北京话为基础的"官话"作为标准音,并在广东、福建两省各地设立"正音书院""正音蒙馆"(相当于现在的普通话培训班),向读书求官者进行官话培训。当时甚至还有"举人生员贡生不谙官话者不准送试"的规定。当时的北京话是在元大都旧北平话的基础上,和移居北京的南京移民的南京话融合后形成的,到清代又受到满语的影响。

5. 近现代的"国语运动"

"国语运动"的萌芽阶段可以上溯到19世纪末。1909年,资政院议员江谦正式提出把官话定名为"国语",临危的清政府不得不采纳了这个建议。第一个提出统一全国语音的人是中国语文现代化的先驱——卢戆章。卢戆章是创制汉语的字母式拼音方案的第一个中国人。尽管最初卢戆章统一全国语音的主张是以南京话为语音标准,但他毕竟是"语同音"的首倡者,为日后他人主张推广国语(普通话)提供了重要的启迪。天津人王照创制了以官话为标准音、专门拼写"北人俗语"的"官话合声字母",主张以"京话"为共同语。可以说,主张汉民族共同语以北京语音为标准音,以北方话为基础方言的,王照是第一人。

中华民国成立的当年,民国政府的临时教育会议就肯定了"国语"这个名称,并决定在全国范围内推行国语。第二年又召开了有各省代表出席的"读音统一会"。会上各省代表争论激烈,焦点在推广国语(官话)的语音标准上。1920年,"国语"推行不到两年就爆发了一场当时名为"京国之争"(指京音和国音)的大辩论。支持国音和支持京音的分成两派。国音是"以京音为主,兼顾南北",京音是"纯以北京话为标准"。最后决定以北京语音为"基础",同时吸收其他方言的语音特点,如区分尖团音和保留入声。1924年,国语统一筹备会对难以推行的老国音和注音字母重新修订,由于白话文运动已经取得全面胜利,会议顺利地放弃了人造的老国音,确立以北京语音为标准音,剔除了入声,为国语运动和后来的推广普通话工作作出了重要贡献。1928年北伐成功后的国民政府把"国语统一筹备会"改名为"国语统一筹备委员会",聘请知名学者和语言学家负责国语规范标准的制定和国语推行工作,国语运动从此正式成为政府行为。国语运动培养了大批国语师资骨干,出版了国音字典、国语词典、国语留声唱片,取得了大量学术研究成果,发表了许多宣传国语的文章,为国语(普通话)在全国的推广积累了丰富的经验,筑造了坚实的基础。1932年,根据新国音编纂的《国音常用字汇》由国民政府教育部公布,在《字汇》的序言中又对国音以北京音为标准的含义做了进一步的说明:"所谓以现代的北平音为标准音者,系指'现代的北平音系'而言,并非必字字尊其土音。"

6. "普通话"的确立

"普通话"这个词早在清末就出现了。1902年,学者吴汝纶去日本考察,日本人曾向他建议中国应该推行国语教育来统一语言,在谈话中就曾提到"普通话"这一名称。1904年,近代女革命家秋瑾留学日本时,曾与留日学生组织了一个"演说联系会",拟定了一份简章,在这份简章中就出现了"普通话"的名称。1906年,研究切音字的学者朱文熊在《江苏新字母》一书中把汉语分为"国文"(文言文)、"普通话"和"俗语"(方言),他不仅提出了"普通话"的名称,而且明确地给"普通话"下了定义:"各省通行之话"。所以,近代的"普通话"一词,是朱文熊于1906年首次提出的。20世纪30年代,瞿秋白在《鬼门关以外的战争》一文中提出,"文学革命的任务,绝不止于创造出一些新式的诗歌小说和戏剧,它应当替中国建立现代的普通话的文腔。""现代普通话的新中国文,应当是习惯上中国各地方共同使用的,现代'人话'的,多音节的,有结尾的……"他还曾提出"普通话"的说法,并与茅盾就普通话的实际所指展开论争。经"五四"以来的白话文运动、大众语运动和国语运动,北京语音的地位得到确立并巩固下来。

1949年新中国成立以后,为了发展新中国的文化教育,推广民族共同语同时克服方言分歧造成的隔阂是非常必要的。民族共同语在历史上曾经有好几个不同的名称,我们该如何取舍呢?我国是一个统一的多民族国家,各民族的语言文字一律平等,而民国时期的国语实际上是汉民族的共同语,而不是其他少数民族的共同语。为了突出我们是一个多民族的大家庭,尊重兄弟民族语言文字的平等,避免"国语"这个名称被误解为把汉语凌驾于国内其他民族之上,学者们经过深入研究最后决定称这种共同语为普通话。

1955年10月15日至23日,全国文字改革会议在北京举行,会议的任务是表决《汉字简化方案》和推广普通话的决议。会议由中国文字改革委员会和教育部联合召开,参加会议的代表来自全国28个省、市、自治区以及中央一级的文字改革、教育、科学、作协、外交、邮电、新闻、广播、出版、民委、总政、全总、青年团、妇联等部门,共207人,主要内容有汉字简化和普通话的确定。其中普通话的确定投票产生的,各种方言的票数是:

北京官话(以北方方言次方言北京官话为基础方言,以北京语音为标准音)52票。

西南官话(以北方方言次方言西南官话为基础方言,以成都语音为标准音)51票。

吴语(以吴语为基础方言,以苏州或上海语音为标准音)46票。

粤语(以粤语为基础方言,以广州语音为标准音)25票。

中原官话(以北方方言次方言中原官话为基础方言,以开封语音为标准音)7票。

冀鲁官话(以北方方言次方言冀鲁官话为基础方言,以济南语音为标准音)6票。

江淮官话(以北方方言次方言江淮官话为基础方言,以扬州语音为标准音)6票。

闽语(以闽语为基础方言,以福州或泉州语音为标准音)2票。

东北官话(以北方方言次方言东北官话为基础方言,以沈阳语音为标准音)1票。

西北官话(以北方方言次方言西北官话为基础方言,以兰州语音为标准音)0票。

胶辽官话(以北方方言次方言胶辽官话为基础方言,以旅顺、大连语音为标准音)0票。

晋语(以晋语为基础方言,以太原语音为标准音)0票。

客家语(以客家语为基础方言,以梅县语音为标准音)0票。

赣语(以赣语为基础方言,以南昌语音为标准音)0票。

湘语(以湘语为基础方言,以长沙语音为标准音)0票。

弃权11票。

总计207票。

1956年2月6日,国务院发布的《关于推广普通话的指示》(以下简称《指示》)中,对普通话的含义作了增补和完善,正式确定普通话"以北京语音为标准音,以北方话为基础方言,以典范的现代白话文著作为语法规范"。"普通话"一词开始以明确的内涵被广泛应用。这个《指示》可以说是新中国推广普通话历史上的第一个重要的里程碑。

1982年12月14日,第五届全国人民代表大会第五次会议通过了新的《中华人民共和国宪法》,其中第十九条规定"国家推广全国通用的普通话"。1994年10月,国家语言文字工作委员会(以下简称"国家语委")、国家教育委员会、广播电影电视部发布了《关于开展普通话水平测试的决定》,普通话水平测试工作从而逐步走向科学化、规范化与制度化。

2000年10月31日,第九届全国人民代表大会常务委员会第十八次会议通过了《中华人民共和国国家通用语言文字法》,其中第十九条明确规定:"以普通话作为工作语言的播音员、节目主持人和影视话剧演员、教师、国家机关工作人员的普通话水平,应当达到国家规定的等级标准;对尚未达到国家规定的普通话等级标准的,将分别对其进行培训。"这一规定将普通话确定为国家通用语言,从法律上确立了普通话的地位和作用。该法第二十四条还明确规定:"国务院语言文字部门颁布普通话等级标准。"普通话水平测试成为列入国家法律的名副其实的国家级考试,这些都使普通话的学习与使用成为时代和社会的必然要求。

(三)普通话的定义

普通话,即"现代标准汉语",是全国各民族通用的语言。

普通话是以北京语音为标准音,以北方话为基础方言,以典范的现代白话文著作为语法规范的现代汉民族共同语。

1956年2月6日,国务院发布的《关于推广普通话的指示》中,从语音、词汇、语法三个方面明确规定了普通话的标准,使得普通话的定义更为科学、周密。其中,"普通"二字的涵义是"普遍"和"共通"的意思。

1. 以北京语音为标准音

"以北京语音为标准音",指的是以北京话的语音系统为标准。

(1)普通话并不等于北京话

北京话仍有许多土音,比如:老北京人把连词"和(hé)"说成"hàn",把"告诉(gàosu)"说成"gàosong",这些土音,使其他方言区的人难以接受。另外,北京话里还有异读音现象,例如:"侵略"一词,有人念"qīnlüè",也有人念成"qīnluè";"附近"一词,有人念"fùjìn",也有人念成"fǔjìn",这也给普通话的推广带来许多困难。从1956年开始,国家对北京土话的字音进行了多次审订,制定了普通话的标准读音。因此,普通话的语音标准,当前应该以1985年公布的《普通话异读词审音表》以及最新版的《现代汉语词典》为规范。

(2)选择以北京语音为标准音的优势

第一是地域优势。北京自元代以来就是我国的政治、经济、文化中心,北京语音使用人口最多、传播最广、影响最大。

第二是语音自身的优势。北京语音具备简易性、音乐性的特点,与其他语音系统比较,更易学,便于接受和推广。而且,北京语音四声对比鲜明,无急促的入声,声调舒缓平稳;辅音中清音多,语音轻柔,清亮悦耳;轻声儿化丰富,重音变化多,语言表现力强。

2. 以北方话为基础方言

"以北方话为基础方言",指的是以广大北方话地区普遍通行的说法为准,同时也要从其他方言吸取所需要的词语。

一方面,"北方话"中的"北方"不是地理概念,而是指包括官话和晋语的方言分区。使用北方话的地域和人口均占全国的70%,并且北方话的词汇系统在各地的差异相对较小,适合作为普通话词汇的基础。

另一方面,普通话词汇"以北方话为基础方言",主要是规定了普通话词汇取词的基本范围。但北方话区域广阔,各地区在词语的使用上也有分歧,那些使用区域较小、过于土俗的词语是不能进入普通话的选择范围的,如陕西的"婆姨""娃儿"。而北京话中把"斥责"说成"呲儿",把"吝啬"说成"抠门儿",把"傍晚"说成"晚半晌",是源于契丹各地的土语,所以,普通话要选取北方话区域内通用的词语,舍弃土俗的词语。

北方方言词汇中那些表意新颖或表示某种特殊意义的词语容易为普通话所吸收,如"老财""老油子""哥儿们""装蒜"等。有的词语表达北方特有的事物,也容易为普通话所吸收,如"靰鞡"。

为了适应不同语言环境和多样化语体的需要,普通话还要从南方方言、古汉语、外来词和新造词中吸收新颖、形象、有生命力的词语来丰富自身。如产生、通行于南方方言区的"尴尬""把戏""垃圾""名堂""别扭""扯皮""噱头""搞"等词语,这些词语表达某种特殊的意义,而普通话中又没有相应的词可以替代,在书面语中经常出现,便被普通话所吸收。古汉语中的"君子""宗庙""擢升""磅礴""不一而足"等词语,新造词中的"离休""待业""股民""网虫"等词语,也丰富了普通话的词汇。有些外来词语有特殊的意义和表达力,普通话里没有相应的同义词,这样的词语可以吸收到普通话词汇中来。如音译的"沙发""吉普""幽默""可口可乐",音意兼译的"新西兰""浪漫主义""列宁主义",音译加意译的"啤酒""沙皇""芭蕾舞"等词早已加入了普通话词汇行列。

普通话所选择的词语,一般都是流行较广而且早就用于书面的词语。近年来,国家语委组织人力编写了《现代汉语规范词典》,对普通话词汇进一步作出规范。

3. 以典范的现代白话文著作为语法规范

"以典范的现代白话文著作为语法规范",指的是普通话的语法以鲁迅、茅盾、冰心、叶圣陶等人的著名现代白话作品为规范,并且还必须是这些现代白话文中的"一般的用例"。因为,"典范的现代白话文著作"中,并不每个词、每句话都是规范的。比如鲁迅的作品流传广、影响大,是"典范的现代白话文著作",但是鲁迅的文章也有使用绍兴方言的现象,还有一些半文半白、令人费解的特殊用例。鲁迅曾客观地评价自己作品的语言:"我的初期作品多少杂有一些古怪的字眼……我的白话好像小脚放大脚,所以这种白话是不纯洁不健康的!"所以,我们应以"典范的现代白话文著作"中的一般的用例作为普通话的语法规范,舍弃那些特殊的用例。

这个语法标准包括四个方面的意思:"典范"就是排除不典范的现代白话文著作作为语法规范;"白话文"就是排除文言文;"现代白话文"就是排除"五四"以前的早期白话文;"著作"就是指普通话的书面形式,它建立在口语的基础上,但又不等于一般的口语,而是经过加工、提炼的语言,语法规范程度比口语更高,并且以书面的形式存在,更利于人们学习和掌握。

一般说来,普通话语法规范要排除方言语法、古汉语语法和外国语法的影响,这是汉语语法稳固性、民族性的表现。但这些都是相对的,普通话语法也可以有选择地从古汉语、方言、外国语中吸收有生命力和表现力的语法形式。如"为……而……"的古汉语表达格式,读音上铿锵有力,表意上能够强调目的状语,因而被普通话吸收过来,构成"为祖国语言的纯洁和健康而努力""为实现中华民族的伟大复兴而奋斗"等一系列准确精练的句子。此外,南方方言语法中表现力强的句式也常常被普通话吸收。如粤语中语序为物宾在前、人宾在后的双宾句式,常出现在较为庄严的电函报道的标题和说明中,如"周恩来总理致电西哈努克亲王"。外语语法中一种多个并列成分与一个成分搭配的格式,能使语言表达得简洁而庄严,普通话也吸收了这种句式来增强语言的表现力,如"中国共产党和中国人民并没有被吓到、被征服,被杀绝""过去是、现在是、将来仍然是我们的朋友和同志"。

二、推广普通话的意义

普通话是现代汉民族共同语的口语形式,中国地域辽阔、人口众多,自古以来就有方言分歧。方言的存在给交流带来不便,产生隔阂,为了克服方言给交流带来的困难,就要有沟通各种方言的共同语存在。大力推广普通话,对于我们国家各个方面的发展具有重要的意义。

推广普通话是国家统一和民族团结的需要。一个国家、一个民族是否拥有统一、规范的语言,是关系到国家独立和民族凝聚力的、具有政治意义的大事。《中华人民共和国宪法》第十九条规定:"国家推广全国通用的普通话。"使用国家通用的语言文字,是每个公民应当履行的义务,也是公民具有国家意识、主权意识、法制意识、文明意识、现代意识的具体体现。我国是一个多民族、多方言的国家,推广、普及普通话有利于增进我国各民族的交流与往来,增强中华民族的凝聚力,而且有利于我国在国际社会中的影响。

推广普通话是加强素质教育的需要。语言文字是思维表达的工具,文化知识的载体和交际能力的依托,因而是素质构成与发展的基础,是文化建设的必要条件。著名语言学家吕叔湘先生曾说:"学好语文是学好一切的根本。"特别是到了今天的信息时代,语言文字规范更是掌握计算机语言的必要前提。对于任何学段、任何专业的学生来说,能说流畅的普通话,具有较强的语言文字能力和计算机操作能力,在求学、求职和事业竞争中才能处于优势地位。推广普通话是各级各类学校素质教育的重要内容,它有利于贯彻教育面向现代化、面向世界、面向未来的战略方针,有利于弘扬祖国优秀的传统文化和爱国主义精神,加强社会主义精神文明建设。语言文明是人的素质最直接的体现。努力提高人们的语言道德意识,进行语言行为的道德规范,加强语言文明的建设,是社会主义精神文明和国民素质教育的重要内容。一个人文化素养的高低在很大程度上取决于自身语言文字的修养。使用纯洁、健康的语言文字是个人修养很重要的一部分。

普通话是以汉语授课的各级各类学校的教学语言,是以汉语为表达形式的各级广播电台、电视台的规范语言,是汉语电影、电视剧、话剧必须使用的规范语言,是我国党政机关、团体、企事业单位干部在公务活动中必须使用的工作语言,是不同的方言区以及国内不同民族之间人们的通用语言。大力推广、积极普及全国通用的普通话,既是当前经济建设、文化建设和社会发展的迫切需求,也是各族人民的热切愿望,符合全国人民的根本利益。

首先,从语言文字同社会的关系上看,政治、经济、文化、科技、教育等是基本的社会形态,而语言文字是人类社会最重要的交际工具和信息载体,它无处不在,随时随地为社会服务。因此,一方面,社会上语言文字的应用水平受经济、文化、科技、教育的制约;另一方面,语言文字的应用水平又对社会发展起着促进作用或限制作用。拿语言文字规范化、标准化工作来说,它是社会变革的反映,又是社会前进和发展的基础工程及先导工程,对各社会形态都能起到促进发展的作用。在政治上,它有利于维护国家的主权和尊严,有利于民族团结,有利于政令畅通;在经济上,它有利于全国统一大市场的形成,消除方言隔阂,促进市场经济的健康发展和不断完善、繁荣;在文化上,它有利于继承和弘扬民族传统文化,增强民族凝聚力;在科技上,它直接促进了计算机、通讯等信息产业的发展,并影响到其他一切高新技术的应用推广;在教育上,它有利于培养高素质人才,为社会发展和进步提供必要的人力资源……所以,语言文字工作不仅应该跟社会发展同步,而且更应先行。

其次,从新中国成立以来的实践及当今的建设任务和宏伟目标来看,我国推广普通话、推行《汉语拼音方案》和简化汉字的工作大大促进了全国经济发展、民族团结、文化教育提高,也为中文信息处理以及其他高新科学技术的应用推广做了前瞻性准备。特别是汉语拼音的推广使用,大大提前了人们开始阅读文章的年龄段,这是多出人才、快出人才、赶超世界先进水平的有力举措。为了获得经济效益,人们自觉使用各种高效的信息化手段和工具,对计算机处理中文信息的效能提出越来越高的要求,这些又都需要人们提高语言文字规范化方面的素质。当劳动者提高了包括语言文字规范化、标准化能力在内的素质,就能在市场经济的风浪中沉稳应战、开拓前进。

再次,从中国文化对世界的重要性来看,中国是文明古国,又对当今世界的和平发展发挥着越来越重要的作用。汉语是联合国规定的六种工作语言之一。联合国文件的中文文本用的是包括简化字在内的规范汉字。改革开放以来,我国综合国力迅速增强,与世界各国的经济往来和文化、教育、科技交流不断扩展和增多,中国文化对世界的吸引力和影响力也越来越大。语言文字是文化的载体,因此,促进汉语汉字的规范化、标准化,提高它们的规范化、标准化水平,不仅是中国人民的愿望,也是世界人民的要求。

三、怎样学好普通话

要想学好普通话,必须得有决心和勇气,还得有学习方法。

第一,得过"面子关"。

特别是成年人学说普通话,不能因为怕别人笑话、碍于面子而不敢开口。要敢于开口说第一句普通话,一开始可能说得磕磕巴巴,但只要坚持说,就会从不熟练到流利,最后说一口纯正漂亮的普通话。

第二,要讲究学习方法。

普通话的学习包括普通话的语音、词汇、语法三方面内容。以河北方言为例,其与普通话的语法差别很小,词汇差别虽然较大,但凡是有文化的人都会使用普通话的常用词汇,因此,学习普通话的重点和难点都在语音上。这里我们主要谈成年人学习语音的方法。

首先，掌握普通话语音的基本知识。成年人学习语音时，不能像小孩那样单纯靠模仿。因为成年人的语音习惯较深，发音器官也不如小孩灵活，但是成年人的理解能力强，只要掌握了理论知识，经过训练，就可以把不自觉的发音动作变成自觉的发音动作。学习语音的基本知识，可以扬长避短，事半功倍地掌握普通话的语音系统。

其次，学好《汉语拼音方案》。《汉语拼音方案》是推广普通话的有效工具，这套记音符号可以有效地帮助学习者矫正读音。掌握《汉语拼音方案》，可以了解北京语音声韵的结合情况，也便于找到跟自己方音的对应规律；可以利用拼音查字典，用字典上的普通话读音纠正自己的方言读音；可以阅读拼音读物，练习普通话；可以拼写普通话，检查自己的普通话读音。

再次，积极掌握和自觉利用语音对应规律。方言和普通话之间的差异往往有比较整齐的对应规律，掌握对应规律后，可以成批地记忆常用字的读音，比逐字记音的效率高得多。

最后，苦练发音、听音、辨音的基本功，有意识地多听多练。普通话是口耳之学，一般来说，凡是自己的方言中有的音，就容易听得清、发得准，而自己的方言中没有的音，就不容易听得清、发得准。因此，必须反复听辨那些自己方言中没有的音，经过多次练习，才能纠正方音。同时还要掌握普通话的音变、轻声、儿化及语调，我们说话时是一句句地连续发音，许多字音会受上下字的影响发生读音变化，语调也会因思想感情和语言环境的不同而有所不同，否则即使声韵调都正确，听起来还是不像地道的普通话。这就要求我们在日常生活中要有意识地多听多模仿，学会"活"的普通话。收听电台广播、电视播音，练习朗读和演讲，和周围普通话说得好的同学交谈，都是学好普通话的有效手段。

【作业】

1. 什么是普通话？
2. 我国十大方言区有哪些？
3. 官话区分为哪八区？
4. 你来自哪个方言区？你的发音与普通话相比有哪些差异？该如何纠正？（请从声韵调、音变、词汇、语法方面分析）
5. 有关普通话的法律条文有哪些？
6. 在现今时代推广普通话有何意义？
7. 请结合所学专业和自身情况谈谈学习普通话的重要性。
8. 请为"推广普通话周"拟出宣传标语。

第一章 语音训练

第一节 普通话语音常识

语音是语言的物质外壳,是由人的发音器官发出的能够表示一定意义的声音。普通话以北京语音为标准音。普通话语音系统主要包括声母、韵母、声调、音节,以及变调、轻声、儿化、语调等。

一、语音的性质

语音同自然界其他声音一样,产生于物体的振动,具有物理属性;同时,语音是由人的发音器官发出的,还具有生理属性;更重要的是,语音要表达一定的意义,用什么样的语音形式来表达什么样的意义,不是由个人决定的,而是由使用该语言的全体社会成员约定俗成的,这就是语音的社会属性。社会属性是语音的本质属性。

(一)语音的物理属性

语音同其他声音一样,也是因发音体震动周围的空气或其他介质而形成的一种物理现象,具有音高、音强、音长、音色四种要素。

1. 音高

音高指的是声音的高低,它取决于发音体振动的快慢频率。

人的声带不会完全相同。一般说来,成年男性的声带长而厚,所以声音低;成年女性的声带短而薄,所以声音高。老年人一般声音低,小孩子声音高,也是同一道理。这种高低,语音学称之为绝对音高。

语音学把人们交际中区别意义的音高称为相对音高,它是指一个人在一定时间、一定心情状态下的一段语流中声音高低升降的变化形式和幅度。所以,语音的音高不仅因声带的长短、薄厚不同而不同,还与声带的松紧控制有关:声带拉紧时发出的音高些,声带放松时发出的音低些。普通话的声调、句调等主要是音高的变化形成的。

2. 音强

音强指声音的强弱,是由发音时气流冲击声带力量的强弱来决定的。说话时用力大,声音大;用力小,声音小。

音强在普通话中的突出表现是轻声和变调。词语中的轻重音主要是由于音强的不同而形成的。

3. 音长

音长是声音的长短,由发音持续时间的长短决定。持续时间长,声音就长,反之则短。

音长在普通话中也表现为轻声和变调,在语句感情表达上有一定作用。

4. 音色

音色又叫音质,指的是声音的特色,是由音波颤动的形式决定的。普通话里各个不同的声母和韵母都是源于音色的差异。音色是用来区别意义的最重要的要素。

造成音色不同的条件主要有以下三种:

第一,发音体不同。例如,长笛和小号的发音体不同,音色也不同。同样,我们可以听出甲乙两人说同一句话时的音质不同,这是由于两个人的声带等发音体不一样。

第二,发音方法不同。例如,同一把提琴发音,用弓拉和用指弹,音色就不同。语音中 g 和 h 的音色不同,是由于前者用爆破方式发音,后者用摩擦方式发音。

第三,共鸣器形状不同。例如,把同一根琴弦安在二胡和安在板胡上,拉出的音色是不同的。语音中,各元音音色的不同,如 a、e 和 i 的不同音色,就是由发音时口腔这个共鸣器形状的改变造成的。

在实际语言里,语音是音高、音强、音长、音色的统一体,它们互相影响。

(二)语音的生理属性

物体振动产生声音,语音是由人的发音器官发出来的。人的发音器官可以分成三大部分:

1. 动力部分

即呼吸器官,包括气管和肺,它们主要提供发音的动力——气流。发音体要振动,必须有力的作用,那么人要发音,也首先必须有"动力",这个动力就来自肺和气管。肺是一个海绵体组织,在腹肌的作用下产生呼吸气流,这是产生语音的原动力。肺部呼出的气流,通过气管到达喉头,冲击声带,作用于咽头、口腔、鼻腔等发音器官,经过这些发音器官的调节,发出不同音色的语音。吸进的气流在特殊情况下也能产生一定的语音意义。练习艺术发声的人常要练习"运气",其道理就在这里。

2. 发音体

即发音器官,包括喉头和声带,气流通过声带使它颤动而发出声音。喉头位于颈前部,上接咽部,下连气管,由甲状软骨、环状软骨、杓状软骨和会厌软骨等构成。声带在喉头的中间,会厌之下,是两片富有弹性的肌肉韧带薄膜。它的前部直接由甲状软骨出发,后部与两块披裂骨相连,间接依靠环形骨。两片声带之间的三角形空隙,叫声门。肌肉收缩,杓状软骨活动起来,声带拉紧或放松,在气流的作用下,就发出了高低不同的声音。

从发声机理的角度可以将声带视为一对自由式振动的肉质簧片。当平静呼吸时,声门打开,两片声带处于松弛的分离状态。发声时,喉内肌和喉外肌同时收缩,声带随着频率的升高而后端上提,前端下拉,喉头的前后径增大,声带被拉紧、拉长,使得两片声带靠拢,声门关闭。不发声时喉头的状态是:环杓背侧肌收缩,杓状软骨分开,声带呈倒"V"形,声门敞开,气流可以自由进出。发声时喉头的状态是:环杓外侧肌收缩,杓状软骨转动靠拢,声带并合,声门关闭。发声时,气息使两声带相互靠拢。声带的长度、厚度和张力如果得到合理调整,声音就能产生高、低、强、弱的变化。

3. 共鸣腔

即共鸣器官,包括口腔和鼻腔,它是语音的调节和控制部分。由肺部呼出的气流,经过喉头、声带和口腔、鼻腔各个部分的调节而发出声音。

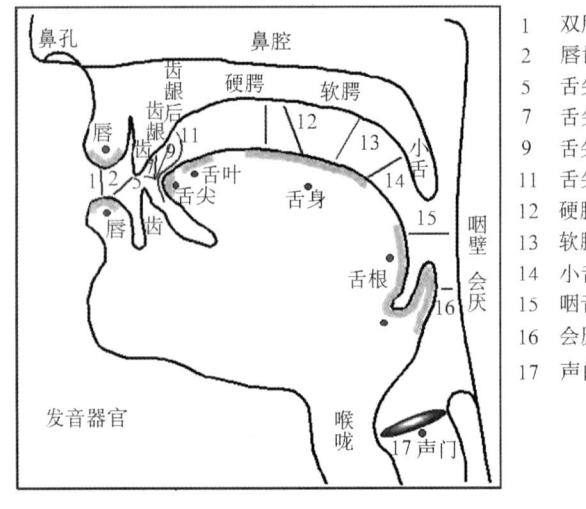

图1－1 发音器官图

从具体的调节部位看,口腔上部可分为上唇、上齿、上齿龈、硬腭、软腭和小舌六个部位;口腔下部可分为下唇、下齿和舌头三大部分;舌头又可分为舌尖、舌面、舌根三部分。口腔后面是咽喉,咽喉上通鼻腔,下接喉头。鼻腔和口腔靠软腭和小舌隔开。软腭和小舌上升时鼻腔闭塞,口腔通道打开,这时发出的声音在口腔中共鸣,称为鼻音。如果气流同时从鼻腔和口腔呼出,发出的声音在口腔和鼻腔共鸣,称为鼻化音。

声带振动产生的声音,必须在口腔或鼻腔中"共鸣"后才可以传出来被人听到。"共鸣腔"构造、形状的不同,会形成不同的声音。因为人可以通过口腔和鼻腔的发音器官改变口腔的形状(鼻腔的形状几乎不会改变),所以人就可以发出许多不同的声音。如口腔张大或缩小、舌头前伸或后缩、舌尖靠前或靠后等,发出的声音都是不一样的。

此外，还有语言器官。语言是人类互相交流思想感情的特殊工具之一，了解吐字器官的构造和语言形成的生理状况，是十分有必要的。口腔不仅是重要的语言器官，还是极其重要的共鸣腔体。口腔的范围在两侧以颊为界，整个口腔由嘴唇、颊、齿、咽颊与舌组成。根据语音的形成规律，可将口腔划分为口腔前庭和固有口腔两部分。

(1)口腔前庭

口腔前庭的范围外以唇颊为界，内以上、下牙齿为界，分颊、齿等。

口唇分上唇和下唇，两唇共同围成口裂，口裂两端叫口角。嘴唇的基础主要由口轮匝肌构成，口轮匝肌用力不当或嘴唇缺损时则必然影响到双唇音 b、p、m 和唇齿音 f 的发音。

颊为口腔前庭的外壁，外为皮肤，内覆黏膜，中间是颊肌，又可称为吹奏肌或笑肌。此肌肉用力，对元音的形态与发音力度都将产生很大影响。

成人的口腔中共有三十二颗牙齿，上下各十六颗牙齿排成弓形齿列，长在上下颌骨牙槽突上。在正常情况下，上牙弓比下牙弓略大一些，所以，咬合的下列牙齿的前部分被上列牙齿的前部分所遮盖。牙齿对咬字的影响最大，特别是上牙床上的前牙，对汉语中的舌尖中音 d、t、n、l 与唇齿音 f 以及舌尖前音 z、c、s 等的形成都起着决定性的作用。

(2)固有口腔

固有口腔包括咽颊、舌等器官。在发音方面，它是一切语音清晰的关键器官。当软腭抬起无力或断裂时，由于口腔与鼻腔相互交通，所发的一切元音都将带上鼻音成分。

(三)语音的社会属性

语言要表达一定的意义，什么样的语音形式表达什么样的意义，语言和意义之间并没有必然的联系，音和义的关系是由使用该语言的全体社会成员约定俗成的。这是语音的社会属性的体现。

语音的社会属性还反映在语音的民族性和地方性方面。同一个意义可以有多种语音形式，如"红薯"和"山芋"是同一事物由不同方言区的人们的不同约定，"是"和"yes"是同一事物由不同语种的人们的不同约定。汉语、维吾尔语、日语都有自己独特的语音系统，同一语言的不同方言也都有自己的语音系统。

二、语音的单位

(一)音节和音素

1. 音素

音素是从语音的自然属性角度划分出来的最小语音单位，是从音色角度用对比的方法从音节中切分出来的。音素的不同取决于音质的不同，i 和 ü 音质不同，所以是两个音素。

2. 音节

音节是语音结构的基本单位，是人们听觉上最自然、最容易分辨出来的语音单位。在汉语中，多数情况下一个汉字就是一个音节，如"中国人"这个词包含三个音节。但也有例外，如儿化音"一块儿"就是两个音节。音节是由音素组成的，"啊"包含一个音素，"美"包含三个音素，"电"包含四个音素。

(二)元音与辅音

根据语音的物理性质和生理性质,可以把音素分为元音和辅音两大类。发音时,声带振动,气流通过口腔基本不受到阻碍而形成的音素叫元音(又称母音),如 a、o、e 等。发音时,声带不振动,气流受到口腔或咽头等发音器官的阻碍而形成的音素叫辅音(又称子音),如 b、p、m、f 等。元音和辅音的区别主要有以下四个方面:

第一,发元音的时候,气流在整个声道内顺利通行而不受任何阻碍;发辅音的时候,声道的某一部位封闭起来形成阻碍,气流必须克服这种阻碍才能通过。比如发汉语普通话 ba 中的 b 时,双唇闭拢,形成对气流的阻碍,然后双唇打开,气流才能冲出口腔发出音来。发音时声道内是否形成阻碍,是元音和辅音之间最主要的区别。

第二,发元音的时候,发音器官各个部分的紧张程度是均衡的;发辅音的时候,形成阻碍的部位就会特别紧张。比如发汉语普通话 ba 中的 b 时,双唇这个部位就会特别紧张。

第三,发元音的时候,呼出的气流畅通无阻,因而气流较弱;发辅音的时候,呼出的气流必须冲破阻碍才能通过,因而气流较强。

第四,发元音的时候,声带都要振动,因而元音比较响亮;发辅音的时候,浊辅音需要振动声带(如 m、n、r、l),清辅音则不需要振动声带(如 s、sh、x)。普通话只有很少几个辅音发音时声带是振动的。

(三)声母、韵母、声调

按照汉语传统音韵学的分析方法,把一个音节划分成声母和韵母两部分,再加上一个贯通整个音节的声调。韵母还有第二个层次的结构单位:韵头、韵腹、韵尾,也叫介音、主要元音、尾音。

1. 声母

声母是汉语音节开头的辅音。大多数音节开头的音素是辅音,如"太"的辅音 t 就是它的声母。"而""熬"这样的音节不以辅音开头,元音前头那部分是零,叫做"零声母"音节。

普通话的辅音一共是 22 个,除了"ng"只充当汉字"嗯"的声母不列入常用声母外,其余 21 个辅音均是常用声母。这样,算上"零声母",普通话里常用声母的数量就是 22 个了。

声母和辅音不是一个概念。声母可以由辅音充当,但辅音"ng"除充当"嗯"的声母外,更多的时候不作声母,只作韵尾。辅音"n"既可以在音节开头作声母,也可以在音节末尾作韵尾。

2. 韵母

韵母指音节中声母后面的部分。它主要由元音构成,鼻韵母由"n"或"ng"作韵尾。普通话的韵母可以是一个元音,也可以是两个或三个元音的组合,还可以是元音和辅音的组合。

根据音素在韵母中的地位,可以分为韵头、韵腹、韵尾三部分。韵腹是主要元音,开口度较大,声音较响亮。韵头指韵腹前面的元音,充当韵头的都是高元音 i、u、ü;韵腹后面的音素叫韵尾,充当韵尾的音素有高元音 i、u 和鼻音 n、ng。如在"先"(xiān)这个音节中,"iān"是韵母。其中"i"是韵头、"ā"是韵腹、"n"是韵尾。不是每一个韵母都韵头、韵腹、韵尾三部分俱全,但必定有韵腹。

根据韵母开头元音发音口型,可分为开口呼、齐齿呼、合口呼和撮口呼四类。开口呼指没有韵头而韵腹不是 i、u、ü 的韵母,如 a、o、e、ai、ou、eng 等;齐齿呼指韵头或韵腹是 i 的韵母,如 i、ia、ie、iou、ian、ing 等;合口呼指韵头或韵腹是 u 的韵母,如 u、ua、uo、uai、uan 等;撮口呼指韵头或韵腹是 ü 的韵母,如 ü、üe、üan、ün 等。

3. 声调

声调是指音节中具有区别意义作用的音高变化。普通话共有四种声调,分别是阴平、阳平、上声、去声。不同的声调会导致不同的意义。如"下雪"和"瞎学","灰""回""毁""会",声调不同,代表不同的音节或意义。声调是音节的重要组成部分。

普通话声母和韵母相拼构成的音节(包括零声母音节)有 400 多个,加上声母的区别有 1200 个音节。这 1200 个音节能量无限,它构成了汉语普通话成千上万的词汇和丰富多彩的语言。

三、普通话常见误读词辨正

由于汉语中长期存在着异读词、多音词和地域性或带方言色彩的误读词,并且在社会群体的交流中不断传播、强化,所以,即便普通话不存在方言色彩的人,也应重视对误读词的学习,并积极进行自我纠查、辨正。如果每个中国人自觉做到发音清晰、准确、规范,我们的母语会更纯正、优美。

(一)误读词辨正方法

第一,对异读词,要参照 1985 年 12 月颁布的《普通话异读词审音表》,并熟悉掌握。如"凹"(āo)通读一个音,而作家贾平凹的"凹"(wā)只在方言口语中出现;卑鄙(bǐ)中的"鄙"也不再读去声。

第二,对多音词,要根据文意和表达的语境进行判断。如"包扎"(zā)和"挣扎"(zhá)中"扎"的读音。

第三,对习惯性误读词,如匕首(bǐshǒu)、处分(chǔfèn)等,集中整理记忆,并在日常表达中留意纠正即可。

(二)误读词训练内容

A:

ái	àikǒu	ān	ān	ànnà	áo	ào	àokǒu
皑	隘口	庵	氨	按捺	鳌	坳	拗口

B:

bālěiwǔ	báixī	báo	bàofù	bāobì	bāozā	bēibǐ	bèi	běn	bēnmén
芭蕾舞	白皙	雹	报复	包庇	包扎	卑鄙	钡	苯	贲门

běnzhì	bènzhuō	bǐshǒu	bǐjiào	bìyìn	biānqiǎ	biānjiào	biānchī	biānzhuàn
本质	笨拙	匕首	比较	庇荫	边卡	编校	鞭笞	编撰

biānzuǎn	bīn	bīn	bìngjūn	bó	bó	bǔjǐ	bǔrǔ	bùchī	bùjìngérzǒu
编纂	滨	濒	病菌	帛	箔	补给	哺乳	不啻	不胫而走

C:

căiquàn	cānyù	cáozá	círuǐ	cūcāo	cūguǎng	cùxī	cuānhóng	cuánjù
彩券	参与	嘈杂	雌蕊	粗糙	粗犷	促膝	蹿红	攒聚

cúndàng	cuōnòng	cuōtuó	cuòzhé	sīcǔn	cháchǔ	chānzá	chánrào
存档	撮弄	蹉跎	挫折	思忖	查处	掺杂	缠绕

chánchán	chǎnmèi	chángjǐnglù	chēn	chènxīn	chéngwùyuán	chéngjī
潺潺	谄媚	长颈鹿	抻	称心	乘务员	乘机

chéngbàn	chéngqīng	chěngqiáng	chōngzhuàng	chōng	chú	chǔfá	chuāng
惩办	澄清	逞强	冲撞	舂	雏	处罚	疮

chǔfèn	chǔzhì	chuǎiduó	chuài	chuāngshāng
处分	处置	揣度	踹	创伤

D:

dāshàn	dāibǎn	dàibǔ	dàimào	dǎn	dǎngùchún	dàn	dàngtiān	dàngcì
搭讪	呆板	逮捕	玳瑁	掸	胆固醇	氮	当天	档次

dēngzǎi	dí	dì	dībà	diān	diānbǒ	diànwū	diāonàn	diēdàng	dié
登载	嫡	缔	堤坝	滇	颠簸	玷污	刁难	跌宕	迭

dònghè	dōu	dǒusǒu	dǒuqiào	dǔ	dǔài	dù	dùchóng	dūnhòu	duīqì
恫吓	兜	抖擞	陡峭	睹	笃爱	镀	蠹虫	敦厚	堆砌

duìzhì	duó
对峙	踱

E:

ézhà	èshā	èliè	èzhǐ
讹诈	扼杀	恶劣	遏止

F:

fājiào	fámò	fànwén	fēihóng	fěi	fèichù	fēn	fēnmì	fēnxī
发酵	罚没	梵文	绯红	匪	废黜	酚	分泌	分析

fēnwéi	fēngyú	fódiǎn	fútǔ	fúxiǎo	fǔxù	fùqì	fùzá
氛围	丰腴	佛典	拂土	拂晓	抚恤	付讫	复杂

G:

gān	gǎn	gāngjìng	gāoxuèyā	gēbì	géhé	gěiyǐ	hénggèn	gēngdié	gěng
柑	秆	刚劲	高血压	戈壁	隔阂	给以	横亘	更迭	埂

gěng	gěngyè	gōngjǐ	gōngyìng	gòngzhí	gūfù	gǔzhǐ	gǔhuò	guàipǐ
耿	哽咽	供给	供应	供职	辜负	股指	蛊惑	怪癖

guāndǐ	guānguǒ	guānqiǎ	guǎnxiányuè	guǎnghàn	guǎngmào	guībǎo
官邸	棺椁	关卡	管弦乐	犷悍	广袤	瑰宝

guǒ	guōěr
裹	聒耳

H:

hǎdá	hài	hǎnjiàn	hángdàng	háo	yāohe	hè	hèshī	hèzhòng	hēngtōng
哈达	骇	罕见	行当	壕	吆喝	赫	和诗	荷重	亨通

hèngcái	hènghuò	hōngbèi	hūyù	huāgāngyán	huālěi	huáigǔ	huànyǎng
横财	横祸	烘焙	呼吁	花岗岩	花蕾	踝骨	豢养

huāngmiù　huǎngyǎn　huísù　huíxiāng　huìwù　huìcuì　hùnhéwù　hùnxiáo
荒　谬　　晃　眼　　回溯　　茴　香　　会晤　　荟萃　　混合物　　混　淆
huósāi
活　塞

J：

jīhū　jīxíng　jīsī　biānjí　jíqǔ　jíshǐ　jíbìng　jíshǒu　jídù　jǐyǔ
几乎　畸形　缉私　编辑　汲取　即使　疾病　棘手　嫉妒　给予
jì　jìjiào　jìdiàn　jìsì　jiākè　jiānmò　jiàn　jiàngé　jiāng　jiāngyǎng
髻　计较　祭奠　祭祀　夹克　缄默　涧　间隔　缰　将养
jiàngzuǐ　jiāo　jiāohéng　jiǎo　jiǎoróuzàozuò　jiàochǎng　jiàomǔ　jiǒng
犟嘴　礁　骄横　绞　矫揉造作　校场　酵母　窘
jiēgǎn　jiēlù　jiéchí　jiéshù　jiěpōu　jièchāi　jīnshòu　jǐnkuài　jǐnsuō　jìngù
秸秆　揭露　劫持　结束　解剖　解差　禁受　尽快　紧缩　禁锢
jīng　jīngjí　jǐngzhuī　jìngdí　jìnglǚ　jiǒngrán　jiǒngpò　jiū　jiǔ　jūjī　júyóu
茎　荆棘　颈椎　劲敌　劲旅　迥然　窘迫　揪　灸　狙击　焗油
jǔjué　jǔxíng　jùdòu　jùxī　jùfēng　juān　juē　jué　jué　juédòu　juésè
咀嚼　矩形　句读　据悉　飓风　涓　撅　厥　攫　角斗　角色
juéjiàng　juécài　jūnxiè　xìjūn
倔强　蕨菜　军械　细菌

K：

kǎqián　kǎimó　kǎn　kāng　kàng　kàngfèn　kànglì　kèshǒu　kěn　kēngqiāng
卡钳　楷模　坎　糠　炕　亢奋　伉俪　恪守　垦　铿锵
kǒnghè　kū　kuāngǔ　kuāngmiù　kuāngpiàn　kuángbiāo　kuàng　kuīrán
恐吓　窟　髋骨　匡谬　诓骗　狂飙　眶　岿然
kuīcè　kuí　kuǐlěi　kuìyáng
窥测　奎　傀儡　溃疡

L：

lánshān　lěngfū　líjiàn　línàn　lìcuò　lìlín　liányī　liánmèi　liǎnjiá　liǎngqī
阑珊　冷敷　离间　罹难　力挫　莅临　涟漪　联袂　脸颊　两栖
liàngqiàng　liáorào　lièzhì　līn　lín　línláng　lǐnrán　língtīng　liǔ　lǒng　lǒng
踉跄　缭绕　劣质　拎　磷　琳琅　凛然　聆听　绺　垄　陇
lòuliǎn　lǔlüè　shānlù　lǚ　lǚjiànbùxiān　lǚxíng　luánchóu　lüèduó　luǒlù　luò
露脸　掳掠　山麓　缕　屡见不鲜　履行　鸾俦　掠夺　裸露　摞

M：

mābù　mábì　mánhèng　mányú　mányuàn　máo　máozéi　mǎo　mǎodīng
抹布　麻痹　蛮横　鳗鱼　埋怨　锚　蟊贼　卯　铆钉
měi　mèi　mēnrè　ménshuān　ménxīn　mèngmèiyǐqiú　mīyǎn　míwǎng
镁　昧　闷热　门闩　扪心　梦寐以求　眯眼　迷惘
mǐluàn　miǎnqiáng　miè　mǐn　mǐnmiè　míngmù　miùlùn　móbài　mòrán
弭乱　勉强　篾　闽　泯灭　瞑目　谬论　膜拜　蓦然
mòqì　móulì　mújù　mùnè
默契　牟利　模具　木讷

N：

nà	nǎi	nǎilào	nǎnrán	nángzhǒng	náotóu	nènlǜ	nínán	nínào	níníng
捺	氖	奶酪	赧然	囊肿	挠头	嫩绿	呢喃	泥淖	泥泞

nísù	nì	nìchēng	nìshuǐ	niān	nián	niǎn	niǎn	niàngzào	niǎonuó	niē
泥塑	腻	昵称	溺水	拈	黏	捻	撵	酿造	袅娜	捏

niè	niè	nièzú	niègēn	zhíniù	nóngsuō	nuó	nüèzhèng
啮	镍	蹑足	孽根	执拗	浓缩	挪	虐政

O：

ōu	ǒu	òuqì
鸥	呕	怄气

P：

páqiè	pánshí	pánshān	pāngtuó	páo	páozhì	péng	pēngrèn	pīlòu	pīmí
扒窃	磐石	蹒跚	滂沱	袍	炮制	硼	烹饪	纰漏	披靡

pǐpèi	pǐhào	pǐ zi	pìměi	piāoqiè	piǎo	piē	piēkāi	pīngpāngqiú	pǒcè
匹配	癖好	痞子	媲美	剽窃	瞟	瞥	撇开	乒乓球	叵测

pōumiàn	pūgai	púgōngyīng	pùshài
剖面	铺盖	蒲公英	曝晒

Q：

qī xī	qīqiāo	qí	qípā	qǐ lì	qìfēn	qìjīn	qìyuē	qiàdàng	qiānxǐ
栖息	蹊跷	鳍	奇葩	绮丽	气氛	迄今	契约	恰当	迁徙

qiānqiǎng	qiānlìn	qiānqī	qiánzhān	qiánchéng	qiánkè	qián lì	qiǎnquǎn
牵强	悭吝	愆期	前瞻	虔诚	掮客	潜力	缱绻

qiānghài	qiāngfēng	qiángwēi	qiǎngpò	qiǎngyán	qiǎngbǎo	qiāo	qiāo
戕害	戗风	蔷薇	强迫	强颜	襁褓	跷	锹

qiáojuàn	qiáoshǒu	qiǎorán	qiǎoshēng	qièchǎng	qièdài	qièyì	qīnshí
侨眷	翘首	悄然	悄声	怯场	挈带	惬意	侵蚀

qín	qǐnshì	qìn	qīng	qīngtiāo	qíng bù zì jīn	qīngtīng	qǐngkè	qǐngtiě
噙	寝室	沁	卿	轻佻	情不自禁	倾听	顷刻	请帖

qióngzhī	qiú	qiú	qiúdù	qiújìng	qūbān	qūzhé	qūhēi	qú	quánshì
琼脂	裘	囚	泅渡	遒劲	祛斑	曲折	黢黑	渠	诠释

quányù	quánsuō	quàn	qué	quèzáo
痊愈	蜷缩	券	瘸	确凿

R：

ránér	ráoshé	rèfū	rěnrǎn	rènshēn	réngrán	róngmáo	róu	rúdòng	rǔ
然而	饶舌	热敷	荏苒	妊娠	仍然	茸毛	揉	蠕动	汝

rù	ruìzhì	rùn	ruòguàn
褥	睿智	闰	弱冠

S：

sǎ	sàshuǎng	sāi	sàiwài	sāngzhōng	sāngzǐ	sāo	sāo	sèsuō	sēng
洒	飒爽	腮	塞外	丧钟	桑梓	搔	缫	瑟缩	僧

shìyí	sì jī	sì shì ér fēi	sǒngyǒng	sǒngrán	sōu	sùyuàn	sùsòng
适宜	伺机	似是而非	怂恿	悚然	搜	夙愿	诉讼

sùliào	sùyuán	suí	suǐ	suì	suīrán	suōyī	suōshuǐ	shājūn	shāyǔ
塑料	溯源	绥	髓	穗	虽然	蓑衣	缩水	杀菌	铩羽

shāikāng	shānbǎn	shānrán	shànxiào	shànbù	shànràng	shànxiě
筛糠	舢板	潸然	讪笑	苫布	禅让	缮写

shànbiàn	shānggǔ	shāngquè	shàngzhǎng	shāogōng	shàoqiǎ	shè jí
嬗变	商贾	商榷	上涨	艄公	哨卡	拾级

shéhào	shēqiàn	shèmiǎn	shēn	shēnsuō	shēnsuì	shèntòu	shēngshū
折耗	赊欠	赦免	砷	伸缩	深邃	渗透	生疏

shēngnà	shēngchù	shìkuài	shìpín	shìhào	shòuliè	shújīn	shòudài
声呐	牲畜	市侩	视频	嗜好	狩猎	赎金	绶带

shūniǔ	shúxī	shùfù	shuāibiàn	shuān	shǔnxī	shùn	shuōkè	shuōfēng
枢纽	熟悉	束缚	衰变	闩	吮吸	舜	说客	朔风

T:

tāxiàn	tàpiàn	tánhuā	tánhé	tǎntè	tànjū	tángsè	tāochóng	tāolüè
塌陷	拓片	昙花	弹劾	忐忑	炭疽	搪塞	绦虫	韬略

téngxiě	tī tòu	tì tǎng	tí xié	tiánjìng	tiǎoxìn	tǐngxiù	tōng jī	tóngxiù
誊写	剔透	倜傥	提携	恬静	挑衅	挺秀	通缉	铜臭

tòulù	tuān jí	tuísàng	tún	tuōtà	tuǒtiē
透露	湍急	颓丧	屯	拖沓	妥帖

W:

wǎ lì	wǎi ní	wānyán	wánkù	wéigān	wéiwò	wěimǐ	wěisuō	wèisuì	wèijiè
瓦砾	崴泥	蜿蜒	纨绔	桅杆	帷幄	委靡	萎缩	未遂	慰藉

wěnluàn	wèng	wōliú	wòxuán	wòchuò	wūhuì	wúzá	wǔnì	wūmiè	wǔrǔ
紊乱	瓮	涡流	斡旋	龌龊	污秽	芜杂	忤逆	诬蔑	侮辱

wùmiàn
晤面

X:

xī	xīluò	xī lì	xī yì	xí wén	xì xuè	xiánnì	xiàzài	xiácī	tiěxiān	xiānmǐ
锡	奚落	淅沥	蜥蜴	檄文	戏谑	狎昵	下载	瑕疵	铁锨	籼米

xiānxì	xiānxuè	xiánshú	xián	xián tī	xiànjǐng	xiāngqiàn	xiǎng
纤细	鲜血	娴熟	弦	舷梯	陷阱	镶嵌	饷

xiāoxióng	shēngxiào	xiàoyè	tí xié	xiéchí	xiétiáo	xièdú	xièhòu	xīnpiàn
枭雄	生肖	笑靥	提携	挟持	谐调	亵渎	邂逅	芯片

xīngfèn	xiūǎn	xuǎn	xuànyùn	xuějiā	xuèguǎn	xuèyè	xuèzhī	xúnxìn
兴奋	羞赧	癣	眩晕	雪茄	血管	血液	血脂	寻衅

xùnsī
徇私

Y:

yānhóng	yǎnrán	yǎnshēng	yàn	yànpǐn	yāoniè	yāoxié	yáoyè	yē
殷红	俨然	衍生	砚	赝品	妖孽	要挟	摇曳	噎

yěliàn	yè	yǐ lǐ	yīchóumòzhǎn	yì rì	yì yè	shéncǎiyìyì	yīn ér	yīnmái
冶炼	曳	迤逦	一筹莫展	翌日	肄业	神采熠熠	因而	阴霾

yìnbì	yīng	yīngsù	yìngyòng	yōngjū	yōngzhǒng	yòngjīn	yōu	yóumài
荫庇	膺	罂粟	应用	痈疽	臃肿	佣金	呦	莜麦

yǒu yì	yǒu tǐ	yǒu dì fàng shǐ	yòu ěr	yū ní	yù	yù huì	yù míng	yuàn	yūn jué
酉友谊	有的放矢		诱饵	淤泥	谕	与会	域名	苑	晕厥

yùnchē yùnniàng yùnsè
晕车　酝酿　愠色

Z：

zài jí　zài tǐ　zànshí　zāngpǐ　zàoniè　zè　zēngwù　zèngliàng　zī zhòng
在即　载体　暂时　臧否　造孽　仄　憎恶　锃亮　辎重

zì yì　zōnglú　zūlìn　zǔzhòu　zuǒqīng　zuǒzhèng　zuòqí　zōng　zuàn
恣意　棕榈　租赁　诅咒　左倾　佐证　坐骑　鬃　攥

zhá jì　zhágāng　zhá　zhà　zháicài　zhānbǔ　zhānwàng　zhǎncāng　zhǎn
札记　轧钢　铡　栅　择菜　占卜　瞻望　斩仓　盏

zhàojiàn　zhāo　zhàohuàn　zhàoshì　zhéfú　zhězhòu　zhēn　zhēnbiān　zhēnjiǔ
召见　昭　召唤　肇事　蛰伏　褶皱　臻　针砭　针灸

zhēnxiū　zhēnbǎn　zhēnzhuó　zhēnbié　zhēnyán　zhěnmì　zhēngpìn　zhēngníng
珍馐　砧板　斟酌　甄别　箴言　缜密　征聘　狰狞

zhēngjié　zhèngzhuàng　zhěngchì　zhèngquàn　zhèngyǒu　zhīmàn　zhīfáng
症结　症状　整饬　证券　诤友　枝蔓　脂肪

zhíniù　zhǐ chǐ　zhìliàng　zhìbǐ　zhìgù　zhìxī　zhìnèn　zhǒng　zhòngcái
执拗　咫尺　质量　栉比　桎梏　窒息　稚嫩　冢　仲裁

zhū jī　zhù lì　zhùcáng　zhùzhā　zhuàn　zhuàn　zhuǎndòng　zhuānghuáng
珠玑　伫立　贮藏　驻扎　撰　篆　转动　装潢

zhuīsù　zhuì　zhuìshù　zhuó　zhuōbèn　zhuōmō　zuómo　zhuóqíng　zhuóshēng
追溯　赘　赘述　灼　拙笨　捉摸　琢磨　酌情　擢升

第二节　声母训练

一、声母分类及发音标准

普通话声母是汉语音节开头的辅音。普通话有 21 个辅音声母，加上零声母一共 22 个声母。不同的声母是由不同的发音部位和发音方法决定的。发音部位指气流受到阻碍的位置。发音方法包括阻碍气流和解除阻碍的方式、气流的强弱及声带是否颤动等。按发音部位给声母分类，可分为七类：双唇音、唇齿音、舌尖前音、舌尖中音、舌尖后音、舌面音、舌根音。按发音方法分类，声母可分为五类：塞音、擦音、塞擦音、鼻音、边音。按声带是否振动，声母可分为清音和浊音。

表1—1 普通话声母总表

发音部位	塞音		塞擦音		擦音		鼻音	边音
	清音		清音		清音	浊音	浊音	浊音
	不送气	送气	不送气	送气				
双唇音	b	p					m	
唇齿音					f			
舌尖前音			z	c	s			
舌尖中音	d	t					n	l
舌尖后音			zh	ch	sh	r		
舌面音			j	q	x			
舌根音	g	k			h			

(一)按声母发音部位分类

分为三大类,七种具体发音部位。

1. 唇音

以双唇为主要发音器官,以下唇为主动器官,下唇与其他器官接触或接近形成阻碍。唇音可以细分为两个发音部位:

(1)双唇音

上唇和下唇闭合形成阻碍。发音时,下唇向上运动,上唇微动,两唇紧闭形成阻碍。有b、p、m三个音。

b发音时,双唇闭合,软腭上升,堵塞鼻腔通路,声带不颤动,较弱的气流冲破双唇的阻碍,迸裂而出,爆发成声。如:

辨别 标本 颁布 包办 褒贬 奔波 冰棒 板报

p发音的状况与b相近,只是除阻时有一股较强的气流冲开双唇。如:

乒乓 批评 匹配 偏旁 瓢泼 品评 澎湃 频谱

m发音时,双唇闭合,软腭下降,气流振动声带从鼻腔通过。如:

美妙 弥漫 眉目 秘密 面貌 密谋 门面 牧民

(2)唇齿音

f发音时,下唇主动接近上齿,形成窄缝,软腭上升,堵塞鼻腔通路,气流从唇齿间摩擦出来,声带不颤动。如:

丰富 芬芳 仿佛 风发 防范 反腐 方法 发奋

2. 舌尖音

以舌尖为主动器官接触或接近其他部位形成阻碍,有以下三个发音部位:

(1)舌尖前音(平舌音)

舌尖与上齿背接触(z、c)或接近(s)形成阻碍,因为发音时舌头平伸,又被称作平舌音,有 z、c、s 三个音。

　　z 发音时,舌尖平伸抵住上齿背,软腭上升堵塞鼻腔通路,然后舌尖微微离开齿背,形成一条窄缝,较弱的气流把阻碍冲开从窄缝中挤出,摩擦成声,声带不颤动。如:

　　总则　自尊　栽赃　造作　祖宗　走卒　在座　藏族

　　c 和 z 的发音区别不大,不同的地方在于 c 气流较强。如:

　　粗糙　参差　草丛　催促　从此　猜测　层次　措辞

　　s 发音时,舌尖接近上齿背,形成一条窄缝,软腭上升堵塞鼻腔通路,气流从窄缝中挤出来,摩擦成声,声带不颤动。如:

　　思索　松散　色素　洒扫　诉讼　速算　琐碎　瑟缩

　　(2) 舌尖中音

　　舌尖与上齿龈接触形成阻碍,发音时,舌尖与齿龈前部(上牙床)接触,有 d、t、n、l 四个音。

　　d 发音时,舌尖抵住上齿龈,软腭上升堵塞鼻腔通路,然后舌尖离开上齿龈,气流冲破舌尖的阻碍,骤然冲出,爆发成声,声带不颤动。如:

　　等待　定夺　单调　到达　地点　道德　担当　低调

　　t 发音的状况与 d 相近,只是除阻时气流较强。如:

　　淘汰　团体　妥帖　谈吐　疼痛　拖沓　体态　探讨

　　n 发音时,舌尖抵住上齿龈,封闭气流口腔通路,软腭下降打开鼻腔通路,气流振动声带,从鼻腔通过。如:

　　能耐　泥泞　恼怒　南宁　男女　牛奶　农奴　呢喃

　　l 发音时,舌尖抵住上齿龈,软腭上升堵塞鼻腔通路,气流振动声带,从舌头两边通过。如:

　　玲珑　嘹亮　利率　流浪　联络　来历　力量　浏览

　　(3) 舌尖后音(翘舌音)

　　舌尖与硬腭前部接触(zh、ch)或接近(sh、r)形成阻碍,由于发音时舌尖上翘,又被称为翘舌音,有 zh、ch、sh、r 四个音。

　　zh 发音时,舌尖上翘抵住硬腭前部,软腭上升堵塞鼻腔通路,然后舌尖微微离开硬腭前部,较弱的气流把阻碍冲开一条窄缝,从窄缝中挤出,摩擦成声,声带不颤动。如:

　　庄重　主张　支柱　挣扎　真正　注重　周转　整治

　　ch 发音的状况与 zh 相近,只是气流较强。如:

　　车床　长城　出差　穿插　驰骋　橱窗　惩处　拆除

　　sh 发音时,舌尖上翘接近硬腭前部,形成一条窄缝,软腭上升堵塞鼻腔通路,气流从窄缝间挤出来,摩擦成声,声带不颤动。如:

　　闪烁　山水　神圣　舒适　史诗　伤身　杉树　水手

　　r 发音状况与 sh 相近,只是声带振动。如:

　　容忍　柔软　荏苒　仍然　荣辱　软弱　忍让　如若

　　3. 舌面音

　　以舌面为主动发音器官形成阻碍,可细分为两个发音部位:

(1) 舌面前音

舌面前部隆起,与硬腭前部形成阻碍。发音时,舌尖下垂在下门齿背后,舌面向上接触(j、q)或接近(x)硬腭前部阻碍气流,有 j、q、x 三个音。

j 发音时,舌面前部抵住硬腭前部,软腭上升堵塞鼻腔通路,然后较弱的气流把阻碍冲开,舌面微微离开硬腭,形成一条窄缝,气流从窄缝中挤出,摩擦成声,声带不颤动。如:

境界　将就　经济　讲究　拒绝　接近　解决　检举

q 发音的状况与 j 相近,只是除阻时气流较强。如:

秋千　亲切　弃权　清秋　牵强　确切　情趣　恰巧

x 发音时,舌面前部接近硬腭前部,形成一条窄缝,软腭上升堵塞鼻腔通路,气流从窄缝中挤出,摩擦成声,声带不颤动。如:

形象　虚心　遐想　喜讯　详细　休息　相信　现象

(2) 舌面后音(舌根音)

舌面后部(即舌根)隆起,与软腭形成阻碍。发音时,舌头后缩,舌根抬起接触(g、k)或接近(h)硬腭与软腭交界处阻碍气流,又被称为舌根音,有 g、k、h 三个音。

g 发音时,舌根抵住软腭,软腭后部上升堵塞鼻腔通路,然后舌根离开软腭,气流骤然冲破舌根的阻碍,爆发成声,声带不颤动。如:

更改　改革　公共　骨骼　观光　广告　灌溉　巩固

k 发音的状况与 g 相近,只是在除阻时气流较强。如:

宽阔　刻苦　可靠　坎坷　苛刻　困苦　空旷　扣款

h 发音时,舌根接近软腭,形成一条窄缝,软腭上升堵塞鼻腔通路,气流从窄缝中挤出来,摩擦成声,声带不振动。如:

欢呼　辉煌　绘画　荷花　航海　后悔　缓和　黄昏

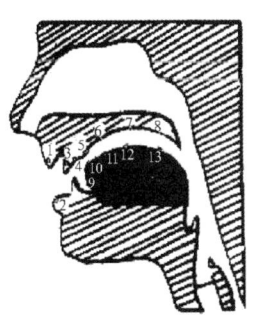

1. 上唇　2. 下唇
3. 上齿　4. 上齿背
5. 上齿龈　6. 硬腭前
7. 硬腭中　8. 硬腭后
9. 舌尖前　10. 舌尖中
11. 舌尖后　12. 舌面
13. 舌根

声母	发音部位
b p m	上唇与下唇
f	上齿与下唇
z c s	舌尖前与上齿背
d t n l	舌尖中与上齿龈
zh ch sh r	舌尖后与硬腭前
j q x	舌面与硬腭中
g k h	舌根与硬腭后

图 1-2　普通话辅音声母发音部位图

【课堂练习】

(1) 朗读古人编撰的声母歌谣《采桑歌》,看是否只缺少了汉语普通话全部声母的 y 和 w。

采桑歌

春日起每早,采桑惊啼鸟。风过扑鼻香,花开花落知多少。

(2) 朗读古人编撰的声母歌谣《东风歌》,看是否只缺少了汉语普通话全部声母的 y。

东风歌

东风破早梅,向暖高枝开。冰花索然去尽,春从天上来矣。

(二) 按声母发音方法分类

1. 按成阻、持阻、除阻不同形式划分

(1) 塞音

也叫爆破音或破裂音。发音时,形成阻碍的发音部位完全闭塞(软腭上升,堵塞鼻腔的通路),气流冲破阻碍,爆破成声,有 b、p、d、t、g、k 六个音。

(2) 擦音

也叫摩擦音。发音时,形成阻碍的发音部位彼此靠近,留下一条窄缝(软腭上升,堵塞鼻腔的通路),气流从窄缝中挤出,摩擦成声,有 f、h、x、sh、r、s 六个音。

(3) 塞擦音

发音时,形成阻碍的发音部位先完全闭塞,然后气流把阻塞部位冲开一条窄缝,再从窄缝中挤出。塞擦音的前一半是塞音,后一半是擦音,前后两过程紧密结合成为一个辅音,有 j、q、zh、ch、z、c 六个音。

(4) 鼻音

发音时,口腔中的发音部位完全闭塞,然后软腭下降,鼻腔的通路打开,气流振动声带,通过鼻腔发出音来,有 m、n 两个音。

(5) 边音

发音时,舌体后缩,舌尖向上和齿龈前部接触,舌的两边自然松弛,留有空隙,然后气流振动声带,从舌头两边的缝隙发出音来,只有 l 一个音。

2. 按气流的强弱划分

(1) 送气音

发音时,呼出气流较强的音叫送气音,有 p、t、k、q、ch、c 六个音。

(2) 不送气音

发音时,呼出气流较弱的音叫不送气音,有 b、d、g、j、zh、z 六个音。

3. 按声带是否振动划分

(1)清音

发音时,气流不冲击声带,直接从肺中流到口腔,声带不振动,气流较强,有 b、p、f、d、t、g、k、h、j、q、x、zh、ch、sh、z、c、s 十七个音。

(2)浊音

发音时,气流从肺中流出,使声带发生振动,气流较弱,有 m、n、l、r 四个音。

二、声母辨正

普通话的声母由辅音来充当,辅音发音时,气流要克服通过口腔或鼻腔时受到的阻碍而发出声音。其特点是时程短、音势弱、易受干扰,产生吃字现象,影响语音的清晰度。因此,声母的发音部位是否准确,是吐字是否清晰响亮的关键。对于口齿不清楚、发音习惯不好或来自方言区的人来说,"正音"同"发音"一样重要。

(一)舌尖前音 z、c、s 与舌尖后音 zh、ch、sh 辨正

由于发声母 z、c、s 的时候,舌尖平伸,所以又叫平舌音;发声母 zh、ch、sh 的时候,舌尖上翘,所以又叫翘舌音。全国很多方言区都存在平翘舌不分的情况,如"开始"读成"开死"。

辨析方法有两种:一是发音部位不同,z 组为舌尖前音,发音时舌尖轻轻抵住上齿背,zh 组为舌尖后音,发音时舌尖上翘,抵住硬腭前部;二是记住同声的系列字,或由声旁类推。

在学习平翘舌声母时同样要知道哪些字发平舌音,哪些字发翘舌音,请练习 z—zh、c—ch、s—sh 辨音字词,找到读音规律。

【课堂练习】

1. 声母对比辨音练习

(1)单音节字词对比练习

z—zh:

| 杂——闸 | 在——寨 | 暂——战 | 赃——张 | 造——照 |
| 最——坠 | 怎——诊 | 增——争 | 钻——砖 | 则——哲 |

c—ch:

| 擦——插 | 裁——豺 | 层——城 | 册——撤 | 葱——冲 |
| 村——春 | 错——绰 | 催——吹 | 操——超 | 此——尺 |

s—sh:

| 洒——傻 | 赛——晒 | 三——山 | 嗓——赏 | 扫——少 |
| 色——射 | 森——深 | 僧——声 | 搜——收 | 俗——熟 |

(2)双音节词语对比练习

z—zh:

| 暂时—战时 | 责成—折成 | 灾星—摘星 | 早稻—找到 | 物资—物质 |
| 阻力—主力 | 自立—智力 | 栽花—摘花 | 资助—支柱 | 姿势—知识 |

c—ch：

| 乱草—乱吵 | 粗布—初步 | 推辞—推迟 | 鱼刺—鱼翅 | 近似—近视 |
| 木材—木柴 | 擦嘴—插嘴 | 电磁—电池 | 新村—新春 | 从来—重来 |

s—sh：

| 私人—诗人 | 桑叶—商业 | 司长—师长 | 打伞—打闪 | 五岁—午睡 |
| 死记—史记 | 三角—山脚 | 搜集—收集 | 私利—失利 | 肃立—树立 |

2. 声母相连辨音练习

振作 zhènzuò	正宗 zhèngzōng	赈灾 zhènzāi	职责 zhízé
沼泽 zhǎozé	制作 zhìzuò	杂志 zázhì	栽种 zāizhòng
增长 zēngzhǎng	资助 zīzhù	自制 zìzhì	自重 zìzhòng
差错 chācuò	陈醋 chéncù	成材 chéngcái	出操 chūcāo
除草 chúcǎo	贮藏 zhùcáng	财产 cáichǎn	采茶 cǎichá
残喘 cánchuǎn	操场 cāochǎng	磁场 cíchǎng	促成 cùchéng
上司 shàngsi	哨所 shàosuǒ	深思 shēnsī	生死 shēngsǐ
绳索 shéngsuǒ	石笋 shísǔn	散失 sànshī	扫射 sǎoshè
四声 sìshēng	宿舍 sùshè	随时 suíshí	所属 suǒshǔ

3. 绕口令练习

(1) 四十四个字和词，组成一首子词丝的绕口词。桃子李子梨子栗子橘子柿子槟子榛子，栽满院子村子和寨子。刀子斧子锯子凿子锤子刨子尺子，做出桌子椅子和箱子。名词动词数词量词代词副词助词连词，造成语词诗词和唱词。蚕丝生丝熟丝缫丝染丝晒丝纺丝织丝，自制粗丝细丝人造丝。

(2) 四是四，十是十，十四是十四，四十是四十。莫把四字说成十，休将十字说成四。若要分清四十和十四，经常练说十和四。

(3) 隔着窗户撕字纸，一次撕下横字纸，一次撕下竖字纸，是字纸撕字纸，不是字纸，不要胡乱撕一地纸。

(4) 长虫围着砖堆转，转完了砖堆钻砖堆。

(5) 找到不念早稻，乱草不念乱吵，制造不念自造，收不是搜，流别念牛，无奈不是无赖，恼怒别念老路。

(6) 三山撑四水，四水绕三山，三山四水春常在，四水三山四时春。

4. 诗词朗诵练习

(1) 春种一粒粟，秋收万颗子。四海无闲田，农夫犹饿死。(《悯农》唐·李绅)

(2) 自是寻春去校迟，不须惆怅怨芳时。
　　狂风落尽深红色，绿叶成荫子满枝。(《叹花》唐·杜牧)

(3) 燕草如碧丝，秦桑低绿枝。
　　当君怀归日，是妾断肠时。
　　春风不相识，何事入罗帏？(《春思》唐·李白)

(二)舌面音 j、q、x 与舌尖前音 z、c、s 及舌尖后音 zh、ch、sh 辨正

1. 舌面音 j、q、x 与舌尖前音 z、c、s 辨正

北方方言、吴方言及湘方言区中的一些人,常常把 j、q、x 发成 z、c、s,把团音(即声母 j、q、x 跟 i、ü 或以 i、ü 起头的韵母相拼)发成尖音(即声母 z、c、s 跟 i、ü 或以 i、ü 起头的韵母相拼),如把"九 jiǔ"读成"ziǔ"。其实普通话不分尖团,声母 z、c、s 是不能和 i、ü 或以 i、ü 起头的韵母相拼的,而 j、q、x 则可以。产生这种错误的主要原因是舌面前音 j、q、x 是由舌面前部与硬腭形成阻碍而发声的,有些人在发音时,成阻、除阻的部位太靠近舌尖,发出的音带有"刺刺"的舌尖音的味道,这属于语音缺陷。

辨析方法有三种:一是了解发音部位不同,舌面前音 j、q、x 是由舌面前部与硬腭形成阻碍而发声的,而舌尖前音 z、c、s 是舌尖与上齿背成阻;二是记住拼合规律,舌面前音 j、q、x 只能和齐齿呼、撮口呼相拼,而舌尖前音 z、c、s 只能和开口呼、合口呼相拼;三是利用偏旁记住系列音。

【课堂练习】

1. 声母对比辨音练习

z—j:自己　作家　再见　总结　自觉　尊敬　增进　字迹
j—z:叫做　架子　讲座　集资　记载　杰作　节奏　及早
c—q:从前　瓷器　财权　才气　凑巧　猜拳　残缺　词曲
q—c:其次　器材　起草　青菜　青翠　谦辞　屈从　全才
s—x:思想　私心　思绪　送行　索性　塑像　松懈　散心
x—s:迅速　线索　心思　血色　潇洒　辛酸　乡思　习俗

2. 声母相连辨音练习

缉私 jīsī　　集资 jízī　　其次 qícì　　袖子 xiùzi　　习字 xízì
戏词 xìcí　　资金 zījīn　　字迹 zìjì　　字据 zìjù　　自己 zìjǐ
自觉 zìjué　瓷器 cíqì　　刺激 cìjī　　思绪 sīxù　　私交 sījiāo
私情 sīqíng　私心 sīxīn　　司机 sījī　　丝线 sīxiàn　四季 sìjì
剪除 jiǎnchú　精致 jīngzhì　趋势 qūshì　消失 xiāoshī　秩序 zhìxù
沉寂 chénjì　深浅 shēnqiǎn　审讯 shěnxùn　少将 shàojiàng　机器 jīqì
急切 jíqiè　　军区 jūnqū　求救 qiújiù　迁就 qiānjiù　劝酒 quànjiǔ

3. 绕口令练习

(1)七巷一个漆匠,西巷一个锡匠,七巷漆匠偷了西巷锡匠的锡,西巷锡匠偷了七巷漆匠的漆。(《漆匠和锡匠》)

(2)歌逐晨雾飞,蹄下露珠碎。北疆铁骑去巡逻,满身披朝晖。心潮起伏似海涌,战斗激情如江水,凝视茫茫大草原,胸怀世界为人类。

疾雨洗军衣,惊雷壮军威。春夏秋冬如一日,昼夜勤巡回。长征火种播心田,中南海灯光照边陲。阳光雨露育新蕾,锤炼红色新一辈。

金光撒满道,锦绣铺塞北,胜利凯歌一曲曲,声声引人醉。矫健战马急鞭催,钢铁长城筑内心。(《巡逻之歌》)

4. 诗词朗诵练习

(1)鸣筝金粟柱,素手玉房前。欲得周郎顾,时时误拂弦。(《听筝》唐·李端)
(2)日落松风起,还家草露晞。云光侵履迹,山翠拂人衣。(《华子岗》唐·裴迪)

2. 舌面音 j、q、x 与舌尖后音 zh、ch、sh 辨正

在河北邢台的新河、南宫、巨鹿、广宗,衡水的冀州,南方的粤方言、闽方言、湘方言及吴方言区,会出现声母 zh、ch、sh 与 j、q、x 混用的情况。南方各省把"知道"读成"机道"、"少数"读成"小数",河北省上述地方也是把"直的"读成"急的"、"迟到"读成"骑到"、"狮头"读成"西头",把"猪"读成"居"、"书"读成"虚"、"这"读成"借"、"车"读成"切"、"舍"读成"卸"。

辨析方法有三种:一是了解发音部位不同,舌面前音 j、q、x 是由舌面前部与硬腭中部形成阻碍而发声的,而舌尖后音 zh、ch、sh 是舌尖与硬腭前部成阻;二是记住拼合规律,舌面前音 j、q、x 只能和齐齿呼、撮口呼相拼,而舌尖后音 zh、ch、sh 只能和开口呼、合口呼相拼;三是利用偏旁记住系列音。

【课堂练习】

1. 声母对比辨音练习

zh—j:之间	直接	主讲	逐渐	镇静	整洁	直径	战局
j—zh:接着	集中	建筑	禁止	价值	进展	兼职	节制
ch—q:长期	初期	春秋	城墙	唱腔	呈请	出气	差遣
q—ch:清楚	起初	汽车	清晨	汽船	前程	青春	气喘
sh—x:实现	世袭	省心	首先	双喜	失效	数学	手续
x—sh:形式	显示	吸收	小说	行事	消瘦	欣赏	喜事

2. 读准下列各词

墨迹 jì—墨汁 zhī　　交际 jì—交织 zhī　　密集 jí—密植 zhí
边际 jì—编制 zhì　　就 jiù 业—昼 zhòu 夜　　浅 qiǎn 明—阐 chǎn 明
砖墙 qiáng—专长 cháng　　洗 xǐ 礼—失 shī 礼　　详细 xì—翔实 shí
缺席 xí—确实 shí　　获悉 xī—获释 shì　　逍 xiāo 遥—烧 shāo 窑
修 xiū 饰—收 shōu 拾　　电线 xiàn—电扇 shàn　　艰辛 xīn—艰深 shēn

3. 绕口令练习

(1)七加一,七减一,加完减完等于几?七加一,七减一,加完减完还是七。
(2)试将四十七支极细极细的紫丝线,试织四十七只极细极细的紫狮子。让细紫丝线试织细紫狮子,细紫丝线却织成了死紫狮子。紫狮子织不成,扯断了细紫丝线。

4. 诗词朗诵练习

(1)十年磨一剑,霜刃未曾试。今日把示君,谁有不平事?(《剑客》唐·贾岛)
(2)红豆生南国,春来发几枝。愿君多采撷,此物最相思。(《相思》唐·王维)

(三)声母 n—l 辨正

普通话中的 n 和 l 是对立的音位,理应分得很清楚,但是在很多方言区中 n 和 l 是不分的,对于那些 n、l 不分的方言区来说,学习起来困难一点,学习者首先要读准 n 和 l,然后要知道哪些字的声母是 n,哪些字的声母是 l,这需要有个记忆过程。

辨析办法:一是发音部位不同,n 发音时,舌尖抵住上齿龈,软腭下降打开鼻腔通路,气流振动声带,从鼻腔通过,如"能耐"和"泥泞"的声母。l 发音时,舌尖抵住上齿龈,软腭上升堵塞鼻腔通路,气流振动声带,从舌头两边通过,如"玲珑"和"嘹亮"的声母。二是发音方法不同,n 是鼻音,由于 n 发音时,气流从鼻腔通过,所以发出的声音带有"鼻音";而 l 是边音,l 在发音时要注意舌头的动作,即在发音前,舌头向上卷,发音时,舌头伸平,不带有鼻音,即使用手捏住鼻子也能发音。

【课堂练习】

1. 声母对比辨音练习

(1)单音节字词对比练习

那——辣　　内——累　　脑——老　　牛——流　　年——连
南——兰　　奴——炉　　女——旅　　鸟——了　　您——林

(2)双音节词对比练习

无赖 lài—无奈 nài　　　水牛 niú—水流 liú　　　男 nán 裤—蓝 lán 裤
旅 lǚ 客—女 nǚ 客　　　脑 nǎo 子—老 lǎo 子　　连 lián 夜—年 nián 夜
留念 niàn—留恋 liàn　　浓 nóng 重—隆 lóng 重　南 nán 部—蓝 lán 布
烂泥 ní—烂梨 lí　　　　牛 niú 黄—硫 liú 磺　　　大娘 niáng—大梁 liáng

2. 声母相连辨音练习

哪里 nǎlǐ　　纳凉 nàliáng　奶酪 nǎilào　脑力 nǎolì　　内涝 nèilào　　能力 nénglì
米年 láinián　老农 lǎonóng　冷暖 lěngnuǎn　流脑 liúnǎo　留念 liúniàn　岭南 lǐngnán
牛奶 niúnǎi　恼怒 nǎonù　　扭捏 niūnie　　能耐 néngnài　呢喃 nínán　　男女 nánnǚ
履历 lǚlì　　理论 lǐlùn　　联络 liánluò　　流露 liúlù　　老练 lǎoliàn　拉力 lālì

3. 绕口令练习

(1)门口有四辆四轮大马车,你爱拉哪两辆来拉哪两辆。(《四辆四轮大马车》)
(2)牛郎年年恋刘娘,刘娘连连念牛郎,牛郎恋刘娘,刘娘念牛郎,郎恋娘来娘念郎。

4. 诗词朗诵练习

旅馆寒灯独不眠,客心何事转凄然?
故乡今夜思千里,霜鬓明朝又一年。(《除夜作》唐·高适)

(四)声母 r—l 辨正

吴方言、江淮方言、闽方言和山东省、河北邢台的部分地区,没有 r 声母,凡普通话中 r 声母的字,通常改读成 l、z、y 声母的字或以 i、ü 开头的零声母字。如福州话把"绒的"读成"聋的",沈阳话将"人"读成"yín"。河北省邢台一带的南宫、威县、广宗、临西地区没有声母 r,全部改读成 l；石家庄的晋州，衡水的深县、饶阳把 r 同合口呼韵母相拼的音节中的声母读做 l，把 r 同开口呼韵母相拼的音节中的声母读做 y。一般说来，方言中没有舌尖后音 zh、ch、sh 的地区，一般没有声母 r，如山东方言。

从发音部位看，r 是舌尖后音，同 zh、ch、sh 发音部位一样，是由舌尖和硬腭前部构成阻碍而发出的音。从发音方法看，r 是浊擦音，发音时，舌尖上翘，抵硬腭前部留一小缝，让气流从小缝中摩擦而出，同时声带震动。为找到正确的感觉，可以先发 sh 音，然后振动声带，即是 r 音。

辨析方法有两种：一是 r 和 l 的发音部位不同，舌尖抵搭的位置有前后之别，r 的发音部位在硬腭，l 的发音部位在齿龈。二是发音方法不同，r 发音除阻时，气流的通道很窄，限于舌尖和硬腭之间的一点点缝隙，摩擦很重；而 l 音除阻时，气流的通道在舌侧两边，很宽松，摩擦不十分明显。

【课堂练习】

1. 声母对比辨音练习

碧蓝 lán—必然 rán	娱乐 lè—余热 rè	阻拦 lán—阻燃 rán
囚牢 láo—求饶 ráo	卤 lǔ 质—乳 rǔ 汁	露 lòu 馅—肉 ròu 馅
近路 lù—进入 rù	流露 lù—流入 rù	衰落 luò—衰弱 ruò
脸 liǎn 色—染 rǎn 色	收录 lù—收入 rù	绒 róng 子—聋 lóng 子

2. 声母相连辨音练习

锐利 ruìlì	日历 rìlì	扰乱 rǎoluàn	热烈 rèliè	认领 rènlǐng
容量 róngliàng	人力 rénlì	日落 rìluò	让路 rànglù	热浪 rèlàng
老人 lǎorén	烈日 lièrì	例如 lìrú	利刃 lìrèn	来人 láirén
利润 lìrùn	留任 liúrèn	炼乳 liànrǔ	列入 lièrù	礼让 lǐràng

3. 绕口令练习

(1) 夏日无日日亦热，冬日有日日亦寒，春日日出天渐暖，晒衣晒被晒褥单，秋日天高复云淡，遥看红日迫西山。《说日》

(2) 日头热，晒人肉，晒得心里好难受。晒人肉，好难受，晒得头皮直发皱。

(3) 老饶下班去染布，染出布来做棉褥。楼口有人拦住路，只许出来不许入。如若急着做棉褥，明日上午来送布。离开染店去买肉，回家热锅炖豆腐。

（五）声母 f—h 辨正

湘、赣、客家、闽、粤等方言都不能分清楚声母 f 和 h，北方方言、江淮方言及西南方言也存在 f 和 h 混读的现象，河北省秦皇岛卢龙、青龙及抚宁北部同样存在类似问题。在学习时，首先要注意 f 和 h 的发音，然后要清楚声母 f 和 h 相对应的字词。

辨析方法有三种：一是发音部位不同，f 是唇齿音，h 是舌根音。二是发音方法不同，f 发音时下唇略内收，靠近上齿，形成一条窄缝，软腭上升，关闭鼻腔通道，声带不振动，气流从唇齿间的窄缝中挤出，摩擦成声；h 发音时，舌根接近软腭，留出窄缝，软腭上升堵塞鼻腔通路，声带不振动，气流从窄缝中摩擦出来。三是利用声韵拼合规律记音，普通话中声母 f 不与韵母 ua、uo、uai、uei、uan、ueng、ong 相拼，凡是含有以上韵母的音节声母必定是 h，而不是 f。

【课堂练习】
  1. 声母对比辨音练习
  (1)单音节字词对比练习

  发——花   烦——寒   斧——虎   扶——湖   父——户   飞——黑
  方——夯   房——杭   粉——很   夫——呼   肥——回   饭——汉

  (2)双音节词对比练习

  舅父 fù—救护 hù   公费 fèi—工会 huì   附 fù 注—互 hù 助
  仿佛 fǎngfú—恍惚 huǎnghū 防 fáng 虫—蝗 huáng 虫   斧 fǔ 头—虎 hǔ 头
  飞 fēi 机—灰 huī 鸡   非凡 fēifán—辉煌 huīhuáng 奋 fèn 战—混 hùn 战
  复 fù 员—互 hù 援   方 fāng 地—荒 huāng 地   防 fáng 止—黄 huáng 纸

  2. 声母相连辨音练习

  发话 fāhuà   发慌 fāhuāng   反悔 fǎnhuǐ   繁华 fánhuá
  丰厚 fēnghòu   复合 fùhé   混纺 hùnfǎng   后方 hòufāng
  化肥 huàféi   洪峰 hóngfēng   画符 huàfú   花粉 huāfěn

  3. 绕口令练习

  (1)一堆粪,一堆灰,灰混粪,粪混灰。
  (2)红饭碗,黄饭碗,红饭碗盛满饭碗,黄饭碗盛半饭碗,黄饭碗添半饭碗,像红饭碗一样满饭碗。
  (3)黑化肥发灰,灰化肥发黑。黑化肥发黑不发灰,灰化肥发灰不发黑。
  (4)丰丰和芳芳,上街买混纺。红混纺,粉混纺,黄混纺,灰混纺,红花混纺做裙子,粉花混纺做衣裳。红粉灰黄花样多,五颜六色好混纺。

(六)零声母字的辨正

有些方言中零声母音节的数量比普通话少,普通话一部分读零声母的字,如"鹅""爱""欧""袄""安"等及"万""闻""物""尾""问"等在有些方言中读成了有声母的字。大致情况如下:

一是在读韵母为开口呼的零声母字时,常在前面加鼻音 n 或舌根鼻音 ng 做声母,如将"安"读成"nan"或"ngan","欧"读成"nou"或"ngou","恩"读成"nen"或"ngen"。河北沧州、唐山和保定的部分地区,习惯加上 n;山东青岛、河北张家口的大部分地区、石家庄元氏以南地区和保定的部分地区习惯加上 ng。纠正时,只要去掉鼻音 n 或舌根鼻音 ng,直接发元音即可。

二是普通话中合口呼的零声母字,有的方言把 u 读成了[v](唇齿浊擦音),如"翁""瓮"的韵母"ueng",在方言中读成"veng"。这只要在发音时注意把双唇拢圆,不要让下唇和上齿接触,就可以改正。

【课堂练习】
  1. 零声母辨音练习

  爱 ài 心—耐 nài 心   海岸 àn—海难 nàn   大义 yì—大逆 nì

傲 ào 气—闹 nào 气　　疑 yí 心—泥 ní 心　　语 yǔ 序—女 nǚ 婿
文 wén 风—门 mén 风　　余味 wèi—愚昧 mèi　　每晚 wǎn—美满 mǎn
纹 wén 路—门 mén 路　　万 wàn 丈—幔 màn 帐　　五味 wèi—妩媚 mèi

2. 声母相连辨音练习

阿姨 āyí　　挨饿 ái'è　　昂扬 ángyáng　　熬药 áoyào　　偶尔 ǒu'ěr
扼要 èyào　　压抑 yāyì　　沿用 yányòng　　演义 yǎnyì　　扬言 yángyán
洋溢 yángyì　　谣言 yáoyán　　幽雅 yōuyǎ　　友谊 yǒuyì　　外围 wàiwéi
忘我 wàngwǒ　　委婉 wěiwǎn　　万般 wànbān　　唯物 wéiwù　　无谓 wúwèi

3. 绕口令练习

安二哥家一群鹅,二哥放鹅爱唱歌。鹅有二哥不挨饿,没有二哥就挨饿。大鹅小鹅伸长脖,"嗷嗷""喔喔"找二哥。

三、普通话测试中声母失分因素分析

(一)平翘不分

即 zh、ch、sh 与 z、c、s 两组声母混用。这种现象存在范围广,纠正难度大。但只要我们掌握发音原理,加强口语练习,反复揣摩,不断强化,就完全可以纠正。

(二)尖音问题

即声母为 j、q、x 的音节读成 z、c、s。这种现象多存在于太行山沿线的晋语区。纠正方法是掌握发音原理,记住拼合规律,通过系列字类推学习。

(三)翘舌音 r 的发音问题

方言中,r 的错误读法主要有两种情况:
第一,把 r 念成零声母 y,如 rì(日)读成 yì,rén(人)读成 yín;
第二,把 r 读成 l,如 rēng(扔)读成 lēng,ròu(肉)读成 lòu。
这种错误多存在于受教育程度不高的人身上,受过较长时间学校教育的人基本不会再出现这种问题。平时注意发音原理,测试中稍加留心即可。

(四)零声母问题

第一,读零声母音节时,不要凭空为它加上任何辅音。要明确所谓零声母,就是指声母的位置上为零,而不是辅音充当声母。
第二,遇到 u 开头的零声母音节时,不要把圆唇的舌面元音 u 读成展唇的 v,如 ueng(翁)—veng。普通话中没有 v 这个辅音,当然它也就不可能作声母。

第三节　韵母训练

一、韵母发音

韵母是音节中声母后边的部分。普通话韵母共有三十九个,按结构可以分为单韵母、复韵母、鼻韵母,按开头元音发音口型可分为开口呼、齐齿呼、合口呼、撮口呼(简称"四呼")。

表1-2　普通话韵母总表

	开口呼	齐齿呼	合口呼	撮口呼
单韵母	-i	i	u	ü
	a	ia	ua	
	o		uo	
	e			
	ê	ie		üe
	er			
复韵母	ai		uai	
	ei		uei	
	ao	iao		
	ou	iou		
鼻韵母	an	ian	uan	üan
	en	in	uen	ün
	ang	iang	uang	
	eng	ing	ueng	
			ong	iong

[说明] ong 放在合口呼、iong 放在撮口呼,是按它们的实际读音排列的。汉语拼音用 ong、iong 表示,没有采用 ung、üng,是为了字形清晰,避免手写体 u 和 a 相混。

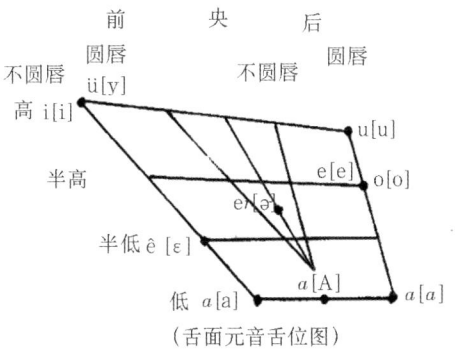

图1-3　舌面元音舌位图

【课堂练习】

朗读古人编撰的韵母歌谣《捕鱼歌》,看是否涵盖了汉语普通话的全部韵母。

捕鱼歌

人远江空夜,浪滑一舟轻。网罩波心月,竿穿水面云。
儿咏欸唷调,橹和嗳啊声。鱼虾留瓮内,快活四时春。

(一)单元音韵母的发音

由一个元音构成的韵母叫单韵母,又叫单元音韵母。单元音韵母发音的特点是自始至终口形不变,舌位不移动。普通话中单元音韵母共有十个:a、o、e、ê、i、u、ü、-i(前)、-i(后)、er。

表 1-3 单韵母表

单韵母	舌面元音	a o e ê i u ü
	舌尖元音	—i(前) —i(后)
	卷舌元音	er

1. 舌面元音

a——舌面央低不圆唇元音:口腔大开,舌尖微离或接近下齿背,舌头中部微微隆起和硬腭后部相对。发音时,声带振动,软腭上升,关闭鼻腔通路。如:

发达 沙发 打岔 哈达 喇叭 大厦 玛雅 蛤蟆

o——舌面后半高圆唇元音:上下唇自然拢圆,舌体后缩,舌面后部隆起和软腭相对,舌位介于半高半低之间。发音时,声带振动,软腭上升,关闭鼻腔通路。如:

波墨 薄膜 饽饽 默默 婆婆 薄弱 脉脉 伯伯

e——舌面后半高不圆唇元音:口半闭,双唇自然展开成扁形,舌体后缩,舌面后部隆起和软腭相对。e发音状况大体像o,只是比o略高而偏前。发音时,声带振动,软腭上升,关闭鼻腔通路。如:

特色 车辙 色泽 折射 合格 客车 塞责 隔阂

ê——舌面前半低不圆唇元音:口腔自然打开,展唇,舌尖抵住下齿背,舌面前部隆起和硬腭相对。发音时,声带振动,软腭上升,关闭鼻腔通路(在普通话中除语气词"欸"以外,ê很少单独使用,经常出现在复韵母 ie、üe 中。在 i、ü 后面时,书写要省去符号"∧")。如:

解决 协约 结节 月夜 确切 雀跃 决绝 节约

i——舌面前高不圆唇元音:口腔开度很小,嘴角向两边展开,呈扁平状。舌尖接触下齿背,舌面前部隆起和硬腭前部相对。发音时,声带振动,软腭上升,关闭鼻腔通路。如:

吉利 鄙弃 礼仪 谜底 洗涤 栖息 记忆 习题

u——舌面后高圆唇元音:双唇拢圆成一小孔,略向前突出,舌体后缩,舌面后部隆起和软腭相对。发音时,声带振动,软腭上升,关闭鼻腔通路。如:

图书 互助 朴素 祝福 目录 突出 入伍 哺乳

ü——舌面前高圆唇元音:双唇拢圆,略向前突出,舌头前伸,舌尖抵住下齿背,舌面前部隆起和硬腭前部相对。发音情况和 i 基本相同,区别是 ü 嘴唇是圆的,i 嘴唇是扁的。发音时,声带振动,软腭上升,关闭鼻腔通路。如:

语句　序曲　雨具　絮语　趣语　屈居　须臾　局域

2. 舌尖元音

-i(前)——舌尖前高不圆唇元音:口微开,展唇,舌尖和上齿背相对,保持适当距离。发音时,声带振动,软腭上升,关闭鼻腔通路。

用普通话念"私"并延长,字音后面的部分便是-i(前)。这个韵母只跟 z、c、s 配合,不和任何其他声母相拼,也不能自成音节。如:

四层　自在　字词　自私　刺字　子嗣　赐死　词组

-i(后)——舌尖后高不圆唇元音:口微开,展唇,舌前端抬起和前硬腭相对。发音时,声带振动,软腭上升,关闭鼻腔通路。

用普通话念"师"并延长,字音后面的部分便是-i(后)。这个韵母只跟 zh、ch、sh、r 配合,不与其他声母相拼,也不能自成音节。如:

值日　支持　知识　市尺　日志　实质　指使　试纸

3. 卷舌元音

卷舌元音发音时有个舌尖抬起向硬腭滑动的卷舌动作。

er——卷舌央中不圆唇元音:口腔半开,开口度比 ê 略小,舌位居中,稍后缩,唇形不圆。舌前、中部上抬,舌尖向后卷,和硬腭前端相对(在发 e 的同时,舌尖向硬腭轻轻卷起,不是先发 e,然后卷舌,而是发 e 的同时舌尖卷起)。发音时,声带振动,软腭上升,关闭鼻腔通路。

er 中的"r"不代表音素,只是表示卷舌动作的符号。er 只能自成音节,不和任何声母相拼。如:

儿歌　耳朵　二胡　而且　儿戏　耳目　二环　饵料

(二)复元音韵母的发音

由两个或三个元音结合而成的韵母叫复韵母。普通话共有十三个复韵母:ai、ei、ao、ou、ia、ie、ua、uo、üe、iao、iou、uai、uei。根据主要元音所处的位置,复韵母可分为前响复韵母、中响复韵母和后响复韵母。

表 1-4　复韵母表

复韵母	前响复韵母	ai　ei　ao　ou
	中响复韵母	iao　iou　uai　uei
	后响复韵母	ia　ie　ua　uo　üe

1. 前响复韵母

前响复韵母指韵腹在前的复元音韵母,普通话中共有四个:ai、ei、ao、ou。它们的共同特点是元音舌位都是由低向高滑动,开头的元音音素清晰响亮,收尾的元音音素轻短模糊,音值不太固定,因此收尾的字母只表示舌位滑动的方向。

ai 发音时,舌尖抵住下齿背,使舌面前部隆起与硬腭相对。先发 a(起点元音是比单元音 a[A]的舌位靠前的前低不圆唇元音[a],简称"前 a"),念得长而响亮,然后舌位向 i 移动,但不到 i 的高度。i 只表示舌位移动的方向,音短而模糊。例如:

白菜　拍卖　海带　买卖　采摘　拆台　灾害　外来

ei 发音时,舌尖抵住下齿背,使舌面前部(略后)隆起对着硬腭中部。先发 e(起点元音是前半高不圆唇元音,比单元音 e 舌位靠前),然后舌位升高,向 i 的方向滑动。例如:

配备　北美　黑煤　蓓蕾　肥美　飞贼　唯美　贝类

ao 发音时,舌体后缩,舌面后部隆起。先发 a(起点元音是比单元音 a 的舌位靠后的后低不圆唇元音[ɑ],简称"后 a"),发得响亮,接着向 u 的方向滑动(比 u 舌位略低)。如:

报道　吵闹　号召　报告　草帽　跑道　早操　讨好

ou 发音时,先发 o(比单元音 o 舌位略高、略前),接着向 u 滑动,舌位不到 u 即停止发音。例如:

收购　漏斗　后楼　丑陋　抖擞　喉头　叩首　绸缪

2. 后响复韵母

后响复韵母指韵腹在后的复元音韵母,普通话中共有五个:ia、ie、ua、uo、üe。它们的共同特点是元音舌位都是由高向低滑动,开头的元音发得轻短,只表示舌位从那里开始移动,收尾的元音发得清晰响亮。

ia 发音时,起点元音是前高元音 i,发得轻短,由它开始,舌位很快滑向央低元音 a[A],a 发得长而响亮。例如:

加价　假牙　压价　家鸭　掐架　崖下　加压　下嫁

ie 发音时,起点元音是前高元音 i,由它开始,舌位滑向前半低元音 ê,前音轻短,后音响亮。例如:

结节　贴切　趔趄　歇业　铁屑　结业　雪野　确切

ua 发音时,起点元音是后高圆唇元音 u,念得轻短,由它开始,舌位很快滑向央低元音 a[A],唇形由最圆逐步展开到不圆,a 念得清晰响亮。例如:

花褂　话茬　挂画　花茶　瓜花　耍滑　画刷　娃娃

uo 起点元音是后高圆唇元音 u,念得轻短,由它开始,舌位很快下滑到后半高元音 o 停止,o 清晰响亮而长。发音过程中,保持圆唇,开头最圆,结尾圆唇度略减。例如:

过错　活捉　阔绰　硕果　错过　菠萝　哆嗦　啰嗦

üe 发音时,起点元音是圆唇的前高元音 ü,念得轻短,由 ü 开始,舌位很快下滑到前半低元音 ê,ê 清晰响亮而长,唇形由圆到不圆。例如:

雀跃　决绝　约略　月缺　解决　协约　月夜　借阅

后响复韵母在自成音节时,韵头 i、u、ü 改写成 y、w、yu。

3. 中响复韵母

中响复韵母指韵腹居中的复元音韵母,普通话中共有四个:iao、iou、uai、uei。它们共同的发音特点是舌位由高向低滑动,再从低向高滑动。第一个元音轻短,最后一个元音含混,音值不太固定,只表示舌位滑动的方向,中间的元音清晰响亮。

iao 发音时,由前高元音 i 开始,舌位降至低元音 a,然后再向后次高圆唇元音 u 的方向滑升。发音过程中,舌位先升后降,由前到后,曲折幅度大。唇形从中间的元音 a[A]逐渐圆唇。例如:

巧妙　小鸟　教条　吊销　疗效　苗条　逍遥　调料

iou 发音时,由前高元音 i 开始,舌位降至央(略后)元音 o,然后再向后次高圆唇元音 u 的方向滑升。发音过程中,舌位先降后升,由前到后,曲折幅度较大。唇形从央(略后)元音 o 逐渐圆唇。例如:

优秀　求救　牛油　久留　绣球　悠久　琉球　九流

uai 发音时,由圆唇的后高元音 u 开始,舌位向前滑降到前低不圆唇元音 a(即"前 a"),然后再向前高不圆唇元音 i 的方向滑升。发音过程中,舌位先降后升,由后到前,曲折幅度较大。唇形从前元音 a 逐渐展唇。例如:

摔坏　外快　怀揣　外踝　歪拐　乖乖　快快　踹歪

uei 发音时,由后高圆唇元音 u 开始,舌位向前滑动到前半高不圆唇音 e(比单元音 e 舌位靠前),然后再向前高不圆唇元音 i 滑升。发音过程中,舌位先降后升,由后到前,曲折幅度较大。唇形从前半高不圆唇音 e 逐渐展唇。例如:

退回　归队　尾随　荟萃　垂危　追悔　北魏　回归

中响复韵母在自成音节时,韵头 i、u 改写成 y、w。复韵母 iou、uei 前面加声母的时候,要省写成 iu、ui,例如 liu(留)、gui(归)等;不跟声母相拼时,不能省写,用 y、w 开头,写成 you(油)、wei(威)等。

(三)鼻韵母的发音

鼻韵母是由单元音或复元音与鼻辅音韵尾复合构成的韵母。发音时从元音舌位滑动过渡到鼻辅音,以鼻辅音结束。鼻韵母共有十六个:an、en、in、ün、ian、uan、üan、uen、ang、eng、ing、ong、iang、uang、ueng、iong。

表 1-5　鼻韵母表

鼻韵母	前鼻韵母	an　en　in　ün　ian　uan　üan　uen
	后鼻韵母	ang　eng　ing　ong　iang　uang　ueng　iong

普通话韵母中鼻辅音有两个:前鼻辅音 n 和后鼻辅音 ng。由两个鼻辅音韵尾构成的韵母分别称为前鼻韵母和后鼻韵母。区分前、后鼻韵母的主要方法如下:

第一,韵腹元音舌位的前后不同是区分两者的主要标志。例如:an 与 ang 的区分主要表现在 an 中的元音是前低元音[a],而 ang 中的元音是后低元音[ɑ]。

第二,n、ng 作为韵尾,只有与韵腹构成一个整体时才参与前、后鼻韵母的对比区分。为了确切体会鼻尾音的发音和听感性质,学习者必须尽量做到发音完整。

第三,前、后鼻韵母之间的对比关系是:an－ang、en－eng、in－ing、ian－iang、uan－uang、uen(un)－ueng(ong)、ün－iong。

1. 前鼻韵母

前鼻韵母有八个:an、en、in、ün、ian、uan、üan、uen(un)。

在普通话中,舌尖中浊鼻音 n 既做声母,又做韵尾。韵尾 n 的发音同声母 n 基本相同,只是韵尾 n 的发音部位比声母 n 靠后,一般是舌面前部接触硬腭,有个"抵舌"动作即可。

另外,uen 跟声母相拼时,省写作 un,例如 lun(伦)、chun(春)。uen 自成音节时,仍按照拼写规则写作 wen(温)。

an 起点元音是前低不圆唇元音 a[a],舌尖抵住下齿背,舌面前部隆起,舌位降到最低,软腭上升,关闭鼻腔通路。发"前 a"之后,软腭下降,打开鼻腔通路,同时舌面前部与硬腭前部闭合,使口腔中受阻碍的气流从鼻腔透出。例如:

感叹　灿烂　反感　坦然　谈判　参展　斑斓　难堪

en 起点元音是央元音 e,舌位居中(不高不低,不前不后),舌尖接触下齿背,舌面隆起部位受韵尾影响略靠前,软腭上升,关闭鼻腔通路。发央元音 e 之后,软腭下降,打开鼻腔通路,同时舌面前部与硬腭前部闭合,使在口腔受到阻碍的气流从鼻腔里透出。例如:

认真　根本　振奋　沉闷　门诊　人参　贲门　纹身

in 起点元音是前高不圆唇元音 i,舌尖抵住下齿背,软腭上升,关闭鼻腔通路。发舌位最高的前元音 i 之后,软腭下降,打开鼻腔通路,同时舌面前部与硬腭前部闭合,使在口腔受到阻碍的气流从鼻腔里透出。例如:

拼音　尽心　信心　引进　辛勤　近邻　殷勤　亲近

ün 起点元音是前高圆唇元音 ü,与 in 的发音状况接近,只是唇形变化不同。唇形从 ü 开始逐步展开,而 in 始终展唇。in、ün 自成音节时,写成 yin(音)、yun(晕)。例如:

均匀　军训　菌群　芸芸　逡巡　熏晕　音韵　循序

ian 发音时,从前高元音 i 开始,i 轻短,舌位向前低元音 a[a]的方向滑落,但舌位只降到半低位置就开始升高,直到舌面前部抵住硬腭前部形成鼻音 n。例如:

偏见　先前　艰险　天仙　电线　田间　前线　连绵

uan 发音时,从圆唇的后高元音 u 开始,口形迅速由合口变为开口,舌位向前迅速滑落到不圆唇的前低元音 a[a],然后舌位升高,直到舌面前部抵住硬腭前部形成鼻音 n。例如:

贯穿　转弯　婉转　传唤　酸软　宦官　乱窜　专款

üan 发音时,从圆唇的前高元音 ü 开始,向前低元音 a[a]方向滑落,舌位只降到半低位置就开始升高,直到舌面前部抵住硬腭前部形成鼻音 n。例如:

轩辕　全权　源泉　全员　圆圈　渊源　涓涓　源远

uen 发音时,从圆唇的后高元音 u 开始,向央元音 e 滑落,然后舌位升高,直到舌面前部抵住硬腭前部形成鼻音 n。例如:

春笋　温存　论文　混沌　昆仑　温顺　困顿　馄饨

2. 后鼻韵母

后鼻韵母有八个:ang、eng、ing、ong、iang、uang、ueng、iong。

ng 是舌面后浊鼻音。发音时,软腭下降,打开鼻腔通路,舌面后部后缩抵住软腭,气流振动声带后从鼻腔通过。iang、iong、uang、ueng 自成音节时,韵头 i、u 改写成 y、w。

ang 发音时,起点元音是后低不圆唇元音 a[a],口最开,舌尖离开下齿背,舌体后缩,软腭上升,关闭鼻腔通路。发"后 a"之后,软腭下降,打开鼻腔通路,同时舌面后部与软腭闭

合,使在口腔受到阻碍的气流从鼻腔透出。例如:

　　厂房　沧桑　商场　苍茫　上当　张扬　帮忙　当场

eng 发音时,起点元音是后半高不圆唇元音 e,口半闭,展唇,舌尖离开下齿背,舌体后缩,舌面后部隆起,比发单元音 e 的舌位略低,软腭上升,关闭鼻腔通路。发 e 之后,软腭下降,打开鼻腔通路,同时舌面后部与软腭闭合,使在口腔受到阻碍的气流从鼻腔透出。例如:

　　更正　生冷　征程　萌生　冷风　丰盛　生成　承蒙

ing 发音时,起点元音是前高不圆唇元音 i,舌尖接触下齿背,舌面前部隆起,软腭上升,关闭鼻腔通路。发 i 之后,软腭下降,打开鼻腔通路,同时舌面后部与软腭闭合,使在口腔受到阻碍的气流从鼻腔透出。ing 自成音节时,作 ying(英)。例如:

　　定型　命令　英明　倾听　经营　姓名　评定　轻盈

ong 发音时,起点元音是比后高圆唇元音 u 舌位略低的后半高圆唇音[u],舌尖离开下齿背,舌体后缩,舌面后部隆起,软腭上升,关闭鼻腔通路。发后半高圆唇音[u]之后,软腭下降,打开鼻腔通路,同时舌面后部与软腭闭合,使在口腔受到阻碍的气流从鼻腔透出。例如:

　　工农　红松　动容　瞳孔　轰动　共同　隆重　恐龙

iang 发音时,从前高元音 i 开始,舌位向后滑降到后低元音 a[ɑ],然后舌位升高,接续鼻音 ng。例如:

　　亮相　想象　洋枪　香江　襄阳　响亮　两样　洋相

uang 发音时,从圆唇的后高元音 u 开始,舌位滑降至后低元音 a[ɑ],然后舌位升高,接续鼻音 ng。唇形从圆唇在向折点元音的滑动中逐渐展唇。例如:

　　状况　双簧　窗框　狂妄　装潢　网状　矿床　闯王

ueng 发音时,从圆唇的后高元音 u 开始,舌位滑降到后半高元音 e(稍稍靠前略低)的位置,然后舌位升高,接续鼻音 ng。唇形从圆唇向折点元音滑动过程中逐渐展唇。普通话里,韵母 ueng 只有一种零声母的音节形式 weng。例如:

　　老翁　齆鼻　蓊郁　水瓮　蕹(wòng)菜　蓊然　瓮城

iong 发音时,从前高元音 i 开始,舌位向后略向下滑动到后半高圆唇元音[u]的位置,然后舌位升高,接续鼻音 ng。由于受后面圆唇元音的影响,开始的前高元音 i 也带上了圆唇色彩而近似 ü。传统汉语语音学把 iong 归属撮口呼。例如:

　　汹涌　穷凶　炯炯　熊熊

二、韵母辨正

(一)单韵母 e—o 辨正

北方有些方言会把韵母 o 念成 e,如"坡""破""摸"的韵母读成 e;西南有些方言会把韵母 e 念成 o,如"哥""和""颗""喝"的韵母读成 o。

辨析方法有三种:

一是拢圆双唇。

o 是圆唇音,e 是不圆唇音。

二是降低舌根。

虽同为舌面后半高元音,但o的舌位比e略低。

三是记住拼合规律。

普通话的韵母o只跟b、p、m、f拼合,而韵母e却相反,不能和这四个声母拼合("什么"的"么"字除外),所以大家记住b、p、m、f后面的韵母一定是o而不是e。

【课堂练习】

1. 单音节字词对比辨音练习

歌—播　阁—婆　贺—默　科—坡　禾—佛　特—末　扯—抹　可—颇

河—摸　咳—脖　割—波　荷—魔　客—破　哲—拨　格—博　社—末

2. 双音节词对比辨音练习

合格—破格　特色—叵测　贺喜—默许　刻骨—博古　个数—魔术

大哥—大伯　大河—大佛　合法—魔法　磕破—磨破　苛刻—摹刻

3. 韵母相连辨音练习

叵测 pǒcè　　波折 bōzhé　　漠河 mòhé　　博客 bókè　　伯乐 bólè

磨破 mópò　　莫测 mòcè　　墨客 mòkè　　破格 pògé　　泊车 bóchē

恶魔 èmó　　河伯 hébó　　刻薄 kèbó　　车模 chēmó　　胳膊 gēbo

隔膜 gémó　　折磨 zhémó　　泼墨 pōmò　　薄膜 bómó　　薄荷 bòhe

4. 绕口令练习

(1)颗颗豆子进石磨,磨成豆腐送哥哥。哥哥说我的生产虽然小,可是小小的生产贡献多。

(2)白伯伯,彭伯伯,饽饽铺里买饽饽。

白伯伯买的饽饽大,彭伯伯买的大饽饽,拿到家里给婆婆。

婆婆又去比饽饽,不知白伯伯买的饽饽大,还是彭伯伯买的饽饽大。

(3)波波和哥哥,坐下分果果。波波让哥哥,哥哥让波波,都说要少不要多,奶奶嘴上笑呵呵。

(4)哥哥弟弟坡前坐,坡上卧着一只鹅,坡下流着一条河。哥哥说,宽宽的河,弟弟说,肥肥的鹅。鹅要过河,河要渡鹅。不知是鹅过河,还是河渡鹅。

(5)狼打柴,狗烧火,猫儿上炕捏窝窝,雀儿飞来蒸饽饽。

5. 诗歌朗诵练习

(1)鹅鹅鹅,曲项向天歌。白毛浮绿水,红掌拨清波。(《咏鹅》唐·骆宾王)

(2)你侬我侬,忒煞情多,情多处,热如火。把一块泥,捻一个你,塑一个我。将咱两个一齐打破,用水调和。再捻一个你,再塑一个我。我泥中有你,你泥中有我。我与你生同一个衾,死同一个椁。(《我侬词》元·管道升)

(3)尽道隋亡为此河,至今千里赖通波。

若无水殿龙舟事,共禹论功不较多。(《汴河怀古》唐·皮日休)

(4)湖光秋月两相和,潭面无风镜未磨。

遥望洞庭山水色,白银盘里一青螺。(《望洞庭》唐·刘禹锡)

(二)单韵母 e−ê 辨正

在普通话里,ê 很少单独使用,经常出现在 i、ü 的后面,在 i、ü 后面时,书写要省去符号"^"。ê 发音时,口腔半开,舌位半低,舌头前伸,舌尖抵住下齿背,嘴角向两边自然展开,唇形不圆。e 发音状况大体像 o,只是双唇自然展开成扁形。一些方言区的人将 ie、üe 中的 i+ê、ü+ê 的发音发成了 i+e、ü+e。

辨析方法有两种:

一要了解发音部位不同。

e 是舌面半高后不圆唇元音,ê 是舌面前半低不圆唇音。所以,发 ie、üe 音时要打开口腔,降低舌位。

二要注意 ê 的发音部位是靠舌面前,而不是舌根。

纠正 ie 的发音时注意从 i 到 ê,只是把口腔逐渐张开,舌头不要后缩,舌尖不离下齿背;üe 是由 ü 开始,舌位很快下滑到前半低元音 ê,ê 清晰响亮而长,唇形由圆到不圆。

【课堂练习】

1. 单音节字词对比辨音练习

节—绝　切—缺　写—雪　借—倔　怯—却　歇—削　鞋—学　劣—略
椰—约　列—掠　茄—瘸　结—绝　街—厥　且—阕　些—薛　斜—学

2. 双音节词对比辨音练习

切实—确实　列表—略表　猎取—掠取　结冰—掘冰　夜读—阅读
日夜—日月　竹叶—逐月　午夜—五岳　听写—听雪　情节—情绝

3. 韵母相连辨音练习

谢绝 xièjué　　决裂 juéliè　　解决 jiějué　　确切 quèqiè　　节略 jiélüè
学业 xuéyè　　学界 xuéjiè　　劫掠 jiélüè　　血液 xuèyè　　喋血 diéxuè
节约 jiéyuē　　协约 xiéyuē　　越界 yuèjiè　　月夜 yuèyè　　学姐 xuéjiě
结节 jiéjié　　雀跃 quèyuè　　决绝 juéjué　　约略 yuēlüè　　借阅 jièyuè

4. 绕口令练习

(1)南边来个老爷子,手里拿碟子,碟子里装茄子,一下碰上了橛子。打了碟子,洒了茄子,摔坏了老爷子。

(2)真绝,真绝,真叫绝,皓月当空下大雪,麻雀游泳不飞跃,鹊巢鸠占鹊喜悦。(《真绝》)

(3)姐姐借刀切茄子,去把儿去叶儿斜切丝,切好茄子烧茄子,炒茄子、蒸茄子,还有一碗焖茄子。(《茄子》)

(4)铁岭老人谢大爷,清早上街去扫雪。雪深灌了他一鞋,赶紧大声喊小杰。小杰见爹在扫雪,拿把铁锨叫姐姐。姐姐帮着爹扫雪,小杰帮着爹铲雪,乐坏了铁岭街上的谢大爷。

5. 诗歌朗诵练习

(1)千山鸟飞绝,万径人踪灭。孤舟蓑笠翁,独钓寒江雪。(《江雪》唐·柳宗元)

(2)自送别,心难舍,一点相思几时绝?凭栏袖拂杨花雪。溪又斜,山又遮,人去也!
(《四块玉·别情》元·关汉卿)

(三)鼻韵母 in—ün、in—ing、ün—iong 辨正

辨析方法有三种：

一是发音部位不同。

in、ün 是前鼻音韵母，ing、ong 是后鼻音韵母。

二是发音方法不同。

in 发音时，先发 i，然后舌尖向上齿龈移动，抵住上齿龈，发鼻音 n，例如"拼音""尽心"的韵母。

ün 发音时，先发 ü，舌尖向上齿龈移动，抵住上齿龈，气流从鼻腔通过，例如"均匀""军训"的韵母。

ing 发音时，先发 i，舌头后缩，舌根抵住软腭，发后鼻音 ng，例如"定型""命令"的韵母。ing 自成音节时，作 ying(英)。

ong 发音时，舌根抬高抵住软腭，发后鼻音 ng，例如"工农""红松"的韵母。

三是利用声韵拼合规律区分。

普通话中，韵母 in 不与 d、t 相拼，方言中的相关字应改读，如"钉""顶""定""订""挺""亭"等。

此外，偏旁类推也是很好的分辨办法。

【课堂练习】

1. 单音节字词对比辨音练习

印—运	劲—骏	芹—群	欣—熏	隐—允	因—晕	斤—君	琴—裙
信—驯	银—云	勤—群	进—俊	新—勋	阴—晕	紧—菌	音—韵
津—京	亲—轻	新—星	因—应	林—玲	宾—兵	民—明	凛—领
近—竟	秦—晴	信—兴	引—影	吝—令	鬓—病	闽—瞑	紧—景
晕—庸	群—穷	君—窘	允—永	裙—穹	寻—雄	运—用	询—熊
韵—用	熏—胸	陨—勇	巡—雄	晕—用	勋—兄	孕—用	群—琼

2. 双音节词对比辨音练习

真金—真菌	餐巾—参军	平津—平均	晋级—峻急	金银—均匀
攻心—功勋	白银—白云	辛勤—新裙	填进—天峻	通信—通讯
今天—惊天	信服—幸福	勤俭—请柬	因而—婴儿	临时—零时
宾馆—冰棺	禁止—静止	印象—映像	金银—晶莹	亲近—清静
运费—用费	晕车—用车	因循—英雄	群像—穷相	人群—人穷
工运—公用	勋章—胸章	韵脚—用脚	巡幸—雄性	寻机—雄鸡

3. 韵母相连辨音练习

军心 jūnxīn	进军 jìnjūn	寻衅 xúnxìn	音讯 yīnxùn	云锦 yúnjǐn
阴云 yīnyún	音韵 yīnyùn	新裙 xīnqún	熏心 xūnxīn	循进 xúnjìn
心情 xīnqíng	品行 pǐnxíng	心灵 xīnlíng	民兵 mínbīng	金星 jīnxīng
灵敏 língmǐn	清音 qīngyīn	平民 píngmín	精心 jīngxīn	定亲 dìngqīn

运用 yùnyòng　　群雄 qúnxióng　　军用 jūnyòng　　拥军 yōngjūn　　穷郡 qióngjùn
勇军 yǒngjūn　　用韵 yòngyùn　　迅勇 xùnyǒng　　凶讯 xiōngxùn　　俊勇 jùnyǒng

4. 绕口令练习

(1)ün：军车运来一堆裙，一色军用绿色裙。军训女生一大群，换下花裙换绿裙。（《换裙子》）

(2)in—ing：同姓不能念成通信，通信也不能念成同姓。同姓可以互相通信，通信可不一定同姓。

(3)in：你也勤来我也勤，生产同心土变金。工人农民亲兄弟，心心相印团结紧。（《土变金》）

(4)ing：蜻蜓青，青浮萍，青萍上面停蜻蜓，蜻蜓青萍分不清。别把蜻蜓当青萍，别把青萍当蜻蜓。（《蜻蜓青萍分不清》）

(5)ong：冲冲栽了十畦葱，松松栽了十棵松。冲冲说栽松不如栽葱，松松说栽葱不如栽松。是栽松不如栽葱，还是栽葱不如栽松？（《栽葱和栽松》）

5. 诗歌朗诵练习

(1)in：城阙辅三秦，风烟望五津。与君离别意，同是宦游人。
海内存知己，天涯若比邻。无为在歧路，儿女共沾巾。（《送杜少府之任蜀州》唐·王勃）

(2)in：国破山河在，城春草木深。感时花溅泪，恨别鸟惊心。
烽火连三月，家书抵万金。白头搔更短，浑欲不胜簪。（《春望》唐·杜甫）

(3)un：千里黄云白日曛，北风吹雁雪纷纷。
莫愁前路无知己，天下谁人不识君？（《别董大》唐·高适）

(4)un：清明时节雨纷纷，路上行人欲断魂。
借问酒家何处有？牧童遥指杏花村。（《清明》唐·杜牧）

(5)ing：银烛秋光冷画屏，轻罗小扇扑流萤。
天阶夜色凉如水，坐看牵牛织女星。（《秋夕》唐·杜牧）

(四)鼻韵母 en－eng、uen－ueng(un－ong)辨正

辨析方法包括：

一是发音部位不同。

en 是前鼻音韵母，eng 是后鼻音韵母。

二是发音方法不同。

en 发音时，先发 e，然后舌尖向上齿龈移动，抵住上齿龈发鼻音 n，例如"认真""根本"的韵母。eng 发音时，先发 e，舌根向软腭移动，抵住软腭，气流从鼻腔通过，例如"更正""生冷"的韵母。

三是利用声韵拼合规律区分。

如，除"嫩"之外，en 不能与 d、t、n、l 相拼。又如，除"怎""参""岑""涔""森"这五个字外，en 不能和 z、c、s 相拼。

此外，偏旁类推也是很好的分辨办法。

【课堂练习】

1. 单音节字词对比辨音练习

分—风	盆—朋	奔—崩	喷—砰	奋—缝	笨—蹦	门—蒙	扪—梦
陈—程	沈—省	珍—争	跟—耕	森—僧	坟—冯	根—羹	尘—城
温—翁	盾—动	吞—通	轮—龙	滚—拱	昆—空	混—哄	准—肿
春—冲	捆—孔	稳—蓊	蹲—东	吞—通	尊—宗	孙—松	昏—轰

2. 双音节词对比辨音练习

存钱—从前	轮子—笼子	炖肉—冻肉	吞并—通病	准点—终点
依存—依从	春分—冲锋	乡村—香葱	不准—不肿	均匀—军用
陈旧—成就	真气—蒸汽	粉刺—讽刺	震中—正中	晨风—成风
余温—渔翁	上身—上升	同门—同盟	花盆—花棚	人参—人生

3. 韵母相连辨音练习

真诚 zhēnchéng	本能 běnnéng	奔腾 bēnténg	神圣 shénshèng	人生 rénshēng
深耕 shēngēng	分封 fēnfēng	真正 zhēnzhèng	尘封 chénfēng	成本 chéngběn
承认 chéngrèn	风尘 fēngchén	证人 zhèngrén	登门 dēngmén	生辰 shēngchén
生根 shēnggēn	缝纫 féngrèn	诚恳 chéngkěn	胜任 shèngrèn	顺从 shùncóng
昆虫 kūnchóng	滚筒 gǔntǒng	尊重 zūnzhòng	混同 hùntóng	滚动 gǔndòng
尊崇 zūnchóng	春松 chūnsōng	村东 cūndōng	蠢虫 chǔnchóng	稳重 wěnzhòng
农村 nóngcūn	中文 zhōngwén	通顺 tōngshùn	红润 hóngrùn	重孙 chóngsūn
公文 gōngwén	共存 gòngcún	从军 cóngjūn	中旬 zhōngxún	震惊 zhènjīng

4. 绕口令练习

(1) en—eng: 桌上放个盆,盆里放着瓶,乒乓砰砰,不知是瓶碰盆,还是盆碰瓶?

(2) eng—en: 陈庄程庄都有城,陈庄城通程庄城。陈庄城和程庄城,两庄城墙都有门。陈庄城进程庄人,陈庄人进程庄城。请问陈程两庄城,两庄城门都进人,哪个城进陈庄人,程庄人进哪个城?(《陈庄城和程庄城》)

(3) en: 小陈去卖针,小沈去卖盆。俩人挑着担,一起出了门。小陈喊卖针,小沈喊卖盆。也不知是谁卖针,也不知是谁卖盆。(《小陈和小沈》)

(4) uen—en: 孙伦打靶真叫准,半蹲射击特别稳。本是半路出家人,摸爬滚打练成神。

(5) en—eng、ing、ong: 东洞庭,西洞庭,洞庭山上一根藤,藤上挂个大铜铃。风起藤动铜铃响,风停藤定铜铃静。

(6) ueng: 老翁卖酒老翁买,老翁买酒老翁卖。(《老翁和老翁》)

5. 诗歌朗诵练习

(1) en: 渭城朝雨浥轻尘,客舍青青柳色新。
 劝君更尽一杯酒,西出阳关无故人。(《送元二使安西》唐·王维)

(2) en: 独在异乡为异客,每逢佳节倍思亲。
 遥知兄弟登高处,遍插茱萸少一人。(《九月九日忆山东兄弟》唐·王维)

(3) eng、ong: 去年今日此门中,人面桃花相映红。
 人面不知何处去,桃花依旧笑春风。(《题都城南庄》唐·崔护)

(4) ong：死去元知万事空，但悲不见九州同。
王师北定中原日，家祭无忘告乃翁。（《示儿》南宋·陆游）

（五）鼻韵母 an－ang 辨正

辨析方法包括：

一是发音部位不同。

an 是前鼻音韵母，ang 是后鼻音韵母，并且韵腹 a 舌位前后不同，an 由"前 a"[a]开始发音，ang 由"后 a"[ɑ]开始发音。

二是发音方法不同。

an 发音时，先发"前 a"[a]，然后舌尖向上齿龈移动，最后抵住上齿龈，舌面微升，发前鼻音 n，例如"感叹""灿烂"的韵母。

ang 发音时，先发"后 a"[ɑ]，舌头逐渐后缩，舌根抬起与软腭接触，气流从鼻腔通过，例如"厂房""沧桑"的韵母。

三是收音时口形不同。

an 上下齿闭拢，ang 口微开。

此外，偏旁类推也是很好的分辨办法。

【课堂练习】

1. 单音节字词对比辨音练习

安—肮　干—杠　蚕—藏　展—长　单—当　寒—航　坦—躺　蓝—廊
连—凉　显—想　验—样　剪—讲　鲜—香　前—墙　眼—仰　县—相
换—晃　宽—筐　赚—撞　晚—网　环—黄　砖—庄　玩—王　转—状

2. 双音节词对比辨音练习

（1）an－ang 对比辨音练习

扳手—帮手　反问—访问　担心—当心　水干—水缸　看家—康佳
唐宋—弹送　赏光—闪光　张贴—粘贴　账房—战防　女郎—女篮

（2）ian－iang 对比辨音练习

盐碱—演讲　显现—现象　中签—中枪　绵延—绵阳　见钱—渐强
向前—现钱　江淹—检验　两面—脸面　享年—现年　粮棉—连绵

（3）uan－uang 对比辨音练习

官宦—光环　宽泛—狂放　传单—闯荡　晚装—网状　船户—窗户
装修—专修　撞门—转门　双人—栓人　王权—完全　壮丽—专利

3. 韵母相连辨音练习

（1）读准 an 和 ang

担当 dāndāng　班长 bānzhǎng　繁忙 fánmáng　反抗 fǎnkàng　擅长 shàncháng
商贩 shāngfàn　当然 dāngrán　傍晚 bàngwǎn　账单 zhàngdān　方案 fāngàn

(2) 读准 ian 和 iang

演讲 yǎnjiǎng　现象 xiànxiàng　坚强 jiānqiáng　绵羊 miányáng　岩浆 yánjiāng
镶嵌 xiāngqiàn　香甜 xiāngtián　想念 xiǎngniàn　两面 liǎngmiàn　量变 liàngbiàn

(3) 读准 uan 和 uang

观光 guānguāng　宽广 kuānguǎng　观望 guānwàng　万状 wànzhuàng　端庄 duānzhuāng
光环 guānghuán　狂欢 kuánghuān　双关 shuāngguān　王冠 wángguān　壮观 zhuàngguān

4. 绕口令练习

(1) an：出前门，往正南，有个面铺面冲南，门口挂着蓝布棉门帘。摘了它的蓝布棉门帘，面铺面冲南，给他挂上蓝布棉门帘，面铺还是面冲南。(《蓝布棉门帘》)

(2) uan—an：大帆船，小帆船，竖起桅杆撑起船。风吹帆，帆引船，帆船顺风转海湾。(《帆船》)

(3) üan：圆圈圆，圈圆圆，圆圆娟娟画圆圈。娟娟画的圈连圈，圆圆画的圈套圈。娟娟圆圆比圆圈，看看谁的圆圈圆。(《画圆圈》)

(4) ang—an：张康当董事长，詹丹当厂长，张康帮助詹丹，詹丹帮助张康。

5. 诗歌朗诵练习

(1) àn：秦时明月汉时关，万里长征人未还。
    　　但使龙城飞将在，不教胡马度阴山。(《出塞》唐·王昌龄)

(2) an：黄河远上白云间，一片孤城万仞山。
    　　羌笛何须怨杨柳，春风不度玉门关。(《凉州词》唐·王之涣)

(3) uang：床前明月光，疑是地上霜。举头望明月，低头思故乡。(《静夜思》唐·李白)

(六) 单韵母 er 辨正

er 在普通话里是一个特殊的卷舌韵母，其发音特点是发央元音 e 的同时，舌尖逐渐卷起，翘向硬腭，然后迅速向上齿背滑动，整个动程一气呵成。

er 在方言中也有各种变化：一类缺少卷舌色彩，成了 e 或近似于 u 但不圆唇的一个音，如河北省秦皇岛的青龙、抚宁，唐山的迁西、迁安以及保定的涞源、易县等地；另一类发音时舌尖抵住硬腭，气流从舌头两边流出，成了一个浊辅音，如石家庄的高邑、元氏、赵县，衡水的深州、武强，邢台的南宫、清河、宁晋，邯郸的广平、肥乡等地。

辨正方法有两种：一是掌握发音方法；二是采用记少不记多的办法，把"二""而""尔""儿""耳""洱""饵""贰""迩"等字记住。

【课堂练习】

1. 韵母相连辨音练习

贰臣 èrchén　而立 érlì　儿孙 érsūn　二战 èrzhàn　而后 érhòu
洱海 ěrhǎi　耳目 ěrmù　二胡 èrhú　木耳 mùěr　然而 ránér
聂耳 nièěr　偶尔 ǒuěr　幼儿 yòuér　诱饵 yòuěr　遐迩 xiáěr

2. 绕口令练习

(1) ër：要说"尔"专说"尔"/马尔代夫，喀布尔/阿尔巴尼亚，扎伊尔/卡塔尔，尼泊尔/贝尔格莱德,安道尔/萨尔瓦多,伯尔尼/利伯维尔,班珠尔/厄瓜多尔,塞舌尔/哈密尔顿,尼日尔/圣彼埃尔,巴斯特尔/塞内加尔的达喀尔,阿尔及利亚的阿尔及尔。

(2)er:二大娘的二儿子,从云南洱海湖归来,带了二十二斤好木耳。

三、普通话声韵配合规律

普通话的声母和韵母相拼组成音节是有一定规律的,有些声、韵之间可以相拼,有些声、韵之间不能相拼。掌握声、韵配合规律,不但有利于我们快速学好普通话,而且还有助于区别方言,减少拼读和拼写中的一些错误。

表1-6　普通话声韵配合简表

声母	韵母	开口呼	齐齿呼	合口呼	撮口呼
双唇音	b、p、m	+	+	只跟u相拼	
唇齿音	f	+		只跟u相拼	
舌尖中音	d、t	+	+	+	
	n、l	+	+	+	+
舌面音	j、q、x		+		+
舌根音	g、k、h	+		+	
舌尖后音	zh、ch、sh、r	+		+	
舌尖前音	z、c、s	+		+	
零声母	∅	+	+	+	+

《普通话声韵配合简表》易看易懂,但记忆起来比较零散,为了更便捷地学习、掌握拼合规律,我们根据《普通话声韵配合简表》和《普通话声韵配合总表》编写了一首歌诀:

开口不呼j、q、x,合口效法开口呼,沾唇只限u。齐齿不言f,还有g、z、zh。舌面零n、l,撮口不可失。

"开口不呼j、q、x"是说j、q、x不能和开口呼韵母配合构成音节。"合口效法开口呼,沾唇只限u"是说合口呼韵母同开口呼韵母一样,也不能和j、q、x相拼,此外,沾唇的双唇音和唇齿音只能同合口呼中的u相拼,不能和合口呼中除u以外的韵母相拼构成音节。

"齐齿不言f,还有g、z、zh"是说f、g、k、h、z、c、s、zh、ch、sh、r不能和齐齿呼韵母相拼构成音节。

"舌面零n、l,撮口不可失"是说舌面音j、q、x和零声母以及n、l能够和撮口呼韵母相拼构成音节。

四、普通话测试中韵母失分因素分析

(一)韵母发音错误(把该韵母读成其他韵母)

1. 把圆唇单韵母o读成不圆唇单韵母e,如"佛""抹""坡""火"。
2. 把不圆唇单韵母i和圆唇单韵母ü相混,如"大姨—大鱼"。

表 1-7 普通话声韵配合总表

	开口呼													齐齿呼											合口呼								撮口呼				
韵母	-i	a	o	e	ê	er	ai	ei	ao	ou	an	en	ang	eng	i	ia	ie	iao	iou	ian	in	iang	ing	iong	u	uo	uoi	uei	uan	uen	uang	ueng	ong	ü	üe	üan	ün	iong
b		ba巴	bo玻				bai白	bei杯	bao包		ban般	ben奔	bang邦	beng崩	bi逼		bie别	biao标		bian边	bin宾		bing兵		bu布													
p		pa爬	po坡				pai拍	pei胚	pao抛	pou剖	pan潘	pen喷	pang旁	peng朋	pi批		pie瞥	piao飘		pian偏	pin拼		ping平		pu铺													
m		ma妈	mo摸	me么			mai买	mei梅	mao猫	mou谋	man馒	men闷	mang忙	meng蒙	mi迷		mie灭	miao喵	miu谬	mian棉	min民		ming名		mu木													
f		fa发	fo佛					fei飞		fou否	fan帆	fen分	fang方	feng风											fu夫													
d		da搭		de德			dai呆	dei得	dao刀	dou兜	dan担		dang当	deng登	di低		die爹	diao刁	diu丢	dian颠			ding丁		du都	duo多		dui对	duan端	dun敦			dong东					
t		ta他		te特			tai胎		tao掏	tou偷	tan摊		tang汤	teng腾	ti梯		tie贴	tiao挑		tian天			ting听		tu秃	tuo托		tui腿	tuan团	tun吞			tong通					
n		na拿		ne讷			nai奶	nei内	nao闹	nou耨	nan男	nen嫩	nang囊	neng能	ni泥		nie捏	niao鸟	niu牛	nian年	nin您	niang娘	ning宁		nu奴	nuo懦			nuan暖				nong农	nü女	nüe虐			
l		la拉		le乐			lai来	lei雷	lao捞	lou楼	lan兰		lang郎	leng冷	li梨	lia俩	lie列	liao捞	liu溜	lian连	lin林	liang良	ling零		lu卢	luo罗			luan乱	lun轮			long龙	lü吕	lüe略			
g		ga噶		ge哥			gai该	gei给	gao高	gou沟	gan干	gen根	gang刚	geng庚											gu姑	guo国	guai拐	gui归	guan官	gun滚	guang光		gong工					
k		ka咖		ke科			kai开		kao考	kou口	kan看	ken肯	kang康	keng坑											ku哭	kuo阔	kuai快	kui亏	kuan宽	kun困	kuang矿		kong空					
h		ha哈		he喝			hai海	hei黑	hao好	hou侯	han寒	hen恨	hang杭	heng哼											hu呼	huo活	huai怀	hui灰	huan欢	hun昏	huang荒		hong红					
j															ji鸡	jia家	jie街	jiao交	jiu纠	jian间	jin斤	jiang江	jing京	jiong窘									ju居	jue决	juan捐	jun均	
q															qi欺	qia恰	qie切	qiao敲	qiu秋	qian千	qin亲	qiang枪	qing青	qiong穷									qu区	que缺	quan圈	qun群	
x															xi希	xia瞎	xie歇	xiao消	xiu休	xian先	xin新	xiang香	xing星	xiong兄									xu虚	xue学	xuan宣	xun勋	
zh	zhi知	zha渣		zhe遮			zhai摘	zhei这	zhao招	zhou舟	zhan占	zhen针	zhang张	zheng争											zhu朱	zhuo桌	zhuai拽	zhui追	zhuan专	zhun准	zhuang庄		zhong中					
ch	chi吃	cha插		che车			chai拆		chao超	chou抽	chan产	chen陈	chang昌	cheng成											chu出	chuo戳	chuai揣	chui吹	chuan川	chun春	chuang窗		chong充					
sh	shi诗	sha沙		she奢			shai筛	shei谁	shao烧	shou收	shan山	shen身	shang商	sheng生											shu书	shuo硕	shuai摔	shui水	shuan拴	shun顺	shuang双							
r	ri日			re热					rao饶	rou柔	ran然	ren人	rang嚷	reng扔											ru如	ruo弱		rui锐	ruan软	run闰			rong绒					
z	zi资	za杂		ze则			zai灾	zei贼	zao遭	zou邹	zan咱	zen怎	zang脏	zeng增											zu租	zuo作		zui嘴	zuan钻	zun尊			zong宗					
c	ci雌	ca擦		ce测			cai猜		cao操	cou凑	can参	cen岑	cang仓	ceng层											cu粗	cuo搓		cui催	cuan窜	cun村			cong聪					
s	si司	sa撒		se色			sai腮		sao搔	sou搜	san三	sen森	sang桑	seng僧											su苏	suo所		sui虽	suan酸	sun孙			song松					
0		a啊	o喔	e鹅	ê欸	er儿	ai哎	ei欸	ao熬	ou欧	an安	en恩	ang昂		yi衣	ya鸭	ye耶	yao腰	you优	yan烟	yin因	yang央	ying应	yong拥	wu乌	wo窝	wai歪	wei威	wan弯	wen温	wang汪	weng翁		yu迂	yue约	yuan渊	yun晕	

3. 把卷舌单韵母 er 读成非卷舌单韵母,如"儿子—蛾子"。
4. 把单韵母 e 读成卷舌音或复韵母 uo、ai 等,如"色—筛"。
5. 把 ai、ao 等复韵母读成单韵母。
6. 把复韵母 üe 读成复韵母 iao,如"上学(xué)"读成"上学(xiáo)"。
7. 把复韵母 ie、üe 的韵腹 ê 读成 e。
8. 把复韵母 an 读成 ie,如"前面—茄灭"。
9. 前鼻韵母、后鼻韵母相混,如"民心—明星"。
10. 鼻韵母脱落。
11. 鼻韵母 en 和复韵母 ei 相混。
12. 丢介音,如"代表—带宝"。

(二)韵母发音缺陷(韵母发音不标准、不到位)

1. 圆唇音韵母 o、u、ü 等的圆唇度不够。
2. 单韵母 a 的舌位靠前或靠后。
3. 卷舌单韵母 er 卷舌不够或过分。
4. 复韵母 ai、ao 等动程短,口形偏小。
5. 复韵母 ei、uei、ou 等口形偏大。
6. 复韵母 ie、üe 归音时舌位偏后。
7. 鼻韵母 ian、uan 中的 a 发音位置偏后,口形偏大。
8. 鼻韵母鼻音弱化,归音不到位。
9. 复韵母 ai、ao、ei、ou 归音过度。
10. 鼻韵母 en、uen 的 e 位置偏前。

第四节　声调训练

一、普通话的声调

(一)普通话声调的基本知识

1. 声调的概念和特性

声调是指音节具有区别意义作用的高低升降变化形式,汉语的声调也称字调或单字调。

声调的特点有两个:一是声调的变化主要由音高决定。音乐中的音阶也是由音高决定的,因此,声调可以用音阶来模拟,学习声调也可以借助于自己的音乐感。二是声调的音高是相对的,不是绝对的;声调的升降变化是滑动的,不像从一个音阶到另一个音阶那样跳跃式地移动。

声调的作用有两个:一是区别词义。一个音节声母、韵母相同,声调不同,意义不同,如

"妈""麻""马""骂"。二是增强语言的节奏感和感染力。普通话四个声调的高低升降、抑扬起伏,赋予汉语独特的音乐美和节奏感,增强了有声语言的感染力。

2. 声调的调类、调值和调号

普通话有四个调类,分别是阴平、阳平、上声、去声,简称"四声"。

调类的标记符号也叫调号。根据《汉语拼音方案》,普通话"四声"的调号分别是:阴平"ˉ"、阳平"ˊ"、上声"ˇ"、去声"ˋ"。

调值是指声调的实际读音。普通话四声的调值分别是:阴平55、阳平35、上声214、去声51。

描述声调的调值通常用五度标记法:立一竖标,中分5度,音高最低为1,音高次低为2,音高中间为3,音高次高为4,音高最高为5。线条左端为音高的起点,右端为音高的终点。这样,普通话就有了高平调、高升调、降升调、全降调四种。

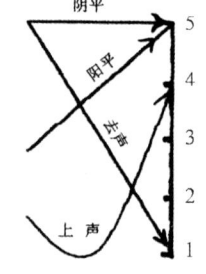

图1-4 五度标记图

(二)普通话四个声调的发音

1. 阴平

念高平,用五度标记法来表示,就是从5到5,写作55。声带绷到最紧,始终无明显变化,保持音高。例如:

青春光辉 春天花开 公司通知 新屋出租

2. 阳平

念高升(或说中升),起音比阴平稍低,然后升到高,用五度标记法表示,就是从3升到5,写作35。声带从不松不紧开始,逐步绷紧,直到最紧,声音从不低不高到最高。例如:

人民银行 连年和平 农民犁田 圆形循环

3. 上(shǎng)声

念降升,起音半低,先降后升,用五度标记法表示,是从2降到1再升到4,写作214。声带从略微有些紧张开始,而后立刻松弛下来,稍稍延长,然后迅速绷紧,但没有绷到最紧。例如:

彼此理解 理想美满 永远友好 管理很好

4. 去声

念高降(或称全降),起音高,接着往下滑,用五度标记法表示,是从5降到1,写作51。声带从紧开始到完全松弛为止,声音从高到低。去声的音长在普通话里是最短的。例如:

下次注意 世界教育 报告胜利 创造利润

普通话的声调可概括为一平二升三曲四降,调性差别较大,不易混淆。四个声调总结为:

阴平起音高高一路平,如:高空飞机。

阳平由中到高往上跑,如:来回航行。

上声先降再从低升高,如:果敢勇猛。

去声高歌猛跑到底层,如:胜利迈进。

二、声调辨正

北方方言与普通话在声调上的差异主要有两个方面：一是调类差异，二是调值差异。

(一)调类辨正

以河北方言为例，北京官话区的承德、廊坊、涿州等市县调值、调类与普通话基本相同，声调分为阴平、阳平、上声、去声四个调类，调值分别是 55、35、214、51。但其他地区调类差异较大。

1. 存在的问题
(1)三个调类

平声不分阴阳：该区域方言中只有平声、上声、去声三个调类，即平声不分阴阳，读相同的调值。如：河北唐山的滦县、滦南、丰南，石家庄的井陉、行唐等县。

没有阳平：该区域方言中只有阴平、上声、去声三个调类，其中阳平与上声调值相同，为一个调类。如：河北沧州的青县、黄骅、海兴、盐山、孟村，河北保定的定州等县，把"学习"与"雪洗"读成调值为 44 的同一个声调。

(2)五个调类

多出来入声的调类：该区域方言中有阴平、阳平、上声、去声和入声五个调类，比普通话四个声调多出一个入声。如：河北张家口的赤诚、怀来、涿鹿，邢台的沙河市、邢台县，邯郸的大部分县市。其中前四个调类的调值与普通话也不尽相同。

平声不分阴阳但多出来的入声分阴阳：该区域方言分为平声、上声、去声、阴入、阳入声五个调类，发音时平声不分阴阳，读相同的调值 42；入声的阴入调值是 21，阳入调值是 43。这种情况只存在于张家口的万全、怀安县。

晋语邯新片的方言入声除了收喉塞韵尾之外，有些地区的入声喉塞音比较模糊，只保留着入声短促急收藏的特点，如磁漳小片方言中大部分县市的入声就是这种情况。获济小片的入声则表现为既没有喉塞音韵尾，也没有短促收藏的特点，只是比普通话声调略短。

2. 辨正的方法
(1)明确方言与普通话的对应关系，进行改读

平不分阴阳：首先按普通话的声调把方言中的平声字分成阴平和阳平两大类，然后重点记阳平字。记忆阳平字的规律是：

一是记拼合规律。平声字中声母是 m、n、l、r 的，普通话除"妈""猫"等二十多字外读阳平；b、d、g、k、j、z、zh、sh、s 这九个声母与鼻韵母相拼的字，除"什""绳""甭""哏""咱""神""扛""狂"少数几个字外，都不读阳平。

二是记少不记多。韵母为 uai 的字只有"怀""淮""槐""徊""踝"是阳平字，其余为阴平字；韵母为 ing 的只有"兵""青""清""晴""莺"五个阴平字，其余五十二个为阳平字。有些音节只有阳平字，如"您""得""群"等字；有些音节没有阴平字，阴阳不分时记阳平即可，如"人"。

没有阳平：阳平与上声同调的地区，应先把阳平字找出来，逐个记忆。
一是利用同韵字表，找规律记忆。
二是记少不记多。zi、si 音节只有上声，没有阳平；ci 音节除"此"外，其余都是阳平。
多出入声：掌握古入声字与今调类的对应规律，记住古入声字的今调类。
（2）听说训练
普通话是口耳之学，对于发音问题多的人而言，单纯练习发音还不够，需加强听力练习。
听力练习：教师读单字，学生说出声调；教师读成语，学生说出每个音节的声调。
发音练习：板书几个音节，教师随机说出声调，学生准确读出该音节的调值。

【课堂练习】

1. 按普通话四声的调值读准下列音节

一	姨	乙	艺	yī	yí	yǐ	yì
辉	回	毁	惠	huī	huí	huǐ	huì
风	冯	讽	奉	fēng	féng	fěng	fèng
飞	肥	匪	费	fēi	féi	fěi	fèi
通	同	桶	痛	tōng	tóng	tǒng	tòng
迂	于	雨	遇	yū	yú	yǔ	yù

2. 按阴阳上去的顺序读准下列词语

中华有志　zhōng huá yǒu zhì　　　坚持改进　jiān chí gǎi jìn
中华伟大　zhōng huá wěi dà　　　千锤百炼　qiān chuí bǎi liàn
光明磊落　guāng míng lěi luò　　　花红柳绿　huā hóng liǔ lǜ

3. 按去上阳阴的顺序读准下列词语（上声按变调念半上）

破釜沉舟　pò fǔ chén zhōu　　　调虎离山　diào hǔ lí shān
弄巧成拙　nòng qiǎo chéng zhuō　信以为真　xìn yǐ wéi zhēn
妙手回春　miào shǒu huí chūn　　异口同声　yì kǒu tóng shēng

4. 四声组合练习

（1）顺序组合——阴、阳、上、去

兵强马壮　阶级友爱　山穷水尽　山明水秀　山盟海誓　千锤百炼　飞檐走壁
风调雨顺　心怀叵测　心直口快　心明眼亮　瓜田李下　观察体验　光明磊落
妖魔鬼怪　优柔寡断　阴谋诡计　花团锦簇　鸡鸣狗盗　妻离子散　呼朋引伴
金迷纸醉　孤云野鹤　胸无点墨　深谋远虑　中流砥柱　心毒手辣　幡然悔悟

（2）逆序组合——去、上、阳、阴

逆水行舟　妙手回春　热火朝天　兔死狐悲　驷马难追　信以为真　背井离乡
遍体鳞伤　步履维艰　万古流芳　地广人稀　调虎离山　奋起直追　视死如归
叫苦连天　刻骨铭心　量体裁衣　覆水难收　墨守成规　异口同声　万里长征
木已成舟　暮鼓晨钟　弄假成真　弄巧成拙　破釜沉舟　袖手旁观　痛改前非

（3）乱序组合（注意"一""不"的音变）

不速之客　一目了然　周而复始　不约而同　大相径庭　不言而喻　焕然一新

一丝不苟　畅所欲言　抑扬顿挫　出类拔萃　有的放矢　与日俱增　汗流浃背
层出不穷　赤手空拳　语重心长　自始至终　震耳欲聋　诸如此类　得天独厚
非同小可　奋不顾身　方兴未艾　风驰电掣　独一无二　风起云涌　海市蜃楼

5. 绕口令练习

(1) 石小四，史肖石，一同来到阅览室。石小四年十四，史肖石年四十。年十四的石小四爱看诗词，年四十的史肖石爱看报纸。年四十的史肖石发现了好诗词，忙递给年十四的石小四，年十四的石小四见了好报纸，忙递给年四十的史肖石。（《石小四和史肖石》）

(2) 老师老是叫老史去捞石，老史老是没有去捞石，老史老是骗老师，老师老是说老史不老实。（《老史捞石》）

(二) 调值辨正

1. 存在的问题

(1) 调值迥异

"南腔北调"，说明对于北方话来说声调是主要问题。比如，河北方言声调中占大多数的情况是调类与普通话相同，调值却存在差异，主要分布在冀鲁官话区和中原官话区。可参照下面的普通话与方言对比图表进行分析。

表 1－4　普通话与方言声调对比图表

调值对比	阴平	阳平	上声	去声
北京	55	35	214	51
沈阳	33	35	214	41
石家庄	24	53	55	31
天津	11	45	213	53
济南	213	53	55	31
邢台	44	31	53	213
唐山	55	33	214	51
沧州	213	55		42
保定	45	22	214	51
衡水	24	53	55	51
邯郸	31	53	55	312

(2) 调值缺陷

普通话四声调值的特点是高音成分多，在五度标记法上基本达到了"5度"，而河北方言的四声调值普遍偏低。

阴平的调值，普通话是55，是个高平调，如"春天花开"。而河北方言发阴平调时起点不够高，发音不够平直，调值为22、23、44或45，如保定读45，巨鹿读44，赵县读33。

阳平的调值，普通话是35，是个中升调，如"学习人民"。有些地方读成低平调，如，保定调值是22，唐山调值是33。

普通话的上声是降升调,调值为214,如"老虎勇敢"。而河北方言的上声调值多为213,也就是上升不到位。

普通话的去声是高降调,调值为51,如"胜利万岁"。河北方言的去声发音时大多起点偏低,不像普通话那样降到最低,调值为53、42或31,如石家庄、沧州、唐山的迁西、迁安等地。

2. 辨正的方法

解决调值的差异问题除了明确自身方言与普通话的差异并进行改读之外,最有效的就是打调法。

(1)打调法

第一步,拿一张A4纸,横向使用。在左侧写出《普通话水平测试样卷》的第一题"读单音节字词"100个音节,然后在纸的右侧画出五度标调图。

第二步,教师在黑板示范打调法——边读字,边在五度标调图上相应的位置打调,声音与打调的速度一致。基本原则是:快看、慢读、快打,口手一致、到位。

第三步,采取女生领读并用手打调,男生一个字一个字跟读打调练习的方法,训练其反应调整能力。

第四步,男女生同步打调齐读,一秒钟一个字。

第五步,空中打调法。在熟练掌握前四步的基础上,抬头正坐,假设面前有五度标调图,边读黑板上的单音节字词边准确打调。

第六步,心中打调法。边读黑板上的单音节字词,边默默地在心里准确打调。

(2)互助法

在日常生活中,拜普通话语音准确的同学为师,随时纠正,留心整理,及时巩固。

(3)自查法

看电视、听新闻时,留心与自己不同的发音,整理下来,反复纠正。

【课堂练习】

1. 打调练习

(1)读单音节字词(100个音节,边用手打调,边读)

糠	嫌	略	耳	颇	陈	袜	体	爱	戳
老	腮	洽	恩	曹	刷	恒	踪	夏	拨
积	篾	隋	关	嘱	耐	麻	诵	惹	挥
领	瓢	久	兰	靠	团	窘	谜	滚	方
枝	裙	睬	宾	瑟	仍	苑	推	皱	感
咂	手	汪	寡	浓	羽	雄	劝	丰	幻
闽	建	娶	捉	肥	病	苦	扬	外	子
盆	妙	屯	丢	偿	宴	嘴	栓	宝	捏
蒋	贼	迅	鳖	日	举	叼	述	习	窦
滕	盏	怀	广	烦	若	掌	鹿	日	磁

(2)读单音节字词(100个音节,边心中打调,边读)

承	滨	盒	专	此	艘	雪	肥	薰	硫
虽	滚	杂	倦	垦	屈	所	惯	实	扯
铁	日	帆	萌	寡	猫	窘	内	雄	伞
仲	君	凑	稳	掐	酱	椰	铂	峰	账
焦	碰	暖	扑	龙	碍	离	鸟	瘸	密
宣	表	嫡	迁	套	滇	砌	藻	刷	坏
而	沈	贤	润	麻	养	盘	自	您	虎
栽	额	屡	弓	拿	物	粉	葵	躺	肉
蛙	葬	夸	戴	罗	并	摧	狂	饱	魄
哑	铸	染	亭	后	挽	敬	疮	游	乖

(3)读单音节字词(模拟测试,限时3.5分钟)

醒	凑	除	钵	防	摸	扭	毛	俊	投
亏	阅	典	儿	馨	裙	黑	藤	佩	寡
陵	字	层	日	忙	软	抠	腐	囚	她
某	棕	违	爽	臀	旺	僧	磷	炯	摔
道	杯	决	帐	鼓	债	粗	但	女	延
象	拖	洒	膘	告	沧	袋	丙	锐	要
环	筛	捧	碎	癖	腔	选	农	居	砸
吃	甲	四	迎	费	淤	我	歌	栋	淮
问	离	钓	犬	闹	苗	诊	猎	染	澈
肯	塘	沾	癌	洽	庵	笨	胸	准	光

2. 声调对比练习

(1)阴平与阳平对比练习

欺 qī 人—旗 qí 人	呼 hū 喊—胡 hú 喊	知 zhī 道—直 zhí 道
掰 bāi 开—白 bái 开	包 bāo 子—雹 báo 子	大锅 guō—大国 guó
拍 pāi 球—排 pái 球	窗 chuāng 帘—床 chuáng 帘	大哥 gē—大格 gé
抽 chōu 丝—愁 chóu 思	大川 chuān—大船 chuán	放青 qīng—放晴 qíng
开初 chū—开除 chú	抹 mā 布—麻 má 布	猎枪 qiāng—列强 qiáng

(2)阳平与上声对比练习

好麻 má—好马 mǎ	土肥 féi—土匪 fěi	战国 guó—战果 guǒ
小乔 qiáo—小巧 qiǎo	返回 huí—反悔 huǐ	老胡 hú—老虎 hǔ
牧童 tóng—木桶 tǒng	大学 xué—大雪 xuě	菊 jú 花—举 jǔ 花
直 zhí 绳—纸 zhǐ 绳	白 bái 色—百 bǎi 色	洋 yáng 油—仰 yǎng 游
琴 qín 室—寝 qǐn 室	情 qíng 调—请 qǐng 调	油 yóu 井—有 yǒu 井

(3)阳平与去声对比练习

| 大麻 má—大骂 mà | 正直 zhí—政治 zhì | 发愁 chóu—发臭 chòu |
| 布娃 wá—布袜 wà | 斗奇 qí—斗气 qì | 同情 qíng—同庆 qìng |

荆棘 jí—经纪 jì　　　瓷 cí 碗—次 cì 碗　　　白 bái 军—败 bài 军
肥 féi 料—废 fèi 料　　协 xié 议—谢 xiè 意　　凡 fán 人—犯 fàn 人
钱 qián 款—欠 qiàn 款　　糖 táng 酒—烫 tàng 酒　　壶 hú 口—户 hù 口

3. 绕口令练习

(1) 阴阳

公园有四排石狮子，每排是十四只大石狮子，每只大石狮子背上是一只小石狮子，每只大石狮子脚边是四只小石狮子，史老师领四十四个学生去数石狮子，你说共数出多少只大石狮子和多少只小石狮子？（《数狮子》）

(2) 阳上去

老罗拉了一车梨，老李拉了一车栗。老罗人称大力罗，老李人称李大力。老罗拉梨做梨酒，老李拉栗去换梨。（《栗、梨》）

(3) 阳去

任命是任命，人名是人名，任命人名不能错，错了人名，就下错了任命。（《任命》）

4. 诗歌朗诵练习

(1) 阴平

日照香炉生紫烟，遥看瀑布挂前川。
飞流直下三千尺，疑是银河落九天。（《望庐山瀑布》唐·李白）

(2) 阳平

白日依山尽，黄河入海流。欲穷千里目，更上一层楼。（《登鹳雀楼》唐·王之涣）

(3) 上声

春眠不觉晓，处处闻啼鸟。夜来风雨声，花落知多少。（《春晓》唐·孟浩然）

(4) 去声

宁化、清流、归化，路隘林深苔滑。今日向何方？直指武夷山下。
山下，山下，风展红旗如画。（《如梦令·元旦》毛泽东）

三、普通话测试中声调失分因素分析

(一) 声调发音错误（把该声调读成其他声调）

1. 把阴平读成非高平调调型。
2. 把阳平读成非升调调型。
3. 把上声读成非降升调调型。
4. 把去声读成非降调调型。
5. 保留入声调。

(二) 声调发音缺陷（声调发音不标准、不到位）

1. 阴平调值偏低（调值约为 44、33）。
2. 阳平起点高，动程短（调值约为 45）。
3. 阳平上扬不到位（调值约为 34）。

4. 阳平略带曲折。

5. 上声未降到最低(调值约为324)。

6. 上声上扬不到位。

7. 上声结尾时调型略有曲折(调值约为2143)。

8. 去声音节作为重读音节时下降不到位(调值约为53)或起始时有曲折(调值约为451)。

9. 把去声读成低降调(调值约为31)。

【作业】

1. 什么是平翘不分？如何改正？
2. 什么是尖音？如何改正？
3. 如何改正 r、l 不分的问题？
4. 如何改正 n、l 不分的问题？
5. 如何改正前后鼻音韵尾不分的问题？
6. 如何改正 o、e 不分的问题？
7. 如何改正 ie、üe 发音缺陷？
8. 如何改正 ai、an、ang 发音缺陷？
9. 某同学常把"肉"说成"漏"是什么原因？如何纠正？
10. 来自晋语区的同学会有哪些发音缺陷？如何帮助他/她？

第二章 音变训练

语流中,连着读的音素、音节和声调,由于受邻近音、语速及声音高低强弱等因素的影响,会发生一些物理性质上的变化,这种现象就叫语流音变。普通话的语流音变主要有变调、语气词"啊"的变读、轻声、儿化几种。

第一节 轻声训练

一、轻声概述

(一)轻声的性质

轻声是指有些音节在词语和句子中使用时,失去了原有的四声调值,变成一种又轻又短的调子,例如"跟头""铁的"等词。轻声音节均处于语音片断的收尾处。

轻声作为一种变调的语音现象,一定体现在词语和句子中,因此轻声音节的读音不能独立存在,它的实际调值要依靠前一个音节的声调来确定。

普通话轻声音节的调值有两种形式:

第一,当前面一个音节的声调是阴平、阳平、去声的时候,后面一个轻声音节的调型是短促的低降调,调值为31(调值下加短横线表示音长短,下同)。例如:

阴平·轻声	先生 xiānsheng	清楚 qīngchu	家伙 jiāhuo	庄稼 zhuāngjia
阳平·轻声	活泼 huópo	粮食 liángshi	行李 xíngli	胡琴 húqin
去声·轻声	困难 kùnnan	漂亮 piàoliang	豆腐 dòufu	意思 yìsi

第二,当前面一个音节的声调是上声的时候,后面一个轻声音节的调型是短促的半高平调,调值为44(实际发音受前面上声的影响,往往开头略低于4度,形成一个微升调型,由于轻声音节音长短,这种细微之处不易察觉)。例如:

上声·轻声　脊梁 jǐliang　　使唤 shǐhuan　　马虎 mǎhu　　口袋 kǒudai

轻声音节的音色也或多或少会发生变化,最明显的是韵母发生弱化,元音(指主要元音)

舌位趋向中央等,"哥哥""棉花"的轻声音节的读音就是这种情况;复韵母变成单韵母,如"舌头""口袋";韵母发生脱落,例如"豆腐""丈夫""工夫"中的 fu,韵母 u 几乎在口语中消失,只留下清辅音 f,"差事""亲戚"的读音也是如此。声母也可能发生变化,不送气的清塞音、清塞擦音声母变为浊塞音、浊塞擦音声母等,如"喇叭""觉得"。轻声音节的音色变化是不稳定的,语音训练只要求掌握已经固定下来的轻声现象(字典、词典已收入的)。

(二)轻声的种类

轻声有两可轻声和必读轻声两种。

1. 两可轻声及其词汇、语法作用

两可轻声是指该音节在自然语言中呈现本声、轻声两种语音形式,如"西瓜""地方"。在词典中两可轻声的读音标本声,两个音节中间以"·"相隔。

有的词语读本声和轻声没有区别,有的则意思、用法不同。两可轻声词根据词汇和语法作用可分为两种:一种是本、轻声词性词义相同的词,如"西瓜""棉花""聪明""玻璃""孔雀""枇杷"。另一种是本、轻声词性词义不同的词,如"地方""东西""大爷""大意""地道""孙子""对头""买卖""裁缝""生气""兄弟""干事"等。

因此,轻声在词汇、语法方面就具备了不同功用。

(1)区别词性

自然 zìrán(名词)——自然 zìran(形容词)

东西 dōngxī(方位词)——东西 dōngxi(名词)

买卖 mǎimài(动词)——买卖 mǎimai(名词)

地道 dìdào(名词)——地道 dìdao(形容词)

运气 yùnqì(动词)——运气 yùnqi(名词)

(2)区别词义

大意 dàyì:"大概意思"—— 大意 dàyi:"粗心"

地方 dìfāng:"与中央相对应的地方区域"—— 地方 dìfang:"固定的空间位置"

兄弟 xiōngdì:"哥哥和弟弟"—— 兄弟 xiōngdi:"弟弟"

发送 fāsòng:"输出货物或邮件"——发送 fāsong:"办丧事的委婉语"

生气 shēngqì:"不高兴"——生气 shēngqi:"有朝气、生机勃勃"

【课堂练习】

读一读,体会两可轻声词本、轻声的读音差异

别人 biérén—别人 biéren　　　玻璃 bōlí— 玻璃 bōli

聪明 cōngmíng—聪明 cōngming　　搭讪 dāshàn— 搭讪 dāshan

大方 dàfāng—大方 dàfang　　　大意 dàyì — 大意 dàyi

得罪 dézuì— 得罪 dézui　　　地道 dìdào — 地道 dìdao

地方 dìfāng— 地方 dìfang　　　掂量 diānliáng—掂量 diānliang

发送 fāsòng—发送 fāsong　　　干粮 gānliáng—干粮 gānliang

感激 gǎnjī—感激 gǎnji　　　　　告诉 gàosù—告诉 gàosu
公道 gōngdào—公道 gōngdao　　关系 guānxì—关系 guānxi
光滑 guānghuá—光滑 guānghua　活动 huódòng—活动 huódong
机会 jīhuì—机会 jīhui　　　　　记恨 jìhèn—记恨 jìhen
精神 jīngshén—精神 jīngshen　　开发 kāifā—开发 kāifa
开销 kāixiāo—开销 kāixiao　　　看见 kànjiàn—看见 kànjian
孔雀 kǒngquè—孔雀 kǒngque　　口气 kǒuqì—口气 kǒuqi
口条 kǒutiáo—口条 kǒutiao　　　老气 lǎoqì—老气 lǎoqi
老人 lǎorén—老人 lǎoren　　　　连累 liánlèi—连累 liánlei
眉目 méimù—眉目 méimu　　　　门道 méndào—门道 méndao
男人 nánrén—男人 nánren　　　　女人 nǔrén—女人 nǔren
佩服 pèifú—佩服 pèifu　　　　　配合 pèihé—配合 pèihe
轻易 qīngyì—轻易 qīngyi　　　　商量 shāngliáng—商量 shāngliang
试探 shìtàn—试探 shìtan　　　　算盘 suànpán—算盘 suànpan
特务 tèwù—特务 tèwu　　　　　兄弟 xiōngdì—兄弟 xiōngdi
运气 yùnqì—运气 yùnqi　　　　　知道 zhīdào—知道 zhīdao

2. 必读轻声及其发音规律

必读轻声是指在自然语言中该音节只能呈现轻声的语音形式,否则人们很难理解其意义,如"别扭""漂亮""老实"等。

(1)必读轻声的发音规律

普通话多数轻声词同词汇、语法有着密切联系,掌握这些规律便于我们识别轻声词。

语气助词"吗""呢""啊""吧"等必读轻声,例如:

是吗　他呢　看啊　走吧　咸吗　水呢　烧吧　瞧啊

助词"着""了""过""的""地""得"必读轻声,例如:

看过　忙着　来了　我的　勇敢地　懂得　想着　真的

名词的后缀"子""头""们""么""儿"必读轻声,例如:

桌子　石头　朋友们　跟头　那么　笛儿　怎么　枕头

方位词"上""下""里""边""面"必读轻声,例如:

墙上　河里　天上　地下　底下　那边　外面　留下

叠音名词和动词的重叠形式后面的字必读轻声,例如:

说说　想想　弟弟　奶奶　谈谈　跳跳　家家户户　老老小小

表示趋向的动词"来""去"必读轻声,例如:

出来　进去　过来　回去　站起来　走进来　取回来

量词"个"必读轻声,例如:

几个　这个　那个　九个　两个

某些常用的双音节词的第二个音节习惯上读轻声,例如:

明白　暖和　萝卜　玻璃　葡萄　知道　事情　衣服　眼睛

此外,代词做宾语时,如不加以强调,则念轻声,例如:
找到你 看见他们 想起你们 相信我们

(2)非规律性必读轻声词的读音和识记方法

可根据分门别类记忆法,将轻声词按意义归类,制成小卡片以便于记忆。

人物类:先生 小姐 丈夫 爱人 老婆 姑娘 寡妇 闺女 亲家 亲戚
　　　　妯娌 舅母 外甥 老爷 大爷 少爷 师傅 徒弟 朋友 弟兄
　　　　家伙 街坊 客人 学生 秀才 状元 大夫 护士 参谋 特务
　　　　佣人 奴才 裁缝 木匠 会计 伙计 编辑 和尚 神仙 上司
食物类:庄稼 粮食 高粱 罐头 葫芦 蘑菇 干粮 点心 馄饨 烧饼
　　　　豆腐 芝麻 葡萄 核桃 甘蔗 黄瓜 萝卜 西瓜 樱桃 螃蟹
动物类:蛤蟆 狐狸 蚂蚱 苍蝇 刺猬 牲口
身体类:耳朵 眼睛 指甲 胳膊 嘴巴 下巴 骨头 结巴 痢疾 咳嗽
感受类:糊涂 唠叨 啰嗦 出息 咋呼 嘟囔 麻烦 在乎 和气 凉快
事物类:篱笆 窗户 铺盖 赏钱 胭脂 扫帚 钥匙 灯笼 锄头 扁担
　　　　簸箕 戒指 首饰 帐篷 衣裳 烟囱 胡琴 风筝 月亮 云彩

【课堂练习】

对话练习:《买东西》

(这篇对话练习中包括了三四十个非规律性轻声词,请标出来并读准)

甲:陈先生,你这枇杷挺新鲜的,多少钱一斤?什么地方买的?

乙:哦,是黄姑娘啊。这是胡同口王大爷那儿买的,他做买卖实在,东西又地道又便宜,
　　生意可好啦。你快去买吧。

甲:他在哪儿啊?哦,是那个扁担上挂一盏玻璃灯笼的老大爷吧?

乙:不是,那是张裁缝。是那个白头发、蓝衣服,腰上还挂着个烟袋的,看到了吧?

甲:看到了,看到了。他那儿有葡萄吗?

乙:当然有,还有石榴、核桃、樱桃、梨子……

甲:好了,好了,你就别啰嗦了,我明白了。我这就去买。

乙:我带你去吧。

甲:不麻烦了。你快回家吧,太阳快下山了。

乙:那好吧。再见!

甲:再见!

二、轻声辨正

首先,要学会辨识轻声词,并确认是两可轻声词还是必读轻声词。

其次,要准确地读出轻声词的读音。

再次,要记住轻声词的发音特点是"轻"和"短"。

最后,可以用轻声词造句,可长可短,还可以编成顺口溜、绕口令、对话练习等进行练说记忆。

【课堂练习】

1. 读准带注音的轻声词

刀子 dāozi	车子 chēzi	孙子 sūnzi	丫头 yātou	后头 hòutou
胳膊 gēbo	抽屉 chōuti	姑娘 gūniang	师傅 shīfu	苍蝇 cāngying
哆嗦 duōsuo	他们 tāmen	朋友 péngyou	时候 shíhou	黄瓜 huánggua
记得 jìde	心思 xīnsi	知识 zhīshi	扎实 zhāshi	软和 ruǎnhuo
那边 nàbian	在乎 zàihu	老婆 lǎopo	模糊 móhu	月亮 yuèliang
咳嗽 késou	似的 shìde	亲家 qìngjia	簸箕 bòji	进项 jìnxiang
便宜 piányi	别扭 bièniu	拨弄 bōnong	直溜 zhíliu	硬朗 yìnglang

2. 测试中易错轻声词

案子	巴掌	白净	棒槌	包涵	包子	比方	别扭	饼子	补丁
部分	车子	窗子	村子	打算	带子	袋子	底子	豆子	多么
耳朵	贩子	盖子	告诉	姑娘	闺女	孩子	含糊	行当	合同
后头	厚道	胡琴	火候	家伙	镜子	句子	咳嗽	客气	空子
框子	困难	老实	老爷	累赘	厉害	连累	粮食	林子	笼子
麦子	馒头	媒人	木头	那么	能耐	念叨	疟疾	胖子	盆子
痞子	漂亮	铺盖	清楚	热闹	人们	嗓子	嫂子	扇子	商量
舌头	身子	石榴	时候	似的	收成	爽快	岁数	它们	她们
摊子	铁匠	挖苦	袜子	晚上	为了	稳当	我们	稀罕	媳妇
喜欢	先生	乡下	小气	心思	性子	学生	眼睛	吆喝	妖精
意思	影子	月亮	云彩	在乎	咱们	怎么	栅栏	寨子	张罗
帐篷	这么	枕头	爪子	锥子	嘴巴	会计	琵琶	两口子	一辈子

3. 轻声词绕口令

①天上日头,嘴里舌头,地上石头,桌上纸头儿,手掌指头,树上枝头。

②老子妻子和孩子,凑成这一家子,帽子鞋子和杯子,暖和着小日子。岁岁年年的老样子,像是生活的镜子。亲亲热热的碎嘴子,好比感情的梳子。(《老房子》)

③小姑娘,好漂亮。弯眉毛,大眼睛;抹胭脂,巧打扮;新衣服,不俗气,这是谁家好闺女?

④小娃娃,真勤快。种庄稼,下功夫;种高粱,有力气;摘棉花,真麻利,今年又是好收成。

三、轻声词表

(一)必读轻声词表

国家级普通话水平测试必读轻声词表

说 明

1. 本表根据《普通话水平测试用普通话词语表》编制。
2. 本表供普通话水平测试第二项——读多音节词语(100个音节)测试使用。

3. 本表共收词545条（其中"子"尾词206条），按汉语拼音字母顺序排列。
4. 条目中的非轻声音节只标本调，不标变调；条目中的轻声音节，注音不标调号，如："明白 míngbai"。

1 爱人 àiren
2 案子 ànzi
3 巴掌 bāzhang
4 把子 bǎzi
5 把子 bàzi
6 爸爸 bàba
7 白净 báijing
8 班子 bānzi
9 板子 bǎnzi
10 帮手 bāngshou
11 梆子 bāngzi
12 膀子 bǎngzi
13 棒槌 bàngchui
14 棒子 bàngzi
15 包袱 bāofu
16 包涵 bāohan
17 包子 bāozi
18 豹子 bàozi
19 杯子 bēizi
20 被子 bèizi
21 本事 běnshi
22 本子 běnzi
23 鼻子 bízi
24 比方 bǐfang
25 鞭子 biānzi
26 扁担 biǎndan
27 辫子 biànzi
28 别扭 bièniu
29 饼子 bǐngzi
30 拨弄 bōnong
31 脖子 bózi
32 簸箕 bòji
33 补丁 bǔding
34 不由得 bùyóude

35 不在乎 bùzàihu
36 步子 bùzi
37 部分 bùfen
38 裁缝 cáifeng
39 财主 cáizhu
40 苍蝇 cāngying
41 差事 chāishi
42 柴火 cháihuo
43 肠子 chángzi
44 厂子 chǎngzi
45 场子 chǎngzi
46 车子 chēzi
47 称呼 chēnghu
48 池子 chízi
49 尺子 chǐzi
50 虫子 chóngzi
51 绸子 chóuzi
52 除了 chúle
53 锄头 chútou
54 畜生 chùsheng
55 窗户 chuānghu
56 窗子 chuāngzi
57 锤子 chuízi
58 刺猬 cìwei
59 凑合 còuhe
60 村子 cūnzi
61 耷拉 dāla
62 答应 dāying
63 打扮 dǎban
64 打点 dǎdian
65 打发 dǎfa
66 打量 dǎliang
67 打算 dǎsuan
68 打听 dǎting

69 大方 dàfang
70 大爷 dàye
71 大夫 dàifu
72 带子 dàizi
73 袋子 dàizi
74 耽搁 dānge
75 耽误 dānwu
76 单子 dānzi
77 胆子 dǎnzi
78 担子 dànzi
79 刀子 dāozi
80 道士 dàoshi
81 稻子 dàozi
82 灯笼 dēnglong
83 提防 dīfang
84 笛子 dízi
85 底子 dǐzi
86 地道 dìdao
87 地方 dìfang
88 弟弟 dìdi
89 弟兄 dìxiong
90 点心 diǎnxin
91 调子 diàozi
92 钉子 dīngzi
93 东家 dōngjia
94 东西 dōngxi
95 动静 dòngjing
96 动弹 dòngtan
97 豆腐 dòufu
98 豆子 dòuzi
99 嘟囔 dūnang
100 肚子 dǔzi
101 肚子 dùzi
102 缎子 duànzi

103 对付 duìfu	141 姑娘 gūniang	179 火候 huǒhou
104 对头 duìtou	142 谷子 gǔzi	180 伙计 huǒji
105 队伍 duìwu	143 骨头 gǔtou	181 护士 hùshi
106 多么 duōme	144 故事 gùshi	182 机灵 jīling
107 蛾子 ézi	145 寡妇 guǎfu	183 脊梁 jǐliang
108 儿子 érzi	146 褂子 guàzi	184 记号 jìhao
109 耳朵 ěrduo	147 怪物 guàiwu	185 记性 jìxing
110 贩子 fànzi	148 关系 guānxi	186 夹子 jiāzi
111 房子 fángzi	149 官司 guānsi	187 家伙 jiāhuo
112 份子 fènzi	150 罐头 guàntou	188 架势 jiàshi
113 风筝 fēngzheng	151 罐子 guànzi	189 架子 jiàzi
114 疯子 fēngzi	152 规矩 guīju	190 嫁妆 jiàzhuang
115 福气 fúqi	153 闺女 guīnü	191 尖子 jiānzi
116 斧子 fǔzi	154 鬼子 guǐzi	192 茧子 jiǎnzi
117 盖子 gàizi	155 柜子 guìzi	193 剪子 jiǎnzi
118 甘蔗 gānzhe	156 棍子 gùnzi	194 见识 jiànshi
119 杆子 gānzi	157 锅子 guōzi	195 毽子 jiànzi
120 杆子 gǎnzi	158 果子 guǒzi	196 将就 jiāngjiu
121 干事 gànshi	159 蛤蟆 háma	197 交情 jiāoqing
122 杠子 gàngzi	160 孩子 háizi	198 饺子 jiǎozi
123 高粱 gāoliang	161 含糊 hánhu	199 叫唤 jiàohuan
124 膏药 gāoyao	162 汉子 hànzi	200 轿子 jiàozi
125 稿子 gǎozi	163 行当 hángdang	201 结实 jiēshi
126 告诉 gàosu	164 合同 hétong	202 街坊 jiēfang
127 疙瘩 gēda	165 和尚 héshang	203 姐夫 jiěfu
128 哥哥 gēge	166 核桃 hétao	204 姐姐 jiějie
129 胳膊 gēbo	167 盒子 hézi	205 戒指 jièzhi
130 鸽子 gēzi	168 红火 hónghuo	206 金子 jīnzi
131 格子 gézi	169 猴子 hóuzi	207 精神 jīngshen
132 个子 gèzi	170 后头 hòutou	208 镜子 jìngzi
133 根子 gēnzi	171 厚道 hòudao	209 舅舅 jiùjiu
134 跟头 gēntou	172 狐狸 húli	210 橘子 júzi
135 工夫 gōngfu	173 胡琴 húqin	211 句子 jùzi
136 弓子 gōngzi	174 糊涂 hútu	212 卷子 juànzi
137 公公 gōnggong	175 皇上 huángshang	213 咳嗽 késou
138 功夫 gōngfu	176 幌子 huǎngzi	214 客气 kèqi
139 钩子 gōuzi	177 胡萝卜 húluóbo	215 空子 kòngzi
140 姑姑 gūgu	178 活泼 huópo	216 口袋 kǒudai

217 口子 kǒuzi	255 翎子 língzi	293 木头 mùtou
218 扣子 kòuzi	256 领子 lǐngzi	294 那么 nàme
219 窟窿 kūlong	257 溜达 liūda	295 奶奶 nǎinai
220 裤子 kùzi	258 聋子 lóngzi	296 难为 nánwei
221 快活 kuàihuo	259 笼子 lóngzi	297 脑袋 nǎodai
222 筷子 kuàizi	260 炉子 lúzi	298 脑子 nǎozi
223 框子 kuàngzi	261 路子 lùzi	299 能耐 néngnai
224 困难 kùnnan	262 轮子 lúnzi	300 你们 nǐmen
225 阔气 kuòqi	263 萝卜 luóbo	301 念叨 niàndao
226 喇叭 lǎba	264 骡子 luózi	302 念头 niàntou
227 喇嘛 lǎma	265 骆驼 luòtuo	303 娘家 niángjia
228 篮子 lánzi	266 妈妈 māma	304 镊子 nièzi
229 懒得 lǎnde	267 麻烦 máfan	305 奴才 núcai
230 浪头 làngtou	268 麻利 máli	306 女婿 nǚxu
231 老婆 lǎopo	269 麻子 mázi	307 暖和 nuǎnhuo
232 老实 lǎoshi	270 马虎 mǎhu	308 疟疾 nüèji
233 老太太 lǎotàitai	271 码头 mǎtou	309 拍子 pāizi
234 老头子 lǎotóuzi	272 买卖 mǎimai	310 牌楼 páilou
235 老爷 lǎoye	273 麦子 màizi	311 牌子 páizi
236 老子 lǎozi	274 馒头 mántou	312 盘算 pánsuan
237 姥姥 lǎolao	275 忙活 mánghuo	313 盘子 pánzi
238 累赘 léizhui	276 冒失 màoshi	314 胖子 pàngzi
239 篱笆 líba	277 帽子 màozi	315 狍子 páozi
240 里头 lǐtou	278 眉毛 méimao	316 盆子 pénzi
241 力气 lìqi	279 媒人 méiren	317 朋友 péngyou
242 厉害 lìhai	280 妹妹 mèimei	318 棚子 péngzi
243 利落 lìluo	281 门道 méndao	319 脾气 píqi
244 利索 lìsuo	282 眯缝 mīfeng	320 皮子 pízi
245 例子 lìzi	283 迷糊 míhu	321 痞子 pǐzi
246 栗子 lìzi	284 面子 miànzi	322 屁股 pìgu
247 痢疾 lìji	285 苗条 miáotiao	323 片子 piānzi
248 连累 liánlei	286 苗头 miáotou	324 便宜 piányi
249 帘子 liánzi	287 名堂 míngtang	325 骗子 piànzi
250 凉快 liángkuai	288 名字 míngzi	326 票子 piàozi
251 粮食 liángshi	289 明白 míngbai	327 漂亮 piàoliang
252 两口子 liǎngkǒuzi	290 蘑菇 mógu	328 瓶子 píngzi
253 料子 liàozi	291 模糊 móhu	329 婆家 pójia
254 林子 línzi	292 木匠 mùjiang	330 婆婆 pópo

331 铺盖 pūgai	369 生意 shēngyi	407 毯子 tǎnzi
332 欺负 qīfu	370 牲口 shēngkou	408 桃子 táozi
333 旗子 qízi	371 绳子 shéngzi	409 特务 tèwu
334 前头 qiántou	372 师父 shīfu	410 梯子 tīzi
335 钳子 qiánzi	373 师傅 shīfu	411 蹄子 tízi
336 茄子 qiézi	374 虱子 shīzi	412 挑剔 tiāoti
337 亲戚 qīnqi	375 狮子 shīzi	413 挑子 tiāozi
338 勤快 qínkuai	376 石匠 shíjiang	414 条子 tiáozi
339 清楚 qīngchu	377 石榴 shíliu	415 跳蚤 tiàozao
340 亲家 qìngjia	378 石头 shítou	416 铁匠 tiějiang
341 曲子 qǔzi	379 时候 shíhou	417 亭子 tíngzi
342 圈子 quānzi	380 实在 shízai	418 头发 tóufa
343 拳头 quántou	381 拾掇 shíduo	419 头子 tóuzi
344 裙子 qúnzi	382 使唤 shǐhuan	420 兔子 tùzi
345 热闹 rènao	383 世故 shìgu	421 妥当 tuǒdang
346 人家 rénjia	384 似的 shìde	422 唾沫 tuòmo
347 人们 rénmen	385 事情 shìqing	423 挖苦 wāku
348 认识 rènshi	386 柿子 shìzi	424 娃娃 wáwa
349 日子 rìzi	387 收成 shōucheng	425 袜子 wàzi
350 褥子 rùzi	388 收拾 shōushi	426 晚上 wǎnshang
351 塞子 sāizi	389 首饰 shǒushi	427 尾巴 wěiba
352 嗓子 sǎngzi	390 叔叔 shūshu	428 委屈 wěiqu
353 嫂子 sǎozi	391 梳子 shūzi	429 为了 wèile
354 扫帚 sàozhou	392 舒服 shūfu	430 位置 wèizhi
355 沙子 shāzi	393 舒坦 shūtan	431 位子 wèizi
356 傻子 shǎzi	394 疏忽 shūhu	432 蚊子 wénzi
357 扇子 shànzi	395 爽快 shuǎngkuai	433 稳当 wěndang
358 商量 shāngliang	396 思量 sīliang	434 我们 wǒmen
359 上司 shàngsi	397 算计 suànji	435 屋子 wūzi
360 上头 shàngtou	398 岁数 suìshu	436 稀罕 xīhan
361 烧饼 shāobing	399 孙子 sūnzi	437 席子 xízi
362 勺子 sháozi	400 他们 tāmen	438 媳妇 xífu
363 少爷 shàoye	401 它们 tāmen	439 喜欢 xǐhuan
364 哨子 shàozi	402 她们 tāmen	440 瞎子 xiāzi
365 舌头 shétou	403 台子 táizi	441 匣子 xiázi
366 身子 shēnzi	404 太太 tàitai	442 下巴 xiàba
367 什么 shénme	405 摊子 tānzi	443 吓唬 xiàhu
368 婶子 shěnzi	406 坛子 tánzi	444 先生 xiānsheng

445 乡下 xiāngxia	479 妖精 yāojing	513 招呼 zhāohu
446 箱子 xiāngzi	480 钥匙 yàoshi	514 招牌 zhāopai
447 相声 xiàngsheng	481 椰子 yēzi	515 折腾 zhēteng
448 消息 xiāoxi	482 爷爷 yéye	516 这个 zhège
449 小伙子 xiǎohuǒzi	483 叶子 yèzi	517 这么 zhème
450 小气 xiǎoqi	484 一辈子 yībèizi	518 枕头 zhěntou
451 小子 xiǎozi	485 衣服 yīfu	519 镇子 zhènzi
452 笑话 xiàohua	486 衣裳 yīshang	520 芝麻 zhīma
453 谢谢 xièxie	487 椅子 yǐzi	521 知识 zhīshi
454 心思 xīnsi	488 意思 yìsi	522 侄子 zhízi
455 星星 xīngxing	489 银子 yínzi	523 指甲 zhǐjia
456 猩猩 xīngxing	490 影子 yǐngzi	524 指头 zhǐtou
457 行李 xíngli	491 应酬 yìngchou	525 种子 zhǒngzi
458 性子 xìngzi	492 柚子 yòuzi	526 珠子 zhūzi
459 兄弟 xiōngdi	493 冤枉 yuānwang	527 竹子 zhúzi
460 休息 xiūxi	494 院子 yuànzi	528 主意 zhúyi
461 秀才 xiùcai	495 月饼 yuèbing	529 主子 zhǔzi
462 秀气 xiùqi	496 月亮 yuèliang	530 柱子 zhùzi
463 袖子 xiùzi	497 云彩 yúncai	531 爪子 zhuǎzi
464 靴子 xuēzi	498 运气 yùnqi	532 转悠 zhuànyou
465 学生 xuésheng	499 在乎 zàihu	533 庄稼 zhuāngjia
466 学问 xuéwen	500 咱们 zánmen	534 庄子 zhuāngzi
467 丫头 yātou	501 早上 zǎoshang	535 壮实 zhuàngshi
468 鸭子 yāzi	502 怎么 zěnme	536 状元 zhuàngyuan
469 衙门 yámen	503 扎实 zhāshi	537 锥子 zhuīzi
470 哑巴 yǎba	504 眨巴 zhǎba	538 桌子 zhuōzi
471 胭脂 yānzhi	505 栅栏 zhàlan	539 字号 zìhao
472 烟筒 yāntong	506 宅子 zháizi	540 自在 zìzai
473 眼睛 yǎnjing	507 寨子 zhàizi	541 粽子 zòngzi
474 燕子 yànzi	508 张罗 zhāngluo	542 祖宗 zǔzong
475 秧歌 yāngge	509 丈夫 zhàngfu	543 嘴巴 zuǐba
476 养活 yǎnghuo	510 帐篷 zhàngpeng	544 作坊 zuōfang
477 样子 yàngzi	511 丈人 zhàngren	545 琢磨 zuómo
478 吆喝 yāohe	512 帐子 zhàngzi	

(二)两可轻声词表

国家级普通话水平测试可轻读可重读词表

说　明

本表选自国家普通话水平测试大纲《普通话水平测试用词语表》,表一、表二里两个注音中加注"·"标记的词语为普通话可轻读可重读词语。

表一　可轻读词语表

白天 bái·tiān	过去 guò·qù	逻辑 luó·jí
报酬 bào·chóu	喉咙 hóu·lóng	毛病 máo·bìng
报复 bào·fù	后边 hòu·biān	没有 méi·yǒu
别人 bié·rén	后面 hòu·miàn	棉花 mián·huā
玻璃 bō·lí	花费 huā·fèi	摸索 mō·suǒ
差不多 chà·bùduō	回来 huí·lái	母亲 mǔ·qīn
长处 cháng·chù	回去 huí·qù	哪里 nǎ·lǐ
成分 chéng·fèn	活动 huó·dòng	那里 nà·lǐ
诚实 chéng·shí	机会 jī·huì	佩服 pèi·fú
刺激 cì·jī	机器 jī·qì	菩萨 pú·sà
错误 cuò·wù	机器人 jī·qìrén	葡萄 pú·táo
答复 dá·fù	记得 jì·dé	葡萄糖 pú·táotáng
大人 dà·rén	家具 jiā·jù	妻子 qī·zǐ
道理 dào·lǐ	价钱 jià·qián	气氛 qì·fēn
底下 dǐ·xià	讲究 jiǎng·jiū	前边 qián·biān
地下 dì·xià	进来 jìn·lái	前面 qián·miàn
懂得 dǒng·dé	觉得 jué·dé	情形 qíng·xíng
对不起 duì·bùqǐ	看见 kàn·jiàn	情绪 qíng·xù
费用 fèi·yòng	客人 kè·rén	任务 rèn·wù
分量 fèn·liàng	会计 kuài·jì	容易 róng·yì
父亲 fù·qīn	来不及 lái·bùjí	上来 shàng·lái
干净 gān·jìng	老人家 lǎo·rén·jiā	上面 shàng·miàn
感激 gǎn·jī	老鼠 lǎo·shǔ	上去 shàng·qù
跟前 gēn·qián	里边 lǐ·biān	舍不得 shě·bù·dé
工人 gōng·rén	里面 lǐ·miàn	身份 shēn·fèn
公平 gōng·píng	力量 lì·liàng	神气 shén·qì
固执 gù·zhí	了不起 liǎo·bùqǐ	使得 shǐ·dé
过来 guò·lái	邻居 lín·jū	势力 shì·lì

书记 shū·jì   下去 xià·qù   右边 yòu·biān
熟悉 shú·xī   想法 xiǎng·fǎ   遇见 yù·jiàn
太阳 tài·yáng   小姐 xiǎo·jiě   愿意 yuàn·yì
听见 tīng·jiàn   心里 xīn·lǐ   早晨 zǎo·chén
痛快 tòng·kuài   新鲜 xīn·xiān   照顾 zhào·gù
外边 wài·biān   烟囱 yān·cōng   折磨 zhé·mó
外面 wài·miàn   夜里 yè·lǐ   这里 zhè·lǐ
味道 wèi·dào   已经 yǐ·jīng   知道 zhī·dào
西瓜 xī·guā   意见 yì·jiàn   值得 zhí·dé
下边 xià·biān   意识 yì·shí   主人 zhǔ·rén
下来 xià·lái   应付 yìng·fù   资格 zī·gé
下面 xià·miàn   用处 yòng·chù   左边 zuǒ·biān

表二　可轻读词语表

把手 bǎ·shǒu   翻腾 fān·téng   伙食 huǒ·shí
摆布 bǎi·bù   分寸 fēn·cùn   祸害 huò·hài
摆弄 bǎi·nòng   风水 fēng·shuǐ   忌讳 jì·huì
摆设 bǎi·shè   凤凰 fèng·huáng   缰绳 jiāng·shéng
褒贬 bāo·biǎn   扶手 fú·shǒu   禁不住 jīn·bùzhù
抱怨 bào·yuàn   服侍 fú·shì   近视 jìn·shì
北边 běi·biān   斧头 fǔ·tóu   看不起 kàn·bùqǐ
本钱 běn·qián   干粮 gān·liáng   考究 kǎo·jiū
鼻涕 bí·tì   告示 gào·shì   苦头 kǔ·tóu
别致 bié·zhì   格式 gé·shì   宽敞 kuān·chǎng
不见得 bù·jiàn·dé   工钱 gōng·qián   魁梧 kuí·wú
残疾 cán·jí   公道 gōng·dào   拉拢 lā·lǒng
吃不消 chī·bùxiāo   公家 gōng·jiā   牢骚 láo·sāo
尺寸 chǐ·cùn   功劳 gōng·láo   冷不防 lěng·bùfáng
抽屉 chōu·tì   恭维 gōng·wéi   冷清 lěng·qīng
搭讪 dā·shàn   估量 gū·liáng   理事 lǐ·shì
打交道 dǎjiāo·dào   行家 háng·jiā   了不得 liǎo·bù·dé
大不了 dà·bùliǎo   和气 hé·qì   伶俐 líng·lì
当铺 dàng·pù   荷包 hé·bāo   琉璃 liú·lí
得罪 dé·zuì   滑稽 huá·jī   露水 lù·shuǐ
底细 dǐ·xì   荒唐 huāng·táng   埋伏 mái·fú
点缀 diǎn·zhuì   黄瓜 huáng·guā   卖弄 mài·nòng
惦记 diàn·jì   晦气 huì·qì   玫瑰 méi·guī
短处 duǎn·chù   火气 huǒ·qì   门面 mén·miàn

免得 miǎn·dé	亲事 qīn·shì	薪水 xīn·shuǐ
南边 nán·biān	轻巧 qīng·qiǎo	修行 xiū·xíng
南瓜 nán·guā	去处 qù·chù	妖怪 yāo·guài
南面 nán·miàn	洒脱 sǎ·tuō	义气 yì·qì
难处 nán·chù	神仙 shén·xiān	益处 yì·chù
泥鳅 ní·qiū	生日 shēng·rì	樱桃 yīng·táo
挪动 nuó·dòng	尸首 shī·shǒu	鸳鸯 yuān·yāng
排场 pái·chǎng	势头 shì·tóu	月季 yuè·jì
牌坊 pái·fāng	手巾 shǒu·jīn	糟蹋 zāo·tà
喷嚏 pēn·tì	算盘 suàn·pán	渣滓 zhā·zǐ
碰见 pèng·jiàn	孙女 sūn·nǚ	照应 zhào·yìng
琵琶 pí·pá	太监 tài·jiàn	阵势 zhèn·shì
篇幅 piān·fú	提拔 tí·bá	证人 zhèng·rén
撇开 piē·kāi	体谅 tǐ·liàng	侄女 zhí·nǚ
泼辣 pō·là	体面 tǐ·miàn	指头 zhǐ·tóu(zhí·tóu)
破绽 pò·zhàn	通融 tōng·róng	志气 zhì·qì
魄力 pò·lì	透亮 tòu·liàng	周到 zhōu·dào
葡萄酒 pú·táojiǔ	徒弟 tú·dì	住处 zhù·chù
敲打 qiāo·dǎ	围裙 wéi·qún	左面 zuǒ·miàn
瞧见 qiáo·jiàn	喜鹊 xǐ·què	座位 zuò·wèi
俏皮 qiào·pí		

四、词语的轻重格式

普通话语音在词语结构中并非都读得一样重,各音节的轻重分量、强弱程度不尽相同,大致可以分为四级:重、中、次轻、轻。

朗读和说话时,如果不能正确掌握普通话的轻重格式,那么听起来语感上会不自然,还会带有明显的方言语调,普通话也就不纯正了。

掌握轻重格式的方法,在于多听、多辨别、多练习,从而形成正确的语感。

(一)词语轻重格式的四级语音特征

1. 重音是词语的重读音节

普通话的词语中处在末尾的音节大多数读重音,如"生活""开会""走路",后面的音节是重音。

2. 中音是不强调重读也不特别轻读的一般音节

中音一般在多音节词的前一个音节和中间的音节,如"生活""学习""开会""走路"前面的音节是中音。

3. 轻音是特别轻读的音节

轻音比重读音节的音长短得多，也完全失去了原有声调的调值，而依前一个音节的调值形成轻音特有的调值。普通话中轻音音节都属于轻声，在双音节中只出现在后面的音节。

4. 次轻音是与轻音相比，声调依稀可见的音节

如"新鲜""客人""制度""教育"等，后面的音节是次轻音。这类词的轻重一般不太稳定。

(二)常见普通话词语的轻重音格式

普通话中的双音节、三音节、四音节词语，大多数最后一个音节为重音。双音节词语绝大多数读为"中·重"的格式；三音节词语绝大多数读为"中·次轻·重"的格式；四音节词语绝大多数读为"中·次轻·中·重"的格式。

1. 双音节词语的轻重格式

绝大多数是"中·重"格式，例如：

花草(huācǎo)	北京(běijīng)	广播(guǎngbō)	清澈(qīngchè)
专家(zhuānjiā)	配乐(pèiyuè)	流水(liúshuǐ)	索要(suǒyào)
到达(dàodá)	远足(yuǎnzú)	蓝天(lántiān)	白云(báiyún)
田野(tiányě)	奉承(fèngchéng)	教室(jiàoshì)	生活(shēnghuó)

"重·次轻"格式(或"重·中"格式)。这种格式的词语词典中并没有标注轻声，但口语中习惯读作"重·次轻"格式，显得更纯正，例如：

巴望(bāwàng)	快乐(kuàilè)	编辑(biānjí)	意义(yìyì)
参谋(cānmóu)	意志(yìzhì)	现象(xiànxiàng)	质量(zhìliàng)
错误(cuòwù)	工人(gōngrén)	书记(shūjì)	正月(zhēngyuè)
教育(jiàoyù)	设备(shèbèi)	天气(tiānqì)	艺术(yìshù)

"重·轻"格式，例如：

东西(dōngxi)	孩子(háizi)	后头(hòutou)	记号(jìhao)
觉得(juéde)	老实(lǎoshi)	萝卜(luóbo)	扫帚(sàozhou)
事情(shìqing)	舒服(shūfu)	喜欢(xǐhuan)	休息(xiūxi)
钥匙(yàoshi)	衣服(yīfu)	意思(yìsi)	月亮(yuèliang)

2. 三音节词语的轻重格式

绝大多数为"中·次轻·重"格式，例如：

百分比(bǎifēnbǐ)	病虫害(bìngchónghài)	博物馆(bówùguǎn)
差不多(chàbùduō)	电话线(diànhuàxiàn)	电信局(diànxìnjú)
共产党(gòngchǎndǎng)	解放军(jiěfàngjūn)	空调机(kōngtiáojī)
了不起(liǎobùqǐ)	展览馆(zhǎnlǎnguǎn)	医学院(yīxuéyuàn)

少数为"中·重·轻"格式,例如:

爱面子(àimiànzi)　　不在乎(búzàihu)　　胡萝卜(húluóbo)
看样子(kànyàngzi)　　老大爷(lǎodàye)　　老伙计(lǎohuǒji)
钻空子(zuānkòngzi)　　老太太(lǎotàitai)　　两口子(liǎngkǒuzi)
没关系(méiguānxi)　　没意思(méiyìsi)　　小媳妇(xiǎoxífu)

也有少数为"重·轻·轻"格式,例如:

出来了(chūlaile)　　姑娘家(gūniangjia)　　看起来(kànqilai)
伙计们(huǒjimen)　　顾不得(gùbude)　　先生们(xiānshengmen)
朋友们(péngyoumen)　　钻出来(zuānchulai)　　弟兄们(dìxiongmen)

3. 四音节词语的轻重格式

绝大多数是"中·次轻·中·重"格式,例如:

二氧化碳(èryǎng huàtàn)　　高等学校(gāoděng xuéxiào)
各行各业(gèháng gèyè)　　公用电话(gōngyòng diànhuà)
公共汽车(gōnggòng qìchē)　　乱七八糟(luànqī bāzāo)
逆水行舟(nìshuǐ xíngzhōu)　　万马奔腾(wànmǎ bēnténg)
网络文学(wǎngluò wénxué)　　一览无余(yīlǎn wúyú)

少部分为"中·轻·中·重"格式,例如:

坑坑洼洼(kēngkeng wāwā)　　嘻嘻哈哈(xīxi hāhā)
哆哆嗦嗦(duōduo suōsuō)　　迷迷糊糊(mími húhú)
慌里慌张(huāngli huāngzhāng)　　糊里糊涂(húli hútú)
劈里啪啦(pīli pālā)　　喜气洋洋(xǐqi yángyáng)

【课堂练习】

1. 读准下列三字音节的词语,体会词语的轻重格式

八仙桌	半导体	办公室	标准化	辩证法	参议院	长颈鹿	出发点	传染病
创造性	胆小鬼	地下水	电视台	方法论	根据地	国务院	共产党	工程师
公有制	工作日	哈密瓜	合作社	画外音	红领巾	基本功	机械化	金丝猴
进化论	靠不住	录音机	来不及	两口子	螺旋桨	劳动者	留声机	猫头鹰
蒙古包	偶然性	霓虹灯	牛仔裤	判决书	乒乓球	青霉素	轻音乐	所有制
生产力	世界观	手工业	太阳系	体育馆	望远镜	维生素	荧光屏	一辈子
主人翁	显微镜	啄木鸟	责任感	自然界	研究生	自治区	幼儿园	染色体

2. 读准下列四字音节的词语,体会词语的轻重格式

不以为然	不言而喻	一丝不苟	畅所欲言	抑扬顿挫	出类拔萃	有的放矢
与日俱增	层出不穷	赤手空拳	语重心长	自始至终	震耳欲聋	诸如此类
非同小可	奋不顾身	方兴未艾	风驰电掣	独一无二	风起云涌	顾名思义
得心应手	海市蜃楼	得天独厚	汗流浃背	焕然一新	大相径庭	周而复始

第二节　儿化训练

一、儿化概述

(一)儿化和儿化韵

所谓儿化,指的是后缀"儿"与它前一音节的韵母结合成一个音节,并使这个韵母带上卷舌音色彩的一种特殊音变现象。这种卷舌化了的韵母就叫儿化韵。

(二)儿化的作用

儿化在表达词语的语法意义和修辞色彩上都起着积极的作用。

1. 区别词性
盖(动词)—— 盖儿(名词)　　　个(量词)—— 个儿(名词)
尖(形容词)—— 尖儿(名词)　　破烂(形容词)—— 破烂儿(名词)

2. 区别词义
信(信件)—— 信儿(消息)　　　末(最后)—— 末儿(细碎的或呈粉状的东西)
眼(眼睛)—— 眼儿(窟窿)　　　头(脑袋)—— 头儿(上司)

3. 表示喜爱、亲切的感情色彩
例如:小曲儿、来玩儿、大婶儿、慢慢儿走
这儿真漂亮!
把东西放这儿吧,一会儿我来拿。

4. 表示细、小、轻、微的形状
例如:小鱼儿、门缝儿、一会儿、办事儿
小家伙儿,去哪儿啊?
你家小猫儿真好玩儿。
今天干活儿一点儿也不累。

二、儿化辨正

(一)儿化的发音原则

普通话以北京语音为标准音,儿化是北京话里突出的口语现象,这种现象既是非常细致复杂的,有时又是模棱两可、难以确定的。为了给学习者降低困难,学习儿化发音一般情况下可遵循以下原则:

第一，凡是区分词义、词性或表达某种情感的词要儿化。例如：

这儿真漂亮！

头儿头儿脑儿脑儿的都去了，我们也得去。

前边儿来了个小孩儿，手里拿了根儿冰棍儿。

第二，凡是可儿化可不儿化的就不要儿化，以示严肃、庄重和大气。例如：

中国政府宣告：浦东新区向全世界开放。中国又在改革开放的棋局上大胆稳健地投下了一颗牵动全局的棋子。（这个词此处不儿化）

第三，普通话还有不少带"儿"字的词语不读儿化，其中的"儿"是作为一个独立的音节存在的。例如：女儿、健儿、胎儿。

第四，在对仗整齐的文学作品句式中或词语的节律中，"儿"字需要占一个音节的情况也不读儿化。例如：

月儿明，风儿轻，树叶儿遮窗棂。

花儿朵朵向阳开。

马儿啊你慢些走。

此外，在普通话水平测试中，"单音节字词"一项不允许出现任何儿化字词；"多音节词语"一项标明读儿化的就读儿化，如"包干儿""邮戳儿""肚脐儿"等，否则不读；"朗读"和"说话"两项可根据上文四条原则灵活掌握。

(二)儿化的发音方法

儿化发音是使一个音节的主要元音带上卷舌色彩。儿化是使韵腹、韵尾发生变化，对声母和韵头没有影响。所以，儿化发音要注意方法，遵循规律。

1. 不能把儿化韵拆开来读

例如："这儿""那儿"不能读成"zhè—ér""nà—ér"。

2. 卷舌音

朗读或说话时注意卷舌发音，要卷着舌读主要元音。卷舌动作不是抬高舌位，训练时要将舌位放在"er"的发音位置，即舌尖放在硬腭中部，发韵腹元音。如果舌尖不卷，舌位抬得再高，还是发不出卷舌音。

3. 儿化韵的发音规律

音节末尾是 a、o、e、ê、u 的，原韵母直接卷舌，例如"刀把儿""水珠儿"等。

韵尾是 i、n 的韵母，儿化时失落韵尾，韵腹加卷舌动作，例如"小孩儿""纳闷儿"等。

韵母是 i、ü 的，儿化时在原韵母后加 er，例如"针鼻儿""毛驴儿"等。

韵母是-i(前)、-i(后)的，儿化时原韵母直接换作 er，例如"棋子儿""豆汁儿"等。

韵尾是 ng 的，儿化时去掉韵尾，韵腹鼻化并卷舌，例如"药方儿""门洞儿"等。

【课堂练习】

1. 儿化词语表中易错词

丑角儿　木橛儿　擦黑儿　一会儿　蛋黄儿　水瓮儿　抓阄儿　一溜儿　马驹儿
帽盔儿　茴香儿　纸匣儿　旦角儿　刀背儿　眼泪儿　加塞儿　瓜瓤儿　坎肩儿
露馅儿　摸黑儿　钢镚儿　夹缝儿　脖颈儿　主角儿　针鼻儿　痰盂儿　模特儿
打嗝儿　梨核儿　酒盅儿　绝招儿　邮戳儿　儿媳妇儿　高跟儿鞋　小人儿书

2. 测试中易错儿化词语

挨个儿　半道儿　被窝儿　鼻梁儿　冰棍儿　唱歌儿　出圈儿　抽空儿　大伙儿
大褂儿　打嗝儿　打鸣儿　大腕儿　旦角儿　刀刃儿　掉价儿　肚脐儿　豆芽儿
逗乐儿　灯泡儿　耳垂儿　饭盒儿　哥们儿　拐弯儿　花瓶儿　合群儿　胡同儿
火锅儿　火罐儿　火星儿　火苗儿　后跟儿　红包儿　加塞儿　叫好儿　记事儿
开窍儿　快板儿　拉链儿　老头儿　老本儿　泪珠儿　聊天儿　脸盘儿　落款儿
没谱儿　没词儿　没准儿　门洞儿　门槛儿　门口儿　门铃儿　麻花儿　毛驴儿
蜜枣儿　冒尖儿　棉球儿　面条儿　名牌儿　纳闷儿　脑瓜儿　年头儿　跑腿儿
人影儿　蒜瓣儿　碎步儿　送信儿　砂轮儿　扇面儿　石子儿　收摊儿　手绢儿
手套儿　提成儿　天窗儿　跳高儿　图钉儿　玩意儿　围嘴儿　线轴儿　心眼儿
笑话儿　小葱儿　小瓮儿　小说儿　小鞋儿　小曲儿　小丑儿　小偷儿　牙刷儿
牙签儿　烟卷儿　药方儿　一点儿　雨点儿　有劲儿　找茬儿　做活儿　在这儿

3. 儿化词绕口令

(1)进了门儿,倒杯水儿,喝了两口儿运运气儿,顺手儿拿起小唱本儿。唱一曲儿,又一曲儿,练完嗓子我练嘴皮儿。绕口令儿,练字音儿,还有单弦儿牌子曲儿,小快板儿,大鼓词儿,越说越唱我越带劲儿。

(2)有个小孩儿叫小兰儿,口袋儿装着几个钱儿。上街打醋又买盐儿,还买一个小瓷碗儿。小瓷碗儿,真好玩儿,红花儿绿叶儿镶金边儿,中间儿还有个小红点儿。

(3)你别看不起眼儿的两间小门脸儿,可饭碗儿饭铲儿背心儿烟卷儿样样全;你别看售货员个子不大点儿,可她服务周到贴心坎儿。起个早儿贪个晚儿,买什么都在家跟前儿。

三、儿化词表

国家级普通话水平测试用儿化词语表

说　明

1. 本表参照《普通话水平测试用普通话词语表》及《现代汉语词典》编制,加 * 的是以上二者未收,根据测试需要而酌增的条目。

2. 本表仅供普通话水平测试第二项——读多音节词语(100 个音节)测试使用。本表儿化音节,在书面上一律加"儿",但并不表明所列词语在任何语用场合都必须儿化。

3. 本表共收词 189 条,按儿化韵母的汉语拼音顺序排列。

4. 本表列出原形韵母和所对应的儿化韵,用">"表示条目中儿化音节的注音,只在基本形式后面加 r,如"一会儿 yīhuìr",不标语音上的实际变化。

一

a＞ar
刀把儿 dāobàr
戏法儿 xìfǎr
找茬儿 zhǎochár
板擦儿 bǎncār
号码儿 hàomǎr
在哪儿 zàinǎr
打杂儿 dǎzár

ai＞ar
名牌儿 míngpáir
壶盖儿 húgàir
加塞儿 jiāsāir
鞋带儿 xiédàir
小孩儿 xiǎoháir

an＞ar
快板儿 kuàibǎnr
蒜瓣儿 suànbànr
脸蛋儿 liǎndànr
栅栏儿 zhàlánr
笔杆儿 bǐgǎnr
老伴儿 lǎobànr
脸盘儿 liǎnpánr
收摊儿 shōutānr
包干儿 bāogānr
门槛儿 ménkǎnr

二

ang＞ar（鼻化）
药方儿 yàofāngr
香肠儿 xiāngchángr
赶趟儿 gǎntàngr
瓜瓤儿 guārángr

三

ia＞iar
掉价儿 diàojiàr
豆芽儿 dòuyár

一下儿 yīxiàr

ian＞iar
小辫儿 xiǎobiànr
扇面儿 shànmiànr
一点儿 yīdiǎnr
聊天儿 liáotiānr
冒尖儿 màojiānr
牙签儿 yáqiānr
心眼儿 xīnyǎnr
照片儿 zhàopiānr
差点儿 chàdiǎnr
雨点儿 yǔdiǎnr
拉链儿 lāliànr
坎肩儿 kǎnjiānr
露馅儿 lòuxiànr

四

iang＞iar（鼻化）
鼻梁儿 bíliángr
花样儿 huāyàngr
透亮儿 tòuliàngr

五

ua＞uar
脑瓜儿 nǎoguār
麻花儿 máhuār
牙刷儿 yáshuār
大褂儿 dàguàr
笑话儿 xiàohuar

uai＞uar
一块儿 yīkuàir

uan＞uar
茶馆儿 cháguǎnr
火罐儿 huǒguànr
打转儿 dǎzhuànr
好玩儿 hǎowánr
饭馆儿 fànguǎnr
落款儿 luòkuǎnr
拐弯儿 guǎiwānr

大腕儿 dàwànr

六

uang＞uar（鼻化）
蛋黄儿 dànhuángr
天窗儿 tiānchuāngr
打晃儿 dǎhuàngr

七

üan＞üar
烟卷儿 yānjuǎnr
出圈儿 chūquānr
人缘儿 rényuánr
杂院儿 záyuànr
手绢儿 shǒujuànr
包圆儿 bāoyuánr
绕远儿 ràoyuǎnr

八

ei＞er
刀背儿 dāobèir
摸黑儿 mōhēir

en＞er
老本儿 lǎoběnr
嗓门儿 sǎngménr
哥们儿 gēmenr
后跟儿 hòugēnr
别针儿 biézhēnr
走神儿 zǒushénr
小人儿书 xiǎorénrshū
刀刃儿 dāorènr
花盆儿 huāpénr
把门儿 bǎménr
纳闷儿 nàmènr
高跟儿鞋 gāogēnrxié
一阵儿 yīzhènr
大婶儿 dàshěnr
杏仁儿 xìngrénr

九
eng＞er（鼻化）
钢镚儿 gāngbèngr
脖颈儿 bógěngr
夹缝儿 jiāfèngr
提成儿 tíchéngr

十
ie＞ier
半截儿 bànjiér
小鞋儿 xiǎoxiér

üe＞üer
旦角儿 dànjuér
主角儿 zhǔjuér

十一
uei＞uer
跑腿儿 pǎotuǐr
耳垂儿 ěrchuír
围嘴儿 wéizuǐr
一会儿 yīhuìr
墨水儿 mòshuǐr
走味儿 zǒuwèir

uen＞uer
打盹儿 dǎdǔnr
砂轮儿 shālúnr
没准儿 méizhǔnr
胖墩儿 pàngdūnr
冰棍儿 bīnggùnr
开春儿 kāichūnr

ueng＞uer（鼻化）
＊小瓮儿 xiǎowèngr

十二
-i（前）＞er
瓜子儿 guāzǐr
没词儿 méicír
石子儿 shízǐr
挑刺儿 tiāocìr

-i（后）＞er
墨汁儿 mòzhīr
记事儿 jìshìr
锯齿儿 jùchǐr

十三
i＞i:er
针鼻儿 zhēnbír
肚脐儿 dùqír
垫底儿 diàndǐr
玩意儿 wányìr

in＞i:er
有劲儿 yǒujìnr
脚印儿 jiǎoyìnr
送信儿 sòngxìnr

十四
ing＞i:er（鼻化）
花瓶儿 huāpíngr
图钉儿 túdīngr
眼镜儿 yǎnjìngr
火星儿 huǒxīngr
打鸣儿 dǎmíngr
门铃儿 ménlíngr
蛋清儿 dànqīngr
人影儿 rényǐngr

十五
ü＞ü:er
毛驴儿 máolǘr
痰盂儿 tányúr
小曲儿 xiǎoqǔr

üe＞ü:er
合群儿 héqúnr

十六
e＞er
模特儿 mótèr
唱歌儿 chànggēr

打嗝儿 dǎgér
在这儿 zàizhèr
逗乐儿 dòulèr
挨个儿 āigèr
饭盒儿 fànhér

十七
u＞ur
碎步儿 suìbùr
儿媳妇儿 érxífur
泪珠儿 lèizhūr
没谱儿 méipǔr
梨核儿 líhúr
有数儿 yǒushùr

十八
ong＞or（鼻化）
果冻儿 guǒdòngr
胡同儿 hútòngr
酒盅儿 jiǔzhōngr
门洞儿 méndòngr
抽空儿 chōukòngr
小葱儿 xiǎocōngr

iong＞ior（鼻化）
＊小熊儿 xiǎoxióngr

十九
ao＞aor
红包儿 hóngbāor
半道儿 bàndàor
跳高儿 tiàogāor
口罩儿 kǒuzhàor
口哨儿 kǒushàor
灯泡儿 dēngpàor
手套儿 shǒutàor
叫好儿 jiàohǎor
绝着儿 juézhāor
蜜枣儿 mìzǎor

二十

iao＞iaor

鱼漂儿 yúpiāor
火苗儿 huǒmiáor
跑调儿 pǎodiàor
豆角儿 dòujiǎor
面条儿 miàntiáor
开窍儿 kāiqiàor

二十一

ou＞our

衣兜儿 yīdōur
年头儿 niántóur

门口儿 ménkǒur
线轴儿 xiànzhóur
老头儿 lǎotóur
小偷儿 xiǎotōur
纽扣儿 niǔkòur
小丑儿 xiǎochǒur
加油儿 jiāyóur

二十二

iou＞iour

顶牛儿 dǐngniúr
棉球儿 miánqiúr
抓阄儿 zhuājiūr

二十三

uo＞uor

火锅儿 huǒguōr
大伙儿 dàhuǒr
做活儿 zuòhuór
小说儿 xiǎoshuōr
邮戳儿 yóuchuōr
被窝儿 bèiwōr

(o)＞or

耳膜儿 ěrmór
粉末儿 fěnmòr

第三节 变调训练

在语流中,一些音节的声调会发生变化,与它原来的调值有所不同,这种现象叫做"变调"。普通话里最重要的变调现象有上声的变调和"一""不""啊"的变调。

在语流中,上声变调的情况最为复杂,频率较高。

一、上声的变调训练

上声的变调有以下规律:

(一)不变

上声的调值是214,有两种情况不变调:

第一,单念的时候;

第二,出现在词尾或句尾的时候。

(二)变化

上声在跟上声相连或跟别的声调相连的时候,都要念变调。

1. 念半上

上声在阴平、阳平、去声前面念半上,调值由214变成21或211,也就是只降不升,由于上声的起音就低,所以近似低平调。例如:

每天 měitiān   每年 měinián   每月 měiyuè

2. 念直上，像阳平一样

上声跟上声相连，前面的上声变成升调，跟阳平一样（或近似阳平），调值由 214 变成 24 或 35。例如：

美好 měihǎo　　厂长 chǎngzhǎng　　领导 lǐngdǎo

3. 三个上声相连

根据词语内部层次的不同，前两个音节有两种不同的变调。一种是第一音节调值变读 21，第二音节调值变读 35（如"很勇敢""小老虎"21/35/214）；另一种是前两个音节调值都变读 35（如"展览馆""管理组"35/35/214）。例如：

冷处理　女导演　很典雅　老领导　小广场　买雨伞　打草稿　讲理想
女子组　蒙古马　采访者　讲演稿　手表厂　总统府　洗澡水　古典美

如果连念的上声字不止三个，则可以根据词语含义适当分组按上述办法变调。快读时，也可以只保留最后一个字音读 214，前面的一律变为 35。例如：

彼此友好　买把雨伞　很有好感　远景美好　种种想法　厂长领导　可以理解
种马场养有五百匹好母马

4. 轻声音节上声的变调

第一，轻声音节原调为上声，上声的变调有两种情况。

一是变读阳平（调值 35），二是变读半上（调值 21）。

变读阳平：

等等　走走　讲讲　管管　早起　想起　讲起　打点

变读半上：

嫂子　碾子　本子　毯子　耳朵　姐姐　奶奶　姥姥

第二，轻声音节原调为非上声，上声变读为半上（调值 21）。

上声＋轻声（原调阴平）：

打听　眼睛　尾巴　比方　讲究　北边　嘴巴

上声＋轻声（原调阳平）：

老实　起来　里头　本钱　老婆　早晨　脊梁

上声＋轻声（原调去声）：

宝贝　爽快　点缀　脑袋　妥当　底下　哪个

【课堂练习】

读一读，体会上声的变调

1. 上声与非上声相连，念半上

北方 běifāng　　纺织 fǎngzhī　　广播 guǎngbō　　简单 jiǎndān　　马车 mǎchē
小刀 xiǎodāo　　喜欢 xǐhuān　　美丽 měilì　　宝贵 bǎoguì　　暖流 nuǎnliú

2. 两个上声相连，念阳平

美好 měihǎo　　小姐 xiǎojiě　　只有 zhǐyǒu　　奖品 jiǎngpǐn　　考古 kǎogǔ
手表 shǒubiǎo　　勇敢 yǒnggǎn　　演讲 yǎnjiǎng　　冷水 lěngshuǐ　　扭转 niǔzhuǎn

3. 三个上声相连,单双格念 21/35/214,双单格念 35/35/214

纸老虎　小两口　搞管理　海产品　老保守　吕厂长　老祖母　许小姐
蒙古语　水彩笔　选举法　洗脸水　手写体　虎骨酒　五百米　种马场

二、"一""不"的变调训练

在普通话里,"一""不"是高频率出现的常用字,并且在普通话语音里这两个字的声调还会受其相连音节声调的影响而出现变读现象,但其变调是有规律可循的。

(一)不变

"一""不"在词尾、句尾念原调,如:

统一　唯一　万一　表里如一　就不

"一"单念或做序数词时念原调,如:

十一　第一　第一号　他住在一楼

"不"单念或在非去声(阴平、阳平、上声)前念原调,如:

不公　不能　不美　不,绝对不行

(二)变化

"一""不"在去声音阶前变阳平,如:

一束　一段　一辆　不必　不便　不测

"一""不"夹在词语中间念轻声,如:

拖一拖　管一管　来不来　肯不肯

"一""不"在非去声(阴平、阳平、上声)前念去声,如:

一瞥　一旬　不同　不管

【课堂练习】

1. 读准带"一""不"的双音节词语

一一 yīyī　　一半 yībàn　　一定 yīdìng　　一般 yībān　　一起 yīqǐ
一生 yīshēng　一路 yīlù　　一天 yītiān　　一体 yītǐ　　一行 yīxíng
不好 bùhǎo　　不顾 bùgù　　不够 bùgòu　　不屈 bùqū　　不能 bùnéng
不及 bùjí　　不想 bùxiǎng　不利 bùlì　　不拘 bùjū　　不适 bùshì

2. 读准带"一""不"的多音节词语

走一走　瞧一瞧　看一看　练一练　深不深　要不要　美不美　去不去
看一眼　谈一次　想一下　试一回　吃不下　记不住　搬不动　听不懂
不三不四　不伦不类　不管不顾　不大不小　不即不离　不好不坏　不见不散
一心一意　一尘不染　一起一落　一窍不通　一朝一夕　一毛不拔　一唱一和

3. 读准下面带"一"的古诗

(1)一帆一桨一渔舟,一个渔翁一钓钩。
　　一俯一仰一场笑,一江明月一江秋。(《一字诗》清·陈沆 hàng)

(2) 一蓑一笠一渔舟,一个渔翁一钓钩。
　　一拍一呼还一笑,一人独占一江秋。(《一字诗》清·纪晓岚)
(3) 一蓑一笠一髯叟,一丈长竿一寸钩。
　　一山一水一明月,一人独钓一江秋。(《一字诗》清·刘绩臣)

【课堂练习】

1. 读多音节词语(识别轻声词,读准儿化词)

权利	传播	培育	恰当	牛皮	咖啡	谬论
主人翁	进化	聪明	运行	无穷	偶尔	扇面儿
盎然	选举	柴火	加入	封锁	咏叹调	放松
存款	热闹	佛像	逃走	亏损	军事	影子
贵宾	奶粉	刀背儿	一律	状况	爆炸	政治
玩耍	怀念	铺盖	奇怪	钢铁	小偷儿	将来
虐待	综合	唱歌儿	词汇	战略	轻描淡写	

2. 读多音节词语(识别误读词,读准儿化词)

盘算	创伤	害怕	家庭	收购	以内	挫折
橄榄	状态	疟疾	打嗝儿	运行	重量	跨度
撇开	嫂子	历史	勇猛	身份	挖潜	奥秘
哺乳	作风	糖尿病	工厂	穷困	恰好	原料
佛寺	儿童	丢掉	摸黑儿	决定	摧毁	军人
宣传	衰变	外省	频率	捏造	棉球儿	耽误
锦标赛	方向	安慰	心眼儿	存活	持续	柔和

3. 多音节词语模拟测试(词尾调值到位)

若干	爆发	原材料	创办	抓紧	盛怒	运用
美景	面子	压迫	必需品	佛学	一直	启程
木偶	昆虫	天下	做活儿	跨度	就算	构造
侵略	捐税	收缩	鬼脸	趋势	拐弯儿	内容
快乐	丢人	小瓮儿	含量	村庄	开花	灯泡儿
棒槌	山峰	罪孽	刺激	无穷	打听	通讯
红娘	特色	荒谬	而且	定额	观赏	部分

三、"啊"的音变训练

(一) 语气词"啊"在句首的音变规律

"啊"出现在句首时是感叹词,其音变只是声调的变化:如18号作品[①]中位于句首的两个"啊"的不同声调变化,"啊! 小桥呢?""啊! 蜕变的桥。"42号作品"啊,是对我的美好前途的憧憬支撑着她活下去"。

---

① 见本书第三章第三节,以下作品编号同此。

读阴平时,表示惊异或赞叹,如:"啊,大海这么蓝哪!"

读阳平时,表示追问,如:"啊,你到底看过没有哇?"

读上声时,表示惊疑,如:"啊,怎么是你们俩呀?"

读去声时,表示应诺(音较短)、恍然大悟(音较长),或舞台朗诵中的赞叹、感叹(音较长),如:"啊,我去就是了""啊,原来如此""啊,黄河!"

(二)语气词"啊"在句尾的音变规律

"啊"出现在句尾时的音变,是方言区的人学普通话的一个难点。

"啊"附着在句子的末尾是语气助词,由于跟前一个音节连读而受其末尾音素的合音影响,常常发生音变现象。

"啊"的音变是一种增音现象(包括同化增音和异化增音),在不同的语音环境中,"啊"的读音有不同的变化形式。

另外,"啊"出现在句尾时是语气词,它都要读轻声。"啊"的不同读音,可以用相应的汉字来表示。

语气词"啊"的音变共有五种情况:

第一,前面音节的末尾音素是 a、o、e、i、ü、ê 的,读作"呀"(ya)。例如:

快去找他啊!

你去说啊!

今天真热啊!

你可要拿定主意啊!

我来买些鱼啊!

赶紧向他道谢啊!

第二,前面音节的末尾音素是 u(包括 ao、iao)的,读作"哇"(wa)。例如:

你在哪里住啊?

他人挺好啊!

口气可真不小啊!

第三,前面音节的末尾音素是 n 的,读作"哪"(na)。例如:

早晨的空气多清新啊!

多好的人啊!

你猜得真准啊!

第四,前面音节的末尾音素是 ng 的,读作"啊"(nga)。例如:

这幅图真漂亮啊!

注意听啊!

最近太忙啊!

第五,前面音节的末尾音素是-i(前)的,读作"啊"(za);前面音节的末尾音素是的-i(后)的,读作"啊"(ra)。例如:

今天来回几次啊!

原来如此啊!

别装死啊!

你有什么事啊!

你怎么撕了一地纸啊!

你快吃啊!

掌握"啊"的变读规律,并不需要一一硬记,只要将前一个音节顺势连读"a"(像念声母与韵母拼音一样,其间不要停顿),自然就会念出"a"的变音来。

用汉语拼音拼写音节时,"啊"仍写作 a,不必写出音变情况。

【课堂练习】

1. 句(词)尾是"啊"的音变练习

(1)他喜欢很多种运动,游泳啊、跳水啊、滑雪啊、滑冰啊、跳舞啊、标枪啊、铁饼啊、长跑啊、足球啊、射箭啊、钓鱼啊、围棋啊、桥牌啊什么的,真是个全才!

(2)菜市场里什么品种都有:韭菜啊、香椿啊、萝卜啊、竹笋啊、菜花啊、茄子啊、西红柿啊、羊肉啊、鲜鱼啊、鸡蛋啊、香肠啊、苹果啊、香蕉啊、饮料啊,真是琳琅满目!

(3)植物园里有各种树木花卉:杨树啊、垂柳啊、油松啊、桧柏啊、牡丹啊、芍药啊、玫瑰啊、月季啊、郁金香啊、桂花啊、车前子啊、仙人掌啊,让人觉得美不胜收!

2. 普通话"啊"的绕口令练习

一啊一,一只小猫坐飞机啊;二啊二,二只小猫扫大院儿啊;

三啊三,三只小猫吃饼干啊;四啊四,四只小猫写大字啊;

五啊五,五只小猫敲花鼓啊;六啊六,六只小猫遛一遛啊;

七啊七,七只小猫笑嘻嘻啊;八啊八,八只小猫吹喇叭啊;

九啊九,九只小猫手拉手啊;十啊十,十只小猫学知识啊。

3. 测试用朗读作品中句尾语气词"啊"的音变练习

(1)这又怪又丑的石头,原来是天上的啊(ya)!(作品 3 号)

(2)嚄!好大的雪啊(ya)!(作品 5 号)

(3)家乡的桥啊(wa)!我梦中的桥!(作品 18 号)

(4)它便敞开美丽的歌喉,唱啊(nga)唱。(作品 22 号)

(5)是啊(ra),我们有自己的祖国。(作品 22 号)

(6)但这是怎样一个妄想啊(nga)!(作品 25 号)

(7)这才这般的鲜润啊(na)。(作品 25 号)

(8)在它看来,这狗是多么庞大的怪物啊(wa)!(作品 27 号)

(9)应该奖励你啊(ya)!(作品 39 号)

(10)而是自己的同学啊(ya)……(作品 39 号)

四、形容词重叠后的几种音变现象

形容词重叠后一般构成以下几种形式,其重叠部分有变调现象。

第一,AA:第二个音节可变为阴平,也可以不变。如:

慢慢地　快快地　满满地

第二，AA+儿：单音节形容词重叠后儿化时，第二个音节不论原调是什么，往往读成55调值。如：

慢慢儿地　快快儿地　满满儿地

第三，ABB：单音节形容词的叠音后缀，不管原来是什么声调的字，后两个音节一般变为阴平55调值。例如：

白生生　冷飕飕　亮堂堂　明晃晃　直挺挺　黑洞洞　蓬松松　黄澄澄　亮晶晶

但也有仍念原调的，例如：

软绵绵　金灿灿

第四，AABB：双音节形容词重叠后，第二个音节变为轻声，第三、四个音节多半读55调值，也可以不变（朗读时如表现出比较庄重的语气或书面语一般可以不变）。例如：

欢欢喜喜　高高兴兴　快快乐乐　认认真真　老老实实　清清楚楚　干干净净

五、普通话测试中音变失分因素分析

（一）轻声不自然

一些来自方言区的人在学习轻声时，刻意追求又轻又短的语音效果，使得双音节词语前一个音节读得很重，而轻声音节近乎无声。

（二）儿化不自然

一种是卷舌过度，如北京人说"花儿"；另一种是后鼻韵尾未带鼻音色彩，如唐山人说"绳儿"。

（三）变调不自然

有的人读多音节词语还可以，一到朗读文章或说话就语句生硬、变调不自然了。例如："不苟且、不俯就、不妥协、不媚俗"四个"不"的音变读音，"没有一片绿叶，没有一缕炊烟"中两个"一"不同的音变读音。

要想做到在语流中音变自如、顺畅，除了要针对自身存在的问题进行专项训练外，还要从日常表达做起，形成良好的发音习惯。

【作业】

1. "重·中"格式与"重·轻"格式的词语读音有何不同？
2. 三音节、四音节词语的读音有何规律？
3. 上声的音变有几种？分别是什么？什么时候不变？
4. 去声的音变有何规律？什么时候不变？
5. 句尾语气词"啊"的音变有什么规律？

第三章

朗读训练

第一节 普通话朗读的基本要求

朗读是把书面语言转化为发音规范的有声语言的再创作活动。朗读训练是从字词训练到运用普通话自如表达的过渡,是普通话语音训练的继续、巩固和提高,是学习普通话的重要环节。通过朗读训练,我们才能更有效地进一步熟练掌握普通话的声韵调及其音变规律,培养普通话的语感,提高普通话表达水平。

朗读和说话不同,它除了要求朗读者忠于作品原貌,不添字、不漏字、不改字、不回读外,还要求朗读时在声母、韵母、声调、轻声、儿化、音变以及语句的表达方式等方面都符合普通话语音的规范。

一、规范普通话朗读的语音发声

(一)强化听辨音能力,纠正方言语音错误

普通话和方言在语音上的差异,大多数情况是有规律的。这种规律包含一些例外,要靠自己去总结。如:东北方言区的阴平多数调值较低,达不到普通话55的调值,此外,还存在平翘舌不分的语音问题;山西人普遍存在前后鼻音不分的问题,此外还容易把"线"发成"谢",an、ie不分,个别人把"光"发成"锅"。所以,要强化听辨音能力,及时发现和归纳自身存在的问题,对难点字词在朗读前要注音并且反复纠正。还要多查字典和词典,加强记忆,反复练习。要想有效地克服语调中的"方言味儿",就要读准声调,我们在读阴平调时注意保持调值高度,读阳平调时注意中间不要拖长以免出现明显曲折,普通话中读去声的字最多,要注意去声调开头的调值高度。在普通话朗读练习中,不仅要注意声韵调方面的差异,还要注意轻声词和儿化韵的学习,朗读中音变要自然,尤其是南方方言区的人,不要出现"港台腔儿"。

(二)根据义项、语境确定多音字的读音

一字多音是容易产生误读的重要原因之一,对此我们必须格外注意。多音字可以从两个方面去学习:第一类是意义不同的多音字,要着重弄清它的各个不同意义,从不同意义去记住它的不同读音。如,"舍"有上声和去声两个音,作动词表示"放弃、不要"的意义时,读上声,作名词表示"房屋、古代里程、姓氏或谦辞"的意义时,读去声。第二类是意义相同的多音字,要着重弄清它的不同使用场合。这类多音字大多数情况是,一个音使用场合"宽",一个音使用场合"窄",只要记住"窄"的就行。比如,"血"有两个音,书面语组词时多发 xuè 的音,如"血压""鲜血",口语中发 xiě 的音,如"流血了";前者"宽",后者"窄"。

(三)减少字形相近或偏旁类推引起的误读

由于字形相近由甲字张冠李戴地读成乙字,这种误读十分常见。如"戎"读成"戒","贬谪"读成"贬摘","黑黢黢"(qū)读成"黑黝黝"。还有由偏旁本身的读音或者由偏旁集成的较常用字的读音,去类推一个生字的读音而引起的误读,这也很常见。所谓"秀才认字读半边",闹出笑语,指的就是这种误读。如:"掷"(zhì)读成"郑","嗅"(xiù)读成"臭","茸"(róng)读成"耳","淙淙"(cóng)读成"宗宗","炽(chì)爱"读成"挚爱"。

(四)平时勤翻字典,关注异读词的读音

普通话词汇中,有一部分词(或词中的语素),音义相同或基本相同,但在习惯上有两个或几个不同的读法,这些被称为"异读词"。为了使这些读音规范,国家于 20 世纪 50 年代就组织了"普通话审音委员会",对普通话异读词的读音进行了审定。历经几十年,几易其稿,1985 年国家公布了《普通话异读词审音表》(以下简称《审音表》),要求全国文教、出版、广播及其他部门、行业所涉及的普通话异读词的读音、标音,均以这个新的《审音表》为准。在使用《审音表》的时候,最好是对照着工具书(如《新华字典》《现代汉语词典》等)来看。先看某个字的全部读音、义项和用例,然后再看《审音表》中的读音和用例。比较以后,如发现两者有不合之处,一律以《审音表》为准。这样就达到了读音规范的目的。

(五)掌握词语的轻重音格式,规范读音

普通话水平测试中,在多音节词语测试环节对词语的轻重音格式没有考核要求,但在朗读和说话时如运用不好,则语感非常不自然,会在语调上扣分。因此,词语的轻重音格式不容忽视。普通话词语轻重音格式的基本形式是:双音节、三音节、四音节词语大多数最后一个音节读为重音;三音节词语多读为"中·次轻·重"的格式,如"计算机""国务院";四音节词语多读为"中·次轻·中·重"的格式,如"一览无余";双音节词语在普通话词语中数量最多,多读为"中·重"的格式。双音节词语读后轻的有两种:一是轻声词,如"窗户""别扭""耳朵""葡萄";二是"重·次轻"格式,有时也称"重·中"格式,如"快乐""恰当""奥运""状态"等,要注意与轻声的区别。

二、准确把握作品的感情基调

(一)深入理解,把握基调

首先要熟悉作品,从理性上把握作品的思想内容和精神实质。只有透彻的理解,才能有深切的感受,才能准确地掌握作品的情调与节奏,正确地表现作品的思想感情。

第一,了解时代背景,理解作品主题。靳以的《红烛》要放在多灾多难的旧中国的背景中理解,所以"除夕"是"凄清"的。《胡适的白话电报》放在白话文初期的20世纪30年代理解就非常有说服力,而且非常有时代意义。王文杰的《可爱的小鸟》和老舍的《济南的冬天》分别通过对远航小鸟及济南冬天美景的描绘,体现了作者对生活的热爱。郑莹的《家乡的桥》表现了久别故乡的游子对故土的挚爱深情。

第二,根据体裁特点,把握朗读基调。对于抒情类作品,应着重熟悉其抒情线索和感情格调。对于叙事作品,应着重熟悉作品的情节与人物性格。对于论述文,需要通过逐段分析理解,抓住其中心论点和各分论点,明确文章的论据和论述方法。对于说明类文章,要抓住文章的说明次序和说明方法。如童裳亮的《海洋与生命》、罗威尔的《神秘的"无底洞"》等说明类文章与峻青的抒情散文《海滨仲夏夜》在感情风格和文章结构上是不同的,前者平实、客观,后者激昂、主观。

总之,只有掌握了不同作品的特点,熟悉了作品的具体内容,才能准确地把握不同的朗读方法。

(二)设计方案,再现原貌

就是在深刻理解作品内容的基础上,设计如何通过语音的具体形象把原作的思想感情表达出来。

第一,要根据作品感情的基调,选取朗读的节奏类型。如《白杨礼赞》和《站在历史的枝头》语速较快,高昂畅达,连多停少,扬多抑少,节奏紧凑,属高亢型节奏。而同为朱自清的文章,《春》清新明快,《绿》典雅温婉,《荷塘月色》含蓄舒缓,分别适用轻快型、高亢型、舒缓型节奏表达。

第二,分析作品的结构层次,对朗读方案进行总体设计。比如:作品中写景的地方怎么读?作品的高潮在什么地方?怎么安排快慢、高低、重音和停顿等。萧红的《火烧云》中,火烧云的色彩变幻,富有情趣,此时语调应清新明快。而马如琴的《小河》,读到母亲去世时,感情要沉痛,应慢速。《胡适的白话电报》读到文末胡适在得知全班最短的文言电报用了十二个字时,非常自信地说自己的白话电报只用了五个字:"干不了,谢谢!"此处语气要在自信干练中带有幽默风趣,有用定势思维制造悬念,然后揭开谜底"抖包袱"的艺术效果。

三、培养顺畅自如的表达能力

普通话测试中因为自然流畅度而失分的情况不在少数,这一方面是由于考生紧张导致呼吸不畅、视读错误造成的,需要锻炼其心理素质,但另一方面也反映了考生平时不注重朗读技巧的掌握,用英国学者波兰尼的学说解释,就是把"显性知识"当成了"缄默知识",这需要引起广泛的重视。要想表达得自然流畅、声情并茂,必须做好朗读的案头工作。

第一,正音纠误,扫除障碍。拿到作品,不急于读,而是浏览全篇,查生字注音,练难字过关,小心地由默读到出声读、由小声读到大声读、由慢读到快读,直至声情并茂地读。

第二,把握节律,重点标注。在语音准确的基础上,对作品的快慢、停连、语速、语调进行设计,易错处标注出来,反复练习,以免由于理解错误出现停连不当的问题。

第三,反复练习,熟能生巧。在熟悉作品的基础上勤于练习,达到熟读成诵的程度,这样再紧张也不会出错了。

第二节　普通话朗读的技巧

一、呼吸技巧

气息和声音的关系非常密切,"气动则声发",说明每个人开口说话都离不开气息的运用。有的人说话底气十足、声音洪亮,有的人说话有气无力、气喘吁吁,有的人声如洪钟,有的人气短声虚。学会自如地控制自己的呼吸非常重要,因为这样发出来的音坚实有力,音质优美,而且传送得较远。有的人在朗读时呼吸显得急促,甚至上气不接下气,这是因为他使用的是胸式呼吸,不能自如地控制自己的呼吸。朗读需要有较充足的气流,一般采用的是胸腹式呼吸法。它的特点是胸腔、腹腔都配合着呼吸进行收缩或扩张,尤其要注意横膈膜的运动。我们可以进行缓慢而均匀的呼吸训练,从中体会用腹肌控制呼吸的方法。

(一)深呼吸练习

第一,做深呼吸或嗅觉练习。如嗅玫瑰花香,深呼吸,说:"真香啊!"

吸气时,身体站直,双手自然下垂,头正,肩松。

呼气时,伸出手臂,手心对准口腔,通过手心感觉呼气是否均匀。

第二,呼气时均匀出声,练"啊""嗯",先低声,再高声。练习时小腹收缩,胸腰扩张,舌、下颚均放松。发声时两手轻按两肋,如出声时感到两肋发胀,就是用上丹田气了。

练习艾青的《我爱这土地》:

为什么我的眼里常含泪水?因为我对这土地爱得深沉。

(二)蓄气控气练习

一口气说完绕口令,注意节省气息,吐清字音。

出东门,过大桥,大桥前面一树枣。拿着杆子去打枣,青的多,红的少。一个枣,两个枣,三个枣,四个枣,五个枣,六个枣,七个枣,八个枣,九个枣,十个枣;十个枣,九个枣,八个枣,七个枣,六个枣,五个枣,四个枣,三个枣,两个枣,一个枣。

(三)换气练习

练习中画"∨"处换气。无"∨"处的顿号、逗号,只做声音停顿。

这餐室更阔气!……再看桌上:∨山珍海味,冷热荤素,五味佳肴,香气扑鼻。钧瓷入窑一色,出窑千彩,∨有海棠红、鸡血红、胭脂红、朱砂红、火焰红、玫瑰紫、茄皮紫,雨过天晴,月白风清……∨那真是琳琅满目、光彩绝伦。(赵连早、么树森《宝瓶奇案》)

望星空,满天星,∨光闪闪,亮晶晶,∨好像那,小银灯,∨大大小小,密密麻麻,闪闪烁烁,数来数去,数也数不清。∨仔细看,看分明,∨原来那群星分了星座还起了名。∨按亮度,分了等;一等、二等、三等、∨四等、五等、六等,一共分六等。∨谁最亮,是一等,谁最暗,是六等,∨一等到六等,∨总共不过6900多颗是恒星。∨星空中,∨还能看见那大行星,和卫星,∨小行星,和彗星,∨更有那无数无名点点繁星看不清。∨要想看清它,∨请你借助现代化的天文望远镜。

进行呼吸训练还要注意情、气、声的统一和谐。因为情感是气息的源泉,气息是声音的依托,声音是情感的流露。

喜——气满声高	悲——气沉声缓
爱——气缓声柔	憎——气足声硬
怒——气重声粗	疑——气舒声缓
急——气短声促	静——气舒声细
冷——气少声淡	惧——气提声抖

二、共鸣技巧

发音的关键是嗓子的运用。朗读者的嗓音应该是柔和、动听和富于表现力的。为此,首先要注意保护自己的嗓子,不要长期高声喊叫,也不要由于饮食高温或过于辛辣而刺激嗓子。其次要注意提高自己对嗓音的控制和调节能力。声音的高低是由声带的松紧决定的,音量的大小则由发音时振动用力的大小来决定,朗读时不要自始至终高声大叫。再者,还要注意调节共鸣,这是使音色柔和、响亮、动听的重要技巧。人们发声的时候,气流通过声门,振动声带发出音波,经过口腔或鼻腔的共鸣,形成不同的音色。改变口腔或鼻腔的条件,音色就会大不相同。例如舌位靠前,共鸣腔浅,可使声音清脆;舌位靠后,共鸣腔深,可使声音洪亮刚强。

说话时应以口腔共鸣为主,以胸腔共鸣为基础,同时也略带上一点鼻腔共鸣,这样发出的声音深沉、厚重、清晰有力。若只有口腔和咽腔共鸣的话,则声音单薄、干涩,既没有磁性,也没有穿透力,长时间讲话还会口干舌燥,声带疲损。

控制口腔共鸣有两种技巧:

第一,"通"。"通"就是通畅、不阻塞。发音时应让背部和颈部自然伸直,胸部自然放松,喉头放松,口腔打开到适当的程度,让气流可以十分通畅地流出,从而自如地发出声音。如果说话时喉头肌肉紧张,会使得本来就不宽敞的气流通道变得更加狭窄,声音硬"挤"出嗓子眼,显得单薄、干涩,听了很不舒服。

第二,"挂"。"挂"就是不要让声音从声道里直直地跑出来,要充分控制气流,让它好像受到一股磁力的吸引,能挂在硬腭的前部。这样发出的声音响亮、清晰、饱满、厚重。

例如:杨朔的《荔枝蜜》中"偶尔倚着楼窗一望,奇怪啊……"一句中"望"字,要用"挂"的技巧。

三、吐字归音技巧

吐字的技巧不仅关系到音节的清晰度,而且关系到声音的圆润、饱满程度。要吐字清楚,首先,应熟练地掌握常用词语的标准音。朗读时,要熟悉每个音节的声母、韵母、声调,按照它们的标准音来发音。其次,要力求克服发音含糊、吐词不清的毛病,造成这一现象的原因一是在声母的成阻阶段比较马虎,不大注意发音器官的准确部位,二是在韵母阶段不大注意口形和舌位,三是发音吐字速度太快,没有足够的时值。朗读跟平时说话不同,要使每个音节都让听众或考官听清楚,发音就要有一定力度和时值,每个音素都要到位。平时多练习绕口令就是为了练好吐字的基本功。

吐字归音的基本要求如下:

每字出口要有情,气随情和音势行。
字头阻气定型准,猛力除阻才发声。
字腹音色要纯净,声音响亮又集中。
字尾归音要圆满,字音结束气方松。
音素过渡要连贯,声调准确语意明。

(一)吐咬清晰

清代徐大椿曾说:"欲改其声先改其形。形改而声无不改也。人之声亦然……所以欲辨其真音,先学口法。口法真则其字无不真实。"这句话道出了吐字发声的关键所在。

朗读时发音器官的总感觉是——"开口如半打哈欠,闭口如啃苹果。"

朗读时发音器官的准备步骤是:提颧肌→开牙关→挺软腭→松下巴→唇舌力量集中。

提颧肌:颧肌用力向上提起,鼻孔略张大,面部略带微笑。

开牙关:上下槽牙间保持一定的距离。

挺软腭:半打哈欠时,可以体会到软腭挺起的状态。

松下巴:发音时,下巴自然内收放松。

唇舌力量集中:唇的力量集中到唇的中部;舌的力量集中是指舌体取收势,把力量集中到舌的前部中纵线上。

练习诗朗诵:

两个黄鹂鸣翠柳,一行白鹭上青天。窗含西岭千秋雪,门泊东吴万里船。

烟笼寒水月笼沙,夜泊秦淮近酒家。商女不知亡国恨,隔江犹唱后庭花。

吐字的基本要求是:清晰、集中、饱满、自如、有弹性。

咬字的基本要求是:"叼字如叼虎"。

1. 喷崩法

咬字时吸足气流,双唇紧闭,然后爆破除阻,将字吐出。

练习绕口令:

八百标兵奔北坡,炮兵并排向北跑;炮兵怕把标兵碰,标兵怕碰炮兵炮。

2. 弹舌法

弹舌就是利用舌头的弹力,将字音有力且富有弹性地弹吐出来。

练习绕口令:

调到大岛打大盗,大盗太刁投短刀;推打叮当短刀掉,踏盗得刀盗打倒。

3. 开喉法

在吐字时,尽量使口腔后部打开,蓄足气流,吐送有力。

练习绕口令:

哥挎瓜筐过宽沟,过沟瓜筐滚宽沟;挎筐过沟瓜筐扣,瓜滚筐空哥怪沟。

(二)归音到位

吐字归音原来是中国说唱艺术在咬字方面的一个术语,它把一个音节分为"出字""立字""归音"三个阶段,每个阶段都有明确的要求,如果能够达到那些要求,吐出的字就会显得清晰、饱满、有弹性。

一个成分最完整的音节包括声母、韵头(又叫介音)、韵腹、韵尾和声调五个部分。习惯上我们把音节的五个部分分别叫做"头""颈""腹""尾""神"。

出字:指发声母(头)和韵头(颈)的阶段。要求发音部位必须准确,并且弹发有力。主要体现在声母的发音上。

立字:指发韵腹的阶段。韵腹是一个音节中最响亮的部分,音节的音色主要是由韵腹决定的。出字后就应该把发音部位放松,同时口腔尽量打开,这样才能使音节"立得住"。

归音:指音节后部收尾过程,也就是发完韵腹向韵尾过渡的过程。归音时应该干净利索,不拖沓,不含糊。常见的毛病有两种:一是拖泥带水;一是火候不够,归音不到位。充当韵尾的都是开口度最小的高元音,普通话中能够做韵尾的只有四个音素:i、u、n、ng(ao 的韵尾其实是一种误写,实际发音是 au)。各自归音时要注意的问题是:

1. 展唇

凡 ai、ei、uai、uei 韵母的字归音时,应微展唇角,唇形扁平。(韵尾 i)

练习郭小川的《祝酒歌》:

花香啊,沁满咱心肺。祖国情啊,春风一般往这儿吹;同志爱啊,河流一般往这儿汇。党是阳光,咱是向日葵。

2. 聚唇

凡 ao、iao、ou、iou 韵母的字归音时,应聚唇。(韵尾 u)

练习《军港之夜》:

军港的夜啊静悄悄,海浪把战舰轻轻地摇,年轻的水兵头枕着波涛,睡梦中露出甜美的微笑。

3. 抵舌

凡是收前鼻音"n"的音节,字尾归音时要做一个明显的抵舌动作。(韵尾 n)

练习《父老乡亲》：

我生在一个小山村，那里有我的父老乡亲。胡子里长满故事，憨笑中埋着乡音，一声声喊我乳名，一声声喊我乳名。多少亲昵，多少疼爱，多少疼爱，多少开心！啊，父老乡亲，我勤劳善良的父老乡亲，树高千尺也忘不了根。

4. 穿鼻

凡是收后鼻音"ng"的音节，归音时，气息要灌满鼻腔。（韵尾 ng）

练习《小白杨》：

一棵小白杨，长在哨所旁，根儿深，干儿壮，守望着北疆。微风吹，吹得绿叶沙沙响，太阳照得树叶闪银光。小白杨，小白杨，它长我也长，同我一起守边防。

四、节律技巧

（一）停连

停连是指朗读中声音的停歇和连接。从广义上说，"停"包括读者生理上需要的停歇（换气）和表达内容感情需要的停歇。我们讲的"停"指后者，是音节之间语音的中断造成的。"连"是指语势连接紧密或音节尾音音长增加而形成的拖腔。作品通过段落、标点来表达语句之间的结构关系和文章内容。停连就是有声语言的标点符号，朗读者用停歇时间的长短、连接的松紧来体现结构关系，区分语义，表达感情。朗读时，如果停连不当就会破坏句子的结构，这就叫读破句。朗读测试中忌读破句，应试者要格外注意。正确的停连有以下几种类型：

1. 停连的分类及选择标准

（1）停连的分类

第一，标点符号停连。标点符号是书面语言的停顿符号，也是朗读作品时语言停延的重要依据。

标点符号的停顿规律一般是：句号、问号、感叹号、省略号停顿略长于分号、破折号、连接号；分号、破折号、连接号的停顿时间又长于逗号、冒号；逗号、冒号的停顿时间一般要比顿号的停顿时间长些。

以上停顿，也不是绝对的。有时为表达感情的需要，在没有标点的地方也可以停顿，在有标点的地方也可以不停顿。

第二，语法停连。语法停连是为了适应表达语言内部结构关系的需要而作出的语音处理。它往往是为了强调、突出句子中的主语、谓语、宾语、定语、状语或补语而做的短暂停顿。停的位置不同，结构关系和语句含义也不同。普通话水平测试中"停连不当"主要指语法停连。掌握语法停连有助于我们在朗读中正确地停连断句，不读破句，不肢解语意，正确地表达作品的思想内容。例如：

主谓之间停连，突出主语。例如：

时间/过得那么飞快。（作品 14 号）

雨/终于停了。（作品 20 号）

朋友/即将远行。（作品 32 号）

动宾之间停连,突出宾语。例如:
脚底下发出/咯吱咯吱的响声。(作品5号)
我好像看见/无数萤火虫在我的周围飞舞。(作品8号)
我们开始追捉/她那离合的神光了。(作品25号)
动补之间停连,突出补语。例如:
她高兴得/一边拍手一边笑。
定语、状语和中心词之间停连,突出中心词。例如:
我常常遗憾我家门前/那块丑石。(作品3号)
再也找不到要回家的/那条/孤寂的小道了。(作品28号)

第三,感情停连。感情停连就是根据表情达意的需要,在没有标点或者语法停连规律要求之外的地方进行停连。感情停连不受书面标点和句子语法关系的制约,完全是根据感情或心理的需要而作的停顿处理,它受感情支配,根据感情的需要决定停与不停。它的特点是声断而情不断,也就是声断情连。例如:

这时候最热闹的,要数树上的蝉声/与水里的蛙声;但~热闹/是它们的,我~什么也没有。

在"蝉声"后面略作停顿,可以突出强调这两种热闹的声音。"但"略作停连,表现作者情感由对外界热闹气氛的感受转到对自身处境的感叹。在"我"后进行的停连,衬托出作者的无奈、失落,因为情感色彩较浓,停顿时间较长。"热闹"后则是一个存在于主谓之间的语法停连。再如:

她含着泪说:"我羡慕你们每个人,因为~你们拥有健康。"

这句话除语法停连的地方外,在"因为"后面有一个感情停连,表现出"我"在饱受疾病折磨后的痛苦以及对健康的渴望。

感情停连是在语法停连的基础上作出的进一步处理。它可以变换语法停连的规律,在不必做语法停连的地方停连;还可以根据需要,对语法停连的时间长短做出变更。这是更高层次的一种技巧,是反映一个人普通话水平和口语表达能力的重要指标。

(2)停连位置的选择

准确理解句意和文意。如:
毛主席领导的北上红军和陕北的红军/打了大胜仗啦!
正确分析语句结构。如:
可惜它生不逢时,没有长足,胀满它/每一个生命的细胞……
这平铺着,厚积着的绿,//着实可爱。(作品25号)
恰当想象文字所体现的情景。如:
那女士伸头望了一下,不禁大声"啊!"地叫了起来。
合理处置标点符号。如:
这一块长方形的橘红色的灯光,~告诉我,我不是一个/独醒的人。

(3)停连运用的注意事项

停连是朗读者思想感情的继续和延伸,绝不是思想感情的中断和空白,朗读时应做到"音停意不停"。

文字作品的标点符号是朗读者安排停连的参考,但停连处理不能受标点符号制约。

2. 停连的表达方式

(1) 落停

这种方式一般用在一个完整的意思讲完之后。它的特点是：第一，停顿的时间较长；第二，停止时声止气尽（是指声音停止的时候，感觉气息也正好用完）；第三，句尾声音顺势而落，停住。如：

可是，没等青年人把满腹的有关人生和事业的疑难问题向班杰明讲出来，班杰明就非常客气地说道："干杯//。你可以走了//。"（作品50号）

(2) 扬停

这种方式一般用在句中无标点符号之处，或一个意思还没有说完而中间又需要停顿的地方。它的特点是：第一，停顿时间较短；第二，停时声停气未尽（有时甚至虽停却不换气）；第三，停之前的声音稍上扬或者平拉开。如：

青年人手持酒杯/一下子愣住了，既尴尬/又非常遗憾地说："可是，/我……我还没向您请教呢……"（作品50号）

(3) 直连

一般用于有标点符号而内容连接也较紧密的地方，它是紧密相连。它的特点是：顺势连带，不露接点。如：

揪着草，攀着乱石，小心探身下去，又鞠躬过了一个石穹门，便到了汪汪一碧的潭边了。（作品25号）

后两个分句之间需要采取直连方式来连接。

(4) 曲连

一般用于标点符号两边既需要连接又需要有所区分的地方，特别是一连串的顿号之间，或者是排比句式一类的连接点。它的特点是：连环相接，连而不断，悠荡向前。如：

与其说它是一种情绪，不如说它是一种智慧、一种超拔、一种悲天悯人的宽容和理解。（作品46号）

其中的顿号需要曲连。

停连的方式绝不仅此四种，但不管使用哪种，我们都要根据具体语言环境中具体语句的情况而定，运用时必须遵从一个总的原则，那就是：按文意，合文气，顺文势。

(二) 重音

重音是指那些在表情达意上起重要作用、在朗读过程中要加以特别强调的字、词或短语。重音是通过声音的强调来突出意义的，它能给色彩鲜明、形象生动的词增加分量。重音又可分为词重音和语句重音两种情况，词重音在语流音变章节已做了讲解，在朗读部分我们重点分析语句重音。

1. 语句重音的选择标准

第一，突出语词目的的中心词。
第二，体现逻辑关系的对应词。
第三，点燃感情关系的关键词。

2. 语句重音的分类
(1)语法重音

根据语句的结构关系,某些句子成分往往需要读得略重一些,这就是语法重音。一般而言,语法重音不带特别强调的色彩,不表示特殊的意义,只是一种固定的结构规律在语音上的表现。语法重音的位置比较固定,常见的规律是:

第一,主谓短语构成的短句里,谓语要重读。如:

山朗润起来了,水涨起来了,太阳的脸红起来了。

大海,也被这霞光染成了红色。(作品12号)

她老了,身体不好。(作品33号)

第二,偏正短语中的修饰语要重读,包括定语和状语。如:

我终于亲眼看到这思慕已久的雄关了。

陶行知满意地笑了。(作品39号)

青年人若有所思地说。(作品50号)

第三,述宾短语中,宾语往往要重读。如:

今年我注意了,原来爬山虎有脚的。

我爱月夜,但我也爱星天。(作品8号)

揪着草,攀着乱石。(作品25号)

第四,述补短语中,补语往往要重读。如:

树叶也绿得发亮,小草也青得逼你的眼。

他们十来岁,穿得整整齐齐。(作品21号)

你的作文写得非常感人。(作品51号)

第五,疑问代词、指示代词和活用的代词(任指、虚指、不定指)要重读。如:

谁给了我生命?

这使我能够继续战斗到胜利那一天。(作品42号)

什么是永远不会回来呢?(作品14号)

如果一句话里成分较多,重读也就不止一处,往往优先重读定语、状语、补语等连带成分。

此外,数量结构、拟声词也要重读。

值得注意的是,语法重音的强度并不十分强,只是同语句的其他部分相比较,读得比较重一些罢了。

(2)强调重音

又叫感情重音。强调重音不受语法制约,它是根据语句所要表达的重点决定的,它受朗读者的意愿制约,在句子中的位置是不固定的。强调重音的作用在于揭示语言的内在含义。由于表达目的的不同,强调重音就会落在不同的词语上,所揭示的含义也就不相同,表达的效果也不一样。同一句话,强调重音不同,表达的意思也往往不同。例如:

我去过上海。(回答"谁去过上海?")

我去过上海。(回答"你去没去过上海?")

我去过上海。(回答"北京、上海等地,你去过哪儿?")

因而在朗诵时,首先要认真钻研作品,正确理解作者的意图,才能较快较准地找到强调重音。

强调重音可以使朗读的色彩丰富,充满生气,有较强的感染力。强调重音大部分出现在表现内心节奏强烈、情绪激动的地方。

一般情况下,表示并列、对比、转折关系的词语要重读。例如:

汽车的呼啸、摩托的笛音、自行车的叮铃,合奏着进行交响乐。(并列)

酣眠固不可少,小睡也别有风味的。(对比)

这就是白杨树,西北极普通的一种树,然而绝不是平凡的树!(转折)

强调重音与语法重音的区别是:

其一,从音量上看,语法重音给人的感觉只是一般的轻重有所区别,而强调重音则给人鲜明突出的印象。强调重音的音量大于语法重音的音量。

其二,从出现的位置看,强调重音可能与语法重音重叠,这时语法重音服从于强调重音,只要把音量再加强一些就行了。有时,两种重音出现在不同的位置上,此时,强调重音的音量要盖过语法重音的音量。

其三,从确定重音的难易程度上看,语法重音较容易找到,在一句话的范围内,根据语法结构的特点就可以确定,而强调重音的确定却与朗诵者对作品的钻研程度、理解程度紧密相连。

3. 重音的表达方式

学会了选择重音,不一定就能恰当地表达出语句的思想感情。表达重音的方式不当,会影响朗读表情达意的准确性。重音主要是由音强决定的,音长、音高也起到一定的作用,但重音的表达方式不仅仅是重读。这里的"重"是"突出、明显、重要"的意思,除加大音强、增加音量、延长音长外,还有减小音量、扩大音域、增加或缩短音长、前后稍作停顿、利用虚声、气声等方式。不论哪种方式,目的都是为了在语流中,通过对比反衬,突出表意的重点,引起听众的注意。

(1)重读

就是增加发音的力度,形成强有力的声音,通常用于表达饱满、高涨的情绪。如:

"好啦,谢天谢地!"我高兴地说,"马上就到过夜的地方啦!"(作品16号)

(2)轻读

即对重点词语弱化、轻化,音量缩小,语气柔弱,非重点词语反而响亮明朗。如:

我们的船渐渐地逼近榕树了。(作品48号)

(3)长读

即将感情饱满、格调深沉的字词发音延长,一般用于渲染内在情绪,表达深挚的情谊等,有较强的感情色彩。如:

一粒种子的力量之大,如此如此。(作品49号)

(4)变读

即运用颤音和沙哑声等读法来表达特殊感情。如:

小弟弟一生下来不哭也不动,也追随母亲去了。

(5)顿读

即在要强调的字、词之前或之后,做必要的顿歇,使感情能充分表达出来。如:

而且,教书还给我金钱和权利之外的东西,那就是／爱心。(作品44号)

(三)语速

语速是朗读节律中的重要组成部分,它能体现出作品的情感基调。语速指口头表达时的快慢,主要取决于音节的音长。音节的音长较短且连接比较紧密,语速就快,反之则慢。日常表达的语速受年龄、性格、身份、职业、环境、语境等诸多因素的影响,本章重点讲析朗读过程中节奏的把握。由于语速的快慢取决于所表达内容的特点及表达者的感情态度,所以,表达积极的心理状态多用快速,表达消极的心理状态多用慢速,而心态平和时语速适中。

1. 语速的分类
(1)快速
表现激动、紧张、惊恐、愤怒时,语速快。例如:

雄浑的大桥敞开胸怀,汽车的呼啸、摩托的笛音、自行车的叮铃,合奏着进行交响乐;南来的钢筋、花布,北往的柑橙、家禽,绘出交流欢悦图……(热闹)(作品18号)

我的狗慢慢向它靠近,忽然,从附近一棵树上飞下一只黑胸脯的老麻雀,像一颗石子似的落到狗的跟前。老麻雀全身倒竖着羽毛,惊恐万状,发出绝望、凄惨的叫声,接着向露出牙齿、大张着的狗嘴扑去。

老麻雀是猛扑下来救护幼雀的。它用身体掩护着自己的幼儿……但它整个小小的身体因恐怖而战栗着,它小小的声音也变得粗暴嘶哑,它在牺牲自己!(紧张)(作品27号)

人站得高些,不但能有幸早些领略到希望的曙光,还能有幸发现生命的立体的诗篇。每一个人的人生,都是这诗篇中的一个词、一个句子或者一个标点。你可能没有成为一个美丽的词,一个引人注目的句子,一个惊叹号,但你依然是这生命的立体诗篇中的一个音节、一个停顿、一个必不可少的组成部分。这足以使你放弃前嫌,萌生为人类孕育新的歌声的兴致,为世界带来更多的诗意。(激昂)(作品55号)

以上段落展现了热闹的场景,表现了焦虑、激动的心情。

(2)中速
用于一般性的陈述、说明。例如:

我们在田野散步:我,我的母亲,我的妻子和儿子。

母亲本不愿出来的。她老了,身体不好,走远一点儿就觉得很累。我说,正因为如此,才应该多走走。母亲信服地点点头,便去拿外套。她现在很听我的话,就像我小时候很听她的话一样。(陈述)(作品33号)

诞生于上个世纪三十年代的塑料袋,其家族包括用塑料制成的快餐饭盒、包装纸、餐用杯盘、饮料瓶、酸奶杯、雪糕杯等等。这些废弃物形成的垃圾,数量多、体积大、重量轻、不降解,给治理工作带来很多技术难题和社会问题。

比如,散落在田间、路边及草丛中的塑料餐盒,一旦被牲畜吞食,就会危及健康甚至导致死亡。填埋废弃塑料袋、塑料餐盒的土地,不能生长庄稼和树木,造成土地板结。而焚烧处理这些塑料垃圾,则会释放出多种化学有毒气体,其中一种称为二噁英的化合物,毒性极大。(说明)(作品60号)

以上段落分别表达了含蓄舒缓的情绪或对事物做了一般性的陈述、说明。

(3) 慢速

表现忧郁、压抑、悲伤、失望、迟疑等情感时,语速宜慢。例如:

读小学的时候,我的外祖母去世了。外祖母生前最疼爱我,我无法排除自己的忧伤,每天在学校的操场上一圈儿又一圈儿地跑着,跑得累倒在地上,扑在草坪上痛哭。

那哀痛的日子,断断续续地持续了很久,爸爸妈妈也不知道如何安慰我。他们知道与其骗我说外祖母睡着了,还不如对我说实话:外祖母永远不会回来了。(悲痛)(作品14号)

我十六岁时,母亲成了耐斯市美蒙旅馆的女经理。这时,她更忙碌了。一天,她瘫在椅子上,脸色苍白,嘴唇发灰。我马上找来医生,做出诊断:她摄取了过多的胰岛素。直到这时我才知道母亲多年一直对我隐瞒的疾病——糖尿病。

她的头歪向枕头一边,痛苦地用手抓挠胸口。床架上方,则挂着一枚我一九三二年赢得耐斯市少年乒乓球冠军的银质奖章。(沉重)(作品42号)

以上段落分别表达了沉重的心情、压抑的氛围。

朗读者在朗读时,适当调整朗读的快慢,有助于营造作品的情感氛围,增强语言的表达效果。作品的内容和体裁决定朗读的速度,其中内容是最主要的。

2. 语速的选择标准

(1) 根据内容掌握语速

朗读时的语速需与作品的情境相适应,根据作品的思想内容、故事情节、人物个性、环境背景、感情语气、语言特色来处理。当然,语速的快慢在一篇作品中并不是一成不变的,它要根据具体的内容有所变化。一般说来,热烈、欢快、兴奋、紧张的内容速度快一些;平静、庄重、悲伤、沉重、追忆的内容速度慢一些,而一般的叙述、说明、议论则用中速。

【课堂练习】

体会语速变化

以《雷雨》中周朴园和鲁侍萍的对话为例,朗诵时应根据人物心情的变化调整语速,而不应一律以一种速度读下来。

周:梅家的一个年轻小姐,很贤惠,也很规矩。有一天夜里,忽然地投水死了。后来,后来——你知道吗?(慢速。周朴园故作与鲁侍萍闲谈状,以便探听一些情况)

鲁:这个梅姑娘倒是有一天晚上跳的河,可是不是一个,她手里抱着一个刚生下三天的男孩,听人说她生前是不规矩的。(慢速,侍萍回忆悲痛的往事,又想极力克制怨愤,以免周朴园认出)

……

鲁:我前几天还见着她!(中速)

周:什么?她就在这儿?此地?(快速。表现周朴园的吃惊与紧张)

鲁:老爷,您想见一见她么?(慢速。鲁故意试探)

周:不,不,不用。(快速。表现周朴园的慌乱与心虚)

……

周:我看过去的事不必再提了吧。(中速)

鲁:我要提,我要提,我闷了三十年了!(快速,表现鲁侍萍极度的悲愤以至几乎喊叫)

(2)根据体裁掌握语速

《普通话水平测试大纲》在选编朗读测试材料时,为了保证作品难易程度和评分标准的一致性,所选的60篇作品几乎都是记叙文。记叙文分记事、记言,一般来说,记事要读得快些,记言要读得慢些。如:《白杨礼赞》适合快速,《散步》适合中速,《世间最美的坟墓》适合慢速。

在朗读过程中需注意的问题是:读得快时,要特别注意吐字的清晰,不能为了读得快而含混不清,甚至"吃字";读得慢时,要特别注意声音的明朗实在,不能因为读得慢而显得疲疲沓沓、松松垮垮。总之,在掌握朗读的速度时要做到"快而不乱""慢而不拖"。

3. 常见的节奏类型

朗读是讲究速度的,朗读速度受作品内容和形式的影响,也受朗读者心境的影响,也就是说,朗读节奏是由作品生发出来的,由朗读者思想感情的起伏所形成的抑扬顿挫、轻重缓急的声音形式的回环。

节奏不能和语调混淆。语调是以语句为单位,节奏是以全篇为单位;节奏一定要有某种声音形式的回环往复,而不是毫无规律可循的各种声音形式的拼合。

常见的节奏类型有六种:

第一,轻快型。要求多连少停,多轻少重,多扬少抑,音节少而词的密度大,语流显得轻快。如:作品25号《绿》、作品59号《紫藤萝瀑布》。

第二,凝重型。要求多停少连,多重少轻,多抑少扬,语流平稳凝重,语言表达强而有力。如:作品3号《丑石》、作品45号《西部文化和西部开发》。

第三,低沉型。要求停顿多而长,语调多抑,节拍较长,声音偏暗,句尾沉重,语流沉缓。如:作品30号《牡丹的拒绝》、作品35号《世间最美的坟墓》。

第四,高亢型。要求多连少停,多重少轻,扬而不抑,语气高昂,语流畅达,语速稍快,节奏较紧。如:作品1号《白杨礼赞》、作品55号《站在历史的枝头微笑》。

第五,舒缓型。要求多连少停,声音清亮,语流声音较高但不着力,气长音清,语气舒展开阔。如:作品12号《海滨仲夏夜》、作品33号《散步》。

第六,紧张型。要求多连少停,多重少轻,多扬少抑,节奏拖长,语气紧张,多见于文学作品中惊险激烈的场景。如:评书《武松打虎》和革命回忆录《我的战友邱少云》。

以上六种节奏类型的划分是相对的,实际朗读中它们往往会不同程度地相互渗透。有时一篇作品的节奏总体上是轻快的,但也不排除其某一部分的节奏是低沉的或紧张的。

有的学者在论及运用各种声音技巧表现节奏时,概括出如下总体要求:低而不蔫,高而不喊;慢而不拖,快而不赶;轻而不浮,重而不板。我们在朗读中应努力达到这种境界。

(四)语调

语调指句子里声音高低升降的变化,其中以结尾的升降变化最为重要,一般是和句子的语气紧密结合的。朗读者在朗读时,如能注意语调的升降变化,语音就有了动听的腔调,听起来便具有音乐美,也就能够更细致地表达不同的思想感情。语调变化多端,主要有平直调、高升调、曲折调、降抑调四种。

1. 语调的分类

(1) 平直调

平直调一般多用在叙述、说明或表示迟疑、思索、冷淡、追忆、悼念等的句子里。朗读时语调始终平直舒缓，没有显著的高低变化。如：

一位访美中国女作家，在纽约遇到一位卖花的老太太。（叙述）（作品37号）

水是一种良好的溶剂。（说明）（作品13号）

三百多年前，建筑设计师莱伊恩受命设计了英国温泽市政府大厅。（陈述）（作品19号）

(2) 高升调

高升调多在疑问句、反诘句、短促的命令句子里使用，或者是在表示愤怒、紧张、警告、号召的句子里使用。朗读时，注意前低后高、语气上扬。如：

难道你就只觉得树只是树？（反问）（作品1号）

世界杯怎么会有如此巨大的吸引力？（疑问）（作品11号）

你以为这是什么车？旅游车？（愤怒）（作品10号）

(3) 曲折调

曲折调用于表示特殊的感情，如讽刺、讥笑、夸张、强调、双关、特别惊异等。朗读时由高而低后高，把句子中某些特殊的音节特别加重加高或拖长，形成一种升降曲折的变化。如：

我不会说普通话？（怀疑）

你行，谁能跟你比呀！（讽刺）

门外有狗。（双关）

(4) 降抑调

降抑调一般用在感叹句、祈使句或表示坚决、自信、赞扬、祝愿等感情的句子里。表达沉痛、悲愤的感情，一般也用这种语调。朗读时，注意调子逐渐由高降低，末字低而短。如：

这就是白杨树，西北极普通的一种树，然而决不是平凡的树！（赞叹）（作品1号）

外祖母永远不会回来了。（沉痛）（作品14号）

请耐心等上几分钟。（祈请）（作品28号）

2. 语调的表达方式

在一篇文章的朗读过程中，语调不是一成不变的，而是有变化的。粗略地分，有轻度、重度、中度三种表达方式。

(1) 轻度

轻度语调的停顿较短，重音较清楚，色彩一般化。一般说来，作品中的次要语句属此类。

(2) 重度

重度语调的停顿较长，有较重的重音，色彩显示鲜明。通常，作品中的主要语句、核心句属此类。如：

那醉人的绿呀！（作品25号）

(3) 中度

中度语调的停顿稍长，重音稍突出，色彩较鲜明。通常，作品中比较重要的语句属此类。

第三节　普通话朗读作品分析

一、普通话水平测试用朗读作品分析

普通话水平测试用朗读作品 60 篇[①]

作品 1 号	朗读指导[②]
那是力争上游的一种树，笔直的干[①]，笔直的枝。它的干呢，通常是丈把高，像是加以人工似的[②]，一丈以内，绝无旁枝；它所有的丫枝[③]呢，一律向上，而且紧紧靠拢，也像是加以人工似的，成为一束，绝无横斜逸出；它的宽大的叶子也是片片[④]向上，几乎[⑤]没有斜生的，更不用说倒垂了；它的皮，光滑而有银色的晕圈[⑥]，微微泛出淡青色。这是虽在北方的风雪的压迫[⑦]下却保持着倔强[⑧]挺立的一种树！哪怕只有碗来粗细罢，它却努力向上发展，高到丈许，两丈，参天耸立[⑨]，不折不挠[⑩]，对抗着西北风。 　　这就是白杨树，西北极普通的一种树，然而[⑪]决不是平凡的树！它没有婆娑的姿态，没有屈曲[⑫]盘旋的虬[⑬]枝，也许你要说它不美丽，——如果美是专指"婆娑"[⑭]或"横斜逸出"之类而言，那么，白杨树算不得树中的好女子；但是它却是伟岸，正直，朴质，严肃，也不缺乏温和，更不用提它的坚强不屈与挺拔，它是树中的伟丈夫[⑮]！当你在积雪初融的高原上走过，看见平坦的大地上傲然挺立这么一株或一排白杨树，难道你就只觉得树只是树，难道你就不想到它的朴质，严肃，坚强不屈，至少也象征了北方的农民；难道你竟一点儿也不联想到，在敌后的广大土//地上，到处有坚强不屈，就像这白杨树一样傲然挺立的守卫他们家乡的哨兵！ 　　　　　　　　　　　　（节选自茅盾《白杨礼赞》）	作品采用了象征的手法对白杨树不屈不挠的精神予以了赞美，目的在于表现中国共产党领导下的抗日军民和整个中华民族紧密团结在一起，歌颂抗日军民坚强不屈的革命精神和斗争意志。 　　朗读时以赞扬激昂的革命斗争精神为情感基调。朗读时慢中有快。如第一段中的"它的干呢，通常是丈把高……也像是加以人工似的，成为一束，绝无横斜逸出"，节奏稍微缓慢。 　　第一段后面的"它却努力向上发展，高到丈许，两丈，参天耸立，不折不挠，对抗着西北风"，这里节奏可以稍微加快，用以体现出白杨树努力生长，力求上进。 　　最后一段中连用几个"难道"，节奏一句比一句强烈，层层递进将白杨树的象征意义由浅入深地展现出来，应注意停顿的处理和重读。

语音提示

1. 干 gàn　　2. 似的 shìde　　3. 丫枝 yāzhī
4. 片 piàn　　5. 几乎 jīhū　　6. 晕圈 yùnquān
7. 压迫 yāpò　　8. 倔强 juéjiàng　　9. 耸立 sǒnglì
10. 挠 náo　　11. 然而 rán'ér　　12. 屈曲 qūqū
13. 虬 qiú　　14. 婆娑 pósuō　　15. 丈夫 zhàngfu

---

① 引自国家语言文字工作委员会普通话培训测试中心编制的《普通话水平测试实施纲要》。"//"之前为 400 个音节。
② 参照曲明鑫.新编普通话学习与水平测试教程[M].北京:北京交通大学出版社,2012.

普通话水平测试用朗读作品 60 篇

作品 2 号	朗读指导

两个同龄的年轻人同时受雇于一家店铺①,并且拿同样的薪水。
  可是一段时间后,叫阿诺德的那个小伙子青云直上,而那个叫布鲁诺的小伙子却仍②在原地踏步。布鲁诺很不满意老板的不公正待遇。终于有一天,他到老板那儿发牢骚③了。老板一边耐心地听着他的抱怨,一边在心里盘算④着怎样向他解释清楚⑤他和阿诺德之间的差别。
  "布鲁诺先生,"老板开口说话了,"您现在到集市上去一下,看看今天早上有什么卖的。"
  布鲁诺从集市上回来向老板汇报说,今早集市上只有一个农民拉了一车土豆在卖。
  "有多少?"老板问。
  布鲁诺赶快戴上帽子又跑到集上,然后回来告诉老板一共四十袋土豆。
  "价格是多少?"
  布鲁诺又第三次跑到集上问来了价格。
  "好吧,"老板对他说,"现在请您坐到这把椅子上一句话也不要说,看看阿诺德怎么说。"
  阿诺德很快就从集市上回来了,向老板汇报说到现在为止只有一个农民在卖土豆,一共四十口袋,价格是多少多少;土豆质量⑥很不错,他带回来一个让老板看看。这个农民一个钟头以后还会弄来几箱西红柿,据他看价格非常公道。昨天他们铺子⑦的西红柿卖得很快,库存已经不//多了。他想这么便宜⑧的西红柿,老板肯定会要进一些的,所以他不仅带回了一个西红柿做样品,而且把那个农民也带来了,他现在正在外面等回话呢。
  此时老板转向了布鲁诺,说:"现在您肯定知道为什么阿诺德的薪水比您高了吧!"
  (节选自张健鹏、胡足青主编《故事时代》中的《差别》)
语音提示
1. 店铺 diànpù   2. 仍 réng   3. 牢骚 láo·sāo
4. 盘算 pánsuan   5. 清楚 qīngchu   6. 质量 zhìliàng
7. 铺子 pùzi   8. 便宜 piányi
	作品讲述了两个年轻人在一家店铺工作,一个能够创造性地为老板做事,得到重用;另一个不能灵活地处理问题,得不到重视。
	  作者运用对比手法,凸显了两个年轻人不同的性格和办事风格,在朗读中应该将这种对比体现出来。
	  可以用重读,一方面对布鲁诺跑到集市上"三"次予以强调:"布鲁诺赶快戴上帽子又跑到集上","布鲁诺又第三次跑到集上问来了价格";另一方面,对阿诺德工作效率高予以强调:"阿诺德很快就从集市上回来了","现在您肯定知道为什么阿诺德的薪水比您高了吧"。
	  朗读过程中应运用好停顿,注意不同人物角色的区分。疑问句"有多少?""价格是多少?"应使用升调。

普通话水平测试用朗读作品60篇

作品 3 号	朗读指导
我常常遗憾我家门前那块丑石：它黑黝黝①地卧在那里，牛似的②模样③；谁也不知道是什么时候留在这里的，谁也不去理会它。只是麦收时节，门前摊了麦子，奶奶总是说：这块丑石，多占地面呀，抽空④把它搬走吧。 　　它不像汉白玉那样的细腻，可以刻字雕花，也不像大青石那样的光滑，可以供⑤来浣纱⑥捶布。它静静地卧在那里，院边的槐荫没有庇覆⑦它，花儿⑧也不在它身边生长。荒草便繁衍⑨出来，枝蔓⑩上下，慢慢地，它竟锈上了绿苔⑪、黑斑。我们这些做孩子的，也讨厌起它来，曾合伙要搬走它，但力气又不足；虽时时咒骂⑫它，嫌弃它，也无可奈何，只好任它留在那里了。 　　终有一日，村子里来了一个天文学家。他在我家门前路过，突然发现了这块石头，眼光立即⑬就拉直了。他再没有离开，就住了下来；以后又来了好些人，都说这是一块陨石⑭，从天上落下来已经有二三百年了，是一件了不起的东西。不久便来了车，小心翼翼地将它运走了。 　　这使我们都很惊奇，这又怪又丑的石头，原来是天上的啊⑮！它补过天，在天上发过热、闪过光，我们的先祖或许仰望过它，它给了他们光明、向往、憧憬⑯；而它落下来了，在污土里，荒草里，一躺就//是几百年了！ 　　我感到自己的无知，也感到了丑石的伟大，我甚至怨恨它这么多年竟会默默地忍受着这一切！而我又立即深深地感到它那种不屈于误解、寂寞的生存的伟大。 　　　　　　　　　　　（节选自贾平凹《丑石》） **语音提示** 　1. 黑黝黝 hēiyǒuyǒu/hēiyōuyōu　　2. 似的 shìde 　3. 模样 múyàng　　4. 抽空 chōukòng　　5. 供 gōng 　6. 浣纱 huànshā　　7. 庇覆 bìfù　　8. 花儿 huā'ér 　9. 繁衍 fányǎn　　10. 枝蔓 zhīmàn　　11. 绿苔 lǜtái 　12. 咒骂 zhòumà　　13. 立即 lìjí　　14. 陨石 yǔnshí 　15. 啊 ya　　16. 憧憬 chōngjǐng	这是一篇借物说理的散文，借助一块顽石来说明"丑"与"美"是不可以用世俗的价值观来衡量的，丑石虽然在世俗的眼里是无用又难看的石头，但实际上它却是一块在天空发过光、发过热的"美"石。 　　作者用托物言志的手法，告诉世人看待事物时，应该全面，同时，赞扬了丑石那种"默默忍受""不屈于误解、寂寞的生存的伟大"。 　　朗读时语调平缓，在"这使我们都很惊奇……而它落下来了，在污土里，荒草里，一躺就是几百年了！"的朗读中，应感情充沛。 　　另外，"这又怪又丑的石头，原来是天上的啊！"中的"啊"应变读为"ya"。 　　注意重读，如"我感到自己的无知，也感到了丑石的伟大"。

普通话水平测试用朗读作品 60 篇

作品 4 号	朗读指导
在达瑞八岁的时候,有一天他想去看电影。因为①没有钱,他想是向爸妈要钱,还是自己挣②钱。最后他选择了后者。他自己调制③了一种汽水,向过路的行人出售。可那时正是寒冷的冬天,没有人买,只有两个人例外——他的爸爸和妈妈。 　　他偶然得到了一个和非常成功的商人谈话的机会。当他对商人讲述了自己的"破产史"后,商人给了他两个重要的建议:一是尝试为别人解决一个难题;二是把精力集中在你知道的、你会的和你拥有的东西上。 　　这两个建议很关键。因为对于一个八岁的孩子而言,他不会做的事情很多。于是他穿过大街小巷,不停地思考:人们会有什么难题,他又如何利用这个机会? 　　一天,吃早饭时父亲让达瑞去取报纸。美国的送报员总是把报纸从花园篱笆④的一个特制的管子里塞⑤进来。假如你想穿着睡衣舒舒服服地吃早饭和看报纸,就必须离开温暖的房间,冒着寒风,到花园去取。虽然路短,但十分麻烦⑥。 　　当达瑞为父亲取报纸的时候,一个主意⑦诞生了。当天他就按响邻居的门铃,对他们说,每个月只需付给他一美元,他每天早上把报纸塞到他们的房门底下。大多数人都同意了,很快他有//了七十多个顾客。一个月后,当他拿到自己赚的钱时,觉得自己简直是飞上了天。 　　很快他又有了新的机会,他让他的顾客每天把垃圾袋放在门前,然后由他早上运到垃圾桶里,每个月加一美元。之后他还想出了许多孩子赚钱的办法,并把它集结⑧成书,书名为《儿童挣钱的二百五十个主意》。为此,达瑞十二岁时就成了畅销书作家,十五岁有了自己的谈话节目,十七岁就拥有了几百万美元。 　　　　　　　　(节选自[德]博多·舍费尔《达瑞的故事》,刘志明译) **语音提示** 1. 因为 yīn·wèi　　2. 挣 zhèng　　3. 调制 tiáozhì 4. 篱笆 líba　　5. 塞 sāi　　6. 麻烦 máfan 7. 主意 zhǔyi　　8. 集结 jíjié	作品叙述了主人公达瑞的两件小事:失败的汽水销售和成功的送报纸服务。 　　通过两个事件的对比我们可以看出,要想取得成功应该从怎样为别人解决问题的角度去思考,并且做自己力所能及的事情。 　　在朗读时,可以采用自然、深沉的感情基调,并用平实、质朴的声音表达出作者的感受。 　　在朗读"达瑞十二岁时就成了畅销书作家,十五岁有了自己的谈话节目,十七岁就拥有了几百万美元"这句时,语速可采用渐快的方式处理。 　　此外,注意重读,例如:"因为对于一个八岁的孩子而言"中的"八","人们会有什么难题,他又如何利用这个机会?"中的"什么"和"如何","每个月只需付给他一美元"中的"一"。

普通话水平测试用朗读作品 60 篇

作品 5 号	朗读指导
这是入冬以来，胶东半岛上第一场雪。 　　雪纷纷扬扬，下得很大。开始还伴着一阵儿小雨，不久就只见大片大片的雪花，从彤云①密布的天空中飘落下来。地面上一会儿就白了。冬天的山村，到了夜里就万籁俱寂②，只听得雪花簌簌③地不断往下落，树木的枯枝被雪压断了，偶尔咯吱④一声响。 　　大雪整整下了一夜。今天早晨，天放晴了，太阳出来了。推开门一看，嗬！好大的雪啊⑤！山川、河流、树木、房屋，全都罩上了一层厚厚的雪，万里江山，变成了粉妆玉砌⑥的世界。落光了叶子的柳树上挂满了毛茸茸⑦亮晶晶的银条儿；而那些冬夏常青的松树和柏树上，则挂满了蓬松松沉甸甸⑧的雪球儿。一阵风吹来，树枝轻轻地摇晃，美丽的银条儿和雪球儿簌簌地落下来，玉屑⑨似的⑩雪末儿随风飘扬，映着清晨的阳光，显出一道道五光十色的彩虹。 　　大街上的积雪足有一尺多深，人踩上去，脚底下发出咯吱咯吱的响声。一群群孩子在雪地里堆雪人，掷⑪雪球儿。那欢乐的叫喊声，把树枝上的雪都震落下来了。 　　俗话说，"瑞雪兆丰年"。这个话有充分的科学根据，并不是一句迷信的成语。寒冬大雪，可以冻死一部分越冬的害虫；融化了的水渗⑫进土层深处，又能供应⑬//庄稼生长的需要。我相信这一场十分及时的大雪，一定会促进明年春季作物，尤其是小麦的丰收。有经验的老农把雪比做是"麦子的棉被"。冬天"棉被"盖得越厚，明春麦子就长得越好，所以又有这样一句谚语："冬天麦盖三层被，来年枕着馒头睡"。我想，这就是人们为什么把及时的大雪称为"瑞雪"的道理吧。 　　（节选自峻青《第一场雪》）	作品将时间和逻辑顺序相结合，先描写了大雪的纷纷扬扬，然后描述了放晴之后河川和街道的景色，再讲述大雪对农业的促进作用。通过多种表现手法表现了作者对祖国大好河山的热爱。既有大笔勾勒的壮丽场面，又有细笔描绘的局部。朗读景色时，可采用积极、激昂的情感基调。 　　对于作者描写的美丽的雪景部分，朗读时可通过节奏的调节和语调的升降变化来体现喜悦之情。 　　最后一部分关于雪对农作物有何益处的叙述，朗读时可采用平调，注意读准儿化词语和"簌簌""咯吱咯吱"等叠音词。

语音提示

1. 彤云 tóngyún　　2. 万籁俱寂 wànlài-jùjì
3. 簌簌 sùsù　　4. 咯吱 gēzhī　　5. 啊 ya
6. 粉妆玉砌 fěnzhuāng-yùqì
7. 毛茸茸 máoróngróng/máorōngrōng
8. 沉甸甸 chéndiàndiàn/chéndiāndiān
9. 玉屑 yùxiè　　10. 似的 shìde　　11. 掷 zhì
12. 渗 shèn　　13. 供应 gōngyìng

普通话水平测试用朗读作品 60 篇

作品 6 号	朗读指导
我常想读书人是世间幸福人，因为①他除了拥有现实的世界之外，还拥有另一个更为浩瀚②也更为丰富的世界。现实的世界是人人都有的，而后一个世界却为③读书人所独有。由此我想，那些失去或不能阅读的人是多么的不幸，他们的丧失④是不可补偿的。世间有诸多⑤的不平等，财富的不平等，权力的不平等，而阅读能力的拥有或丧失却体现为精神的不平等。 　　一个人的一生，只能经历自己拥有的那一份欣悦，那一份苦难，也许再加上他亲自闻知的那一些关于自身以外的经历和经验。然而，人们通过阅读，却能进入不同时空的诸多他人的世界。这样，具有阅读能力的人，无形间获得了超越有限生命的无限可能性。阅读不仅使他多识了草木虫鱼之名，而且可以上溯⑥远古下及未来，饱览存在的与非存在的奇风异俗。 　　更为重要的是，读书加惠于人们的不仅是知识的增广，而且还在于精神的感化与陶冶⑦。人们从读书学做人，从那些往哲先贤以及当代才俊的著述中学得他们的人格。人们从《论语》中学得智慧的思考，从《史记》中学得严肃的历史精神，从《正气歌》中学得人格的刚烈，从马克思学得人世//的激情，从鲁迅学得批判精神，从托尔斯泰学得道德的执著⑧。歌德的诗句刻写着睿智⑨的人生，拜伦的诗句呼唤着奋斗的热情。一个读书人，一个有机会拥有超乎个人生命体验的幸运人。 　　　　　　　　　　　（节选自谢冕《读书人是幸福人》） **语音提示** 　1. 因为 yīn·wèi　　2. 浩瀚 hàohàn　　3. 为 wéi 　4. 丧失 sàngshī　　5. 诸多 zhūduō　　6. 溯 sù 　7. 陶冶 táoyě　　　8. 执著 zhízhuó　　9. 睿智 ruìzhì	作品开篇提出中心论点，运用总—分—总的形式，通过分论点层层深入，从而证明"读书人是幸福人"这个中心论点。虽然现实世界有太多的不平等，但人们可以通过阅读来争取精神世界的平等。只要你肯去阅读，就能够得到丰富的知识。 　　注意把握"读书"和"幸福"之间关系的深刻含义，领会"读书"对人生的重要影响。 　　在朗读时，语气应严肃认真，语调可采用降调来肯定所提出的论点。 　　朗读中注意停顿，如"人们从《论语》中/学得智慧的思考，从《史记》中/学得严肃的历史精神，从《正气歌》中/学得人格的刚烈"。 　　注意重音，如"从马克思学得人世的激情，从鲁迅学得批判精神，从托尔斯泰学得道德的执著"中的"激情""批判精神""执著"。

普通话水平测试用朗读作品 60 篇

作品 7 号	朗读指导
一天，爸爸下班回到家已经很晚了，他很累也有点儿烦，他发现五岁的儿子靠在门旁正等着他。 "爸，我可以问您一个问题吗？" "什么问题？""爸，您一小时可以赚多少钱？""这与①你无关，你为什么问这个问题？"父亲生气地说。 "我只是想知道，请告诉我，您一小时赚多少钱？"小孩儿哀求道。"假如你一定要知道的话，我一小时赚二十美金。" "哦，"小孩儿低下了头，接着又说，"爸，可以借我十美金吗？"父亲发怒了："如果你只是要借钱去买毫无意义的玩具的话，给我回到你的房间睡觉去。好好②想想为什么你会那么自私。我每天辛苦工作，没时间和你玩儿小孩子的游戏。" 小孩儿默默地回到自己的房间关上门。 父亲坐下来还在生气。后来，他平静下来了，心想他可能对孩子太凶了——或许孩子真的很想买什么东西，再说他平时很少要过钱。 父亲走进孩子的房间："你睡了吗？""爸，还没有，我还醒着。"孩子回答。 "我刚才可能对你太凶了，"父亲说，"我不应该发那么大的火儿——这是你要的十美金。""爸，谢谢您。"孩子高兴地从枕头③下拿出一些被弄皱的钞票，慢慢地数着。 "为什么你已经有钱了还要？"父亲不解地问。 "因为④原来不够，但现在凑够了。"孩子回答，"爸，我现在有//二十美金了，我可以向您买一个小时的时间吗？明天请早一点儿回家——我想和您一起吃晚餐。" （节选自唐继柳编译《二十美金的价值》） **语音提示** 1. 与 yǔ　　2. 好好 hǎohǎo/hǎohāor 3. 枕头 zhěntou　　4. 因为 yīn·wèi	作品讲述了一个发生在父子之间的温馨故事。 小男孩向父亲借钱时，父子之间的对话表现出父亲不耐烦的心情，如："如果你只是要借钱去买毫无意义的玩具的话，给我回到你的房间睡觉去。好好想想为什么你会那么自私。我每天辛苦工作，没时间和你玩儿小孩子的游戏。"此处父亲的语气带有命令、责备的意味，情绪激动，可采用升调，语速渐快。 当父亲意识到自己语气太重，没有考虑到孩子的感受时，他来到孩子的房间，询问孩子要钱的真正原因，这时朗读的节奏应该放慢，语调舒缓、柔和，体现出父亲对孩子的愧疚和爱。 注意重音，如"为什么你已经有钱了还要？"中的"已经有""还"的重读。

普通话水平测试用朗读作品 60 篇

作品 8 号	朗读指导
我爱月夜,但我也爱星天。从前在家乡七八月的夜晚在庭院里纳凉的时候,我最爱看天上密密麻麻的繁星。望着星天,我就会忘记一切,仿佛①回到了母亲的怀里似的②。 　　三年前在南京我住的地方③有一道后门,每晚我打开后门,便看见一个静寂④的夜。下面是一片菜园,上面是星群密布的蓝天。星光在我们的肉眼里虽然微小,然而它使我们觉得光明无处不在。那时候我正在读一些天文学的书,也认得⑤一些星星,好像它们就是我的朋友⑥,它们常常在和我谈话一样。 　　如今在海上,每晚和繁星相对,我把它们认得很熟⑦了。我躺在舱面上,仰望天空。深蓝色的天空里悬着无数半明半昧⑧的星。船在动,星也在动,它们是这样低,真是摇摇欲坠呢!渐渐地我的眼睛模糊⑨了,我好像看见无数萤火虫在我的周围飞舞。海上的夜是柔和的,是静寂的,是梦幻的。我望着许多认识⑩的星,我仿佛看见它们在对我眨眼,我仿佛听见它们在小声说话。这时我忘记了一切。在星的怀抱中我微笑着,我沉睡着。我觉得自己是一个小孩子,现在睡在母亲的怀里了。 　　有一夜,那个在哥伦波上船的英国人指给我看天上的巨人。他用手指着://那四颗明亮的星是头,下面的几颗是身子,这几颗是手,那几颗是腿和脚,还有三颗星算是腰带。经他这一番指点,我果然看清楚⑪了那个天上的巨人。看,那个巨人还在跑呢! 　　(节选自巴金《繁星》) **语音提示** 　1. 仿佛 fǎngfú　　2. 似的 shìde　　3. 地方 dìfang 　4. 静寂 jìngjì　　5. 认得 rènde　　6. 朋友 péngyou 　7. 熟 shú　　　　8. 昧 mèi　　　　9. 模糊 móhu 　10. 认识 rènshi　11. 清楚 qīngchu	作品中三次写繁星,因为年龄、阅历、心情和时间、地点、氛围的不同,表现出的意境和感受也不同。 　　朗读时要注意三次写繁星时行文感情处理的不同: 　　第一次是在自家院子,卧看时,所见的天空有限,显得深而远,有回到母亲怀里的感觉。 　　第二次是在南京的菜园地,作者当时挣脱出封建家庭的牢笼,觉得星星很亲切,光明无所不在。 　　第三次则是在海上,看到了一幅船动星移的画面,一个"跑",写出了"巨人"星座的形状,暗示了船在前进,表达了作者涌动的激情。 　　作者通过拟人手法赋予星空以生命,感情细腻,朗读时语调舒缓。

普通话水平测试用朗读作品 60 篇

作品 9 号	朗读指导
假日到河滩上转转①,看见许多孩子在放风筝②。一根根长长的引线,一头系③在天上,一头系在地上,孩子同风筝都在天与地之间悠荡,连心也被悠荡得恍恍惚惚了,好像又回到了童年。 儿时放的风筝,大多是自己的长辈或家人编扎④的,几根削⑤得很薄⑥的篾,用细纱线扎⑦成各种鸟兽的造型,糊上雪白的纸片,再用彩笔勾勒出面孔与翅膀的图案。通常扎得最多的是"老雕""美人儿⑧""花蝴蝶"等。 我们家前院就有位叔叔,擅扎风筝,远近闻名。他扎的风筝不只体型好看,色彩艳丽,放飞得高远,还在风筝上绷一叶用蒲苇⑨削成的膜片,经风一吹,发出"嗡嗡"的声响,仿佛⑩是风筝的歌唱,在蓝天下播扬,给开阔的天地增添了无尽的韵味,给驰荡的童心带来几分疯狂。 我们那条胡同⑪的左邻右舍的孩子们放的风筝几乎⑫都是叔叔编扎的。他的风筝不卖钱,谁上门去要,就给谁,他乐意自己贴钱买材料。 后来,这位叔叔去了海外,放风筝也渐与孩子们远离了。不过年年叔叔给家乡写信,总不忘提起儿时的放风筝。香港回归之后,他的家信中说到,他这只被故乡放飞到海外的风筝,尽管飘荡游弋⑬,经沐风雨,可那线头儿一直在故乡和//亲人手中牵着,如今飘得太累了,也该要回归到家乡和亲人身边来了。 是的。我想,不光是叔叔,我们每个人都是风筝,在妈妈手中牵着,从小放到大,再从家乡放到祖国最需要的地方去啊⑭! (节选自李恒瑞《风筝畅想曲》) **语音提示** 1. 转转 zhuànzhuan 2. 风筝 fēngzheng 3. 系 jì 4. 编扎 biānzā 5. 削 xiāo 6. 薄 báo 7. 扎 zā 8. 人儿 rénr 9. 蒲苇 púwěi 10. 仿佛 fǎngfú 11. 胡同 hú·tòng 12. 几乎 jīhū 13. 游弋 yóuyì 14. 啊 ya	这是一篇表现童年美好回忆的作品,语言清新自然。作者以风筝贯穿全文,并赋予风筝以不同的意象。 首先叙述自己所见孩子放风筝的情景引出童年的思绪。然后描写童年时风筝的类型及自家前院擅长制作风筝的叔叔。此时风筝意味着对儿时生活的怀念。最后在叔叔的家信中,叔叔以风筝自喻,表现了其独自漂泊的孤独及对亲人故土的思念之情,蕴含着我们每一个人都像风筝一样,在广阔天空翱翔,无论飞到哪里,都离不开祖国母亲,离不开家乡和亲人。 朗读时应情绪饱满,作品的最后一段语调可采用升调。注意第二段中的几个连续的动词:"削""扎""糊""勾勒"。

普通话水平测试用朗读作品60篇

作品 10 号	朗读指导
爸不懂得怎样表达爱,使我们一家人融洽①相处②的是我妈。他只是每天上班下班,而妈则把我们做过的错事开列清单,然后由他来责骂我们。 　　有一次我偷了一块糖果,他要我把它送回去,告诉③卖糖的说是我偷来的,说我愿意替他拆箱卸货④作为赔偿。但妈妈却明白我只是个孩子。 　　我在运动场打秋千跌断了腿,在前往医院的途中一直抱着我的,是我妈。爸把汽车停在急诊室⑤门口,他们叫他驶开,说那空位⑥是留给紧急车辆停放的。爸听了便叫嚷道:"你以为这是什么车? 旅游车?" 　　在我的生日会上,爸总是显得有些不大相称⑦。他只是忙于吹气球,布置餐桌,做杂务。把插着蜡烛的蛋糕推过来让我吹的,是我妈。 　　我翻阅照相册时,人们总是问:"你爸爸是什么样子的?"天晓得! 他老是忙着替别人拍照。妈和我笑容可掬⑧地一起拍的照片⑨,多得不可胜数⑩。 　　我记得妈有一次叫他教⑪我骑自行车。我叫他别放手,但他却说是应该放手的时候了。我摔倒之后,妈跑过来扶我,爸却挥手要她走开。我当时生气极了,决心要给他点儿颜色看。于是我马上爬上自行车,而且自己骑给他看。他只是微笑。 　　我念大学时,所有的家信都是妈写的。他//除了寄支票外,还寄过一封短柬⑫给我,说因为⑬我不在草坪上踢足球了,所以他的草坪长得很美。每次我打电话回家,他似乎都想跟我说话,但结果⑭总是说:"我叫你妈来接。"我结婚⑮时,掉眼泪的是我妈。他只是大声地擤⑯了一下鼻子,便走出房间。我从小到大都听他说:"你到哪里去? 什么时候回家? 汽车有没有汽油? 不,不准去。"爸完全不知道怎样表达爱。除非…… 　　会不会是他已经表达了,而我却未能察觉? 　　　　　　　　　(节选自[美]艾尔玛·邦贝克《父亲的爱》) **语音提示** 　　1. 融洽 róngqià　　2. 相处 xiāngchǔ　　3. 告诉 gàosu 　　4. 卸货 xièhuò　　5. 室 shì　　6. 空位 kòngwèi 　　7. 相称 xiāngchèn　　8. 笑容可掬 xiàoróng-kějū 　　9. 照片 zhàopiàn/zhàopiànr　　10. 不可胜数 bùkě-shèngshǔ 　　11. 教 jiāo　　12. 短柬 duǎnjiǎn　　13. 因为 yīn·wèi 　　14. 结果 jiéguǒ　　15. 结婚 jiéhūn　　16. 擤 xǐng	人们总是说父爱是深沉的,这篇作品表现的就是一位父亲在生活的点滴之中默默地表达着自己对子女的爱,这种爱是真挚的、深沉的,不需要用太多言语去表达的。 　　作者将父亲和母亲表达对孩子关爱的行为进行了比较,借以突出父爱的深沉。因此,在朗读时,要注意强调父亲和母亲在表达对孩子关爱上的差别。如"我摔倒之后,妈跑过来扶我,爸却挥手要她走开","我结婚时,掉眼泪的是我妈。他只是大声地擤了一下鼻子,便走出房间"。另外,还要注意语调和语速,如"爸听了便叫嚷道:'你以为这是什么车? 旅游车?'"应采用升调,语速渐快,体现出父亲在孩子遇到危险时紧张、焦急的心情。

普通话水平测试用朗读作品 60 篇

作品 11 号	朗读指导
一个大问题一直盘踞①在我脑袋里： 世界杯怎么会有如此巨大的吸引力？除去足球本身的魅力之外，还有什么超乎其上而更伟大的东西？ 近来观看世界杯，忽然从中得到了答案：是由于一种无上崇高的精神情感——国家荣誉感！ 地球上的人都会有国家的概念，但未必时时都有国家的感情。往往人到异国，思念家乡，心怀故国，这国家概念就变得有血②有肉，爱国之情来得非常具体。而现代社会，科技昌达，信息快捷，事事上网，世界真是太小太小，国家的界限似乎③也不那么清晰了。再说足球正在快速世界化，平日里各国球员频繁转会④，往来随意，致使越来越多的国家联赛都具有国际的因素。球员们不论国籍，只效力于自己的俱乐部，他们比赛时的激情中完全没有爱国主义的因子⑤。 然而，到了世界杯大赛，天下大变。各国球员都回国效力，穿上与光荣的国旗同样色彩的服装。在每一场比赛前，还高唱国歌以宣誓对自己祖国的挚爱⑥与忠诚。一种血缘⑦情感开始在全身的血管⑧里燃烧起来，而且立刻热血⑨沸腾。 在历史时代，国家间经常发生对抗，好男儿⑩戎装⑪卫国，国家的荣誉往往需要以自己的生命去//换取。但在和平时代，唯有这种国家之间大规模对抗性的大赛，才可以唤起那种遥远而神圣的情感，那就是：为祖国而战！ （节选自冯骥才《国家荣誉感》） **语音提示** 1. 盘踞 pánjù　　2. 血 xiě　　3. 似乎 sìhū 4. 转会 zhuǎnhuì　5. 因子 yīnzǐ　6. 挚爱 zhì'ài 7. 血缘 xuèyuán　8. 血管 xuèguǎn　9. 热血 rèxuè 10. 男儿 nán'ér　11. 戎装 róngzhuāng	作者通过世界杯足球赛，阐述国家荣誉的重要性与影响力。文中采用对比的手法表现出了不同时间、不同地点人们对国家荣誉感的态度。 朗读时要注意语调自然、情感真切、节奏适中。 在最后两段的朗读中，可采用升调，体现出激昂的情绪。 "世界杯怎么会有如此巨大的吸引力？除去足球本身的魅力之外，还有什么超乎其上而更伟大的东西？"应采用升调。 "科技昌达，信息快捷，事事上网"语速应渐快。 注意重音，如"国家的荣誉往往需要以自己的生命去换取"中的"生命"；注意本文中出现的几个"血"字在读音上的差别。

普通话水平测试用朗读作品 60 篇

作品 12 号	朗读指导

夕阳落山不久，西方的天空，还燃烧着一片橘红色的晚霞。大海，也被这霞光染成了红色，而且比天空的景色更要壮观。因为①它是活动的，每当一排排波浪涌起的时候，那映照在浪峰上的霞光，又红又亮，简直就像一片片霍霍燃烧着的火焰，闪烁②着，消失了。而后面的一排，又闪烁着，滚动着，涌了过来。
  天空的霞光渐渐地淡下去了，深红的颜色变成了绯红③，绯红又变为④浅红。最后，当这一切红光都消失了的时候，那突然显得高而远了的天空，则呈现出一片肃穆⑤的神色。最早出现的启明星，在这蓝色的天幕上闪烁起来了。它是那么大，那么亮，整个广漠的天幕上只有它在那里放射着令人注目的光辉，活像一盏悬挂在高空的明灯。
  夜色加浓，苍空中的"明灯"越来越多了。而城市各处的真的灯火也次第亮了起来，尤其是围绕⑥在海港周围山坡上的那一片灯光，从半空倒映在乌蓝的海面上，随着波浪，晃动⑦着，闪烁着，像一串流动着的珍珠，和那一片片密布在苍穹⑧里的星斗⑨互相辉映，煞⑩是好看。
  在这幽美的夜色中，我踏着软绵绵⑪的沙滩，沿着海边，慢慢⑫地向前走去。海水，轻轻地抚摸⑬着细软的沙滩，发出温柔的//刷刷声。晚来的海风，清新而又凉爽。我的心里，有着说不出的兴奋⑭和愉快。
  夜风轻飘飘地吹拂⑮着，空气中飘荡着一种大海和田禾相混合⑯的香味儿，柔软的沙滩上还残留着白天太阳炙晒⑰的余温。那些在各个工作岗位上劳动了一天的人们，三三两两地来到这软绵绵的沙滩上，他们浴着凉爽的海风，望着那缀⑱满了星星的夜空，尽情地说笑，尽情地休憩⑲。
  （节选自峻青《海滨仲夏夜》）
语音提示
 1. 因为 yīn·wèi 2. 闪烁 shǎnshuò 3. 绯红 fēihóng
 4. 为 wéi 5. 肃穆 sùmù 6. 围绕 wéirào
 7. 晃动 huàngdòng 8. 苍穹 cāngqióng 9. 星斗 xīngdǒu
 10. 煞 shà 11. 软绵绵 ruǎnmiánmián
 12. 慢慢 mànmàn/mànmānr 13. 抚摸 fǔmō
 14. 兴奋 xīngfèn 15. 吹拂 chuīfú 16. 混合 hùnhé
 17. 炙晒 zhìshài 18. 缀 zhuì 19. 休憩 xiūqì
	这是一篇优美的写景散文。作者抓住夕阳西下之后，天空中光线和色彩的变化，描绘了夏夜海滨独有的景色，以及在这种景色下闲适、愉悦的城市生活，表达了对生活的赞美之情。
	  第二段和第三段运用了比喻的手法：将明星比喻成明灯，生动形象地表现了启明星大和亮的特点；将灯光比喻成流动的珍珠，生动形象地表现了灯光多和闪烁的特点。在朗读时，要热情真切，饱含着对生活的热爱之情，对大自然的赞美之感。
	  此外，还应把握好需要读作轻声的词语，如"软绵绵的""慢慢地""轻轻地""细软的"等。处理好停顿，如"那突然显得高/而远了的天空"。

普通话水平测试用朗读作品 60 篇

作品 13 号	朗读指导
生命在海洋里诞生绝不是偶然的，海洋的物理和化学性质，使它成为孕育原始生命的摇篮。 　　我们知道，水是生物的重要组成部分，许多动物组织的含水量在百分之八十以上，而一些海洋生物的含水量高达百分之九十五。水是新陈代谢的重要媒介，没有它，体内的一系列生理和生物化学反应就无法进行，生命也就停止了。因此，在短时期内动物缺水要比缺少食物更加危险。水对今天的生命是如此重要，它对脆弱的原始生命，更是举足轻重了。生命在海洋里诞生，就不会有缺水之忧。 　　水是一种良好的溶剂。海洋中含有许多生命所必需的无机盐，如氯①化钠、氯化钾、碳酸盐、磷酸盐，还有溶解氧，原始生命可以毫不费力地从中吸取它所需要的元素。 　　水具有很高的热容量，加之海洋浩大，任凭夏季烈日曝晒②，冬季寒风扫荡，它的温度变化却比较③小。因此，巨大的海洋就像是天然的"温箱"，是孕育原始生命的温床。 　　阳光虽然为④生命所必需，但是阳光中的紫外线却有扼杀原始生命的危险。水能有效地吸收紫外线，因而又为原始生命提供了天然的"屏障⑤"。 　　这一切都是原始生命得以产生和发展的必要条件。// （节选自童裳亮《海洋与生命》） **语音提示** 1. 氯 lù　2. 曝晒 pùshài　3. 比较 bǐjiào 4. 为 wéi　5. 屏障 píngzhàng	这篇作品虽然是一篇说明文，但是字里行间又有着抒情之意，表达了对生命之源——水的赞美之情。 　　作品从"摇篮"和"牧场"两方面说明海洋的重要作用，揭示海洋孕育生命、供养生命的道理，阐述了海洋过去和现在与生命的密切关系，使人们清楚地看到海洋在生命的诞生及发展过程中所起到的作用。 　　在朗读时要注意将客观说明与情感表达恰当地结合起来。语调可采用平调。 　　注意语句的停顿，如"在短时期内/动物缺水/要比缺少食物/更加危险"。 　　还有"如氯化钠、氯化钾、碳酸盐、磷酸盐，还有溶解氧"这句话中并列关系的专业名词之间要注意停顿，但是停顿时间不宜过长，要有连贯性。

普通话水平测试用朗读作品 60 篇

作品 14 号	朗读指导
读小学的时候,我的外祖母去世了。外祖母生前最疼爱我,我无法排除自己的忧伤,每天在学校的操场上一圈儿又一圈儿地跑着,跑得累倒在地上,扑在草坪上痛哭。 　　那哀痛的日子,断断续续地持续了很久,爸爸妈妈也不知道如何安慰我。他们知道与其骗我说外祖母睡着①了,还不如对我说实话:外祖母永远不会回来了。 　　"什么是永远不会回来呢?"我问着。 　　"所有时间里的事物,都永远不会回来。你的昨天过去,它就永远变成昨天,你不能再回到昨天。爸爸以前也和你一样小,现在也不能回到你这么小的童年了;有一天你会长大,你会像外祖母一样老;有一天你度过了你的时间,就永远不会回来了。"爸爸说。 　　爸爸等于给我一个谜语,这谜语比课本上的"日历挂在墙壁,一天撕去一页,使我心里着急"和"一寸光阴一寸金,寸金难买寸光阴"还让我感到可怕;也比作文本上的"光阴似②箭,日月如梭"更让我觉得有一种说不出的滋味。 　　时间过得那么飞快,使我的小心眼儿③里不只是着急,还有悲伤。有一天我放学回家,看到太阳快落山了,就下决心说:"我要比太阳更快地回家。"我狂奔回去,站在庭院前喘气的时候,看到太阳//还露④着半边脸,我高兴地跳跃起来,那一天我跑赢了太阳。以后我就时常做那样的游戏,有时和太阳赛跑,有时和西北风比快,有时一个暑假才能做完的作业,我十天就做完了;那时我三年级,常常把哥哥五年级的作业拿来做。每一次比赛胜过时间,我就快乐得不知道怎么形容。 　　如果将来我有什么要教⑤给我的孩子,我会告诉⑥他:假若你一直和时间比赛,你就可以成功! 　　　　　　　　　　(节选自台湾/林清玄《和时间赛跑》) **语音提示** 1. 睡着 shuìzháo　　2. 似 sì　　3. 心眼儿 xīnyǎnr 4. 露 lòu　　5. 教 jiāo　　6. 告诉 gàosu	作品以外祖母的去世为起点,展开了作者对"时间"的思考。 　　在朗读这篇文章时,要注意文章前后部分感情基调的区别:我们在读前半段的时候,要表现出悲痛、不解、低沉的心情,而在读后半部分的时候,则要带有坚定、沉稳的感情基调。 　　注意停顿,如"他们知道/与其骗我/说外祖母睡着了"。 　　在朗读第五段时,应注意把握节奏: 　　"一寸光阴一寸金,寸金难买寸光阴"、"光阴似箭,日月如梭"节奏渐快,用以体现作者面对时间流逝而产生的紧迫感。 　　"我狂奔回去,站在庭院前喘气的时候,看到太阳还露着半边脸,我高兴地跳跃起来,那一天我跑赢了太阳。"此句可采用升调,体现作者的喜悦之情。

普通话水平测试用朗读作品 60 篇

作品 15 号	朗读指导
三十年代初，胡适在北京大学任教授。讲课时他常常对白话文大加称赞，引起一些只喜欢文言文而不喜欢白话文的学生①的不满。 　　一次，胡适正讲得得意的时候，一位姓魏的学生突然站了起来，生气地问："胡先生，难道说白话文就毫无缺点吗？"胡适微笑着回答说："没有。"那位学生更加激动了："肯定有！白话文废话太多，打电报用字多，花钱多。"胡适的目光顿时变亮了，轻声地解释说："不一定吧！前几天有位朋友②给我打来电报，请我去政府部门工作，我决定不去，就回电拒绝了。复电是用白话写的，看来也很省字。请同学们根据我这个意思，用文言文写一个回电，看看究竟是白话文省字，还是文言文省字？"胡教授刚说完，同学们立刻认真地写了起来。 　　十五分钟过去，胡适让同学举手，报告用字的数目，然后挑了一份用字最少的文言电报稿，电文是这样写的："才疏学浅，恐难胜任，不堪从命。"白话文的意思是：学问不深，恐怕很难担任这个工作，不能服从安排。 　　胡适说，这份写得确实不错，仅用了十二个字。但我的白话电报却只用了五个字："干不了，谢谢！" 　　胡适又解释说："'干不了'就有才疏学浅、恐难胜任的意思；'谢谢'既//对朋友的介绍表示感谢，又有拒绝的意思。所以，废话多不多，并不看它是文言文还是白话文，只要注意选用字词，白话文是可以比文言文更省字的。" 　　（节选自陈灼主编《实用汉语中级教程》（上）中《胡适的白话电报》） **语音提示** 　　1. 学生 xuésheng　　2. 朋友 péngyou	作品讲述的是胡适提倡并积极推广使用白话文的一个小故事。 　　作品中的对话部分要特别注意学生和胡适两种角色语言的区别。注意语调，如"一位姓魏的学生突然站了起来，生气地问：'胡先生，难道说白话文就毫无缺点吗？'"可采用升调；"胡适微笑着回答说：'没有。'"应采用降调表示肯定。 　　注意重音，如"胡适说，这份写得确实不错，仅用了十二个字"中的"十二"，"但我的白话电报却只用了五个字"中的"五"，借重读来强调白话文比文言文更有优势。 　　"才疏学浅，恐难胜任，不堪从命"一句应注意停顿，但时间不宜过长，要保持连贯性。

普通话水平测试用朗读作品 60 篇

作品 16 号	朗读指导
很久以前,在一个漆黑的秋天的夜晚,我泛舟①在西伯利亚一条阴森森的河上。船到一个转弯处,只见前面黑黢黢②的山峰下面一星火光蓦地③一闪。 　　火光又明又亮,好像就在眼前…… 　　"好啦,谢天谢地!"我高兴地说,"马上就到过夜的地方④啦!" 　　船夫扭头朝身后的火光望了一眼,又不以为然地划起桨⑤来。 　　"远着呢!" 　　我不相信他的话,因为火光冲破朦胧⑥的夜色,明明在那儿闪烁。不过船夫是对的,事实上,火光的确还远着呢。 　　这些黑夜的火光的特点是:驱散黑暗,闪闪发亮,近在眼前,令人神往。乍⑦一看,再划几下就到了……其实却还远着呢!…… 　　我们在漆黑如墨的河上又划了很久。一个个峡谷和悬崖,迎面驶来,又向后移去,仿佛⑧消失在茫茫的远方,而火光却依然停在前头,闪闪发亮,令人神往——依然是这么近,又依然是那么远…… 　　现在,无论是这条被悬崖峭壁⑨的阴影笼罩的漆黑的河流,还是那一星明亮的火光,都经常浮现在我的脑际,在这以前和在这以后,曾有许多火光,似乎⑩近在咫尺⑪,不止使我一人心驰神往⑫。可是生活之河却仍然在那阴森森的两岸之间流着,而火光也依旧非常遥远。因此,必须加劲划桨…… 　　然而,火光啊⑬……毕竟……毕竟就//在前头!…… 　　　　　　(节选自[俄]柯罗连科《火光》,张铁夫译) **语音提示** 1. 泛舟 fànzhōu　2. 黑黢黢 hēiqūqū　3. 蓦地 mòdì 4. 地方 dìfang　5. 桨 jiǎng　6. 朦胧 ménglóng 7. 乍 zhà　8. 仿佛 fǎngfú　9. 峭壁 qiàobì 10. 似乎 sìhū　11. 咫尺 zhíchǐ 12. 心驰神往 xīnchí - shénwǎng　13. 啊 nga	作品是一首散文诗,展现了黑暗中的火光,能够冲破朦胧的夜色,尽管它也许很远,但是却能给人力量,给人希望,指引人们走向光明。 　　文章融入了作者对人生的深刻理解,并以"火光"鼓励青年人:希望就在前方,只要努力,坚持不懈,绝不言放弃,最终一定会抵达光明的彼岸。 　　在朗读时要注意语调,如"'好啦,谢天谢地!'我高兴地说,'马上就到过夜的地方啦!'"应采用升调,语速渐快。"令人神往——依然是这么近,又依然是那么远……"应采用平调,语速渐缓。 　　注意停顿,如"火光啊……毕竟……毕竟就在前头!""驱散黑暗,闪闪发亮,近在眼前,令人神往。"

普通话水平测试用朗读作品 60 篇

作品 17 号	朗读指导

对于一个在北平住惯的人，像我，冬天要是不刮风，便觉得是奇迹①；济南②的冬天是没有风声的。对于一个刚由伦敦回来的人，像我，冬天要能看得见日光，便觉得是怪事；济南的冬天是响晴的。自然，在热带的地方③，日光是永远那么毒，响亮的天气，反有点儿叫人害怕。可是，在北方的冬天，而能有温晴的天气，济南真得④算个宝地。
  设若单单是有阳光，那也算不了出奇。请闭上眼睛想：一个老城，有山有水，全在天底下晒着阳光，暖和⑤安适地睡着，只等春风来把它们唤醒，这是不是理想的境界？小山把济南围了个圈儿⑥，只有北边缺着点口儿。这一圈小山在冬天特别可爱，好像是把济南放在一个小摇篮里，它们安静不动地低声地说："你们放心吧，这儿准保暖和。"真的，济南的人们在冬天是面上含笑的。他们一看那些小山，心中便觉得有了着落⑦，有了依靠。他们由天上看到山上，便不知不觉地想起：明天也许就是春天了吧？这样的温暖，今天夜里山草也许就绿起来了吧？就是这点儿幻想不能一时实现，他们也并不着急，因为⑧这样慈善的冬天，干什么还希望别的呢！
  最妙的是下点小雪呀。看吧，山上的矮松越发的青黑，树尖儿上顶//着一髻儿⑨白花，好像日本看护⑩妇。山尖儿全白了，给蓝天镶⑪上一道银边。山坡上，有的地方雪厚点儿，有的地方草色还露⑫着；这样，一道儿白，一道儿暗黄，给山们穿上一件带水纹儿的花衣；看着看着，这件花衣好像被风儿⑬吹动，叫你希望看见一点儿更美的山的肌肤。等到快日落的时候，微黄的阳光斜射在山腰上，那点儿薄⑭雪好像忽然害羞，微微露⑮出点儿粉色。就是下小雪吧，济南是受不住大雪的，那些小山太秀气⑯。
（节选自老舍《济南的冬天》）
语音提示
1. 奇迹 qíjì   2. 济南 jǐnán   3. 地方 dìfang
4. 得 děi   5. 暖和 nuǎnhuo   6. 圈儿 quānr
7. 着落 zhuóluò   8. 因为 yīn·wèi   9. 髻儿 jìr
10. 看护 kānhù   11. 镶 xiāng   12. 露 lòu
13. 风儿 fēng'er   14. 薄 báo   15. 露 lòu
16. 秀气 xiùqi
	老舍先生话家常似地向我们介绍了冬天济南的景色，语言显得很朴实，也很亲切。在老舍先生的笔下，我们看到了一个温暖的济南的冬天，也能感受到作者对济南冬天的喜爱之情。
	  在朗读时要饱含热爱和赞叹的情感，语调以舒缓为主，如第二段表现济南冬天人们生活得舒心、惬意，语调应是舒缓的。
	  还应该注意几个感叹句和问句的语气、语调的把握。
	  凸显出济南冬天景色的特点的是下小雪的时候，因此，"最妙的是下点小雪呀"一句中，"妙"和"小"两个字应该重读。
	  另外，读准文中的儿化词语，如"圈儿""树尖儿""一髻儿""一道儿"等。
	  同时，注意"风儿"在这里不能当做儿化词语处理。

普通话水平测试用朗读作品 60 篇

作品 18 号	朗读指导
纯朴的家乡村边有一条河，曲曲①弯弯，河中架一弯石桥，弓样的小桥横跨两岸。 　　每天，不管是鸡鸣晓月、日丽中天，还是月华泻地，小桥都印下串串足迹②，洒落串串汗珠。那是乡亲③为了追求多棱④的希望，兑现⑤美好的遐想⑥。弯弯小桥，不时荡过轻吟低唱，不时露⑦出舒心的笑容。 　　因而，我稚小⑧的心灵，曾将心声献给小桥：你是一弯银色的新月，给人间普照光辉；你是一把闪亮的镰刀，割刈⑨着欢笑的花果；你是一根晃悠悠的扁担⑩，挑起⑪了彩色的明天！哦，小桥走进我的梦中。 　　我在漂泊⑫他乡的岁月，心中总涌动⑬着故乡的河水，梦中总看到弓样的小桥。当我访南疆探北国，眼帘闯进座座雄伟的长桥时，我的梦变得丰满了，增添了赤橙黄绿青蓝紫。 　　三十多年过去，我带着满头霜花回到故乡，第一紧要的便是去看望小桥。 　　啊！小桥呢？它躲起来了？河中一道长虹，浴着朝霞熠熠⑭闪光。哦，雄浑的大桥敞开胸怀，汽车的呼啸、摩托的笛音、自行车的叮铃，合奏着进行交响乐；南来的钢筋、花布，北往的柑橙⑮、家禽，绘出交流欢悦图⋯⋯ 　　啊！蜕变⑯的桥，传递了家乡进步的消息⑰，透露了家乡富裕的声音。时代的春风，美好的追求，我蓦地⑱记起儿时唱//给小桥的歌，哦，明艳艳的太阳照耀了，芳香甜蜜的花果捧来了，五彩斑斓⑲的岁月拉开了！ 　　我心中涌动的河水，激荡起甜美的浪花。我仰望一碧蓝天，心底轻声呼喊：家乡的桥啊⑳，我梦中的桥！ 　　（节选自郑莹《家乡的桥》）	作者通过对家乡的桥的描写，表达了对故乡的热爱，对今天美好生活的赞美。朗读时要饱含着深深的自豪感与赞美之情。 　　注意语调的抑扬顿挫，把握好节奏。 　　第二段中，作者用拟人的手法来描写小桥，在朗读时语调宜舒缓。 　　第三段中的排比句，语气要慢慢变强，特别要把握好最后一个排比句中的感叹号，语调可采用升调。 　　第六段中出现的多项并列词组，如"汽车的呼啸、摩托的笛音、自行车的叮铃"朗读时节奏渐快。 　　另外，"家乡的桥啊，我梦中的桥！"一句应采用升调来表现情感的升华。

语音提示

1. 曲 qū　　　　2. 足迹 zújì　　　3. 乡亲 xiāngqin
4. 棱 léng　　　5. 兑现 duìxiàn　　6. 遐想 xiáxiǎng
7. 露 lù　　　　8. 稚小 zhìxiǎo　　9. 割刈 gēyì
10. 扁担 biǎndan　11. 挑起 tiāoqǐ　　12. 漂泊 piāobó
13. 涌动 yǒngdòng　　　　　　　　14. 熠熠 yìyì
15. 柑橙 gānchéng　16. 蜕变 tuìbiàn　17. 消息 xiāoxi
18. 蓦地 mòdi　　19. 斑斓 bānlán　　20. 啊 wa

普通话水平测试用朗读作品60篇

作品 19 号	朗读指导
三百多年前,建筑设计师莱伊恩受命设计了英国温泽市政府大厅。他运用工程力学的知识①,依据自己多年的实践,巧妙地设计了只用一根柱子支撑的大厅天花板。一年以后,市政府权威人士进行工程验收时,却说只用一根柱子支撑天花板太危险,要求莱伊恩再多加几根柱子。 　　莱伊恩自信只要一根坚固的柱子足以保证大厅安全,他的"固执"惹恼了市政官员,险些被送上法庭。他非常苦恼,坚持自己原先的主张吧,市政官员肯定会另找人修改设计;不坚持吧,又有悖②自己为人的准则。矛盾了很长一段时间,莱伊恩终于想出了一条妙计,他在大厅里增加了四根柱子,不过这些柱子并未与天花板接触,只不过是装装样子。 　　三百多年过去了,这个秘密始终没有被人发现。直到前两年,市政府准备修缮③大厅的天花板,才发现莱伊恩当年的"弄虚作假"。消息④传出后,世界各国的建筑专家和游客云集,当地政府对此也不加掩饰,在新世纪到来之际,特意将大厅作为一个旅游景点对外开放,旨⑤在引导人们崇尚⑥和相信科学。 　　作为一名建筑师,莱伊恩并不是最出色的。但作为一个人,他无疑非常伟大。这种//伟大表现在他始终恪守⑦着自己的原则,给高贵的心灵一个美丽的住所,哪怕是遭遇最大的阻力,也要想办法抵达胜利。 　　　　　　　　　　(节选自游宇明《坚守你的高贵》) **语音提示** 1. 知识 zhīshi　　2. 悖 bèi　　3. 修缮 xiūshàn 4. 消息 xiāoxi　　5. 旨 zhǐ　　6. 崇尚 chóngshàng 7. 恪守 kèshǒu	作品讲述了一位设计师恪守自己原则的故事。一方面表现出莱伊恩的睿智,另一方面表现出敢于承认并展示错误不仅不会给英国人抹黑,他们这种勇敢的作风与勇气还会赢得世人的尊重。 　　朗读时应以平稳、沉稳为基调。 　　最后一段应用降调表示肯定。 　　注意停顿,如"建筑设计师莱伊恩/受命设计了/英国/温泽市/政府大厅"。 　　注意重音部分,如"莱伊恩自信只要一根坚固的柱子足以保证大厅安全"中的"一根","三百多年过去了,这个秘密始终没有被人发现"中的"三"和"始终"。

普通话水平测试用朗读作品 60 篇

作品 20 号	朗读指导
自从传言有人在萨文河畔①散步时无意发现了金子后,这里便常有来自四面八方的淘金者。他们都想成为富翁,于是寻遍了整个河床,还在河床上挖出很多大坑,希望借助它们找到更多的金子。的确,有一些人找到了,但另外一些人因为②一无所得而只好扫兴归去。 　　也有不甘心落空的,便驻扎③在这里,继续寻找。彼得·弗雷特就是其中一员。他在河床附近买了一块没人要的土地,一个人默默④地工作。他为了找金子,已把所有的钱都押在这块土地上。他埋头苦干了几个月,直到土地全变成了坑坑洼洼,他失望了——他翻遍了整块土地,但连一丁点儿⑤金子都没看见。 　　六个月后,他连买面包的钱都没有了。于是他准备离开这儿到别处去谋生。 　　就在他即将⑥离去的前一个晚上⑦,天下起了倾盆⑧大雨,并且一下就是三天三夜。雨终于停了,彼得走出小木屋,发现眼前的土地看上去好像和以前不一样:坑坑洼洼已被大水冲刷平整,松软的土地上长出一层绿茸茸的小草。 　　"这里没找到金子,"彼得忽有所悟地说,"但这土地很肥沃,我可以用来种花,并且拿到镇上去卖给那些富人,他们一定会买些花装扮他们华丽的客//厅。如果真是这样的话,那么我一定会赚许多钱,有朝一日我也会成为富人……" 　　于是他留了下来。彼得花了不少精力培育花苗,不久田地里长满了美丽娇艳的各色鲜花。 　　五年以后,彼得终于实现了他的梦想——成了一个富翁。"我是唯一的一个找到真金的人!"他时常不无骄傲地告诉⑨别人,"别人在这儿找不到金子后便远远地离开,而我的'金子'是在这块土地里,只有诚实的人用勤劳才能采集到。" 　　　　　　　　　　　　　　(节选自陶猛译《金子》)	本作品讲述了淘金者彼得·弗雷特通过自己的勤劳与智慧获得"真金"的小故事。 　　文章采用叙述方式,完成了整个故事的描述。对于这类本身情节曲折的文章可以采用平调的形式朗读,让听众在舒缓中更关注于情节的发展。 　　朗读文章的前一部分,语气要略带失望之情,语调低沉一些,而朗读后一部分时,则要通过声音技巧将主人公顿悟之后的欢喜表现出来,如:"我是唯一的一个找到真金的人!"语调应欢愉一些,注意重音"唯一""真金",让故事情节引领听众的阅读情绪。

语音提示

1. 河畔 hépàn　　2. 因为 yīn·wèi　　3. 驻扎 zhùzhā

4. 默默 mòmò　　5. 一丁点儿 yìdīngdiǎnr　6. 即将 jíjiāng

7. 晚上 wǎnshang　8. 倾盆 qīngpén　　9. 告诉 gàosu

普通话水平测试用朗读作品 60 篇

作品 21 号	朗读指导
我在加拿大学习期间遇到过两次募捐①，那情景至今使我难以忘怀。 　　一天，我在渥太华②的街上被两个男孩子拦住去路。他们十来岁，穿得整整齐齐，每人头上戴着个做工精巧、色彩鲜艳的纸帽，上面写着"为帮助患小儿麻痹③的伙伴募捐"。其中的一个，不由分说就坐在小凳上给我擦起皮鞋来，另一个则彬彬有礼地发问："小姐，您是哪国人？喜欢渥太华吗？""小姐，在你们国家有没有小孩儿患小儿麻痹？谁给他们医疗费？"一连串的问题，使我这个有生以来头一次在众目睽睽④之下让别人擦鞋的异乡人，从近乎狼狈的窘态⑤中解脱出来。我们像朋友⑥一样聊起天儿来…… 　　几个月之后，也是在街上。一些十字路口处或车站坐着几位老人。他们满头银发，身穿各种老式军装，上面布满了大大小小形形色色的徽章、奖章，每人手捧一大束鲜花，有水仙、石竹、玫瑰⑦及叫不出名字的，一色⑧雪白。匆匆过往的行人纷纷止步，把钱投进这些老人身旁的白色木箱内，然后向他们微微鞠躬，从他们手中接过一朵花。我看了一会儿，有人投一两元，有人投几百元，还有人掏出支票填好后投进木箱。那些老军人毫不注意人们捐多少钱，一直不//停地向人们低声道谢。同行⑨的朋友告诉我，这是为纪念二次大战中参战的勇士，募捐救济残废军人和烈士遗孀⑩，每年一次；认捐的人可谓踊跃，而且秋序井然，气氛⑪庄严。有些地方⑫，人们还耐心地排着队。我想，这是因为他们都知道：正是这些老人们的流血⑬牺牲换来了包括他们信仰自由在内的许许多多。 　　我两次把那微不足道的一点儿钱捧给他们，只想对他们说声"谢谢"。 　　　　　　　　　　　　　　　（节选自青白《捐诚》） **语音提示** 　1. 募捐 mùjuān　2. 渥太华 wòtàihuá　3. 麻痹 mábì 　4. 睽睽 kuíkuí　　5. 窘态 jiǒngtài　　6. 朋友 péngyou 　7. 玫瑰 méi·guī　8. 一色 yísè　　　9. 同行 tóngxíng 　10. 遗孀 yíshuāng　　　　　　　 11. 气氛 qìfēn 　12. 地方 dìfang　　　　　　　　 13. 流血 liúxuè	作品以"我"的两次见闻为故事背景，讲述了"我"在异国他乡感受到的真诚。 　　第一次是一群儿童向"我"募捐，他们通过诚实劳动，获得善款，让人不禁佩服起这些孩子；第二次是一群老军人的募捐，没有过多的言语，却满含真诚。这些使"我"感动的小事，都是平淡的生活的一部分，所以在朗读的时候，宜语气轻柔，语调舒缓，轻轻讲述即可。在第二段，"我"与孩子们的交涉部分，尽量体悟，进而读出孩子的天真与坦诚，和"我"所表现出来的窘态。 　　本文注重主人公的心理描写，可使用感情重音方式使朗读的作品色彩丰富起来，如"我想，这是因为他们都知道：正是这些老人们的流血牺牲换来了包括他们信仰自由在内的许许多多"。此句先升后降调，语速由快到缓慢，注意重音"正是""换来了""许许多多"，让文章充满生气，有较强的感染力。

普通话水平测试用朗读作品 60 篇

作品 22 号	朗读指导
没有一片绿叶,没有一缕①炊烟,没有一粒泥土,没有一丝花香,只有水的世界,云的海洋。 　　一阵台风袭②过,一只孤单的小鸟无家可归,落到被卷到海洋里的木板上,乘③流而下,姗姗④而来,近了,近了!…… 　　忽然,小鸟张开翅膀,在人们头顶盘旋了几圈儿,"噗啦⑤"一声落到了船上。也许是累了?还是发现了"新大陆"?水手撵⑥它它不走,抓它,它乖乖地落在掌心。可爱的小鸟和善良的水手结成⑦了朋友⑧。 　　瞧,它多美丽,娇巧的小嘴,啄⑨理着绿色的羽毛,鸭子样的扁脚,呈现出春草的鹅黄。水手们把它带到舱里,给它"搭铺⑩",让它在船上安家落户,每天,把分到的一塑料筒淡水匀给它喝,把从祖国带来的鲜美的鱼肉分给它吃,天长日久,小鸟和水手的感情日趋笃厚⑪。清晨,当第一束阳光射进舷窗⑫时,它便敞开美丽的歌喉,唱啊⑬唱,嘤嘤有韵,宛如春水淙淙⑭。人类给它以生命,它毫不悭吝⑮地把自己的艺术青春奉献给了哺育⑯它的人。可能都是这样?艺术家们的青春只会献给尊敬他们的人。 　　小鸟给远航生活蒙上了一层浪漫色调。返航时,人们爱不释手,恋恋不舍地想把它带到异乡。可小鸟憔悴⑰了,给水,不喝!喂肉,不吃!油亮的羽毛失去了光泽。是啊⑱,我//们有自己的祖国,小鸟也有它的归宿,人和动物都是一样啊⑲,哪儿也不如故乡好! 　　慈爱的水手们决定放开它,让它回到大海的摇篮去,回到蓝色的故乡去。离别前,这个大自然的朋友与水手们留影纪念。它站在许多人的头上、肩上、掌上、胳膊上,与喂养过它的人们,一起融进那蓝色的画面…… 　　(节选自王文杰《可爱的小鸟》)	作品写海员在航行途中偶遇一只小鸟,培养出浓厚的感情,待返航的时候却不得不分离的故事。同时也写出了小鸟和人都有着眷恋故乡的感情,文章结尾将这种情愫升华,点明宗旨:"人和动物都是一样啊,哪儿也不如故乡好。" 　　第一段连续几个并列的分句,朗读时应在数量词处加以重读,以表现环境的特殊性。 　　第二、三段小鸟出现,在朗读时应轻快明了,表现出水手们见到"新朋友"时的喜悦。 　　最后一段感情上升,朗读时注意情绪的控制,可通过重音控制来表现内心节奏强烈、情绪激动的情况。 　　另外,注意语速语调,如"清晨,当第一束阳光射进舷窗时,它便敞开美丽的歌喉,唱啊唱,嘤嘤有韵,宛如春水淙淙"。此句语速渐快,升调。

语音提示

1. 缕 lǚ　　　　2. 袭 xí　　　　3. 乘 chéng
4. 姗姗 shānshān　5. 噗啦 pūlā　　6. 撵 niǎn
7. 结成 jiéchéng　8. 朋友 péngyou　9. 啄 zhuó
10. 搭铺 dāpù　　11. 笃厚 dǔhòu　　12. 舷窗 xiánchuāng
13. 啊 nga　　　14. 淙淙 cóngcóng　15. 悭吝 qiānlìn
16. 哺育 bǔyù　　17. 憔悴 qiáocuì　18. 啊 ra
19. 啊 nga

普通话水平测试用朗读作品60篇

作品 23 号	朗读指导
纽约的冬天常有大风雪,扑面的雪花不但令人难以睁开眼睛,甚至呼吸都会吸入冰冷的雪花。有时前一天晚上还是一片晴朗,第二天拉开窗帘,却已经积雪盈尺,连门都推不开了。 　　遇到这样的情况,公司、商店常会停止上班,学校也通过广播,宣布停课。但令人不解的是,唯有公立小学,仍然开放。只见黄色的校车,艰难地在路边接孩子,老师则一大早就口中喷着热气,铲去车子前后的积雪,小心翼翼①地开车去学校。 　　据统计,十年来纽约的公立小学只因为②超级暴风雪停过七次课。这是多么令人惊讶的事。犯得着③在大人都无须上班的时候让孩子去学校吗?小学的老师也太倒霉了吧? 　　于是,每逢大雪而小学不停课时,都有家长打电话去骂。妙的是,每个打电话的人,反应全一样——先是怒气冲冲地责问,然后满口道歉,最后笑容满面地挂上电话。原因是,学校告诉家长: 　　在纽约有许多百万富翁,但也有不少贫困的家庭。后者白天开不起暖气,供④不起午餐,孩子的营养全靠学校里免费的中饭,甚至可以多拿些回家当晚餐。学校停课一天,穷孩子就受一天冻,挨⑤一天饿,所以老师们宁愿⑥自己苦一点儿,也不能停课。// 　　或许有家长会说:何不让富裕的孩子在家里,让贫穷的孩子去学校享受暖气和营养午餐呢? 　　学校的答复是:我们不愿让那些穷苦的孩子感到他们是在接受救济,因为施舍⑦的最高原则是保持受施者的尊严。 　　　　　　　　　　　　　　(节选自台湾/刘墉《课不能停》) **语音提示** 　　1. 小心翼翼 xiǎoxīn-yìyì　2. 因为 yīn·wèi 　　3. 犯得着 fàndezháo　　4. 供 gōng　　5. 挨 ái 　　6. 宁愿 nìngyuàn　　　　7. 施舍 shīshě	文章设置了诸多悬念,首先叙写作者的困惑:与其他放假的人相比,对大风雪中依然上课的公立小学表示不可理解。最终给出温暖解答,因为"学校停课一天,穷孩子就受一天冻,挨一天饿"。整体上看,文章句子简单而生活化,读来轻松愉悦。 　　对于这类文章的朗读,应注意情感感受的作用,朗读时要抓住作品的感情线索,确定朗读时的感情基调,还要引起听众的感情共鸣。 　　另外,朗读时应注意重音和变调。如"连门都推不开了"一句,"门"要重读,"学校也通过广播,宣布停课"一句,"学校"应当重读,来凸显小学继续上课的"不合理性",朗读时注意加以区分。

普通话水平测试用朗读作品 60 篇

作品 24 号	朗读指导
十年,在历史上不过是一瞬间①。只要稍加注意,人们就会发现:在这一瞬间里,各种事物都悄悄经历了自己的千变万化。 　　这次重新访日,我处处感到亲切和熟悉②,也在许多方面发觉了日本的变化。就拿奈良③的一个角落来说吧,我重游了为之④感受很深的唐招提寺,在寺内各处匆匆走了一遍,庭院依旧,但意想不到还看到了一些新的东西。其中之一,就是近几年从中国移植来的"友谊⑤之莲"。 　　在存放鉴真遗像的那个院子里,几株中国莲昂然挺立,翠绿的宽大荷叶正迎风而舞,显得十分愉快。开花的季节已过,荷花朵朵已变为莲蓬累累⑥。莲子的颜色正在由青转紫,看来已经成熟⑦了。 　　我禁不住⑧想:"因"已转化为"果"。 　　中国的莲花开在日本,日本的樱花开在中国,这不是偶然。我希望这样一种盛况延续不衰。可能有人不欣赏花,但决不会有人欣赏落在自己面前的炮弹。 　　在这些日子里,我看到了不少多年不见的老朋友⑨,又结识⑩了一些新朋友。大家喜欢涉及的话题之一,就是古长安和古奈良。那还用得着⑪问吗,朋友们缅怀⑫过去,正是瞩望⑬未来。瞩目于未来的人们必将获得未来。 　　我不例外,也希望一个美好的未来。 　　为//了中日人民之间的友谊,我将不浪费今后生命的每一瞬间。 　　　　　　　　　　　　(节选自严文井《莲花和樱花》)	通篇文字清新自然,又富于哲理。 　　对于这类文字的朗读,应节奏、语势沉缓,多抑少扬,多重少轻,音强而着力,注意词语密度疏,表现庄重、肃穆的气氛和对未来美好期望的情感。 　　如"开花的季节已过,荷花朵朵已变为莲蓬累累。莲子的颜色正在由青转紫,看来已经成熟了"。这句话承上启下,朗读时应语调平缓,降调,注意重音"莲蓬累累""成熟"重读。
语音提示 1. 瞬间 shùnjiān　　2. 熟悉 shúxi　　3. 奈良 nàiliáng 4. 为之 wèizhī　　5. 友谊 yǒuyì　　6. 累累 léiléi 7. 成熟 chéngshú　8. 禁不住 jīn‧bùzhù 9. 朋友 péngyǒu 10. 结识 jiéshí　　11. 用得着 yòngdezháo 12. 缅怀 miǎnhuái　13. 瞩望 zhǔwàng	

普通话水平测试用朗读作品60篇

作品 25 号	朗读指导
梅雨潭闪闪的绿色招引着我们,我们开始追捉她那离合的神光了。揪①着草,攀着乱石,小心探身下去,又鞠躬过了一个石穹门②,便到了汪汪一碧的潭边了。 　　瀑布在襟袖③之间,但我心中已没有瀑布了。我的心随潭水的绿而摇荡。那醉人的绿呀!仿佛④一张极大极大的荷叶铺着,满是奇异的绿呀。我想张开两臂抱住她,但这是怎样一个妄想啊⑤。 　　站在水边,望到那面,居然觉着有些远呢!这平铺着,厚积着的绿,着实⑥可爱。她松松的皱缬⑦着,像少妇拖着的裙幅;她滑滑的明亮着,像涂了"明油"一般,鸡蛋清那样软,那样嫩;她又不杂些尘滓⑧,宛然⑨一块温润的碧玉,只清清的一色——但你却看不透她! 　　我曾见过北京什刹海⑩拂地⑪的绿杨,脱不了鹅黄的底子,似乎太淡了。我又曾见过杭州虎跑⑫寺近旁高峻而深密的"绿壁",丛叠⑬着无穷的碧草与绿叶的,那又似乎太浓了。其余呢,西湖的波太明了,秦淮河的也太暗了。可爱的,我将什么来比拟你呢?我怎么比拟⑭得出呢?大约潭是很深的,故能蕴蓄⑮着这样奇异的绿;仿佛蔚蓝⑯的天融了一块在里面似的⑰,这才这般的鲜润啊⑱。 　　那醉人的绿呀!我若能裁你以为带,我将赠给那轻盈的//舞女,她必能临风飘举了。我若能挹⑲你以为眼,我将赠给那善歌的盲妹,她必能明眸⑳善睐㉑了。我舍不得你,我怎舍得你呢?我用手拍着你,抚摩着你,如同一个十二三岁的小姑娘。我又掬㉒你入口,便是吻着她了。我送你一个名字,我从此叫你"女儿绿",好么? 　　第二次到仙岩的时候,我不禁㉓惊诧㉔于梅雨潭的绿了。 　　　　　　　　　　　　　(节选自朱自清《绿》)	作品抒发了作者对一潭碧波的无限热爱之情,通过比喻、通感、对比等手法,深深刻画出作者对这一潭碧波的特殊的爱,将这绿色融入了心间。品读作品与作者之感受,似乎只可意会。 　　这类文章朗读起来重点在于停连的运用,控制好朗读语流中声音的暂时休止和接续,是作品内容、情感表达的需要。在适当的地方利用停连,造成声音的暂时间歇和延读,帮助听者更好地理解和感受作品的思想内容。 　　朗读中注意语气词语的发音变化,如"啊""呢""吗"等都在作品的多处出现。 　　另外,如第四段中列举了什刹海、虎跑寺、西湖、秦淮河等地的绿,却都只是为了抑彼扬此,因而在朗读时,前面几处例子应轻轻带过,语调清淡、平实即可,从"可爱的……"一句后,情绪渐入激昂,声调上升。
语音提示 1. 揪 jiū　　2. 石穹门 shíqióngmén　　3. 襟袖 jīnxiù 4. 仿佛 fǎngfú　　5. 啊 nga　　6. 着实 zhuóshí 7. 皱缬 zhòuxié　　8. 尘滓 chénzǐ　　9. 宛然 wǎnrán 10. 什刹海 shíchàhǎi　　　　　　11. 拂地 fúdì 12. 虎跑 hǔpáo　　13. 丛叠 cóngdié　　14. 比拟 bǐnǐ 15. 蕴蓄 yùnxù　　16. 蔚蓝 wèilán　　17. 似的 shìde 18. 啊 na　　19. 挹 yì　　20. 明眸 míngmóu 21. 善睐 shànlài　　22. 掬 jū　　23. 不禁 bùjīn 24. 惊诧 jīngchà	

普通话水平测试用朗读作品 60 篇

作品 26 号	朗读指导
我们家的后园有半亩空地①，母亲说："让它荒着怪可惜的，你们那么爱吃花生，就开辟出来种花生吧。"我们姐弟几个都很高兴，买种②、翻地、播种③、浇水，没过几个月，居然收获了。 　　母亲说："今晚我们过一个收获节，请你们父亲也来尝尝我们的新花生，好不好？"我们都说好。母亲把花生做成了好几样食品，还吩咐就在后园的茅亭里过这个节。 　　晚上④天色不太好，可是父亲也来了，实在很难得。 　　父亲说："你们爱吃花生吗？" 　　我们争着答应："爱！" 　　"谁能把花生的好处说出来？" 　　姐姐说："花生的味美。" 　　哥哥说："花生可以榨油。" 　　我说："花生的价钱⑤便宜⑥，谁都可以买来吃，都喜欢吃。这就是它的好处。" 　　父亲说："花生的好处很多，有一样最可贵：它的果实埋在地里，不像桃子、石榴、苹果那样，把鲜红嫩绿的果实高高地挂在枝头上，使人一见就生爱慕之心。你们看它矮矮地长在地上，等到成熟⑦了，也不能立刻分辨出来它有没有果实，必须挖出来才知道。" 　　我们都说是，母亲也点点头。 　　父亲接下去说："所以你们要像花生，它虽然不好看，可是很有用，不是外表好看而没有实用的东西。" 　　我说："那么，人要做有用的人，不要做只讲体面，而对别人没有好处的人了。"// 　　父亲说："对。这是我对你们的希望。" 　　我们谈到夜深才散。花生做的食品都吃完了，父亲的话却深深地印在我的心上。 　　　　　　　　　　　　　　（节选自许地山《落花生》） **语音提示** 　　1. 空地 kòngdì　　2. 买种 mǎizhǒng　　3. 播种 bōzhǒng 　　4. 晚上 wǎnshang　5. 价钱 jià·qián　　6. 便宜 piányi 　　7. 成熟 chéngshú	这篇文章通过描写一家人过"收获节"，席间就花生而产生的对话，表达了父亲的期许——"所以你们要像花生，它虽然不好看，可是很有用"。 　　文章质朴无华，几处对话，体现了明显的人物性格。 　　文中大量地运用对话的形式，朗读时注意分析人物性格，对话部分的朗读语调、情绪，要符合说话人的身份。 　　运用好人物语势，使得朗读时声音升降平曲、高低起伏，具有变化。

普通话水平测试用朗读作品 60 篇

作品 27 号	朗读指导
我打猎回来,沿着花园的林阴路走着,狗跑在我的前面。 　　忽然,狗放慢脚步,蹑足潜行①,好像嗅②到了前边有什么野物。 　　我顺着林阴路望去,见有一只嘴边还带着黄色、头上生着柔毛的小麻雀。风猛烈地吹打着林阴路上的白桦③树,麻雀从巢④里跌落下来,呆呆地伏在地上,孤立无援地张开两只羽毛还未丰满的小翅膀。 　　我的狗慢慢向它靠近。忽然,从附近一棵树上飞下一只黑胸脯的老麻雀,像一颗石子似的⑤落到狗的跟前。老麻雀全身倒竖着羽毛,惊恐万状,发出绝望、凄惨的叫声,接着向露⑥出牙齿、大张着的狗嘴扑去。 　　老麻雀是猛扑下来救护幼雀的。它用身体掩护着自己的幼儿……但它整个小小的身体因恐怖而战栗⑦着,它小小的声音也变得粗暴嘶哑⑧,它在牺牲自己! 　　在它看来,这狗是多么庞大的怪物啊⑨!然而它还是不能站在自己高高的、安全的树枝上……一种比它的理智更强烈的力量,使它从那儿扑下身来。 　　我的狗站住了,向后退了退……看来,它也感到了这种力量。 　　我赶紧唤住惊慌失措的狗,然后我怀着崇敬⑩的心情,走开了。 　　是啊⑪,请不要见笑。我崇敬那只小小的、英勇的鸟儿⑫,我崇敬它那种爱的冲动和力量。 　　爱,我想,比死//和死的恐惧更强大,只有依靠它,依靠这种爱,生命才能维持下去,发展下去。 　　（节选自[俄]屠格涅夫《麻雀》,巴金译） **语音提示** 　1. 蹑足潜行 nièzú-qiánxíng　　2. 嗅 xiù 　3. 桦 huà　　4. 巢 cháo　　5. 似的 shìde 　6. 露 lòu　　7. 战栗 zhànlì　　8. 嘶哑 sīyǎ 　9. 啊 wa　　10. 崇敬 chóngjìng 　11. 啊 ra　　12. 鸟儿 niǎo'ér	作品通过"我"归来途中遇到的一件"麻雀救子"的故事,生发出对爱的思考。小小的鸟儿为了保护自己的孩子,即使在面对强大的危险时,也奋不顾身,不惜牺牲自己,也要保全自己的幼崽,作者认为这是"爱的冲动和力量"。 　　文章体现出的是一种对于生命之伟大的崇敬与尊重,在朗读时也应感悟作者的这种情怀,并将其体现出来。可通过节律的技巧,由音素之外的其他因素,如声音的高低、轻重、长短、快慢、间歇和音色等来体现文章由慢而快的情节发展过程。 　　在朗读中,要把握好停连、速度、语调等方面。如文中"突然""忽然""然而"等词,凸显了对事态发展的关注,朗读时应重读予以表现。另外,在描述麻雀与狗对峙时的状态时,作者连用了几个形容性词语,如"倒竖着羽毛,惊恐万状,发出绝望、凄惨的叫声",这种文字朗读时应节奏语速较快,多扬少抑,声音强劲而有力,用来表现紧张急迫的情形和抒发激越的情怀。 　　另外,注意"啊"字变音,如"在它看来,这狗是多么庞大的怪物啊!"此句"啊"应读成"哇"。

普通话水平测试用朗读作品 60 篇

作品 28 号	朗读指导
那年我六岁。离我家仅一箭之遥的小山坡旁,有一个早已被废弃的采石场,双亲从来不准我去那儿,其实那儿风景十分迷人。 　　一个夏季的下午,我随着一群小伙伴偷偷上那儿去了。就在我们穿越了一条孤寂的小路后,他们却把我一个人留在原地,然后奔①向"更危险的地带"了。 　　等他们走后,我惊慌失措地发现,再也找不到要回家的那条孤寂的小道了。像只无头的苍蝇,我到处乱钻,衣裤上挂满了芒刺。太阳已落山,而此时此刻,家里一定开始吃晚餐了,双亲正盼着我回家……想着想着,我不由得背②靠着一棵树,伤心地呜呜大哭起来…… 　　突然,不远处传来了声声柳笛。我像找到了救星,急忙循声走去。一条小道边的树桩上坐着一位吹笛人,手里还正削③着什么。走近细看,他不就是被大家称为"乡巴佬"的卡廷吗? 　　"你好,小家伙儿,"卡廷说,"看天气多美,你是出来散步的吧?" 　　我怯生生④地点点头,答道:"我要回家了。" 　　"请耐心等上几分钟,"卡廷说,"瞧,我正在削一支柳笛,差不多就要做好了,完工后就送给你吧!" 　　卡廷边削边不时把尚未成形的柳笛放在嘴里试吹一下。没过多久,一支柳笛便递到我手中。我俩在一阵阵清脆悦耳的笛音//中,踏上了归途…… 　　当时,我心中只充满感激,而今天,当我自己也成了祖父时,却突然领悟到他用心之良苦!那天当他听到我的哭声时,便判定我一定迷了路,但他并不想在孩子面前扮演"救星"的角色⑤,于是吹响柳笛以便让我能发现他,并跟着他走出困境!卡廷先生⑥以乡下⑦人的纯朴,保护了一个小男孩儿强烈的自尊。 　　　　　　　　　　(节选自唐若水译《迷途笛音》) **语音提示** 　1. 奔 bēn　　2. 背 bèi　　3. 削 xiāo 　4. 怯生生 qièshēngshēng　　5. 角色 juésè 　6. 先生 xiānsheng　　7. 乡下 xiāngxia	作品通过"我"的一次迷路并路遇救星的经历,讲述了一个老人是如何保护了一个孩子的自尊的故事。 　　故事发展起初,平和无奇,到了"我"迷路之时,有了矛盾起伏,再到路遇救星,出现转机时,文章情绪转入温情。所以在朗读时,应该把这种情绪的变化表现出来。节律控制应由紧张至舒缓来体现主人公的心理变化历程。 　　在朗读中,把握好停连、速度、语调等方面。可以按照情节发展顺序,先是稍稍平缓的语速和语调,第三段语速稍缓并注意重音的朗读,如"伤心地呜呜大哭起来"中"伤心地"重读,并在后边有所停顿。遇到卡廷出现转机的时候,语调应稍稍升高,表现出高兴的情绪。另外,还要揣摩其中对话角色的语气,要符合说话人的身份。

普通话水平测试用朗读作品 60 篇

作品 29 号	朗读指导
在浩瀚无垠①的沙漠里,有一片美丽的绿洲,绿洲里藏着一颗闪光的珍珠。这颗珍珠就是敦煌②莫高窟③。它坐落在我国甘肃省敦煌市三危山和鸣沙山的怀抱中。 　　鸣沙山东麓④是平均高度为十七米的崖壁。在一千六百多米长的崖壁上,凿有大小洞窟七百余个,形成了规模宏伟的石窟群。其中四百九十二个洞窟中,共有彩色塑像两千一百余尊,各种壁画共四万五千多平方米。莫高窟是我国古代无数艺术匠师留给人类的珍贵文化遗产。 　　莫高窟的彩塑,每一尊都是一件精美的艺术品。最大的有九层楼那么高,最小的还不如一个手掌大。这些彩塑个性鲜明、神态各异。有慈眉善目的菩萨⑤,有威风凛凛⑥的天王,还有强壮勇猛的力士…… 　　莫高窟壁画的内容丰富多彩,有的是描绘古代劳动人民打猎、捕鱼、耕田、收割的情景,有的是描绘人们奏乐⑦、舞蹈、演杂技的场面,还有的是描绘大自然的美丽风光。其中最引人注目的是飞天。壁画上的飞天,有的臂挎花篮,采摘鲜花;有的反弹琵琶⑧,轻拨银弦⑨;有的倒悬身子,自天而降;有的彩带飘拂,漫天遨游;有的舒展着双臂,翩翩⑩起舞。看着这些精美动人的壁画,就像走进了//灿烂辉煌的艺术殿堂。 　　莫高窟里还有一个面积不大的洞窟——藏经洞。洞里曾藏有我国古代的各种经卷⑪、文书、帛画、刺绣、铜像等共八万多件。由于清朝政府腐败无能,大量珍贵的文物被外国强盗掠走。仅存的部分经卷,现在陈列于北京故宫等处。 　　莫高窟是举世闻名的艺术宝库。这里的每一尊彩塑、每一幅壁画、每一件文物,都是中国古代人民智慧的结晶。 　　　　　　　　　(节选自小学《语文》第六册中《莫高窟》) **语音提示** 1. 浩瀚无垠 hàohàn - wúyín 2. 敦煌 dūnhuáng　　3. 窟 kū　　4. 麓 lù 5. 菩萨 pú·sà　　6. 威风凛凛 wēifēng - lǐn lǐn 7. 奏乐 zòuyuè　　8. 琵琶 pí·pá　　9. 弦 xián 10. 翩翩 piānpiān　　11. 经卷 jīngjuàn	作品描绘了坐落在敦煌的莫高窟的文化盛况,昭示着前人的伟大智慧,也深刻体现了作者的无限自豪之情。 　　作品从大的范围概括了莫高窟的状况,又分别从彩塑和壁画两个方面进行介绍,使读者也犹如亲见一般。 　　朗读时应该节奏、语势沉缓,多抑少扬,多重少轻,音强而着力,词语密疏,来表现庄重、肃穆的气氛。 　　作品中有不少并列分句,这种采用排比的手法,加强了句子的工整性,也提高了阅读的节奏美感。所以在朗读时,应注意停顿,把这种节奏感读出来。 　　部分文字可采用曲连的朗读方式,即在连接处有一定空隙,但又连环相接,迂回向前,如"这些彩塑个性鲜明,神态各异。有慈眉善目的菩萨,有威风凛凛的天王,还有强壮勇猛的力士……" 　　另外,注意断句,如"它坐落在/我国甘肃省/敦煌市/三危山和鸣沙山的怀抱中"。

普通话水平测试用朗读作品 60 篇

作品 30 号	朗读指导

其实你在很久以前并不喜欢牡丹①，因为它总被人作为富贵膜拜。后来你目睹了一次牡丹的落花，你相信所有的人都会为②之感动：一阵清风徐来，妖艳鲜嫩的盛期牡丹忽然整朵整朵地坠落③，铺撒④一地绚丽⑤的花瓣。那花瓣落地时依然鲜艳夺目，如同一只奉上祭坛的大鸟脱落的羽毛，低吟着壮烈的悲歌离去。
    牡丹没有花谢花败之时，要么烁于枝头，要么归于泥土，它跨越委顿⑥和衰老，由青春而死亡，由美丽而消遁⑦。它虽美却不吝惜⑧生命，即使⑨告别也要展示给人最后一次的惊心动魄。
    所以在这阴冷的四月里，奇迹⑩不会发生。任凭游人扫兴和诅咒⑪，牡丹依然安之若素。它不苟且、不俯就、不妥协、不媚俗，甘愿自己冷落自己。它遵循自己的花期、自己的规律，它有权利为自己选择每年一度的盛大节日。它为什么不拒绝寒冷？
    天南海北的看花人，依然络绎不绝⑫地涌入洛阳城。人们不会因牡丹的拒绝而拒绝它的美。如果它再被贬谪⑬十次，也许它就会繁衍出十个洛阳牡丹城。
    于是你在无言的遗憾中感悟到，富贵与高贵只是一字之差⑭。同人一样，花儿⑮也是有灵性的，更有品位之高低。品位这东西为气为魂为//筋骨为神韵，只可意会。你叹服牡丹卓尔不群⑯之姿，方知品位是多么容易被世人忽略或是漠视的美。
 	
                            （节选自张抗抗《牡丹的拒绝》）
 	
语音提示
1. 牡丹 mǔdān   2. 为 wèi   3. 坠落 zhuìluò
4. 铺撒 pūsǎ   5. 绚丽 xuànlì   6. 委顿 wěidùn
7. 消遁 xiāodùn   8. 吝惜 lìnxī   9. 即使 jíshǐ
10. 奇迹 qíjì   11. 诅咒 zǔzhòu
12. 络绎不绝 luòyì-bùjué   13. 贬谪 biǎnzhé
14. 差 chā   15. 花儿 huā'ér
16. 卓尔不群 zhuó'ér-bùqún
	作者以美丽的想象来渲染牡丹怒放时的辉煌与灿烂，花落时的绚丽与壮烈，强化了牡丹完美而又高贵的形象。
	    朗读时，应注意感受作者态度转变之后对待牡丹的情绪，并将其表现出来。
	    作品中塑造牡丹的完美、品位和具有灵性的形象，刺激着我们的感观。朗读时，需要调动起这些形象客体去感染听众，达到朗读的目的。例如："要么烁于枝头，要么归于泥土，它跨越委顿和衰老，由青春而死亡，由美丽而消遁。"应根据描写的起伏变化调整自己的语速与音调，达到"慢而不拖"的效果。
	    另外，要注意并列分句或并列短语出现时的句子停顿，如"它不苟且、不俯就、不妥协、不媚俗"，"为气为魂为筋骨为神韵"等。

普通话水平测试用朗读作品60篇

作品 31 号	朗读指导
森林涵养①水源，保持水土，防止水旱灾害的作用非常大。据专家测算，一片十万亩面积的森林，相当于一个两百万立方米的水库，这正如农谚②所说的："山上多栽树，等于修水库。雨多它能吞，雨少它能吐。" 　　说起森林的功劳，那还多得很。它除了为人类提供③木材及许多种生产、生活的原料之外，在维护生态环境方面也是功劳卓著④。它用另一种"能吞能吐"的特殊功能孕育了人类。因为⑤地球在形成之初，大气中的二氧化碳含量很高，氧气很少，气温也高，生物是难以生存的。大约在四亿年之前，陆地才产生了森林。森林慢慢将大气中的二氧化碳吸收，同时吐出新鲜氧气，调节气温，这才具备了人类生存的条件，地球上才最终有了人类。 　　森林，是地球生态系统的主体，是大自然的总调度⑥室，是地球的绿色之肺。森林维护地球生态环境的这种"能吞能吐"的特殊功能是其他任何物体都不能取代的。然而，由于地球上的燃烧物增多，二氧化碳的排放量急剧增加，使得地球生态环境急剧恶化，主要表现为全球气候变暖，水分蒸发加快，改变了气流的循环，使气候变化加剧，从而引发热浪、飓风⑦、暴雨、洪涝⑧及干旱。 　　为了//使地球的这个"能吞能吐"的绿色之肺恢复健壮，以改善生态环境，抑制全球变暖，减少水旱等自然灾害，我们应该大力造林、护林，使每一座荒山都绿起来。 （节选自《中考语文课外阅读试题精选》中《"能吞能吐"的森林》） **语音提示** 　1. 涵养 hányǎng　　2. 农谚 nóngyàn　　3. 提供 tígōng 　4. 卓著 zhuózhù　　5. 因为 yīn·wèi　　6. 调度 diàodù 　7. 飓风 jùfēng　　　8. 洪涝 hónglào	文章介绍了森林无可替代的功能，也提到了森林遭到破坏后，地球上出现的一系列灾害，最终呼吁人们要保护森林。 　　朗读时应该控制好重音与节奏，如"主要表现为全球气候变暖，水分蒸发加快，改变了气流的循环，使气候变化加剧，从而引发热浪、飓风、暴雨、洪涝及干旱。"这部分就可以采用沉稳的节奏控制，语势沉缓，多抑少扬，多重少轻，音强而着力，词语密度疏，用来表现庄重、抑郁的情感会很有效果。 　　第一、二段陈述森林对人类发展的重要性，这是积极的方面，朗读时应适当提高音调，轻松明快。第三段转说森林遭到破坏后地球环境也随着发生消极变化，朗读时应将语调适度降低，有一定的悲伤感。到了最后一段，呼吁人类保护森林，朗读时就应该稍显激昂一些，但不宜过高。

普通话水平测试用朗读作品 60 篇

作品 32 号	朗读指导
朋友①即将②远行。 　　暮春时节，又邀了几位朋友在家小聚。虽然都是极熟③的朋友，却是终年难得一见，偶尔电话里相遇，也无非是几句寻常话。一锅小米稀饭，一碟大头菜，一盘自家酿制④的泡菜，一只巷口买回的烤鸭，简简单单，不像请客，倒像家人团聚。 　　其实，友情也好，爱情也好，久而久之都会转化为亲情。 　　说也奇怪，和新朋友会谈文学、谈哲学、谈人生道理等等，和老朋友却只话家常，柴米油盐，细细碎碎，种种琐事⑤。很多时候，心灵的契合⑥已经不需要太多的言语来表达。 　　朋友新烫了个头，不敢回家见母亲，恐怕惊骇⑦了老人家，却欢天喜地来见我们，老朋友颇能以一种趣味性的眼光欣赏这个改变。 　　年少的时候，我们差不多都在为别人而活，为苦口婆心的父母活，为循循善诱⑧的师长活，为许多观念、许多传统的约束力而活。年岁逐增，渐渐挣脱⑨外在的限制与束缚⑩，开始懂得为自己活，照自己的方式做一些自己喜欢的事，不在乎⑪别人的批评意见，不在乎别人的诋毁⑫流言，只在乎那一分随心所欲的舒坦⑬自然。偶尔，也能够纵容自己放浪一下，并且有一种恶作剧的窃喜。 　　就让生命顺其自然，水到渠成吧，犹如窗前的//乌桕⑭，自生自落之间，自有一份圆融丰满的喜悦。春雨轻轻落着，没有诗，没有酒，有的只是一分相知相属⑮的自在自得。 　　夜色在笑语中渐渐沉落，朋友起身告辞，没有挽留，没有送别，甚至也没有问归期。 　　已经过了大喜大悲的岁月，已经过了伤感流泪的年华，知道了聚散原来是这样的自然和顺理成章，懂得这点，便懂得珍惜每一次相聚的温馨⑯，离别便也欢喜⑰。 　　（节选自台湾/杏林子《朋友和其他》） **语音提示** 1. 朋友 péngyou　　2. 即将 jíjiāng　　3. 熟 shú 4. 酿制 niàngzhì　　5. 琐事 suǒshì　　6. 契合 qìhé 7. 惊骇 jīnghài　　8. 循循善诱 xúnxún - shànyòu 9. 挣脱 zhēngtuō　　10. 束缚 shùfù　　11. 在乎 zàihu 12. 诋毁 dǐhuǐ　　13. 舒坦 shūtan　　14. 乌桕 wūjiù 15. 相属 xiāngshǔ　　16. 温馨 wēnxīn　　17. 欢喜 huānxǐ	文章从与老朋友的小聚出发，通过讲述与老朋友交往没有束缚，自然自在，进而想到人生之事，提出了"让生命顺其自然"的观点。 　　文章平静安逸，满含对生命形式的无限期许，朗读应采用平实厚重的语调来增加朗读的表达效果。语调上应该用降抑调，表达文中内在的感情。朗读时，注意调子逐渐由高降低，末字低而短。 　　本文的排比与短句较多，朗读时，应用表达音节的停顿以加强节奏感，如"一锅小米稀饭，一碟大头菜，一盘自家酿制的泡菜，一只巷口买回的烤鸭，简简单单，不像请客，倒像家人团聚"，在"一锅……一碟……一盘……一只……"的并列中，朗读起来，每个小分句间的停顿应短促，并注意连贯，让听者自然地被融入其中。

普通话水平测试用朗读作品 60 篇

作品 33 号	朗读指导
我们在田野散步：我，我的母亲，我的妻子和儿子。 母亲本不愿出来的。她老了，身体不好，走远一点儿就觉得很累。我说，正因为①如此，才应该多走走。母亲信服地点点头，便去拿外套。她现在很听我的话，就像我小时候很听她的话一样。 这南方初春的田野，大块小块的新绿随意地铺②着，有的浓，有的淡，树上的嫩芽也密了，田里的冬水也咕咕地起着水泡。这一切都使人想着一样东西——生命。 我和母亲走在前面，我的妻子和儿子走在后面。小家伙突然叫起来："前面是妈妈和儿子，后面也是妈妈和儿子。"我们都笑了。 后来发生了分歧③，母亲要走大路，大路平顺；我的儿子要走小路，小路有意思④。不过，一切都取决于我。我的母亲老了，她早已习惯听从她强壮的儿子；我的儿子还小，他还习惯听从他高大的父亲；妻子呢，在外面，她总是听我的。一霎时⑤我感到了责任的重大。我想找一个两全的办法，找不出；我想拆散⑥一家人，分成两路，各得其所，终不愿意。我决定委屈⑦儿子，因为我伴同他的时日还长。我说："走大路。" 但是母亲摸摸孙儿的小脑瓜，变了主意⑧："还是走小路吧。"她的眼随小路望去：那里有金色的菜花，两行整齐的桑树，//尽头⑨一口水波粼粼⑩的鱼塘。"我走不过去的地方，你就背⑪着我。"母亲对我说。 这样，我们在阳光下，向着那菜花、桑树和鱼塘走去。到了一处，我蹲下来，背起了母亲；妻子也蹲下来，背起了儿子。我和妻子都是慢慢地，稳稳地，走得很仔细，好像我背⑫上的同她背上的加起来，就是整个世界。 （节选自莫怀戚《散步》） **语音提示** 1. 因为 yīn·wèi　2. 铺 pū　3. 分歧 fēnqí 4. 意思 yìsi　5. 霎时 shàshí　6. 拆散 chāisàn 7. 委屈 wěiqu　8. 主意 zhǔyi　9. 尽头 jìntóu 10. 粼粼 línlín　11. 背 bēi　12. 背 bèi	这是一篇充满温情的文章，一个既是儿子又是父亲的"我"，当面对小小的选择时，难以两全，最终是母亲为"我"做出了决定，尤其最后一句，感人至深，"我走不过去的地方，你就背着我。" 文章两次提到"我"的责任，一次是母亲和儿子意见出现分歧时，该我做决定了，我觉得我责任重大；另一次，则是文末，母亲的话，无疑是我幸福的责任。全篇基调安逸温暖，这类文章着重体现情感。 朗读时可以采用重音轻读的方式来表现对情感的疏泄，有时用减轻音量的方法，将重音低沉地轻轻吐出，能起到意想不到的效果。一般在表达这种极为复杂而细腻的感情时，多用这种方法。例如最后一段："这样，我们在阳光下，向着那菜花、桑树和鱼塘走去……稳稳地，走得很仔细，好像我背上的同她背上的加起来，就是整个世界。"前面对话段落朗读时也应放慢语速，体会其中的温情，并将其自然表达出来。

普通话水平测试用朗读作品 60 篇

作品 34 号	朗读指导
地球上是否真的存在"无底洞"？按说地球是圆的，由地壳①、地幔②和地核三层组成，真正的"无底洞"是不应存在的，我们所看到的各种山洞、裂口、裂缝，甚至火山口也都只是地壳浅部的一种现象。然而中国一些古籍③却多次提到海外有个深奥莫测的无底洞。事实上地球上确实有这样一个"无底洞"。 　　它位于希腊亚各斯古城的海滨。由于濒临④大海，大涨潮⑤时，汹涌的海水便会排山倒海般地涌入洞中，形成一股湍湍⑥的急流。据测，每天注入洞内的海水量达三万多吨。奇怪的是，如此大量的海水灌入洞中，却从来没有把洞灌满。曾有人怀疑，这个"无底洞"会不会就像石灰岩地区的漏斗、竖井、落水洞一类的地形。然而从二十世纪三十年代以来，人们做了多种努力企图寻找它的出口，却都是枉费心机。 　　为了揭开这个秘密，一九五八年美国地理学会派出一支考察队，他们把一种经久不变的带色染料溶解在海水中，观察染料是如何随着海水一起沉下去。接着又察看了附近海面以及岛上的各条河、各个湖，满怀希望地寻找这种带颜色的水，结果令人失望。难道是海水量太大把有色水稀释得太淡，以致无法发现？// 　　至今谁也不知道为什么这里的海水会没完没了地"漏"下去，这个"无底洞"的出口又在哪里，每天大量的海水究竟都流到哪里去了？ 　　　　　　　　　　（节选自罗伯特·罗威尔《神秘的"无底洞"》） **语音提示** 　　1. 地壳 dìqiào　　2. 地幔 dìmàn　　3. 古籍 gǔjí 　　4. 濒临 bīnlín　　5. 涨潮 zhǎngcháo　　6. 湍 tuān	这是一篇属于说明文范畴的科技理论文章，文章开始引出"无底洞"这个话题，进而对真实存在的"无底洞"进行解释，说明"无底洞"是存在的，并介绍了科学家们对"无底洞"探索的努力。 　　对于此类文章，采用平调朗读即可。朗读时语调始终平直舒缓，没有显著的高低变化。但为了避免朗读生硬，在断句停连方面应重点考虑。如"地球上是否真的存在'无底洞'？按说地球是圆的，由地壳、地幔和地核三层组成"，这部分停顿时间相对较长，句尾声音顺势而落，声止气也尽。 　　在朗读这篇文章的时候，应采取客观理性的口吻，语调平缓自然。文中两处疑问句在朗读时要凸显出来，以加强文章的吸引力。

普通话水平测试用朗读作品60篇

作品 35 号	朗读指导
我在俄国见到的景物再没有比托尔斯泰墓更宏伟、更感人的了。 　　完全按照托尔斯泰的愿望，他的坟墓成了世间最美的、给人印象最深刻的坟墓。它只是树林中的一个小小的长方形土丘，上面开满鲜花——没有十字架，没有墓碑，没有墓志铭①，连托尔斯泰这个名字也没有。 　　这位比谁都感到受自己的声名所累②的伟人，却像偶尔被发现的流浪汉，不为③人知的士兵，不留名姓地被人埋葬了。谁都可以踏进他最后的安息地，围在四周稀疏的木栅栏④是不关闭的——保护列夫·托尔斯泰得以安息的没有任何别的东西，惟有人们的敬意；而通常，人们却总是怀着好奇，去破坏伟人墓地的宁静。 　　这里，逼人的朴素禁锢⑤住任何一种观赏的闲情，并且不容许你大声说话。风儿⑥俯临，在这座无名者之墓的树木之间飒飒⑦响着，和暖⑧的阳光在坟头嬉戏；冬天，白雪温柔地覆盖这片幽暗的土地。无论你在夏天或冬天经过这儿，你都想象不到，这个小小的、隆起的长方体里安放着一位当代最伟大的人物。 　　然而，恰恰是这座不留姓名的坟墓，比所有挖空心思⑨用大理石和奢华⑩装饰建造的坟墓更扣人心弦⑪。在今天这个特殊的日子//里，到他的安息地⑫来的成百上千人中间，没有一个有勇气，哪怕仅仅从这幽暗的土丘上摘下一朵花留作纪念。人们重新感到，世界上再没有比托尔斯泰最后留下的、这座纪念碑式的朴素坟墓，更打动人心的了。 　　（节选自［奥］茨威格《世间最美的坟墓》，张仁厚译） **语音提示** 　1. 墓志铭 mùzhìmíng　2. 累 lěi　3. 为 wéi 　4. 栅栏 zhà·lan　5. 禁锢 jìngù　6. 风儿 fēng'ér 　7. 飒飒 sàsà　8. 和暖 hénuǎn　9. 心思 xīnsi 　10. 奢华 shēhuá　11. 心弦 xīnxián 　12. 安息地 ānxīdì	文章赞美了列夫·托尔斯泰墓所体现出的那种朴素的伟大，基调沉郁，情感浓厚，表达了作者对伟人托尔斯泰的景仰之情。 　　文章通过将托尔斯泰墓与其他伟人宏伟的墓相对比，表现托墓的朴素无华，也正是因为坟墓的朴素，更显出了作家的伟大。 　　朗读时应注意对比的语调，通过语调的转化，形成反差，以达到作者所要表现的情感。如"到他的安息地来的成百上千人中间，没有一个有勇气，哪怕仅仅从这幽暗的土丘上摘下一朵花留作纪念"，其中"没有一个有勇气"处，语调应沉稳、刚健，表明来凭吊的每个人都尊敬这位伟人。

普通话水平测试用朗读作品 60 篇

作品 36 号	朗读指导
我国的建筑,从古代的宫殿到近代的一般住房,绝大部分是对称①的,左边怎么样,右边就怎么样。苏州园林可绝不讲究对称,好像故意避免似的②。东边有了一个亭子或者一道回廊,西边决不会来一个同样的亭子或者一道同样的回廊。这是为什么?我想,用图画来比方③,对称的建筑是图案画,不是美术画,而园林是美术画,美术画要求自然之趣,是不讲究对称的。 　　苏州园林里都有假山和池沼④。 　　假山的堆叠⑤,可以说是一项艺术而不仅是技术。或者是重峦叠嶂⑥,或者是几座小山配合着竹子花木,全在乎⑦设计者和匠师们生平多阅历,胸中有丘壑⑧,才能使游览者攀登的时候忘却苏州城市,只觉得身在山间。 　　至于池沼,大多引用活水。有些园林池沼宽敞⑨,就把池沼作为全园的中心,其他景物配合着布置。水面假如成河道模样⑩,往往安排桥梁。假如安排两座以上的桥梁,那就一座一个样,决不雷同。 　　池沼或河道的边沿很少砌齐整的石岸,总是高低屈曲⑪任其自然。还在那儿布置几块玲珑的石头,或者种些花草。这也是为了取得从各个角度看都成一幅画的效果。池沼里养着金鱼或各色鲤鱼,夏秋季节荷花或睡莲开//放,游览者看"鱼戏莲叶间",又是入画的一景。 　　　　　　　　　　　　　　　　(节选自叶圣陶《苏州园林》) **语音提示** 　1. 对称 duìchèn　　2. 似的 shìde　　3. 比方 bǐfang 　4. 池沼 chízhǎo　　5. 堆叠 duīdié 　6. 重峦叠嶂 chóngluán-diézhàng　　7. 在乎 zàihu 　8. 丘壑 qiūhè　　9. 宽敞 kuān·chǎng 　10. 模样 múyàng　　11. 屈曲 qūqū	文章融说明、记叙、议论于一体,概括地说明介绍苏州园林,以生动的描述形容景物,以通俗的议论来分析原理,可谓写景文中的精品,让读者观之如身临其境,如在画中一般。文章风格惬意、自然。 　　对于此类文章应注意以舒缓的节奏朗读,语势平稳,声音轻柔而不着力,对于描绘场面和美丽的景色类的文章,多可采用此法。例如:"池沼或河道的边沿很少砌齐整的石岸,总是高低屈曲任其自然。还在那儿布置几块玲珑的石头,或者种些花草。这也是为了取得从各个角度看都成一幅画的效果。" 　　写景的排比类句子,如"或者是重峦叠嶂,或者是几座小山配合着竹子花木,全在乎设计者和匠师们生平多阅历,胸中有丘壑,才能使游览者攀登的时候忘却苏州城市,只觉得身在山间",应注意停顿和连接。

普通话水平测试用朗读作品60篇

作品 37 号	朗读指导
一位访美中国女作家,在纽约遇到一位卖花的老太太。老太太穿着①破旧,身体虚弱,但脸上的神情却是那样祥和兴奋②。女作家挑了一朵花说:"看起来,你很高兴。"老太太面带微笑地说:"是的,一切都这么美好,我为什么不高兴呢?""对烦恼,你倒真能看得开。"女作家又说了一句。没料到,老太太的回答更令女作家大吃一惊:"耶稣③在星期五被钉④上十字架时,是全世界最糟糕的一天,可三天后就是复活节。所以,当我遇到不幸时,就会等待三天,这样一切就恢复正常了。" 　　"等待三天",多么富于哲理的话语,多么乐观的生活方式。它把烦恼和痛苦抛下,全力去收获快乐。 　　沈从文在"文革"期间,陷入了非人的境地。可他毫不在意,他在咸宁时给他的表侄、画家黄永玉写信说:"这里的荷花真好,你若来……"身陷苦难却仍为荷花的盛开欣喜赞叹不已,这是一种趋于澄明⑤的境界,一种旷达洒脱的胸襟⑥,一种面临磨难⑦坦荡从容⑧的气度,一种对生活童子般的热爱和对美好事物无限向往的生命情感。 　　由此可见,影响一个人快乐的,有时并不是困境及磨难,而是一个人的心态。如果把自己浸泡⑨在积极、乐观、向上的心态中,快乐必然会//占据你的每一天。 　　　　　　　　　　(节选自《态度创造快乐》) **语音提示** 　1. 穿着 chuānzhuó　2. 兴奋 xīngfèn　3. 耶稣 yēsū 　4. 钉 dìng　　　　　5. 澄明 chéngmíng　6. 胸襟 xiōngjīn 　7. 磨难 mónàn　　　8. 从容 cóngróng　　9. 浸泡 jìnpào	文章以一位访美女作家遇到乐观向上的老人为缘起,引发出对待生活的人生哲理,即:"影响一个人快乐的,有时并不是困境及磨难,而是一个人的心态。" 　　文章风格优美洒脱,朗读时应怀有积极向上的心理,轻快明了,富于跳跃感,以表现出对于生活热爱的感情。朗读时注意语速、停顿,如"身陷苦难/却仍为荷花的盛开/欣喜赞叹不已,这是一种趋于澄明的境界,一种旷达洒脱的胸襟,一种面临磨难/坦荡从容的气度,一种对生活童子般的热爱/和对美好事物无限向往的/生命情感",此句语调逐渐升高,语速渐快。

普通话水平测试用朗读作品 60 篇

作品 38 号	朗读指导
泰山极顶看日出，历来被描绘成十分壮观的奇景。有人说：登泰山而看不到日出，就像一出大戏没有戏眼，味儿①终究有点寡淡②。 　　我去爬山那天，正赶上个难得的好天，万里长空，云彩丝儿③都不见。素常，烟雾腾腾的山头，显得眉目分明。同伴们都欣喜地说："明儿早晨准可以看见日出了。"我也是抱着这种想头④，爬上山去。 　　一路从山脚往上爬，细看山景，我觉得挂在眼前的不是五岳独尊的泰山，却像一幅规模惊人的青绿山水画，从下面倒展开来。在画卷中最先露⑤出的是山根底那座明朝建筑岱宗坊⑥，慢慢地便现出王母池、斗⑦母宫、经石峪⑧。山是一层比一层深，一叠比一叠奇，层层叠叠，不知还会有多深多奇。万山丛中，时而点染着极其工细的人物。王母池旁边吕祖殿里有不少尊明塑，塑着吕洞宾等一些人，姿态神情是那样有生气，你看了，不禁⑨会脱口赞叹说："活啦。" 　　画卷继续展开，绿阴森森的柏洞⑩露面⑪不太久，便来到对松山。两面奇峰对峙⑫着，满山峰都是奇形怪状的老松，年纪怕都上千岁了，颜色竟那么浓，浓得好像要流下来似的⑬。来到这儿你不妨权当一次画里的写意人物，坐在路旁的对松亭里，看看山色，听听流//水和松涛。 　　一时间，我又觉得自己不仅是在看画卷⑭，却又像是在零零乱乱翻着一卷历史稿本。 　　　　　　　　　　　　（节选自杨朔《泰山极顶》）	选文先是说"登泰山而看不到日出，就像一出大戏没有戏眼"，以引出对泰山游览的抒怀，有身临其境之感。 　　景色层层展开，奇异之景也逐渐展现在人们眼前，令人感受到美不胜收的壮观。文章以"我"从山脚向上的所见为线索，依次展开各种悦人心目的景色。 　　朗读时应把握节奏，如"山是一层比一层深，一叠比一叠奇，层层叠叠，不知还会有多深多奇"一句，节奏逐渐加快，表达出眼见的景物之多、之奇，以及观赏者心理的变化。还要注意轻声和儿化，如"云彩丝儿""想头"等。

语音提示

1. 味儿 wèir　　　2. 寡淡 guǎdàn　　　3. 云彩丝儿 yúncaisīr
4. 想头 xiǎngtou　5. 露 lòu　　　　　6. 岱宗坊 dàizōngfāng
7. 斗 dǒu　　　　8. 峪 yù　　　　　 9. 不禁 bùjīn
10. 柏洞 bǎidòng　11. 露面 lòumiàn
12. 对峙 duìzhì　 13. 似的 shìde　　 14. 卷 juàn

普通话水平测试用朗读作品 60 篇

作品 39 号	朗读指导
育才小学校长陶行知①在校园看到学生王友用泥块砸自己班上的同学,陶行知当即②喝止③了他,并令他放学后到校长室去。无疑,陶行知是要好好④教育这个"顽皮"的学生⑤。那么他是如何教育的呢? 　　放学后,陶行知来到校长室,王友已经等在门口准备挨⑥训了。可一见面,陶行知却掏出一块糖果送给王友,并说:"这是奖给你的,因为⑦你按时来到这里,而我却迟到了。"王友惊疑地接过糖果。 　　随后,陶行知又掏出一块糖果放到他手里,说:"这第二块糖果也是奖给你的,因为当我不让你再打人时,你立即就住手了,这说明你很尊重我,我应该奖你。"王友更惊疑了,他眼睛睁得大大的。 　　陶行知又掏出第三块糖果塞⑧到王友手里,说:"我调查过了,你用泥块砸那些男生,是因为他们不守游戏规则,欺负女生;你砸他们,说明你很正直善良,且有批评不良行为的勇气,应该奖励你啊⑨!"王友感动极了,他流着泪后悔地喊道:"陶……陶校长,你打我两下吧!我砸的不是坏人,而是自己的同学啊⑩……" 　　陶行知满意地笑了,他随即掏出第四块糖果递给王友,说:"为你正确地认识错误,我再奖给你一块糖果,只可惜我只有这一块糖果了。我的糖果//没有了,我看我们的谈话也该结束了吧!"说完,就走出了校长室。 　　(节选自《教师博览·百期精华》中《陶行知的"四块糖果"》) **语音提示** 1. 陶行知 Táo Xíngzhī　　2. 当即 dāngjí 3. 喝止 hèzhǐ　　　　　　4. 好好 hǎohǎo/hǎohāor 5. 学生 xuésheng　　　　6. 挨 ái 7. 因为 yīn·wèi　　　　　8. 塞 sāi 9. 啊 ya　　　　　　　　10. 啊 ya	这篇故事讲述教育家陶行知的教育方法,他没有用传统的方式批评学生,而是用四块糖果使一个犯错误的孩子认识到错误,体现了教育家的魅力。 　　这是一件小事,但满含陶行知对于一个孩子的关爱。在朗读过程中,第一段校长喝止孩子的时候,应有一定的力度,表现出一种威严;之后校长对孩子的讲话则是温暖而柔软的,朗读的时候也应注意这种情感的变化,并将其表现出来。孩子的话,充满惭愧与悔过,同样应该在朗读时表现出来。 　　注意语音知识,"应该奖励你啊!"中"啊"字读成"呀"。

普通话水平测试用朗读作品 60 篇

作品 40 号	朗读指导

享受幸福是需要学习的,当它即将①来临的时刻需要提醒。人可以自然而然地学会感官的享乐,却无法天生地掌握幸福的韵律。灵魂的快意同器官的舒适像一对孪生②兄弟,时而相傍③相依,时而南辕北辙④。
  幸福是一种心灵的震颤⑤。它像会倾听音乐的耳朵一样,需要不断地训练。
  简而言之,幸福就是没有痛苦的时刻。它出现的频率⑥并不像我们想象的那样少。人们常常只是在幸福的金马车已经驶过去很远时,拣起地上的金鬃毛⑦说,原来我见过它。
  人们喜爱回味幸福的标本,却忽略它披着露水⑧散发⑨清香的时刻。那时候我们往往步履⑩匆匆,瞻前顾后⑪不知在忙着什么。
  世上有预报台风的,有预报蝗灾的,有预报瘟疫⑫的,有预报地震的,没有人预报幸福。其实幸福和世界万物一样,有它的征兆⑬。
  幸福常常是朦胧⑭的,很有节制地向我们喷洒甘霖⑮。你不要总希望轰轰烈烈的幸福,它多半只是悄悄地扑面而来。你也不要企图把水龙头拧⑯得更大,那样它会很快地流失。你需要静静地以平和之心,体验它的真谛⑰。
  幸福绝大多数是朴素的。它不会像信号弹似的⑱,在很高的天际闪烁红色的光芒。它披着本色的外衣,亲//切温暖地包裹起我们。
  幸福不喜欢喧嚣⑲浮华,它常常在暗淡中降临。贫困中相濡以沫⑳的一块糕饼,患难中心心相印的一个眼神,父亲一次粗糙㉑的抚摸,女友一张温馨的字条……这都是千金难买的幸福啊㉒。像一粒粒缀㉓在旧绸子上的红宝石,在凄凉中愈发熠熠㉔夺目。
  (节选自毕淑敏《提醒幸福》)
 	
语音提示
1. 即将 jíjiāng   2. 孪生 luánshēng   3. 傍 bàng
4. 南辕北辙 nányuán-běizhé   5. 震颤 zhènchàn
6. 频率 pínlǜ   7. 鬃毛 zōngmáo   8. 露水 lùshuǐ
9. 散发 sànfā   10. 步履 bùlǚ
11. 瞻前顾后 zhānqián-gùhòu   12. 瘟疫 wēnyì
13. 征兆 zhēngzhào   14. 朦胧 ménglóng   15. 甘霖 gānlín
16. 拧 nǐng   17. 真谛 zhēndì   18. 似的 shìde
19. 喧嚣 xuānxiāo   20. 相濡以沫 xiāngrú-yǐmò
21. 粗糙 cūcāo   22. 啊 wa   23. 缀 zhuì
24. 熠熠 yìyì
	选文以其深刻的思想,揭示幸福的真谛,道出了幸福是需要学习的,是需要提醒的。
	  文章散发着哲理的气息,又不乏美感,朗读时应语气平缓,富含韧性。如"人们喜爱回味幸福的标本,却忽略它披着露水散发清香的时刻。那时候我们往往步履匆匆,瞻前顾后不知在忙着什么"一句,语速放慢,有一种品味的感觉,可以使句子变得优美。
	  另外,应注意断句问题,如"灵魂的快意/同器官的舒适/像一对孪生兄弟,时而/相傍相依,时而/南辕北辙",这样读起来会使文章节奏感增强。
	  注意"啊"的音变,"这都是千金难买的幸福啊","啊"字读成"哇"。

普通话水平测试用朗读作品 60 篇

作品 41 号	朗读指导
在里约热内卢的一个贫民窟①里,有一个男孩子,他非常喜欢足球,可是又买不起,于是就踢塑料盒,踢汽水瓶,踢从垃圾箱里拣来的椰子壳②。他在胡同③里踢,在能找到的任何一片空地④上踢。 　　有一天,当他在一处干涸⑤的水塘里猛踢一个猪膀胱⑥时,被一位足球教练看见了。他发现这个男孩儿踢得很像是那么回事,就主动提出要送给他一个足球。小男孩儿得到足球后踢得更卖劲⑦了。不久,他就能准确地把球踢进远处随意摆放的一个水桶里。 　　圣诞节到了,孩子的妈妈说:"我们没有钱买圣诞礼物送给我们的恩人,就让我们为他祈祷⑧吧。" 　　小男孩儿跟随妈妈祈祷完毕,向妈妈要了一把铲子便跑了出去。他来到一座别墅⑨前的花园里,开始挖坑。 　　就在他快要挖好坑的时候,从别墅里走出一个人来,问小孩儿在干什么,孩子抬起满是汗珠的脸蛋儿,说:"教练,圣诞节到了,我没有礼物送给您,我愿给您的圣诞树挖一个树坑。" 　　教练把小男孩儿从树坑里拉上来,说,我今天得到了世界上最好的礼物。明天你就到我的训练场去吧。 　　三年后,这位十七岁的男孩儿在第六届足球锦标赛上独进二十一球,为⑩巴西第一次捧回了金杯。一个原来不//为世人所知的名字　　贝利,随之传遍世界。 　　　　　　　　　　　　　　　(节选自刘燕敏《天才的造就》) **语音提示** 1. 贫民窟 pínmínkū　　2. 壳 kér　　3. 胡同 hú·tòngr 4. 空地 kòngdì　　5. 干涸 gānhé　　6. 膀胱 pángguāng 7. 卖劲 màijìnr　　8. 祈祷 qídǎo　　9. 别墅 biéshù 10. 为 wèi	文章讲述了球王贝利儿时对于足球的喜爱,在艰苦的环境下仍然保持乐观、积极的生活态度,最终被足球教练发现并取得成功的故事。 　　朗读中要注意语速快慢的适当结合。比如"于是就踢塑料盒,踢汽水瓶,踢从垃圾箱里拣来的椰子壳",前两句要快一些,而后一句则可以缓慢一些。在把握语速的同时,也要注意句子中需要重读的音,如"非常喜欢""任何""猛踢""最好的""第一次"等。 　　另外,这篇文章中的长句子较多,要注意句子的停顿,如"有一天,当他在/一处干涸的水塘里/猛踢一个猪膀胱时,被一位足球教练/看见了"。

普通话水平测试用朗读作品 60 篇

作品 42 号	朗读指导
记得我十三岁时，和母亲住在法国东南部的耐斯城。母亲没有丈夫，也没有亲戚①，够清苦的，但她经常能拿出令人吃惊的东西，摆在我面前。她从来不吃肉，一再说自己是素食者。然而有一天，我发现母亲正仔细地用一小块碎面包擦那给我煎牛排用的油锅。我明白了她称自己为素食者的真正原因。 　　我十六岁时，母亲成了耐斯市美蒙旅馆的女经理。这时，她更忙碌了。一天，她瘫在椅子上，脸色苍白，嘴唇发灰。我马上找来医生，做出诊断：她摄取②了过多的胰岛素。直到这时我才知道母亲多年一直对我隐瞒的疾痛——糖尿病。 　　她的头歪向枕头一边，痛苦地用手抓挠③胸口。床架上方，则挂着一枚我一九三二年赢得④耐斯市少年乒乓球冠军的银质奖章。 　　啊，是对我的美好前途的憧憬⑤支撑着她活下去，为了给她那荒唐的梦至少加一点真实的色彩，我只能继续努力，与时间竞争，直至一九三八年我被征入空军。巴黎很快失陷，我辗转⑥调到英国皇家空军。刚到英国就接到了母亲的来信。这些信是由在瑞士的一个朋友⑦秘密地转⑧到伦敦，送到我手中的。 　　现在我要回家了，胸前佩戴着醒目的绿黑两色的解放十字绶//带⑨，上面挂着五六枚我终生难忘的勋章，肩上还佩戴着军官肩章。到达旅馆时，没有一个人跟我打招呼⑩。原来，我母亲在三年半以前就已经离开人间了。 　　在她死前的几天中，她写了近二百五十封信，把这些信交给她在瑞士的朋友，请这个朋友定时寄给我。就这样，在母亲死后的三年半的时间里，我一直从她身上吸取着力量和勇气——这使我能够继续战斗到胜利那一天。 　　　　　　　　　　（节选自［法］罗曼·加里《我的母亲独一无二》） **语音提示** 1. 亲戚 qīnqi　　2. 摄取 shèqǔ　　3. 抓挠 zhuānáo 4. 赢得 yíngdé　　5. 憧憬 chōngjǐng　6. 辗转 zhǎnzhuǎn 7. 朋友 péngyou　 8. 转 zhuǎn　　　9. 绶带 shòudài 10. 招呼 zhāohu	文章表现了一位女性给予儿子的伟大母爱。文章的语言虽然朴实，但是细细品来，却有着挡不住的温情。 　　母亲谎称自己是素食者，隐瞒自己的疾病，将儿子的银质奖章放在床边当成自己的力量之源，这三个故事看起来很普通，但是所传达的爱意却是不普通的。并且，为了能够让自己的孩子安心地战斗在自己的事业上，在自己病危的时候，没有呼唤孩子回来陪她，反而为孩子写了近 250 封信，给予儿子精神的力量。 　　儿子凯旋之后，母亲却早已离世了。母亲的爱，带给了儿子那些荣誉，这是一位多么坚强的母亲！因此朗读的时候应该带着崇敬，带着感激，带着对母爱的赞扬之情，这样才能表现出作品的内涵。 　　同时，这是一篇回忆性质的散文，读的时候语速要缓慢一些。

普通话水平测试用朗读作品60篇

作品43号	朗读指导
生活对于任何人都非易事,我们必须有坚韧不拔的精神。最要紧的,还是我们自己要有信心。我们必须相信,我们对每一件事情都具有天赋的才能,并且,无论付出任何代价,都要把这件事完成。当事情结束的时候,你要能问心无愧地说:"我已经尽我所能了。" 　　有一年的春天,我因病被迫在家里休息数周。我注视着我的女儿们所养的蚕正在结①茧,这使我很感兴趣。望着这些蚕执著②地、勤奋地工作,我感到我和它们非常相似③。像它们一样,我总是耐心地把自己的努力集中在一个目标上。我之所以如此,或许是因为④有某种力量在鞭策着我——正如蚕被鞭策着去结茧一般。 　　近五十年来,我致力于科学研究,而研究,就是对真理的探讨。我有许多美好快乐的记忆。少女时期我在巴黎大学,孤独地过着求学的岁月;在后来献身科学的整个时期,我丈夫和我专心致志,像在梦幻中一般,坐在简陋⑤的书房里艰辛地研究,后来我们就在那里发现了镭。 　　我永远追求安静的工作和简单的家庭生活。为了实现这个理想,我竭力⑥保持宁静的环境,以免受人事的干扰和盛名⑦的拖累⑧。 　　我深信,在科学方面我们有对事业而不是//对财富感兴趣。我的唯一奢望是在一个自由国家中,以一个自由学者的身份从事研究工作。 　　我一直沉醉于世界的优美之中,我所热爱的科学也不断增加它崭新的远景。我认定科学本身就具有伟大的美。 　　　　　　　　　　(节选自[法]玛丽·居里《我的信念》,剑捷译) **语音提示** 　1. 结 jié　　　2. 执著 zhízhuó　　3. 相似 xiāngsì 　4. 因为 yīn·wèi　5. 简陋 jiǎnlòu　　6. 竭力 jiélì 　7. 盛名 shèngmíng　8. 拖累 tuōlěi	一个人在事业和人生都取得巨大成功的情况下能够继续宠辱不惊,是很值得敬佩的,居里夫人给我们做出了榜样。作品以平实的语言,通过生活中的小感悟、小细节,向我们讲述了事业和人生追求的真正动力。 　　朗读时应该以一种平静的口吻道出作者想要让我们明白的道理:坚韧不拔、顽强不息,经得起名和利的考验,这些是构成一个人事业成功的必备品质。 　　此外,作品的整个感情基调都很坚定,表现了居里夫人对于科学事业坚定不移的态度,因此,朗读时停顿的地方不能过多,停顿的时间也不能过长。

普通话水平测试用朗读作品 60 篇

作品 44 号	朗读指导
我为什么非要教书①不可？是因为②我喜欢当教师的时间安排表和生活节奏。七、八、九三个月给我提供③了进行回顾、研究、写作的良机，并将三者有机融合，而善于回顾、研究和总结正是优秀教师素质中不可缺少的成分。 　　干这一行给了我多种多样的"甘泉"去品尝，找优秀的书籍去研读，到"象牙塔"和实际世界里去发现。教学工作给我提供了继续学习的时间保证，以及多种途径、机遇和挑战。 　　然而，我爱这一行的真正原因，是爱我的学生④。学生们在我的眼前成长、变化。当教师意味着亲历"创造"过程的发生——恰似⑤亲手赋予⑥一团泥土以生命，没有什么比目睹它开始呼吸更激动人心的了。 　　权利我也有了：我有权利去启发诱导，去激发智慧的火花，去问费心思考的问题，去赞扬回答的尝试，去推荐书籍，去指点迷津。还有什么别的权利能与⑦之相比呢？ 　　而且，教书还给我金钱和权利之外的东西，那就是爱心。不仅有对学生的爱，对书籍的爱，对知识的爱，还有教师才能感受到的对"特别"学生的爱。这些学生，有如冥顽不灵⑧的泥块，由于接受了老师的炽爱⑨才勃发了生机。 　　所以，我爱教书，还因为，在那些勃发生机的"特//别"学生身上，我有时发现自己和他们呼吸相通，忧乐与共。 　　（节选自［美］彼得·基·贝得勒《我为什么当教师》） **语音提示** 　1. 教书 jiāoshū　　2. 因为 yīn·wèi　　3. 提供 tígōng 　4. 学生 xuésheng　5. 恰似 qiàsì　　　6. 赋予 fùyǔ 　7. 与 yǔ　　　　　8. 冥顽不灵 míngwán-bùlíng 　9. 炽爱 chì'ài	作品以第一人称向我们展示了一位教师对于自己岗位的热爱。全文感情基调积极乐观，文字间流露出对学生的关爱。 　　第四段中的六个排比句，"我有权利去启发诱导，去激发智慧的火花，去问费心思考的问题，去赞扬回答的尝试，去推荐书籍，去指点迷津"，采取抑扬相间的语调方式比较妥当。上述的语调掌握方式同样适用于第五段中的排比句。 　　另外，注意停顿，如"我有权利/去启发诱导，去激发/智慧的火花，去问/费心思考的问题，去赞扬/回答的尝试，去/推荐书籍，去/指点迷津"。

普通话水平测试用朗读作品 60 篇

作品 45 号	朗读指导
中国西部我们通常是指黄河与秦岭相连一线以西,包括西北和西南的十二个省、市、自治区。这块广袤①的土地面积为五百四十六万平方公里,占国土总面积的百分之五十七;人口二点八亿,占全国总人口的百分之二十三。 　　西部是华夏文明的源头。华夏祖先的脚步是顺着水边走的:长江上游出土过元谋人牙齿化石,距今约一百七十万年;黄河中游出土过蓝田人头盖骨,距今约七十万年。这两处古人类都比距今约五十万年的北京猿人资格更老。 　　西部地区是华夏文明的重要发源地。秦皇汉武以后,东西方文化在这里交汇融合,从而有了丝绸之路的驼铃声声,佛院深寺的暮鼓晨钟②。敦煌莫高窟③是世界文化史上的一个奇迹④,它在继承汉晋艺术传统的基础上,形成了自己兼收并蓄的恢宏⑤气度,展现出精美绝伦的艺术形式和博大精深的文化内涵。秦始皇兵马俑⑥、西夏王陵、楼兰古国、布达拉宫、三星堆、大足石刻等历史文化遗产,同样为⑦世界所瞩目⑧,成为中华文化重要的象征。 　　西部地区又是少数民族及其文化的集萃⑨地,几乎⑩包括了我国所有的少数民族。在一些偏远的少数民族地区,仍保留//了一些久远时代的艺术品种,成为珍贵的"活化石",如纳西古乐、戏曲、剪纸、刺绣、岩画等民间艺术和宗教艺术,特色鲜明、丰富多彩,犹如一个巨人的民族民间文化艺术宝库。 　　我们要充分重视和利用这些得天独厚的资源优势,建立良好的民族民间文化生态环境,为西部大开发作出贡献。 　　(节选自《中考语文课外阅读试题精选》中《西部文化和西部开发》) **语音提示** 　1. 广袤 guǎngmào　　2. 暮鼓晨钟 mùgǔ-chénzhōng 　3. 莫高窟 mògāokū　　4. 奇迹 qíjì　　5. 恢宏 huīhóng 　6. 兵马俑 bīngmǎyǒng　7. 为 wéi　　8. 瞩目 zhǔmù 　9. 集萃 jícuì　　　　10. 几乎 jīhū	该作品表现了作者对中国西部地区的热爱与自豪之情,因此在朗读时应感情饱满。 　　第一段是对西部地区的地理要素的简单介绍,在朗读时语调不需要有过多的高低变化,第二、三、四段分别阐述了西部的重要性。在第三、四段中出现了有较多并列词组的句子,在朗读该类句子时,语速要稍快,注意停顿,吐字清晰,如"秦始皇兵马俑、西夏王陵、楼兰古国、布达拉宫、三星堆、大足石刻等历史文化遗产"。 　　在强调西部对于华夏文明的重要性的时候,如"西部地区是华夏文明的重要发源地。秦皇汉武以后,东西方文化在这里交汇融合,从而有了丝绸之路的驼铃声声,佛院深寺的暮鼓晨钟",朗读时要节奏舒缓、降调。

普通话水平测试用朗读作品60篇

作品 46 号	朗读指导
高兴,这是一种具体的被看得到摸得着①的事物所唤起的情绪。它是心理的,更是生理的。它容易来也容易去,谁也不应该对它视而不见失之交臂,谁也不应该总是做那些使自己不高兴也使旁人不高兴的事。让我们说一件最容易做也最令人高兴的事吧,尊重你自己,也尊重别人,这是每一个人的权利,我还要说这是每一个人的义务。 　　快乐,它是一种富有概括性的生存状态、工作状态。它几乎②是先验的,它来自生命本身的活力,来自宇宙、地球和人间的吸引,它是世界的丰富、绚丽③、阔大、悠久的体现。快乐还是一种力量,是埋在地下的根脉④。消灭一个人的快乐比挖掘⑤掉一棵大树的根要难得多。 　　欢欣,这是一种青春的、诗意的情感。它来自面向着未来伸开双臂奔跑的冲力,它来自一种轻松而又神秘、朦胧⑥而又隐秘的激动,它是激情即将⑦到来的预兆,它又是大雨过后的比下雨还要美妙得多也久远得多的回味⋯ 　　喜悦,它是一种带有形而上⑧色彩的修养和境界。与其⑨说它是一种情绪,不如说它是一种智慧、一种超拔⑩、一种悲天悯人⑪的宽容和理解,一种饱经沧桑的充实和自信,一种光明的理性,一种坚定//的成熟⑫,一种战胜了烦恼和庸俗的清明澄澈⑬。它是一潭清水,它是一抹⑭朝霞,它是无边的平原,它是沉默的地平线,多一点儿、再多一点儿喜悦吧,它是翅膀,也是归巢。它是一杯美酒,也是一朵永远开不败的莲花。 　　　　　　　　　　　　　　　　(节选自王蒙《喜悦》)	这是一篇充满美好情感的散文,作者通过这些美好的文字想要让读者认识到生活中充满着快乐、欢欣和喜悦是多么幸福的一件事。 　　因此在朗读的时候,节奏要轻盈欢快,做到快中有慢、快慢相间,语调也要处理得抑扬顿挫,充满韵律美。文章中,"与其说它是一种情绪,不如说它是一种智慧、一种超拔、一种悲天悯人的宽容和理解,一种饱经沧桑的充实和自信,一种光明的理性,一种坚定的成熟,一种战胜了烦恼和庸俗的清明澄澈",整个句子的情感基调是上扬的,在朗读的时候要注意语法停顿。

语音提示

1. 摸得着 mōdezháo　　2. 几乎 jīhū　　3. 绚丽 xuànlì
4. 根脉 gēnmài　　5. 挖掘 wājué　　6. 朦胧 ménglóng
7. 即将 jíjiāng　　8. 形而上 xíng ér shàng
9. 与其 yǔqí　　10. 超拔 chāobá
11. 悲天悯人 bēitiān-mǐnrén　　12. 成熟 chéngshú
13. 澄澈 chéngchè　　14. 抹 mǒ

普通话水平测试用朗读作品 60 篇

作品 47 号	朗读指导
在湾仔①,香港最热闹的地方②,有一棵榕树,它是最贵的一棵树,不光在香港,在全世界,都是最贵的。 　　树,活的树,又不卖,何言其贵?只因它老,它粗,是香港百年沧桑的活见证,香港人不忍看着它被砍伐,或者被移走,便跟要占用这片山坡的建筑者谈条件:可以在这儿建大楼盖商厦③,但一不准砍树,二不准挪树,必须把它原地精心养起来,成为香港闹市中的一景。太古大厦的建设者最后签了合同④,占用这个大山坡建豪华商厦的先决条件是同意保留这棵老树。 　　树长在半山坡上,计划将树下面的成千上万吨山石全部掏空⑤取走,腾出地方来盖楼,把树架在大楼上面,仿佛它原本是长在楼顶上似的⑥。建设者就地造了一个直径十八米、深十米的大花盆,先固定好这棵老树,再在大花盆底下盖楼。光这一项就花了两千三百八十九万港币,堪称⑦是最昂贵的保护措施了。 　　太古大厦落成之后,人们可以乘⑧滚动扶梯一次到位,来到太古大厦的顶层。出后门,那儿是一片自然景色。一棵大树出现在人们面前,树干直径有一米半粗,树冠⑨直径足有二十多米,独木成林,非常壮观,形成一座以它为中心的小公园,取名叫"榕圃⑩"。树前面//插着铜牌,说明缘由。此情此景,如不看铜牌的说明,绝对想不到巨树根底下还有一座宏伟的现代大楼。 　　(节选自舒乙《香港:最贵的一棵树》) **语音提示** 　1. 湾仔 wānzǎi　　2. 地方 dìfang　　3. 商厦 shāngshà 　4. 合同 hétong　　5. 掏空 tāokōng　　6. 似的 shìde 　7. 堪称 kānchēng　　8. 乘 chéng　　9. 树冠 shùguān 　10. 榕圃 róngpǔ	这篇文章向人们介绍了一棵最贵的树,这棵树贵的不是它的材质和品种,贵在人们爱护它,花了大价钱保护它。可是,人们为什么会愿意花大价钱来保护它呢?这就是作品要向我们解答的疑惑了。 　　因此,我们在朗读时,要运用声音技巧,准确地传达文意。如"最热闹""最贵""全世界"等带有强调性的词语,朗读时需要重读,这样能够更好地表现出对于这棵树那么贵的疑惑。再比如第三段中的"成千上万吨山石""直径十八米、深十米""两千三百八十九万"等描述性词语,也需要重读,语气的加强能够让我们明白这棵树真正的价值所在。

普通话水平测试用朗读作品 60 篇

作品 48 号	朗读指导
我们的船渐渐地逼近榕树了。我有机会看清它的真面目：是一棵大树，有数不清的丫枝，枝上又生根，有许多根一直垂到地上，伸进泥土里。一部分树枝垂到水面，从远处看，就像一棵大树斜躺在水面上一样。 　　现在正是枝繁叶茂的时节。这棵榕树好像在把它的全部生命力展示给我们看。那么多的绿呀，一簇①堆在另一簇的上面，不留一点缝隙②。翠绿的颜色明亮地在我们的眼前闪耀，似乎③每一片树叶上都有一个新的生命在颤动④，这美丽的南国的树！ 　　船在树下泊⑤了片刻，岸上很湿，我们没有上去。朋友⑥说这里是"鸟的天堂"，有许多鸟在这棵树上做窝，农民不许人去捉它们。我仿佛⑦听见几只鸟扑翅的声音，但是等到我的眼睛注意地看那里时，我却看不见一只鸟的影子。只有无数的树根立在地上，像许多根木桩。地是湿的，大概涨潮⑧时河水常常冲上岸去。"鸟的天堂"里没有一只鸟，我这样想到。船开了，一个朋友拨着船，缓缓地流到河中间去。 　　第二天，我们划着船到一个朋友的家乡去，就是那个有山有塔的地方⑨。从学校出发，我们又经过那"鸟的天堂"。 　　这一次是在早晨，阳光照在水面上，也照在树梢上。一切都//显得非常光明。我们的船也在树下泊了片刻。 　　起初四周围非常清静。后来忽然起了一声鸟叫。我们把手一拍，便看见一只大鸟飞了起来，接着又看见第二只，第三只。我们继续拍掌，很快地这个树林就变得很热闹了。到处都是鸟声，到处都是鸟影。大的，小的，花的，黑的，有的站在枝上叫，有的飞起来，在扑翅膀。 　　　　　　　　　　　　　　（节选自巴金《鸟的天堂》）	在作品中巴金先生向我们展示了一棵神奇的榕树，在这棵树上住满了鸟儿们。他两次经过这棵树，看到了两种不同的景象。大榕树的庞大、茂盛，成为了鸟儿们的天堂，体现了作者对大自然的热爱，对生命的热爱。 　　在朗读时，语速不宜过快，语调应该舒缓，语气亲切，充满着热爱赞美之情。 　　掌握相应的语音知识，文章中"一"字变调和轻音较多，如"一直""一部分""一簇"和"早晨""水面上""树梢上"等。

语音提示

1. 簇 cù　　　　　2. 缝隙 fèngxì　　　3. 似乎 sìhū
4. 颤动 chàndòng　5. 泊 bó　　　　　　6. 朋友 péngyou
7. 仿佛 fǎngfú　　8. 涨潮 zhǎngcháo　9. 地方 dìfang

普通话水平测试用朗读作品 60 篇

作品 49 号	朗读指导
有这样一个故事。 　　有人问：世界上什么东西的气力最大？回答纷纭得很，有的说"象"，有的说"狮"，有人开玩笑似的^①说是"金刚"，金刚有多少气力，当然大家全不知道。 　　结果^②，这一切答案完全不对，世界上气力最大的，是植物的种子。一粒种子所可以显现出来的力，简直是超越一切。 　　人的头盖骨，结合得非常致密与坚固，生理学家和解剖^③学者用尽了一切的方法，要把它完整地分出来，都没有这种力气。后来忽然有人发明了一个方法，就是把一些植物的种子放在要剖析^④的头盖骨里，给它以温度与湿度，使它发芽，一发芽，这些种子便以可怕的力量，将一切机械^⑤力所不能分开的骨骼^⑥，完整地分开了。植物种子的力量之大，如此如此。 　　这，也许特殊了一点儿，常人不容易理解。那么，你看见过笋的成长吗？你看见过被压在瓦砾^⑦和石块下面的一棵小草的生长吗？它为着向往阳光，为着达成它的生之意志，不管上面的石块如何重，石与石之间如何狭^⑧，它必定要曲曲折折^⑨地，但是顽强不屈地透到地面上来。它的根往土壤钻，它的芽往地面挺，这是一种不可抗拒的力，阻止它的石块，结果也被它掀翻^⑩，一粒种子的力量之大，//如此如此。 　　没有一个人将小草叫做"大力士"，但是它的力量之大，的确是世界无比。这种力是一般人看不见的生命力。只要生命存在，这种力就要显现。上面的石块，丝毫不足以阻挡。因为^⑪它是一种"长期抗战"的力；有弹性，能屈能伸的力；有韧性，不达目的不止的力。 　　　　　　　　　　　　（节选自夏衍《野草》） **语音提示** 　1. 似的 shìde　　2. 结果 jiéguǒ　　3. 解剖 jiěpōu 　4. 剖析 pōuxī　　5. 机械 jīxiè　　6. 骨骼 gǔgé 　7. 瓦砾 wǎlì　　　8. 狭 xiá 　9. 曲曲折折 qūqūzhézhé　　10. 掀翻 xiānfān 　11. 因为 yīn·wèi	这是一篇具有启迪意义的作品。小草和种子虽然微不足道，但却有着惊人的力量，它们能屈能伸、积极乐观，能够冲破一切阻力，达到自己的目标。 　　在朗读时，感情基调应该客观而又坚定，除最后一段采用升调外，其余采用平调。如第五段中的"它为着向往阳光，为着达成它的生之意志，不管上面的石块如何重，石与石之间如何狭，它必定要曲曲折折地，但是顽强不屈地透到地面上来"这句话，我们在朗读时语调要随着文意的推进而变得激越、高昂。 　　朗读时要注意词语的准确性，如"气力""头盖骨"，很多朗读者容易误读成"力气""头骨盖"。

普通话水平测试用朗读作品 60 篇

作品 50 号	朗读指导

著名教育家班杰明曾经接到一个青年人的求教电话,并与那个向往成功、渴望指点的青年人约好了见面的时间和地点。
  待那个青年人如约而至时,班杰明的房门敞开①着,眼前的景象却令青年人颇感意外——班杰明的房间里乱七八糟、狼藉②一片。
  没等青年人开口,班杰明就招呼③道:"你看我这房间,太不整洁了,请你在门外等候一分钟,我收拾④一下,你再进来吧。"一边说着,班杰明就轻轻地关上了房门。
  不到一分钟的时间,班杰明就又打开了房门并热情地把青年人让进客厅。这时,青年人的眼前展现出另一番景象——房间里的一切已变得井然有序,而且有两杯刚刚倒好的红酒,在淡淡的香水气息里还漾⑤着微波。
  可是,没等青年人把满腹的有关人生和事业的疑难问题向班杰明讲出来,班杰明就非常客气地说道:"干杯。你可以走了。"
  青年人手持酒杯一下子愣住了,既尴尬⑥又非常遗憾地说:"可是,我……我还没向您请教呢……"
  "这些……难道还不够吗?"班杰明一边微笑着,一边扫视着自己的房间,轻言细语地说,"你进来又有一分钟了。"
  "一分钟……一分钟……"青年人若有所思地说,"我懂了,您让我明白了一分钟的时间可以做许//多事情,可以改变许多事情的深刻道理。"
  班杰明舒心地笑了。青年人把杯里的红酒一饮而尽,向班杰明连连道谢后,开心地走了。
  其实,把握好了生命中的每一分钟,也就把握了理想的人生。
          (节选自纪广洋《一分钟》)
语音提示
 1. 敞开 chǎngkāi 2. 狼藉 lángjí 3. 招呼 zhāohu
 4. 收拾 shōushi 5. 漾 yàng 6. 尴尬 gāngà
	这篇选段故事讲的是著名教育家班杰明的教育方式,他用一分钟的时间将杂乱的房间变得整洁,同时也给青年人上了生动的一课,让青年人明白了一分钟的价值。
	  在朗读作品时,要注意把握文中两个人物的不同性格特点。班杰明是一位睿智的成熟男性,沉稳却又不失幽默,青年人则是带点儿青涩。
	  注意朗读技巧,如"这些……难道还不够吗",读这句话时,注意语法停顿。"你进来又有一分钟了",朗读时注意重音"又"重读。

普通话水平测试用朗读作品 60 篇

作品 51 号	朗读指导
有个塌鼻子的小男孩儿，因为①两岁时得过脑炎，智力受损，学习起来很吃力。打个比方②，别人写作文能写二三百字，他却只能写三五行。但即便③这样的作文，他同样能写得很动人。 　　那是一次作文课，题目是《愿望》。他极其认真地想了半天，然后极认真地写，那作文极短，只有三句话：我有两个愿望，第一个是，妈妈天天笑眯眯地看着我说："你真聪明④。"第二个是，老师天天笑眯眯地看着我说："你一点儿也不笨。" 　　于是，就是这篇作文，深深地打动了他的老师，那位妈妈式的老师不仅给了他最高分，在班上带感情地朗诵了这篇作文，还一笔一画地批道：你很聪明，你的作文写得非常感人，请放心，妈妈肯定会格外喜欢你的，老师肯定会格外喜欢你的，大家肯定会格外喜欢你的。 　　捧着作文本，他笑了，蹦蹦跳跳地回家了，像只喜鹊⑤。但他并没有把作文本拿给妈妈看，他是在等待，等待着一个美好的时刻。 　　那个时刻终于到了，是妈妈的生日⑥——一个阳光灿烂的星期天。那天，他起得特别早，把作文本装在一个亲手做的美丽的大信封里，等着妈妈醒来。妈妈刚刚睁眼醒来，他就笑眯眯地走到妈妈跟前说："妈妈，今天是您的生日，我要//送给您一件礼物。" 　　果然，看着这篇作文，妈妈甜甜地涌出了两行热泪，一把搂住小男孩儿，搂得很紧很紧。 　　是的，智力可以受损，但爱永远不会。 　　　　　　　　　　　　（节选自张玉庭《一个美丽的故事》） **语音提示** 　　1. 因为 yīn·wèi　　2. 比方 bǐfang　　3. 即便 jíbiàn 　　4. 聪明 cōng·míng　　5. 喜鹊 xǐ·què 　　6. 生日 shēng·rì	这篇故事简单、感人，朗读时应准确传神地把这种感动表达出来，在感动的环节上，做到松弛有度，把握好节奏。 　　文中有三次感动，第一次是在孩子写出那篇简短的作文的时候。孩子的作文句法简单，言辞稀少，却无不体现出孩子那颗天真自然的心，朗读时应注意把这种天真善良表现出来。 　　第二次是老师给出的温暖激励的批语，朗读时要掌握老师当时的心理，把老师对孩子的爱和鼓励表现出来。 　　第三次是在孩子将那篇满分作文盛在信封里当做生日礼物送给妈妈的时候，朗读时语调轻柔，但要让人感受到孩子喜悦的心情。

普通话水平测试用朗读作品 60 篇

作品 52 号	朗读指导
小学的时候,有一次我们去海边远足,妈妈没有做便饭,给了我十块钱买午餐。好像走了很久、很久,终于到海边了,大家坐下来便吃饭,荒凉的海边没有商店,我一个人跑到防风林外面去,级任老师要大家把吃剩的饭菜分给我一点儿。有两三个男生留下一点儿给我,还有一个女生,她的米饭拌了酱油,很香。我吃完的时候,她笑眯眯地看着我,短头发,脸圆圆的。 　　她的名字叫翁香玉。 　　每天放学的时候,她走的是经过我们家的一条小路,带着一位比她小的男孩儿,可能是弟弟。小路边是一条清澈①见底的小溪,两旁竹阴覆盖,我总是远远②地跟在她后面。夏日的午后特别炎热,走到半路她会停下来,拿手帕③在溪水里浸湿,为小男孩儿擦脸。我也在后面停下来,把肮脏④的手帕弄湿了擦脸,再一路远远地跟着她回家。 　　后来我们家搬到镇上去了,过几年我也上了中学。有一天放学回家,在火车上,看见斜对面一位短头发、圆圆脸的女孩儿,一身素净⑤的白衣黑裙。我想她一定不认识我了。火车很快到站了,我随着人群挤向门口,她也走近了,叫我的名字。这是她第一次和我说话。 　　她笑眯眯的,和我一起走过月台。以后就没有再见过//她了。 　　这篇文章收在我出版的《少年心事》这本书里。 　　书出版后半年,有一天我忽然收到出版社转来的一封信,信封上是陌生的字迹⑥,但清楚地写着我的本名。 　　信里面说她看到了这篇文章心里非常激动,没想到在离开家乡,漂泊⑦异地这么久之后,会看见自己仍然⑧在一个人的记忆里,她自己也深深记得这其中的每一幕,只是没想到越过遥远的时空,竟然另一个人也深深记得。 　　（节选自苦伶《永远的记忆》） **语音提示** 　　1. 清澈 qīngchè　　2. 远远 yuǎnyuǎn/yuǎnyuānr 　　3. 手帕 shǒupà　　4. 肮脏 āngzāng　　5. 素净 sùjing 　　6. 字迹 zìjì　　7. 漂泊 piāobó　　8. 仍然 réngrán	文章叙述了作者童年时的一件小事,以此为出发点,把记忆深处的童年表露出来,表达了作者对当时帮助过自己的女孩儿的感激之情。 　　朗读时,感情基调轻松自然,语调舒缓。在读到表现喜悦或者感动的语句时,只需用重音调节即可,如"我吃完的时候,她笑眯眯地看着我,短头发,脸圆圆的",将重音放在"笑眯眯""圆圆的"上;再如"她笑眯眯的,和我一起走过月台。以后就没有再见过她了",将重音放在"笑眯眯""再见"上。 　　注意朗读技巧,"再见"并不能作为词组读出来,而需要停顿,"再/见"。

普通话水平测试用朗读作品 60 篇

作品 53 号	朗读指导
在繁华的巴黎大街的路旁，站着一个衣衫褴褛①、头发斑白、双目失明的老人。他不像其他乞丐那样伸手向过路行人乞讨，而是在身旁立一块木牌，上面写着："我什么也看不见！"街上过往的行人很多，看了木牌上的字都无动于衷②，有的还淡淡一笑，便姗姗③而去了。 　　这天中午，法国著名诗人让·彼浩勒也经过这里。他看看木牌上的字，问盲老人："老人家④，今天上午有人给你钱吗？" 　　盲老人叹息着回答："我，我什么也没有得到。"说着，脸上的神情非常悲伤。 　　让·彼浩勒听了，拿起笔悄悄地在那行字的前面添上了"春天到了，可是"几个字，就匆匆地离开了。 　　晚上⑤，让·彼浩勒又经过这里，问那个盲老人下午的情况。盲老人笑着回答说："先生，不知为什么，下午给我钱的人多极了！"让·彼浩勒听了，摸着胡子满意地笑了。 　　"春天到了，可是我什么也看不见！"这富有诗意的语言，产生这么大的作用，就在于它有非常浑厚的感情色彩。是的，春天是美好的，那蓝天白云，那绿树红花，那莺歌燕舞，那流水人家⑥，怎么不叫人陶醉呢？但这良辰美景，对于一个双目失明的人来说，只是一片漆黑。当人们想到这个盲老人，一生中竟连万紫千红的春天//都不曾看到，怎能不对他产生同情之心呢？ 　　（节选自小学《语文》第六册中《语言的魅力》） **语音提示** 　1. 褴褛 lánlǚ　　　2. 无动于衷 wúdòng-yúzhōng 　3. 姗姗 shānshān　4. 老人家 lǎorénjiā/lǎorenjia 　5. 晚上 wǎnshang　6. 人家 rénjiā	选文富于诗意，以法国著名诗人让·彼浩勒路遇盲老人，并为他题词，使老人乞讨获得成功的经历证明语言的魅力。 　　选文几处对话以极少的笔墨勾勒出两个人物的个性，朗读时，应注意体会其中性格的表现，并将其表达出来。 　　前五段以让·彼浩勒的故事为主，朗读时，应采用舒缓、讲述的口吻，并根据情节的发展，语调从冷冽渐入和暖，以此表达出老人的成功，以及让·彼浩勒助人后的喜悦。 　　第六段是对语言让老人成功的议论，朗读这段时，应注意语音的感染力，如"是的，春天是美好的，那蓝天白云，那绿树红花，那莺歌燕舞，那流水人家，怎么不叫人陶醉呢"，整个语句需要用升调，其中，"春天""陶醉"等需要重读，这样，读起来让人有美的感受。

普通话水平测试用朗读作品 60 篇

作品 54 号	朗读指导
有一次,苏东坡的朋友张鹗①拿着一张宣纸来求他写一幅字,而且希望他写一点儿关于养生方面的内容。苏东坡思索了一会儿,点点头说:"我得到了一个养生长寿古方,药只有四味,今天就赠给你吧。"于是,东坡的狼毫在纸上挥洒起来,上面写着:"一曰②无事以当③贵,二曰早寝④以当富,三曰安步以当车,四曰晚食以当肉。" 　　这哪里有药?张鹗一脸茫然地问。苏东坡笑着解释说,养生长寿的要诀⑤,全在这四句里面。 　　所谓"无事以当贵",是指人不要把功名利禄⑥、荣辱过失考虑得太多,如能在情志上潇洒大度⑦、随遇而安,无事以求,这比富贵更能使人终其天年。 　　"早寝以当富",指吃好穿好、财货充足,并非就能使你长寿。对老年人来说,养成良好的起居习惯,尤其是早睡早起,比获得任何财富更加宝贵。 　　"安步以当车",指人不要过于讲求安逸、肢体不劳,而应多以步行来替代骑马乘⑧车,多运动才可以强健体魄,通畅气血。 　　"晚食以当肉",意思是人应该用已饥方食、未饱先止代替对美味佳肴⑨的贪吃无厌。他进一步解释,饿了以后才进食,虽然是粗茶淡饭,但其香甜可口会胜过山珍;如果饱了还要勉强吃,即使⑩美味佳肴摆在眼前也难以//下咽。 　　苏东坡的四味"长寿药",实际上是强调了情志、睡眠、运动、饮食四个方面对养生长寿的重要性,这种养生观点即使在今天仍然值得借鉴。 　　　　　　　　　　(节选自蒲昭和《赠你四味长寿药》) **语音提示** 　1. 鹗 è　　　2. 曰 yuē　　　3. 当 dàng 　4. 寝 qǐn　　5. 要诀 yàojué　　6. 利禄 lìlù 　7. 潇洒大度 xiāosǎ-dàdù　　8. 乘 chéng 　9. 肴 yáo　　10. 即使 jíshǐ	选文讲述了苏东坡的一件轶事,从苏东坡和其朋友的对话情景中,生发出对人生态度的阐述。 　　第三、四、五、六段承接前文,用几个并列段讲"无事以当贵,早寝以当富,安步以当车,晚食以当肉"的具体内涵。另外,在这句话中,并列的短语颇多,应注意朗读时的停顿。 　　本文风格平和闲逸,朗读时不可激昂陈词,语气应和缓自然。朗读者应以心平气和的声调感染听众。 　　朗读时还应抓住中心词来重读,如"我得到了一个养生长寿古方,药只有四味,今天就赠给你吧"句中,"养生长寿""药"就应该重读。

普通话水平测试用朗读作品 60 篇

作品 55 号	朗读指导
人活着，最要紧的是寻觅①到那片代表着生命绿色和人类希望的丛林，然后选一高高的枝头站在那里观览人生，消化痛苦，孕育歌声，愉悦世界！ 　　这可真是一种潇洒的人生态度，这可真是一种心境爽朗的情感风貌。 　　站在历史的枝头微笑，可以减免许多烦恼。在那里，你可以从众生相②所包含的甜酸苦辣、百味人生中寻找你自己，你境遇中的那点苦痛，也许相比之下，再也难以占据③一席之地；你会较④容易地获得从不悦中解脱灵魂的力量，使之不致变成灰色。 　　人站得高些，不但能有幸早些领略到希望的曙光，还能有幸发现生命的立体的诗篇。每一个人的人生，都是这诗篇中的一个词、一个句子或者一个标点。你可能没有成为一个美丽的词，一个引人注目的句子，一个惊叹号，但你依然是这生命的立体诗篇中的一个音节、一个停顿、一个必不可少的组成部分。这足以使你放弃前嫌⑤，萌生为人类孕育新的歌声的兴致，为世界带来更多的诗意。 　　最可怕的人生见解，是把多维的生存图景看成平面。因为那平面上刻下的大多是凝固了的历史——过去的遗迹⑥；但活着的人们，活得却是充满着新生智慧的，由//不断逝去⑦的"现在"组成的未来。人生不能像某些鱼类躺着游，人生也不能像某些兽类爬着走，而应该站着向前行，这才是人类应有的生存姿态。 　　（节选自〔美〕本杰明·拉什《站在历史的枝头微笑》）	选段以积极的态度、向上的思想，表达出作者积极乐观的人生观，把一个健康的灵魂展现在读者面前。 　　朗读这篇文章时，朗读者也应该抱有积极的态度，语气向上，却不失平缓，但切忌过于昂扬的语调。 　　要十分注意长句的断句，既要让听众清楚地理解句意，又要使语调富于变化，以使听众准确地接收信息。如"最要紧的/是寻觅到那片/代表着生命绿色/和人类希望的丛林"，"你会/较容易地获得/从不悦中/解脱灵魂的/力量"等句。

语音提示

1. 寻觅 xúnmì　　2. 众生相 zhòngshēngxiàng
3. 占据 zhànjù　　4. 较 jiào　　5. 前嫌 qiánxián
6. 遗迹 yíjì　　7. 逝去 shìqù

普通话水平测试用朗读作品 60 篇

作品 56 号	朗读指导

中国的第一大岛、台湾省的主岛台湾，位于中国大陆架的东南方，地处东海和南海之间，隔①着台湾海峡和大陆相望。天气晴朗的时候，站在福建沿海较②高的地方③，就可以隐隐约约地望见岛上的高山和云朵。
  台湾岛形状狭长，从东到西，最宽处只有一百四十多公里；由南到北，最长的地方约有三百九十多公里。地形像一个纺织用的梭子。
  台湾岛上的山脉纵贯南北，中间的中央山脉犹如全岛的脊梁④。西部为海拔近四千米的玉山山脉，是中国东部的最高峰。全岛约有三分之一的地方是平地，其余为山地。岛内有缎带般的瀑布，蓝宝石似的⑤湖泊⑥，四季常青的森林和果园，自然景色十分优美。西南部的阿里山和日月潭，台北市郊的大屯山风景区，都是闻名世界的浏览胜地。
  台湾岛地处⑦热带和温带之间，四面环海，雨水充足，气温受到海洋的调剂⑧，冬暖夏凉，四季如春，这给水稻和果木生长提供⑨了优越的条件。水稻、甘蔗⑩、樟脑是台湾的"三宝"。岛上还盛产鲜果和鱼虾。
  台湾岛还是一个闻名世界的"蝴蝶王国"。岛上的蝴蝶共有四百多个品种，其中有不少是世界稀有的珍贵品种。岛上还有不少鸟语花香的蝴 // 蝶谷，岛上居民利用蝴蝶制作的标本和艺术品，远销许多国家。
  （节选自《中国的宝岛——台湾》）
语音提示
  1. 隔 gé 2. 较 jiào 3. 地方 dìfang
  4. 脊梁 jǐliang 5. 似的 shìde 6. 湖泊 húpō
  7. 地处 dìchǔ 8. 调剂 tiáojì 9. 提供 tígōng
  10. 甘蔗 gānzhe
	选文介绍台湾地理风物，使人读之如临其境，其美景仿佛就在眼前。朗读时应该语气轻快、自然流畅，应多留意断句。如"从东到西，……；由南到北，……"分号的停顿应比逗号稍长。
	  再如"岛内有缎带般的瀑布，蓝宝石似的湖泊，四季常青的森林和果园……""西南部的阿里山和日月潭，台北市郊的大屯山风景区……"几处分句间的停顿时间稍短。
	  还有几个需重读的地方，如"蓝宝石似的……四季常青的……"等处，朗读时需加注意。

普通话水平测试用朗读作品 60 篇

作品 57 号	朗读指导
对于中国的牛,我有着一种特别尊敬的感情。 留给我印象最深的,要算在田垄①上的一次"相遇"。 一群朋友②郊游,我领头在狭窄③的阡陌④上走,怎料迎面来了几头耕牛,狭道容不下人和牛,终有一方要让路。它们还没有走近,我们已经预计斗不过畜生⑤,恐怕难免踩到田地泥水里,弄得鞋袜又泥又湿了。正在踟蹰⑥的时候,带头的一只牛,在离我们不远的地方⑦停下来,抬起头看看,稍迟疑一下,就自动走下田去,一队耕牛,全跟着它离开阡陌,从我们身边经过。 我们都呆了,回过头来,看着深褐色的牛队,在路的尽头消失,忽然觉得自己受了很大的恩惠。 中国的牛,永远沉默地为人做着沉重的工作。在大地上,在晨光或烈日下,它拖着沉重的犁,低头一步又一步,拖出了身后一列又一列松土,好让人们下种⑧。等到满地金黄或农闲时候,它可能还得⑨担当搬运负重的工作,或终日绕⑩着石磨⑪,朝同一方向,走不计程的路。 在它沉默劳动中,人便得到应得的收成⑫。 那时候,也许,它可以松一肩重担,站在树下,吃几口嫩草。偶尔摇摇尾巴,摆摆耳朵,赶走飞附身上的苍蝇,已经算是它最闲适的生活了。 中国的牛,没有成群奔跑的习//惯,永远沉沉实实的。默默地工作,平心静气,这就是中国的牛! (节选自小思《中国的牛》) **语音提示** 1. 田垄 tiánlǒng　2. 朋友 péngyou　3. 狭窄 xiázhǎi 4. 阡陌 qiānmò　5. 畜生 chùsheng　6. 踟蹰 chíchú 7. 地方 dìfang　8. 下种 xiàzhǒng　9. 得 děi 10. 绕 rào　11. 石磨 shímò　12. 收成 shōucheng	这篇文章表达了作者对牛的赞美,感情深厚。文章开头直抒胸臆,说出自己对牛的"一种特别尊敬的感情"。后文则以一次"相遇"的小矛盾,折射了牛的精神,又以介绍牛的特性来赞美牛的品格。 在朗读时,为了表达第三段中"我们"和牛的小矛盾,应采用稍缓慢而略有抱怨的语气,以体现当时的心情。 在后来与牛的"交涉"中,矛盾化解,使"我"对牛的情绪大为改观,所以朗读时,应沉着有力,在和缓中表现对牛的赞美。 如"中国的牛,永远沉默地为人做着沉重的工作","中国的牛,没有成群奔跑的习惯,永远沉沉实实的","默默地工作,平心静气,这就是中国的牛!"这种由衷的赞美和感动,要求在朗读时把握好深厚沉稳的基调。

普通话水平测试用朗读作品60篇

作品58号	朗读指导

不管我的梦想能否成为事实，说出来总是好玩儿的：
  春天，我将要住在杭州。二十年前，旧历的二月初，在西湖我看见了嫩柳与菜花，碧浪与翠竹。由我看到的那点儿春光，已经可以断定，杭州的春天必定会教①人整天生活在诗与图画之中。所以，春天我的家应当是在杭州。
  夏天，我想青城山应当算作最理想的地方②。在那里，我虽然只住过十天，可是它的幽静已拴住了我的心灵。在我所看见过的山水中，只有这里没有使我失望。到处都是绿，目之所及，那片淡而光润的绿色都在轻轻地颤动③，仿佛④要流入空中与心中似的⑤。这个绿色会像音乐，涤⑥清了心中的万虑。
  秋天一定要住北平。天堂是什么样子，我不知道，但是从我的生活经验去判断，北平之秋便是天堂。论天气，不冷不热。论吃的，苹果、梨、柿子、枣儿、葡萄，每样都有若干种。论花草，菊花种类之多，花式之奇，可以甲天下。西山有红叶可见，北海可以划船——虽然荷花已残，荷叶可还有一片清香。衣食住行，在北平的秋天，是没有一项不使人满意的。
  冬天，我还没有打好主意⑦，成都或者相当的合适，虽然并不怎样和暖，可是为了水仙，素心腊梅，各色的茶花，仿佛就受一点儿寒//冷，也颇值得去了。昆明的花也多，而且天气比成都好，可是旧书铺⑧与精美而便宜⑨的小吃远不及成都那么多。好吧，就暂这么规定：冬天不住成都便住昆明吧。
  在抗战中，我没能发国难⑩财。我想，抗战结束以后，我必能阔起来。那时候，假若飞机减价，一二百元就能买一架的话，我就自备一架，择黄道吉日慢慢⑪地飞行。
  （节选自老舍《住的梦》）
 	
语音提示
1. 教 jiào 2. 地方 dìfang 3. 颤动 chàndòng
4. 仿佛 fǎngfú 5. 似的 shìde 6. 涤 dí
7. 主意 zhǔyi 8. 书铺 shūpù 9. 便宜 piányi
10. 国难 guónàn 11. 慢慢 mànmàn/mànmānr
	这篇选段以春、夏、秋、冬四个季节，写出对四座城市的感受，表现作者对这几地的喜爱之情，表明各地有各地的地域特点，都有作者喜爱的地方。
	  全文轻松愉快，节奏明朗，朗读时应以愉快的、自然的、深情的语气为主。如"在那里，我虽然只住过十天，可是它的幽静已拴住了我的心灵。在我所看见过的山水中，只有这里没有使我失望"一处，在朗读时应把持情绪的变化，深情地表达出对青城山的喜爱。
	  因为老舍是北京人，因而作品中儿化音较多，如"好玩儿的""那点儿""枣儿""一点儿"等词的儿化音朗读时要读出来；还应多练习，注意朗读语意的连贯性。

普通话水平测试用朗读作品60篇

作品 59 号	朗读指导
我不由得①停住了脚步。 　　从未见过开得这样盛②的藤萝，只见一片辉煌的淡紫色，像一条瀑布，从空中垂下，不见其发端，也不见其终极，只是深深浅浅的紫，仿佛在流动，在欢笑，在不停地生长。紫色的大条幅上，泛着点点银光，就像迸溅③的水花。仔细看时，才知那是每一朵紫花中的最浅淡的部分，在和阳光互相挑逗。 　　这里除了光彩，还有淡淡的芳香。香气似乎④也是浅紫色的，梦幻一般轻轻地笼罩⑤着我。忽然记起十多年前，家门外也曾有过一大株紫藤萝，它依傍⑥一株枯槐⑦爬得很高，但花朵从来都稀落，东一穗西一串伶仃⑧地挂在树梢，好像在察言观色，试探什么。后来索性连那稀零的花串也没有了。园中别的紫藤花架也都拆掉，改种了果树。那时的说法是，花和生活腐化有着必然关系。我曾遗憾地想：这里再看不见藤萝花了。 　　过了这么多年，藤萝又开花了，而且开得这样盛，这样密，紫色的瀑布遮住了粗壮的盘虬⑨卧龙般的枝干，不断地流着，流着，流向人的心底。 　　花和人都会遇到各种各样的不幸，但是生命的长河是无止境的。我抚摸了一下那小小的紫色的花舱，那里装满了生命的酒酿⑩，它张满了帆，在这//闪光的花的河流上航行。它是万花中的一朵，也正是由每一个一朵，组成了万花灿烂的流动的瀑布。 　　在这浅紫色的光辉和浅紫色的芳香中，我不觉加快了脚步。 （节选自宗璞《紫藤萝瀑布》） **语音提示** 1. 不由得 bùyóude　2. 盛 shèng　3. 迸溅 bèngjiàn 4. 似乎 sìhū　5. 笼罩 lǒngzhào　6. 依傍 yībàng 7. 枯槐 kūhuái　8. 伶仃 língdīng　9. 盘虬 pánqiú 10. 酒酿 jiǔniàng	作品写花，更写人，将花的不幸遭遇与人的际遇联系在一起。先是写花开繁盛，进而愈见凋零，甚至说后来连花架都拆掉了，更显人生的悲凉。但是后文继而藤萝花又开始绽放，进而抒发作者对生活不灭的期望。 　　朗读这篇文章时，应注意情感的变化，如前部分写花开正盛，应采用轻松、自然、愉悦的基调朗读，如"从未见过开得这样盛的藤萝……仿佛在流动，在欢笑，在不停地生长"，应该用一种激动的口吻朗读，表达作者再见藤萝花时的心动之情，几个词如"从未""这样""不停地"等可重读，凸显作者当时的心境。 　　朗读到后面藤萝花日渐稀疏，以至被拆除这部分时，应节奏缓慢，语气凝重，似有所控诉一般。 　　后两段是从回忆回到现实，从失望回到希望，节奏逐渐加快。

普通话水平测试用朗读作品60篇

作品 60 号	朗读指导
在一次名人访问中,被问及上个世纪最重要的发明是什么时,有人说是电脑,有人说是汽车,等等。但新加坡的一位知名人士却说是冷气机。他解释,如果没有冷气,热带地区如东南亚国家,就不可能有很高的生产力,就不可能达到今天的生活水准。他的回答实事求是,有理有据。 　　看了上述报道,我突发奇想,为什么没有记者问:"20世纪最糟糕的发明是什么?"其实二〇〇二年十月中旬,英国的一家报纸就评出了"人类最糟糕的发明"。获此"殊荣"的,就是人们每天大量使用的塑料袋。 　　诞生于上个世纪三十年代的塑料袋,其家族包括用塑料制成的快餐饭盒、包装纸、餐用杯盘、饮料瓶、酸奶杯、雪糕杯等等。这些废弃物形成的垃圾,数量多、体积大、重量轻、不降解①,给治理工作带来很多技术难题和社会问题。 　　比如,散落②在田间、路边及草丛中的塑料餐盒,一旦被牲畜③吞食,就会危及健康甚至导致死亡。填埋废弃塑料袋、塑料餐盒的土地,不能生长庄稼和树木,造成土地板结④。而焚烧⑤处理这些塑料垃圾,则会释放出多种化学有毒气体,其中一种称为二噁英⑥的化合物,毒性极大。 　　此外,在生产塑料袋、塑料餐盒的//过程中使用的氟利昂⑦,对人体免疫系统和生态环境造成的破坏也极为严重。 　　　　　　　　　(节选自林光如《最糟糕的发明》) **语音提示** 　1. 降解 jiàngjiě　　2. 散落 sànluò　　3. 牲畜 shēngchù 　4. 板结 bǎnjié　　　5. 焚烧 fénshāo 　6. 二噁英 èr'èyīng　7. 氟利昂 fúlì'áng	作品正反相衬,欲抑先扬,先由一则故事引出了一个问题——20世纪最重要的发明,进而反向思考,又引出了这个世纪最糟糕的发明是什么——塑料袋,其批判态度可见一斑。 　　朗读这类说明文应采取客观平缓的基调,但应充分利用重音等语调音速强调出塑料袋是最糟糕的发明。如"我突发奇想,为什么没有记者问:'20世纪最糟糕的发明是什么?'"就应当在"为什么""糟糕"等处重读,以强调所要表达的思想。 　　再如"一旦被牲畜吞食,就会危及健康甚至导致死亡",应当在"甚至"处有所停顿,以表达更为严重的后果。 　　所以朗读时应当充分利用语调的变化来表明作者的批判态度。

二、普通话测试中朗读失分因素分析

(一)语音失误

包括声、韵、调三部分。影响应试人正确发音的因素有:

第一,受方言影响读错声母、韵母或声调。如:把"柴"读成"才",把"肉"读成"漏",把"见"读成"借",把"人"读成"仍",把"腹"发成上声"fǔ",把"较"读成"jiǎo"等。

第二,异读字未按审定的读音发音。如:把从(cóng)容、胜(shèng)数、成绩(jì)中注音的音节读成阴平。

第三,多音字没有据义定音。如:搭铺(pù)、铺(pū)着;不禁(jīn)、禁(jìn)锢;种(zhòng)花、下种(zhǒng)等。

第四,音变不正确。指轻声、儿化、上声以及"一""不""啊"的变调。

第五,误读、漏读、增读与回读。如:55号作品中"酸甜苦辣"(甜酸苦辣),35号作品中"不留姓名地被人埋葬"(名姓),36号作品中"池沼或河道的边沿很少砌整齐的石岸"(齐整),49号作品中"什么东西的力气最大"(气力)。

(二)系统缺陷

指在声母或韵母大系统中,相同的声母缺陷或韵母缺陷出现5次或5次以上;在声母或韵母小系统中,相同的声母缺陷或韵母缺陷出现3次或3次以上。如:"暂时"读成"战时","脏"读成"张","在"读成"寨"。

(三)语调偏误

是指应试人朗读时的语调与普通话产生偏离。语调偏误主要表现为:

第一,调值不准,调型不对,这是直接影响普通话语调的因素。其中声调调型的错误是影响普通话语调的首要因素。有些方言习惯将阴平发成类似阳平的调型,如"期""积",在栾城、正定、枣强调值是24,在新河、南宫调值是35;将去声发成上声,如"室""腹",在宣化、张北、张家口、内丘、邢台等地调值是213,在临漳、魏县、邯郸等地调值是312。另外是声调或字调调值高低与普通话有明显的差异,如,在河北辛集、深州、献县、涉县等地方言中,阴平的调值是33,在沙河、内丘、邢台等地调值是44。

第二,连读音变不自然。连读音变指上声的变调和"一""不""啊"的变调。如作品22号"没有一片绿叶,没有一缕炊烟,没有一粒泥土,没有一丝花香"中四个"一"的音变;作品30号"它不苟且、不俯就、不妥协、不媚俗"四个"不"的音变;作品25号"那醉人的绿啊",作品18号"啊!小桥呢?它躲起来啦?"中"啊"的音变等。

第三,重音不当,词的轻重格式不正确也会影响普通话语调。包括:语气词重读;将语法重音读错;把双音节中"中·重"格式的词语读成"重·中"格式、"重·轻"格式,或把"重·轻"的轻声词读成"中·重"格式等,如"恰当""状态""快乐"。

第四,朗读时轻重、快慢、高低、停连的配置和变化与普通话有差异。如有的方言语调往往体现为几个字一停顿,发音时高时低且形成规律,这是造成错误语调的一个很明显的原因。

第五，语调不自然。由于受方言的影响或在学习过程中矫枉过正，形成了一些不正确或不自然的语调，如通篇使用上扬或下抑调。

(四)停连不当

停连不当主要表现在由于不恰当的停顿或连接造成了割裂词语、肢解句子，使词语或句子产生歧义。如5号作品"咯/吱咯吱"(应为"咯吱/咯吱")，42号作品"直至一九三八年我被征/入空军"(应为"直至一九三八年我被征入/空军")，27号作品"麻雀从巢里跌落下来，呆呆地伏在地上，孤立无援地张开两只羽毛/还未丰满的小翅膀"(应为"麻雀从巢里跌落下来，呆呆地伏在地上，孤立无援地张开两只/羽毛还未丰满的小翅膀")。

(五)朗读不流畅

不流畅是指回读、停顿过多，按音节蹦字(也叫朗读字化)，以及因不熟练、紧张造成的磕巴等。

【作业】
1. 朗读的基本要求是什么？"六不"是什么？
2. 普通话的节律由几个主要内容构成？
3. 朗读常见的节奏类型是什么？

第四章

说 话 训 练

第一节　说话训练的基本要求

　　说话就是脱离文字材料而进行的口头表达。在各种场合能否用规范、流利的普通话自如地表达自己的思想和意愿，不仅反映出一个人语言表达能力的强弱，也反映出普通话交际水平的高低。

　　普通话水平测试中的说话测试，意在考察应试者运用普通话随机组织语言进行表达的能力，因此，接受测试的时候最好不要提前完整地写出底稿，因为字斟句酌、反复推敲锤炼出来的句子，无论是内容还是形式上，都会出现明显的书面痕迹。也就是说，说话的训练，还是要朝着说出比较规范的口语风格的语句努力。

　　和书面表达一样，说话训练作为无文字凭借的语言表达形式，应做到：重内容——言之有物，合逻辑——言之有序，讲修辞——言之有文，要充分思考、精心准备，使自己说出的话思路清晰，得体、准确、简练、生动。

一、语音标准，音变自然

　　普通话测试的重点在语音，方言与普通话的主要区别也在语音。说话总分40分，语音就占25分，语音标准与否至关重要。因此，应试人要重视每一个音节的发音标准程度，尽量避免过多地出现声、韵、调发音错误和音变错误。平时收听广播，注意方言的纠正，考试时才会不留方言的痕迹。

　　语音标准指应试人在说话时每个音节的声母、韵母、声调的发音都标准规范。音变自然指应试人说话时轻声、儿化、上声及"一""不""啊"的音变自然，合乎普通话的要求。同时也要注意词语的轻重格式，使语调自然，生活化，不字化。

　　此外，平时留意纠正高频词的发音，像"是""还""你""我""他""说""很""比较""着急""因为""虽然""仍然""然而"等常用的音节，在3分钟的说话中会出现多次，如果发音有误，会影响语音面貌，导致失分很多。

二、词汇准确，语法规范

　　普通话以北方话为基础方言，有一定文化基础的人掌握普通话词汇并不难。但由于平时习惯用方言表达,考试时紧张来不及转换,在紧张时"急不择言",就会出现方言词汇和句法。所以,除了向媒体学习外,在日常生活中经常使用普通话,形成良好的语感,才能避免出现方言词汇和方言句式。

(一)避免方言词汇和方言句式

例如:"行——粘/中/成","很——蛮/忒/老/贼","了——啦/哩/喽/唻","什么——啥","怎么——咋","中午——晌午","酱油——清酱","看——扒头儿","厕所——茅房","回家——家走","不知道——知不道/不晓得","不认得——认不得","我先走——我走先"。

(二)不用时髦词语、网络语言和句式

1. 词汇

"虾米——什么","打酱油——过路或纯看热闹","杯具——悲剧","吃藕——丑","稀饭——喜欢","吃瓜群众——不明真相的群众"。

2. 句式

"表酱紫(不要这样子)";"吓死宝宝(我)了";"她很会(爱)哭";"我有看医生(我看过病)";"奶奶一言不合(动不动)就发红包儿"。

(三)少用书面语,口语中会不自然

例如:"比方说——诸如","不必——无须乎","下午两点多——午后二时许","睡觉——就寝"。

(四)不要文白夹杂、中外混杂

例如:"一切都会 OK 的","岂不悠哉"。

(五)避免同音词,口语中会引起歧义

例如:"期中——期终","异议——意义","向前看——向钱看","开脱——开拓"。

(六)不生造词汇,不用小范围的减缩词

例如:"沟通技巧——沟技","铁道概论——铁概","轨道客运——轨客"。

三、说话流畅,切合题意

在说话测试中,自然流畅度也是评分的重要方面。测试时语速过快过慢,说说停停或边说边纠正发音错误,都是不流畅的表现。说话要自然流畅,必须养成良好的说普通话的习惯,无论任何场合都坚持说普通话。特别是要用普通话思维,使内部语言与外部语言一致起来,才能做到语句流畅,表达自然。

(一)少用复句,变长句为短句

短句口语化程度高,灵活自然,易于表达。长句结构复杂,适合表达严密的思想、复杂的

内容,口语中稍不注意会出现搭配不当、成分残缺的现象,易出现错误。要变整句为散句,变复句为单句,变长句为短句,"凡是能够讲两句的,千万不要合并为一句"。如:"一路走到尽头竟不觉得累反而更加神清气爽令人流连忘返",应变为"我一路走下来,竟然没感觉到累,而是让我感觉到了大自然的神奇,让人对这里留恋并不想离去"。

(二)减少重复,避免口头禅

由于思维不顺畅或长期养成的坏习惯,有的人在说话时无意识地、机械地重复着某些音节,反映了表达能力的低下。还有的人不自觉地使用一些没有价值的赘语:"嗯""啊""这个""就是说""然后""所以",显得思路混乱,逻辑失当,给听者一种不舒服的感觉。

(三)精心准备,不背稿说话

说话要做到自然流畅,必须有话可说,充分准备。但写稿背诵与自然语言相比语气语调都有距离,并且一旦遇上特殊情况"分神",就会"卡壳",不知从何说起。这就需要平时观察生活,积累素材,精心准备,拟好提纲,经常实战练习,才能在实践中以不变应万变,沉着应战,百战不殆。

第二节 说话训练的技巧

一、话题归类,确定体裁

从普通话水平测试30个说话话题内容上看,一类是以"我"为中心的生活、工作、学习各个方面,为记叙类;另一类是我"谈"社会上的现象,我的想法,为议论类。

(一)记叙类话题

记人的话题——我所敬:话题3、8号。
记事的话题——我所想:话题1、5、18、20、29号;
　　　　　——我所爱:话题4、6、9、12、16、22、26、27号;
　　　　　——我的生活:话题2、7、11、15、19、23号。

(二)议论类话题

我所谈社会问题——话题10、17、24、28号。
我所谈自身感受——话题13、14、21、25、30号。

以上的分类是大致的划分,不是绝对的,有些题目是可以兼类的,如话题14"谈谈服饰"、话题30"购物(消费)的感受"既可以谈自己对服饰的看法,对购物的看法,也可以谈自己对服饰的审美,购物过程中的所见所闻。话题之间可以互相转换,一方面,议论类的话题转换为记叙类,可以降低说话的难度。另一方面,相同的文体互相转换话题,记叙类话题中记人与记事话题可以转换,如话题5"童年的记忆"与话题16"我的成长之路",议论类话题中谈社会问题和谈自己的话题都可以转换,测试时灵活掌握,选择自己熟悉的话题和语体来说。

表 4—1　国家级普通话水平测试 30 篇说话话题归类参考表

记叙类话题	记人的话题	我所敬	话题 3. 我尊敬的人
			话题 8. 我的朋友
	记事的话题	我所想	话题 1. 我的愿望(或理想)
			话题 5. 童年的记忆
			话题 18. 我知道的风俗
			话题 20. 我的家乡(或熟悉的地方)
			话题 29. 我向往的地方
		我所爱	话题 4. 我喜爱的动物(或植物)
			话题 6. 我喜爱的职业
			话题 9. 我喜爱的文学(或其他)艺术形式
			话题 12. 我喜欢的季节(或天气)
			话题 16. 我的成长之路
			话题 22. 我喜欢的节日
			话题 26. 我喜欢的明星(或其他知名人士)
			话题 27. 我喜爱的书刊
		我的生活	话题 2. 我的学习生活
			话题 7. 难忘的旅行
			话题 11. 我的业余生活
			话题 15. 我的假日生活
			话题 19. 我和体育
			话题 23. 我所在的集体(学校、机关、公司)
议论类话题	社会问题	我所议	话题 10. 谈谈卫生与健康
			话题 17. 谈谈科技发展与社会生活
			话题 24. 谈谈社会公德(或职业道德)
			话题 28. 谈谈对环境保护的认识
	所见所感	我所感	话题 13. 学习普通话的体会
			话题 14. 谈谈服饰
			话题 21. 谈谈美食
			话题 25. 谈谈个人修养
			话题 30. 购物(消费)的感受

二、构思框架,安排层次

确定了说话的题材及说话的内容,解决了说什么的问题,就要考虑怎样说和先说什么、后说什么。只有构思好框架,安排好结构层次,才能说得有条理,达到"说话"测试要求的语调自然流畅的效果。怎样说可根据话题的语体分类,用框架来安排结构,列出提纲。

(一)记叙类话题

开头总体介绍情况。

主体部分具体展开讲。这里要详细交代人物、事件的来龙去脉,具体在什么时间什么地点发生了什么事情。内容准备要充分,讲清楚前因后果,言之有物;条理要清楚,先说什么,后说什么,言之有序。结构要体现一定的逻辑关系,可纵向或横向安排材料。这部分如果过于笼统概括,就是介绍三件甚至于更多的事件也达不到三分钟的说话要求。由于担心缺时,只好临时想,像挤牙膏一样讲,导致说话不流畅而扣分。只要内容详细具体,介绍一件事就可以用三分钟。

结尾部分可以采取总结的方式,也可以用感情交流的方法结束。

例如"我尊敬的人":

如果确定讲妈妈,首先概括介绍妈妈勤劳善良,性格开朗,对我要求严格,妈妈是我最尊敬的人。

然后选取日常生活中印象最深刻的事件展开来讲。

第一件事是妈妈帮助生活有困难的邻居的事,把时间、地点、前因后果交代清楚。

第二件是在家里发生的事,具体交代事件细节,突出妈妈开朗的性格特点。

第三件事讲妈妈和我之间发生的事,可讲很多供选择的话题,如上幼儿园、小学、中学的事。这里时间的伸缩性很强,可讲到 3 分钟为止。

记人记事都可以采取这样的框架来安排结构。

(二)议论类话题

要求对所议论的话题有鲜明的观点,充分的论证。

首先,话题开场白阐明自己的主要观点。

其次,主体部分列举事实论据进行论证或引用名人名言进行理论论证。要选自己亲历的事实或报刊上读过的内容,用自己比较熟悉的有说服力的典型事例来论证观点。不能无中生有临时编造,会因为说话不流畅失分。而选择不熟悉的话题也会导致说话不连贯或由于无话可说停顿时间过长的问题。

最后,通过总结得出结论。

例如"谈谈社会公德":

先谈谈自己对社会公德的理解。可通过列举现象或讲述具体事例引出观点。

然后从反面来论证:列举社会上不讲公德的现象——随地吐痰、乱扔垃圾、口出粗言等现象,再谈自己对这些现象的看法。

再从正面来论证好的社会现象:列举见义勇为、拾金不昧、有难大家帮等现象,再谈自己的想法。

最后归纳正反两方面得出结论。

此话题注意公德的"公"字指公共道德,注意其与个人道德的异同点。

三、典型涵盖,全面准备

说话测试从大纲规定的 30 个话题中随机选取,每个话题都有抽到的可能,准备说话话题可采用典型涵盖法。因为有些话题题意接近,同类话题可以通用,可按前面的分类准备话题,测试时将准备的话题涵盖几个话题。如"我尊敬的人"和"我的朋友"可准备一个内容,考到哪个话题都可以说这个内容。"我的业余生活""我的假日生活"和"难忘的旅行"可准备一个内容涵盖几个话题。议论类"谈谈社会公德"和"谈谈个人修养"可以准备一个内容涵盖两个话题。还可将记叙与议论话题之间进行涵盖。如"谈谈个人修养"与"难忘的旅行"、"我所在的集体"与"谈谈社会公德"可归纳在一起准备,考试时从不同的角度去选用。

无论怎样涵盖,要把握一个原则,说话内容要由难而易,由抽象到具体,由议论到记叙,这样就可以收到事半功倍的效果。

四、拟写提纲,言之有序

由于"说话"是无文字凭借的测试,30个说话题目不可能准备30篇文章背诵,测前准备只要按照前面讲的话题归类,将选好的素材安排好框架拟写几个方面的提纲,测试时按提纲有条理地说话即可。

提纲可以准备记人方面的,记事方面的,议论方面的。

写好提纲后,说话时注意各个话题之间的过渡,先讲开场白,然后过渡到概括介绍,之后马上过渡到具体事件的介绍,讲完之后过渡到结尾。几个过渡掌握好,说话就不会出现不流畅的问题。

第三节 说话训练的途径

一、精心准备话题素材

普通话测试中共有30个话题,每个话题必须说够3分钟,一共是90分钟。按广播新闻每分钟200个音节的语速,3分钟要讲600个音节的内容,30个话题要准备18000个音节的内容。而且,由于一些应试者年纪轻、阅历少,30个话题中的大部分话题不是亲历和熟悉的。比如,话题7"难忘的旅行"这个对成年人来说手到擒来的话题,却愁坏了"出了家门进校门"的年轻学生。话题29"我向往的地方"也是如此。而话题18"我知道的风俗"、话题25"谈谈个人修养"更成了公认的难题。所谓"巧妇难为无米之炊",所以,备"炊"——搜集说话所需的素材成了首要的问题。

搜集素材的方法有:主观话题回顾整理,客观话题分头找寻。

所谓"主观话题回顾整理",指"我尊敬的人""我的成长之路"等"我思、我亲历"的,具有个体差异的主观话题只能靠自己回忆、整理,如果考生共用素材会因为雷同而失分。

所谓"客观话题分头找寻",指"谈谈卫生与健康""谈谈科技发展与社会生活"这样客观介绍相关知识的话题,可以按小组分头寻找,省时省力,但议论的观点、选材的角度、复述的方法要因人而异,独立进行,否则也会按雷同处理。

二、恰当选择表达方式

在普通话测试中,"说话"这一项同样会用到记叙、描写、议论、抒情、对白、说明等表达方式,只是同演讲相比语言平实、语气平和,感情色彩不浓烈。

记叙,在口语中可称为叙述。记叙类的话题以叙述为主,辅以其他几种表达方式。如

"我的成长之路""难忘的旅行"都是以时间和事件为线索、以叙述为主的。

描写，在口语中多表现为描述，是记叙和描写的有机结合。如在"我尊敬的人""我喜欢的明星"话题中对人物外貌、性格往往会有描述；在"难忘的旅行""我向往的地方"等话题中对风景及由此带给人的内在反应往往会有描述。

议论，在口语中多表现为评述。在议论类话题中经常会有对人和事的评论，会发表观点和议论，会有对事实的叙述，对感情的抒发。如"谈谈社会公德""谈谈对环保的认识"等话题，有对社会现象的描述，会抒发强烈的情感，也会发表个人见解。

说明，在"我喜爱的动物"中有时要对动物的习性进行客观的说明，在"谈谈服饰""谈谈美食"等话题中会有对服饰、美食的渊源、种类进行的客观介绍。

抒情和对白多出现在叙述类的话题中，并起着辅助作用。

三、根据话题进行训练

（一）讲述训练

相对于朗读和背诵来说，说话是无文字凭借的口语表达。许多人会读、会背，但是不会讲述，所以，普通话水平测试中的"说话"这一项，许多人是以背来应付的。而且由于30个话题，一个人准备难度大，便许多人分头准备，共用稿件，于是，内容雷同、口语化程度差这些问题都出现了，最重要的是违背了"以测促学"、提高普通话口语表达能力的初衷。因此，在普通话培训中让学生学会讲述至关重要。

那么，如何变背诵为讲述呢？请比较下面两段文字。

比如这段文字材料：

鼓浪屿位于厦门岛西南隅，与厦门市隔海相望，与厦门岛只隔一条宽600米的鹭江，轮渡4,5分钟可达。面积1.87平方公里，2万多人，现为思明区所辖。岛上气候宜人，四季如春，无车马喧嚣，有鸟语花香，素有"海上花园"之誉。

可讲述为：

鼓浪屿是一个小岛，与厦门市相隔一条600米宽的鹭江，轮渡5分钟就到了。一到小岛，你会发现怎么一辆汽车都不见。一打听，原来这里是无污染的城区。鼓浪屿的交通主要是电力车，还有一些其他的人力车。汽车尾气的污染在这是不存在的，所以这里的空气特别清新。另外，在岛上你还会听到人家窗户里传出动听的琴声，导游告诉我们，这里的人们修养好、素质高，非常重视教育投资，钢琴占有率排在全国首位。鼓浪屿给我们全家人留下了深刻的印象。

由此可见，讲述首先要变换语体，由简洁庄雅的书面语变为亲切自然的口语；其次，强化细节和感受，把自己的切身体验通过讲述传递出来，给人身临其境、感同身受的印象；最后，适度增加第三方的感受会使讲述更生动可信，比如上面文字中"导游""全家人"的反应。

请分析下面一段文字，研究如何对童年的经历进行回顾，并将行动过程讲述完整、生动。

童年时记忆最深刻的还有和几个小伙伴一起到小溪里去钓鱼和游泳。那是个夏天的中午，天气特别炎热，大人们大多利用这段时间在家休息。几个小朋友沉不住气了："干嘛午睡呀，出去玩呀!"于是，心有灵犀地点点头，偷偷摸摸地去柴间装了些石灰粉，一溜烟儿似的向小溪奔去。我们首先去岸边找到醉鱼草，并把它的嫩枝叶摘来，这种植物的汁液对鱼有一定的毒性,可用来药鱼。然后我们分头合作,一部分去下游堵住水流,防止小鱼逃跑,另一部分人到上游,边搓出醉鱼草的汁液边和着石灰一起加入水中。完成后,略微休息一下,就看到一些小鱼小虾反应迟钝,乃至昏迷翻肚。我们一拥而下,一抢而尽。之后到上游痛快地洗个澡,赶回家去。满以为,抓到一小碗鱼做晚饭菜,父母亲一定夸奖。哪料到得到的竟然是父母的一顿训斥,并警告说:"以后再也不准到水边玩,河里不安全。"当时我很是不能理解。后来的我,也因为没有学会游泳而抱怨他们。现在,当我自己也成了父母的时候,我终于恍然大悟,理解他们了。原来这也是父母的一片爱心啊!

【技能训练】

1. 根据话题5"童年的记忆"要求,模仿下面叙述片段进行讲述训练,时间1.5分钟

先说养蟋蟀吧,端午节前后,我们几个小朋友约好早晨早早地起床,先到野外草地上去捕捉。先是要听见鸣叫,然后逐步缩小范围,仔细扒开草蔓、搬开石头,再看准了,快速而精确地用手罩住,只听嘀、嘀、嘀叫个不停,那就成功了。因为只有雄性蟋蟀,也叫二尾子,才会有明亮的叫声,而这正是我们要把它养起来用来观赏打斗的对象。抓住后,放进早已做好的蟋蟀笼里,每天喂它吃,喂它喝,希望它长得更强壮,可以打败它的同类。打斗时,两个笼子口对住口,抽去门板,用一种叫做蟋蟀草的茎秆刺激它,指挥它,它们便开始"你死我活"了。最终,两个小朋友,肯定是一个欢呼雀跃,另一个垂头丧气。

2. 根据话题4"我喜爱的动物"要求,模仿下面范文进行讲述训练,时间3分钟

我最喜爱的动物就是乌龟,小时候我曾把一只乌龟训练成"杂技演员"。

记得上初中时,父亲从市场上买回来一只小乌龟送给我,我高兴极了。当天晚上,我想,在杂技团里,许多叔叔阿姨把动物训练成了"杂技演员",我也要把小乌龟训练成"杂技演员"。

第二天,我起了个大早,拿了一些瘦肉丝,开始训练小乌龟。小乌龟看见我,急忙把头缩了回去。没办法,我只得把肉丝放在鱼缸里,走开了。

中午,我回到家,见鱼缸里的肉丝没有了,心想一定是小乌龟吃的。以后,我天天给小乌龟吃肉丝,渐渐地它不怕我了。于是,我开始了对它的训练。

我的第一个训练项目是翻身。我先将小乌龟翻过身去,使它肚子朝天。小乌龟四只脚四处乱划,拼命想翻过身来,可是就翻不过去。我用手轻轻一托,帮它一把,它才翻了过来。过一会儿,我再把它翻个肚朝天,减少了帮助力,它也翻过来了。最后,我不帮它,它好像摸着了门道,伸长头颈,嘴尖顶住鱼缸底,猛一用力,它终于翻了过来。我高兴极了,奖赏了小乌龟一条肉丝。我又让小乌龟做了几遍,它越来越熟练,以后它只要用头轻轻一顶,身子一晃,就能翻过身来。

我还教会了小乌龟其他许多动作,每次表演给同学看,同学们都啧啧称叹。我太得意了,因为我把小乌龟训练成了"杂技演员"。直到现在,我还非常喜爱乌龟。

(二)阐述训练

普通话水平测试中有许多议论性话题,它不同于学术论文的严谨深刻,也不同于政论文章的庄严激昂,往往像生活中最关心你的亲友一样,温和地娓娓道来,亲切、友善、诚恳。所以,学会讲道理,阐述自己的观点、见解就很重要。

那么,如何清楚地阐明自己的观点呢?

请分析如下内容:

和同学相处,在学习上应互相帮助,共同提高。由于每个同学的基础和爱好不同,各门功课的程度也往往不同,这时互相讲解、补充缺陷就非常必要;遇到难题一个人想,往往会钻牛角尖儿,拿出来和同学一起讨论、互相启发,很快就能找到解决的办法。好的学习方法应该推广,让大家受益;好文章、好书要推荐给同学,一起阅读,一起交流思想和看法,收获也许会更大。

和同学相处,在生活上应互相关心、共渡难关……

和同学相处,最忌讳的是冷漠自私、虚伪狭隘……

由上面的文字我们看到,成功的阐述首要的是观点鲜明,"谈谈与人相处"的分论点之一"学习上应互相帮助,共同提高"在段首,以段旨撮要句的形式出现,非常吻合口语表达的特点。因为在口语表达中,传递信息倚仗的是听觉,为了强化记忆,最大限度地减少误差,往往把最重要的信息放在最前面。"先果后因",先亮出观点再讲述,是议论性话题常用的方法。其次,要言之成理,持之有故。最后,道理的讲述要诚恳、合乎情理,不能空洞、不切实际,更不能板着面孔说教,让人反感。做到这一点,应具备三个条件:第一要了解、熟悉与话题相关的内容,第二是角色定位准确,第三就是修养高。

【技能训练】

1. 根据下列素材提炼观点,阐述道理,时间1分钟

马路上,一位骑自行车的青年男子由于拐弯太急,他的自行车把勾破了一位过路妇女的衣服,那位妇女执意要对方赔一件新衣服,骑自行车的男子以破损不大为理由,不肯赔钱,两个人争吵起来。

2. 根据话题28"谈谈对环境保护的认识"的提纲,阐述见解,时间3分钟

(1)每个地球人都需要良好的自然环境,必须从我做起,保护环境。

(2)强调环境保护的紧迫性,从居住环境和生态环境两个角度分别摆事实,讲道理。

首先,居住环境受到破坏:大气污染、河流污染、噪音污染、光污染等。

其次,生态环境遭到破坏:森林减少、耕地沙漠化、野生物种减少甚至绝迹等。

最后,我能为环境保护尽份力:节约水电、不用塑料袋和一次性筷子、自备水壶水杯和手帕、不买过度包装的礼品、绿色出行等。

(3)简介致力于自身周围环境改造的成功事例,号召人们从我做起,保护环境。

(三)复述训练

复述指通过有声语言对已有的文字材料或语言片段进行重复,以巩固记忆的心理操作过程。这些语言信息在复述的作用下,保持在短时记忆中,并向长时记忆转移。

复述,是一种能把记忆、思考、表达三者有机地结合起来并使之融为一体的富有创造性的语言训练活动。

记忆是复述的基础,思考是复述的关键,表达是复述的外在表现。复述不是照搬原材料,必须按照一定的要求,对原材料的内容进行综合、概括,适当取舍,并要认真选词,组织安排材料。这就是在记忆的基础上进行思考的过程。复述的特点就是要连贯地叙述原材料,无论口头还是笔头,都要围绕一定的中心内容去思考,然后准确而明晰地说出来,这有利于培养和提高我们的表达能力。

因此,成功的复述首先要对原材料进行认真阅读和理解,同时注意记忆的技巧,既要有框架记忆,又要有细节记忆;留意能提示记忆的重点语句,为了疏通语流,可以先自言自语地试述一遍。如果是简要复述的话,要防止取舍不当,偏离中心。

1. 复述的类型

复述分为重复性复述和创造性复述两大类。

重复性复述又分为详细复述和简要复述两种。详细复述要尽量完整地保留原作的观点、情节和内容,不改变原作中材料的顺序。简要复述要根据要求截取主要观点、主要情节和主要内容。

创造性复述就是转述。转述是要求改变原作结构、顺序、角度或表现方法的复述。它可以分为不同的类型。一种是概括性转述,它要求删去次要的、解释性的和修饰性的内容,并要求对内容进行必要的抽象,再用自己的语言加以组织和概括;一种是改编性转述,它可以直接引用原作的语言,但不可避免要对原作语言做必要的调整。

2. 复述的要求

采用复述的方法,一方面可以进行记忆能力的训练,强化知识;另一方面可以训练有序、有节、有理的表达能力。针对一些叙事性较强的文章,我们可以采取不同的复述方法,或简要复述,或详细复述,或创造性复述。不论哪种形式的复述,都要注意把握以下几点:

第一,把书面语转换为口头语。比如:复杂长句要改成短句,倒装句要变成顺叙句式,费解、不自然的书面语改为通俗平实的口语。

第二,突出重点,准确地体现原材料的中心和重点。

第三,条理清楚,反映各部分内容的内在联系,如果叙述一件事情,复述时一定要交代清楚时间、地点、人物、事情的起因、经过、结果等。

第四,语言力求准确。

第五,必要时可以加入个人想象。

3. 复述的方法

(1)详细复述

相当于作文中的抄写,不同的是它更加口语化。详细复述应尽量完整地保留原作的观点、情节和内容,不改变原作中材料的顺序。

训练步骤包括:

首先,对原材料进行认真阅读和理解,要把握材料的结构框架和脉络层次,复杂的可列出复述提纲和关键词。

其次,要根据材料的主旨和线索,对原文的语句进行简单的调整。术语通俗化,长句变短句,书面语口语化。

最后,围绕中心,按照线索,有层次地复述出来。

要注意记忆的技巧,留意能提示记忆的重点语句。为了疏通语流,可以先自言自语地试述几遍,再讲给同伴以帮助纠错,成熟后当众表演练习胆量。

【技能训练】

阅读以下素材,以"难忘的旅行"为题进行详细复述,时间 3 分钟

白洋淀是中国海河平原上最大的湖泊,位于河北省中部,旧称白羊淀,又称西淀,是在太行山前的永定河和滹沱河冲积扇交汇处的扇缘洼地上汇水形成。现有大小淀泊 143 个,其中以白洋淀、烧车淀、羊角淀、池鱼淀、后塘淀等较大,总称白洋淀。面积 336 平方千米,为华北平原最大的淡水湖。

白洋淀有 143 个淀泊,被 3700 多条沟壕连接,淀淀相通,沟壕相连,形成巨大的迷宫。淀区景色秀丽,物产丰富,一年四季,景随时移。春季,水域清澈,烟波浩渺,芦苇翠绿,一片勃勃生机;夏季,莲菱蒲苇随风摇曳,满淀荷花盛开,湖内白帆点点,使人暑意顿消;秋季,白洋淀天高气爽,气候宜人,鱼跳水面,蟹肥味香,鱼船队队,捕捞繁忙;冬季,白雪皑皑,冰封大淀,一派北国风光,各种冰床穿梭往来,如同燕子在空中飞翔,是一个巨大的天然滑冰场,可任自由驰骋。

白洋淀的形成有个美丽的传说。相传很久以前,一个中秋夜晚,嫦娥仙子偷吃仙药,身不由己,飘飘然离开月宫,就在她将要落入凡间的一瞬间,猛然惊醒,这一惊非同小可,随身宝镜落入人间,摔成了大大小小的 143 块,形成现在的 143 个淀泊。

事实上白洋淀的地形地貌是由海而湖、由湖而陆的反复演变形成的,现在的水区是古白洋淀仅存的一部分。古白洋淀原是上有九河——潴龙河、孝义河、唐河、府河、漕河、萍河、杨村河、瀑河及白沟引河,下通津门的水乡泽国,史称"西淀"。到明弘治(公元 1488 年)之前已淤为平地,"地可耕而食",形成九河入淀之势。以后人们看到淀水"汪洋浩渺,势连天际",故改称白洋淀。这就是"白洋淀"名称的由来。

白洋淀水域辽阔,风景秀丽,气候宜人,是河北省避暑胜地。这里水产资源丰富,淡水鱼、虾、蟹有 50 多种,并以大面积的芦苇荡和千亩连片的荷花淀而闻名,淀上波光荡漾,水鸟啁啾,芦苇婆娑,荷香暗送,构成了一幅生态美景,素有"华北明珠"之称。1982 年湖水干涸。1988 年大雨使白洋淀湖区恢复,成为旅游胜地。2007 年 5 月 8 日,保定市安新白洋淀景区经国家旅游局正式批准为国家 5A 级旅游景区。

白洋淀人民有着光荣的革命传统。抗日战争时期"雁翎队""小兵张嘎""小英雄雨来"等脍炙人口、荡气回肠的故事就发生在这里。

白洋淀旅游的特色,一是乘汽艇或木船,穿行于纵横交错的芦苇丛中,绿水碧波,芦花洁白,鹅鸭成群,肥鱼满舱,一派水乡风情;二是品尝水鲜,白洋淀盛产鱼虾,虾则体大肉厚,鱼则个大肉嫩,是宴席上的佳肴;三是观看渔民拉网捕鱼,甚至可以与渔民一起下淀捕鱼,体验一下渔家的生活,也可以自己备一钓鱼竿,一边划船一边垂钓。

复述提示:按白洋淀概述、四季的美、传说和由来、华北明珠由来、英雄故事来说。此素材还适合"我的假日生活""我向往的地方"等话题。

(2)简要复述

相当于作文中的缩写,不同的是它更加口语化。简要复述要根据要求截取主要观点、主要情节和主要内容。

训练步骤包括:

首先,对原材料进行认真阅读和理解,要把握材料的结构层次,去掉次要的结构线索。

其次,要抓住材料的主旨,突出重点,对原文的内容进行必要的调整,去掉描述性、解释性的细节成分。

最后,抓住要点合理剪裁,按照原文叙述线索,有重点地简要复述出来。

简要复述在议论性话题中多用来作为事实论据。

如下面一段文字,原文是这样写的:

三天前的下午,一位孕妇下班步行回家,在她的斜对面,一辆黄河牌大卡车朝她撞来,她躲闪不及,被撞出了十多米,鲜血淋漓地摔在公路上,当即死去。她丈夫目睹这一惨状,当场就疯了。他搂着妻子,又是哭,又是笑,围观的人无不为之落泪。

在对这段文字的简要复述中,应抓住主要内容和情节,去掉描述性、解释性的细节成分。可参考以下处理方式进行训练:

一天,一位孕妇下班步行回家,被斜对面开来的汽车当场撞死。她丈夫目睹惨状,疯了。围观的人无不为之落泪。

此素材可作为"谈谈社会公德/职业道德"话题的论据,并就交通肇事与司机的职业道德展开议论,可以联系醉驾、飙车、"我爸是李刚"等现象和言论。

【技能训练】

阅读以下素材,以"谈谈社会公德/职业道德"为题进行简要复述,时间 3 分钟

高晓松醉驾案

案件简介:2011 年 5 月 9 日晚,高晓松因酒后驾驶,造成四车追尾。10 日下午 4 时 15 分,高晓松因涉嫌"危险驾驶罪"被刑事拘留。有网友将醉驾者高晓松的成名作《同桌的你》进行了改编,新版名为《酒桌的你》,以此来调侃酒驾入刑后第一个被抓的名人。这就是高晓松醉驾案。

案件审理:5 月 17 日下午,高晓松醉驾案在北京市东城区法院开庭审理。最终,高晓松以"危险驾驶罪"被判拘役六个月,罚款四千元人民币。在庭审过程中,高晓松态度较好,完全认罪,他还称"酒令智昏,以我为戒"。

三份证据:高晓松律师提供了三份证据:第一,同桌喝酒的吴波证明高晓松曾叫代驾;第二,同事、朋友张亚东、小珂说他平时喝酒都找别人代驾;第三,出示受害人的求情谅解信和赔偿书,希望判处时能多参考。同时,律师表示高晓松放弃做"无罪辩护"。"我们是有可能对被告人做无罪辩护的,由于证据的不合法。但是昨天下午我们在会见被告人的时候,有这样一个机会,但是被告人劝说我让我放弃这样的想法,他说一切事实都存在,我不想回避什么,即使是有这种可能,也不要这么做。"

醉驾始末:在庭审过程中,高晓松交代了醉驾始末,他称当时找过代驾,但等了很久,代驾也没来,一冲动就自己开车走了。高晓松坦承说,"第一,我完全认罪。第二,我相信法律公正。第三,我相信法律也会维护一个犯罪人的其他权利。我希望传达给公众的就是,酒令智昏,以我为戒。"

名人教训:高晓松还称自己会接受教训,"愿意以最大的程度赔偿这次事故造成的损失"。他说:"我没有任何想为自己辩护的,我有的全部都是忏悔。我以前一直以为喝酒能给人自由,最后因为喝酒失去了自由。我在明知自己酒醉而且明知代驾在路上的情况下,自己驾车就是对自己的生命和对他人生命极其不负责任的行为。我感谢司法部门和大家对我的教育,也是自我膨胀的表现,我会吸取教训,我愿意以最大的程度赔偿这次事故造成的损失,我愿意做任何的义工工作。我希望我的事能警示所有喝酒的朋友,对我的家人以及社会致以我最诚挚的歉意。"

网络评论:高晓松,男,42岁,著名音乐人,《中国达人秀》上的当红评委,从事导演、编剧等职业。高晓松是校园民谣中的关键人物,他以创作见长,也极具商业头脑,曾创立了麦田音乐,也即是后来发展规模最大的国内唱片公司——太合麦田。现居美国洛杉矶,从事电影、音乐工作,并担任新浪网驻美文化交流首席代表。

诚恳的道歉,积极的赔偿,以及受害者的谅解,都没有为高晓松博得法律的同情。2011年5月9日晚,高晓松因酒后驾驶,造成四车追尾。10日,高晓松因涉嫌危险驾驶罪被刑事拘留。5月17日,高晓松因醉驾案出庭接受公诉。法庭当日宣布审判结果:高晓松因危险驾驶罪被判拘役六个月,罚款四千元。这也是目前为止醉驾入刑判决最重的案例。在判决前,高晓松再次用纸条表示自己悔过的心意:"酒令智昏,以我为戒"。

"司机一滴酒,亲人两行泪",酒驾带来的伤痛是铭心刻骨的。之所以出重拳治理酒驾,有"乱世用重典"的意味,更大程度上是在警醒侥幸者不要铤而走险。过去认为罚点钱就能摆平一切、最多拘留十五天的时代已经一去不复返了。公众不该有那种侥幸心理,要多思考思考酒驾造成的危险。交警抓酒驾,不是跟司机玩猫捉老鼠,而是实实在在为司机着想,为司机的家庭着想。酒驾极有可能产生交通事故,交通事故会带来人员伤亡,这是我们不想看到的。中国现在的交通条件有待改善,相关的交通法也需要建立和健全。我国的法治进程正在加快,因此我们要做一个具有法律修养的公民。

(3)创造性复述

相当于作文中的改写,不同的是它更加口语化。要求改变原作结构、顺序、角度或表现方法,多用在议论性话题中作为事实论据。

训练方法包括:

忠实于原材料的基本内容,在此基础上,发挥自身想象力,完成情景的设置、情节的增删、人称的改变、顺序的调整、语言的修饰等变更。评论性的复述可以加入自己对复述内容的见解,夹叙夹议,也可以先复述后议论。

【技能训练】

1. 阅读以下素材,以"学习普通话的体会"为题进行创造性复述,时间1分钟

不知大家有没有听说过这样一句话,说是"天不怕地不怕,就怕温州人说鬼话"。这里所说的"鬼话"并不是侮辱温州人的意思,据说在抗日战争中,八路军部队相互之间联系由于保密需要,都是派两个温州人,进行电话或者步话机联系,而日本鬼子的情报部门,总是翻译不出这发音极其复杂的温州话,可以说当时的温州人就像美国大片中的"风语者"一样,为抗战胜利起到了相当大的作用。所以说"鬼话"并不是说温州人说的话是鬼话,而是日本鬼子听不懂的话。通过这个我们就可以了解到温州话有多么难懂。

2. 阅读以下素材,以"谈谈个人修养"为题进行议论性复述,时间1.5分钟

古希腊哲学家苏格拉底的妻子性情非常急躁,常当着众人让著名的哲学家难堪。有一次,苏格拉底和几个学生讨论一个学术问题,他的妻子不知何故,突然叫骂起来。接着,他的妻子又提起一桶凉水冲着苏格拉底泼了过去,苏格拉底全身都湿透了。当学生们都感到十分尴尬的时候,只见苏格拉底诙谐地哈哈笑了起来,并且幽默地说:"我早知道打雷之后一定要跟着下雨的。"大家听了都欣然大笑起来,更加佩服这位学者高深的文化素养和宽阔的胸怀。妻子的态度也"多云转晴"。

苏格拉底的婚姻生活并不是很幸福,可是他却能从自己的不幸中取得一个幽默的结论:"不管怎么样,还是要结婚。如果娶到一位好太太,那么你很幸福;如果你不幸娶到一位坏太太,你会变成一个哲学家。"

3. 阅读以下素材,以"谈谈美食"为题进行创造性复述,时间3分钟

中华美食

中国美食体现了中华民族的饮食文化传统,它与世界各国烹饪相比,有许多独特之处。

第一,风味多样。地域广阔的中华民族,由于各地气候、物产、风俗习惯的差异,自古以来,中华饮食上就形成了许多各不相同的菜系。就地方划分而言,有巴蜀、齐鲁、淮扬、粤闽四大菜系之分。

第二,四季有别。一年四季,按季节调配饮食,是中国烹饪的主要特征。我国一直遵循按季节调味、配菜,冬则味醇浓厚,夏则清淡凉爽。冬多炖焖煨,夏多凉拌冷冻。各种菜蔬更是四时更替,适时而食。

第三,讲究菜肴的美感。注意食物的色、香、味、形、器的协调一致,对菜肴美感的表现是多方面的,厨师们利用自己的高超技巧及艺术修养,塑造出各种各样的美食,独树一帜,达到色、香、味、形的统一,而且给人以精神和物质高度统一的特殊享受。

第四,注重情趣。我国烹饪自古以来就注重品味情趣,不仅对饭菜点心的色、香、味、形、器和质量、营养有严格的要求,而且在菜肴的命名、品味的方式、时间的选择、进餐时的节奏、娱乐的穿插等方面都有一定雅致的要求,立意新颖,风趣盎然。

第五,食医结合。我国的烹饪技术和医疗保健有密切的联系。在我国,向来就很重视"医食同源""药膳同功",利用食物原料的药用价值,烹成各种美味的佳肴,达到对某些疾病防与治的目的。药食同源即药与食物相同。《黄帝内经太素》中写道:"空腹食之为食物,患者食之为药物",反映出"药食同源"的思想。

八大菜系——川、粤、鲁、苏、浙、闽、徽、湘菜

第一,四川菜系,简称川菜。

特色：它以麻辣、鱼香、家常、怪味、酸辣、椒麻、醋椒为主要特点。

代表菜品：鱼香肉丝、麻婆豆腐、宫保鸡丁、樟茶鸭子、山城辣子鸡等。

第二，广东菜系，简称粤菜。

特色：它以选料广泛，讲究鲜、嫩、爽、滑、浓为主要特点。它主要由广东菜、潮州菜和东江菜组成。

代表菜品：龙虎斗、脆皮乳猪、咕噜肉、大良炒鲜奶、潮州火筒炖鲍翅、蚝油牛柳、冬瓜盅、文昌鸡等。

第三，山东菜系，简称鲁菜。

特色：选料精细，刀法细腻，注重实惠，花色多样，善用葱姜。

代表菜品：九转大肠、糖醋鱼、锅烧肘子、葱爆羊肉、葱扒海参、锅塌豆腐、红烧海螺、炸蛎黄等。

第四，江苏菜系，简称苏菜。由淮扬菜、苏州菜、南京菜等组成。

特色：制作精细，因材施艺，四季有别，浓而不腻，味感清鲜，讲究造型。

代表菜品：烤方、淮扬狮子头、叫花鸡、火烧马鞍桥、松鼠桂鱼、盐水鸭等。

第五，浙江菜系，简称浙菜。由杭州、宁波、绍兴三种地方风味发展而成。

特色：讲究刀工，制作精细，变化较多，富有乡土气息。

代表菜品：西湖醋鱼、东坡肘子、龙井虾仁、干炸响铃、油焖春笋、西湖莼菜汤等。

第六，福建菜系，简称闽菜。以福州和厦门菜为主要代表。

特色：制作细巧，色调美观，调味清鲜。

代表菜品：佛跳墙、太极明虾、闽生果、烧生糟鸭、梅开二度、雪花鸡等。

第七，安徽菜系，简称徽菜。

特色：它以烹制山珍野味著称，擅长烧、炖、蒸，而少爆炒。其烹饪芡大、油重、色浓，朴素实惠。

代表菜品：红烧果子狸、火腿炖甲鱼、雪冬烧山鸡、符离集烧鸡、蜂窝豆腐、无味熏鸭等。

第八，湖南菜系，简称湘菜。

特色：以熏、蒸、干炒为主，口味重于酸、辣，辣味菜和烟熏腊肉是湘菜的独特风味。

代表菜品：麻辣子鸡、辣味合蒸、东安子鸡、洞庭野鸭、霸王别姬、冰糖湘莲、金钱鱼等。

冬至节的风俗

冬至经过数千年发展，形成了独特的节令食文化。诸如馄饨、饺子、汤圆、赤豆粥、黍米糕等都可作为年节食品。曾较为时兴的"冬至亚岁宴"的名目也很多，如吃冬至肉、献冬至盘、供冬至团、馄饨拜冬等。

较为普遍的有冬至吃馄饨的风俗。早在南宋时，临安人就在冬至吃馄饨，开始是为了祭祀祖先，后逐渐盛行开来，民间有"冬至馄饨夏至面"之说。馄饨发展至今，更成为名号繁多，制作各异，鲜香味美，遍布全国各地，深受人们喜爱的著名小吃。馄饨名号繁多，江浙等大多数地方称馄饨，而广东则称云吞，湖北称包面，江西称清汤，四川称抄手，新疆称曲曲，等等。

吃汤圆也是冬至的传统习俗，在江南尤为盛行。"汤圆"是冬至必备的食品，是一种用糯米粉制成的圆形甜品，"圆"意味着"团圆""圆满"，冬至吃汤圆又叫"冬至团"。民间有"吃了汤圆大一岁"之说。冬至团可以用来祭祖,也可用于互赠亲朋。旧时上海人最讲究吃汤圆,古人有诗云:"家家捣米做汤圆,知是明朝冬至天。"

北方还有不少地方,在冬至这一天有吃狗肉和羊肉的习俗,因为冬至过后天气进入最冷的时期,中医认为羊肉、狗肉都有壮阳补体的功效,民间至今有冬至进补的习俗。

在我国台湾还保存着冬至用九层糕祭祖的传统,用糯米粉捏成鸡、鸭、龟、猪、牛、羊等象征吉祥中意福禄寿的动物,然后用蒸笼分层蒸成,用以祭祖,以示不忘老祖宗。同姓同宗者于冬至或前后约定之日,一起到祖祠中照长幼之序,一一祭拜祖先,俗称"祭祖"。祭典之后,还会大摆宴席,招待前来祭祖的宗亲们。大家开怀畅饮,相互联络久别生疏的感情,称之为"食祖"。冬至节祭拜祖先,在台湾一直世代相传,以示不忘自己的"根"。

冬至是一个内容丰富的节日,据传,冬至在历史上的周代是新年元旦,曾经是个很热闹的日子。在今天江南一带仍有"吃了冬至夜饭长一岁"的说法,俗称"添岁"。

馒头的来历

相传三国时候,蜀国南边的南蛮洞主孟获总是不断来袭击骚扰,诸葛亮亲自带兵去征伐孟获。泸水一带人烟稀少,瘴气很重而且泸水有毒。诸葛亮手下提出了一个迷信的主意:杀死一些"南蛮"的俘虏,用他们的头颅去祭泸水的河神。诸葛亮当然不能答应杀"南蛮"俘虏,但为了鼓舞士气,他想出了一个办法:用军中带的面粉和成面泥,捏成人头的模样儿蒸熟,当作祭品来代替"蛮"头去祭祀河神。打那以后,这种面食就流传了下来,并且传到了北方。但是称为"蛮头"实在太吓人了,人们就用"馒"字换下了"蛮"字,写作"馒头",久而久之,馒头就成了北方人的主食品了。

4. 复述的选择

(1)根据话题需要选择复述的素材

比如话题22"我喜欢的节日"。在一年当中,自己喜欢的节日会有很多,那么确定话题中心就很重要。一般说来,有两个原则:一是熟悉的原则,选择自己熟悉的、有感触的内容,更容易发挥好、表达好;二是素材的原则,选择素材多、易收集、好理解的内容,更便于有话说、说够时间,否则3分钟的容量是不容易说充分的。

【技能训练】

请分别以话题22"我喜欢的节日"和话题18"我知道的风俗"为题选择不同的素材进行复述,时间各3分钟

中秋节的来历

八月十五中秋节,江南又称八月节,八月节的起源与兴盛都和南京有关。

作为岁时节令,中秋节形成较晚,但"玩月"这一行为却由来已久。东晋时,在南京"牛渚玩月",即是流传至今影响最广的赏月佳话,以至演化为千百年来广大人民群众乐以欢度的中秋佳节。

牛渚(今采石矶),汉时即属丹阳郡秣陵(今南京)。《续汉书·郡国志》载,秣陵县"南有

牛渚"。早在一千六百年前,东晋于南京(当时叫建业)建都,镇守牛渚的谢尚月夜泛舟牛渚江上,听到有人在运租船上讽咏自己的《咏史》诗,大为赞赏,于是邀请过船,此人即是袁宏。他们一见如故,吟诗畅叙直达天明。当时谢尚身为镇西将军,而袁宏只是个靠运租为业的穷书生,由于对才能的尊重,他们之间打破了身份地位的壁障。袁宏因受到谢尚的赞誉,从此名声大振。谢尚玩月闻袁宏咏史于前,文人雅士亦趋之于后,于是泛舟、登楼玩者连绵不绝。唐朝大诗人李白游抵金陵闻知此事,即赋诗曰:"昔闻牛渚咏五章,今来何谢袁家郎?"感慨系之,登城西孙楚酒楼"玩月达曙"。唐欧阳詹作《玩月诗序》也说:"玩月古也,谢赋、鲍诗,眺之亭前,亮之楼中,皆玩月也。"唐明皇是夜游月宫,这些都是流传至今的玩月佳话。

八月十五,时届三秋之中,故谓中秋。中秋时节,气温已凉未寒,天高气爽,月朗中天,为玩月最佳时令,人们多爱此时玩月,自唐以下渐演为节令,这就是中秋节的由来。

春节的由来

现代民间习惯上把过春节又叫作过年。其实,年和春节的起源是很不相同的。

那么"年"究竟是怎么样来的呢?民间主要有两种说法:一种说的是,古时候,有一种叫作"年"的凶猛怪兽,每到腊月三十,便窜村挨户,觅食人肉,残害生灵。有一个腊月三十晚上,"年"到了一个村庄,适逢两个牧童在比赛牛鞭子。"年"忽闻半空中响起了啪啪的鞭声,吓得望风而逃。它窜到另一个村庄,又迎头望到了一家门口晒着件大红衣裳,它不知其为何物,吓得赶紧掉头逃跑。后来它又来到了一个村庄,朝一户人家门里一瞧,只见里面灯火辉煌,刺得它头昏眼花,只好又夹着尾巴溜了。人们由此摸准了"年"有怕响、怕红、怕光的弱点,便想到许多抵御它的方法,于是逐渐演化成今天过年的风俗。

另一种说法是,我国古代的字书把"年"字放禾部,以示风调雨顺,五谷丰登。由于谷禾一般都是一年一熟,所以"年"便被引申为岁名了。

我国古代民间虽然早已有过年的风俗,但那时并不叫作春节。因为那时所说的春节,指的是二十四节气中的"立春"。南北朝则把春节泛指为整个春季。据说,把农历新年正式定名为春节,是辛亥革命后的事。由于那时要改用阳历,为了区分农、阳两节,所以只好将农历正月初一改名为"春节"。

元宵节的由来

元宵节是我国传统节日中的大节。元宵节的得名,因其节俗活动在一年的第一个月(元)的十五日夜(宵)举行而来。元宵节也叫"灯节""灯夕",因为这个节日的主要活动是夜晚放灯,故名。此外,元宵节也叫"上元""上元节",这是从道教借来的说法。

关于元宵节习俗的形成,说法颇多,但一般认为在汉代就初具雏形。史载汉武帝的时候,汉室要祭祀一位叫"太一"的神明。据称太一是当时相当显赫的一位神明,地位在五帝之上,并有恩于汉帝,所以受到的奉祀比较隆盛。相传另一位汉室皇帝汉文帝也和元宵节有关。这位汉文帝是大将周勃戡平"诸吕之乱"即位称帝的,而那戡平叛乱的日子正是正月十五,所以此后每逢正月十五夜晚汉文帝都要出宫游玩,与民同乐,并且确定这天为元宵节。不过,和这两位汉皇帝有关的正月十五夜祭太一、游玩,并无张灯、放火的记载,汉室的另一位皇帝——汉明帝则敕令元宵燃灯,从而形成了后世张灯、观灯的习俗。

过年的习俗

老年间,"春节"是专指立春而言,把农历元旦称作春节是辛亥革命以后的事。明朝时,农历元旦叫"正旦节",后来俗称新年,北京人叫"大年初一",除夕叫"大年三十儿"。从筹备到结束这段时期叫"年关",总称"过年"。这过年有什么特殊的习俗呢?

春联:在祭灶的这几天中,市面上出现了一种特殊的职业——写春联。文人墨客在街边巷口放一小台售卖春联,旧称桃符。一般都当场书写,以图润笔,春联的内容基本上是送旧迎新之意。春联,一般都用红纸,唯有内廷及宗室王公府邸,照例使用白纸,再圈上红边、蓝边。

门神:北京居民的大门口,除了门框上贴春联之外,还要在门扇上贴门神。门神有两位,一位白脸,一位黑脸,都是甲胄执戈,悬弓佩剑,威武非凡。有人说这两位是神荼和郁垒,有人说这是秦琼和敬德。其实谁也不是,只是"门神"罢了。

扫房:老北京人一般要在腊月廿四日进行一次冬季大扫除,叫"扫房",除去一切废秽之物。房山扫清,窗明几净,再贴上新年画,确实令人赏心悦目。京谚有"腊月廿四,扫房子"之说。

贴窗花和倒贴"福"字:在民间,人们还喜欢在窗户上贴上各种剪纸——窗花。窗花不仅烘托了喜庆的节日气氛,也集装饰性、欣赏性和实用性于一体。剪纸在我国是一种很普及的民间艺术,千百年来深受人们的喜爱,因它大多是贴在窗户上的,所以也被称为"窗花"。窗花以其特有的概括和夸张手法将吉事祥物、美好愿望表现得淋漓尽致,将节日装点得红火富丽。

在贴春联的同时,一些人家要在屋门上、墙壁上、门楣上贴上大大小小的"福"字。春节贴"福"字,是我国民间由来已久的风俗。"福"字指福气、福运,寄托了人们对幸福生活的向往,对美好未来的祝愿。为了更充分地体现这种向往和祝愿,有的人干脆将"福"字倒过来贴,表示"幸福已到""福气已到"。民间还有将"福"字精描细做成各种图案的,图案有寿星、寿桃、鲤鱼跳龙门、五谷丰登、龙凤呈祥等。

年三十儿:除夕是新旧交替的时刻,各行各业的人停了交易,都在自己家里打着如意算盘,企盼在新的一年中碰上更好的运气。

这天夜间的鞭炮声不绝于耳。早先宫廷在这之前就会放花炮,自腊月廿四日起至正月十七日止。每日放花炮,尤以腊月三十儿晚上最盛。前门外大栅栏一带"八大祥"等店铺,会专门雇人燃放各式花炮,花炮愈盛,愈象征着买卖兴隆。

除夕夜的活动也是千姿百态——贴挂千、摆设天地供桌、辞岁、守岁、迎岁……种种庆祝活动一个接一个。午夜一到,腊月就结束了,新的一年也随之开始了。

(2)根据话题需要选择复述的类型

一般说来,叙述性话题多选择详细复述和简要复述,而议论性话题多选择创造性复述。比如话题4"我喜爱的动物",是个叙述性的话题,适合采用详细复述。

【技能训练】

1. 根据话题4"我喜爱的动物"的需要,对以下素材进行详细复述,时间3分钟

狗的习性

虽然不同类型的狗,其尾巴的形状和大小各异,但是其尾巴的动作却表达了大致相似的意思。一般在兴奋或见到主人高兴时,就会摇头摆尾,尾巴不仅左右摇摆,还会不断旋动;尾巴翘起,表示喜悦;尾巴下垂,意味危险;尾巴不动,显示不安;尾巴夹起,说明害怕;迅速水平地摇动尾巴,象征着友好。狗尾巴的动作还与主人的音调有关。如果主人用亲切的声音对它说"坏家伙!坏家伙!"它会摇摆尾巴表示高兴;反之,如果主人用严厉的声音说:"好狗!好狗!"它仍然会夹起尾巴表现不愉快。这就是说,对于狗来说,人们说话的声音仅是声源,是音响信号,而不是语言。人类的微笑和狗摇尾巴是类似的沟通形式。狗对于曾经和它有过亲密相处的人,似乎永不会忘记他的声音,同时自己住过的地方也能记得。但也有人认为狗是靠它的感官灵敏性,来识别熟人的声音和认识地方的。狗喜欢嗅闻任何东西,如嗅闻领地记号、新的狗、食物、毒物、粪便、尿液等等。狗在外出漫游时,我们常常看到它不断地小便或蹲下大便,把它的粪便布撒路途,而它就是依靠这些"臭迹标志"行走的。狗喜欢追捕生物,如追捕和杀死小动物,追逐兔、猫、羊等,甚至追咬人类。人利用狗的这种特性,让它驱赶羊群、牛群和保护人类自己。

婆婆,我会带你安全离开

2011年3月11日,海啸袭来前30分钟,83岁的老婆婆赤沼多美和小狗巴布正在距海岸200米的家里休息,忽然一阵天摇地动,然后就停电了。巴布像是感应到什么似的,急着要跑出去。赤沼婆婆正对巴布的行为感到奇怪,防灾无线接收机已发出了海啸警报。

赤沼婆婆想,必须赶紧避难。她打开房门,巴布迅速跑了出去,但方向是与平时散步路线相反的高岗。赤沼婆婆只能在巴布后面追赶。巴布虽然跑得很快,却也不时回头看看赤沼婆婆有没有赶上;赤沼婆婆赶上来了,巴布又继续跑。就这样反复多次,赤沼婆婆竟然一口气爬上了离自家住宅一公里远的通往避难所的陡坡。再回头看时,之前走过的道路和自家的房子都被海水冲毁了。狗确实是人类忠实的朋友啊!

伙伴,我会对你不离不弃

2011年3月16日,日本一家电视台的节目组正在重灾区之一的茨城县拍摄废墟现场。突然,一只疲惫而消瘦的小狗出现在人们的视野中,它精神焦虑,不停地在原地转圈,似乎想引起大家的注意。

就这样,电视台的工作人员在这只小狗的引领下,在瓦砾下找到了另一只身受重伤、生命垂危的小狗。在救援的全过程中,求救的这只小狗不时地安慰着受伤的伙伴,关心的态度让现场的人员为之动容。随后,小狗受伤的伙伴被及时送走接受治疗,它自己也被送到了动物庇护所。真是一只重情重义的小狗啊!

2. 素材分析:如果你喜欢的艺术形式是舞蹈,那么根据话题9"我喜爱的一种艺术形式"的需要,面对以下素材你该如何剪裁呢?请进行创造性复述,时间2分钟

艺术形式

艺术是人类审美活动的大家族,它的成员有文学、美术、音乐、舞蹈、戏剧、电影、曲艺、杂技等。各个门类的艺术都是反映社会生活和表现人们思想感情的,但是艺术的反映和表现不是一般的、概念的、抽象的反映和表现,而是个别的、具体的、形象和审美的反映和表现。所谓审美的反映和表现,就是艺术家根据自己的审美情趣、审美理想,对社会生活进行选择、概括、加工,并根据艺术的特点和规律予以创造性的反映和表现。

在社会的历史发展中,人们创造了各种艺术形式,这些艺术形式的主要区别就是各有其独自的物质载体和不同的艺术表现手段。文学的物质载体是语言、文字。美术的物质载体是纸张、画布、颜料、油彩,它的主要表现手段是色彩、线条、构图和造型。音乐的物质载体是声音。戏剧的物质载体是人们在舞台上的行动(表演活动),除舞剧外,主要以语言、歌唱和动作为表现手段。电影的物质载体是人们的表演通过科学技术的方法摄制在胶片上,用电光在银幕上放映出来。曲艺的物质载体是一至二、三人在舞台上的表演,其主要表现手段是说和唱。杂技和舞蹈有着共同的物质载体——人的身体是其主要的艺术表现工具,多数杂技品种和舞蹈一样,是以人体的动作、姿态造型和构图变化为主要表现手段的。杂技也是一种表演艺术,演员也塑造一定的角色,但是它不像舞蹈那样着重表现人物情感的发展过程,一般不具有情节事件,而是通过高难度的技巧表演,表现出一种概括性的勇敢、坚毅、智慧的品格力量。因此,杂技具有更多的观赏性和娱乐性。舞蹈作品中的舞蹈动作也要具有一定的技艺性,舞蹈演员要具备跳跃、旋转、翻腾、柔软、控制等高难度的技巧能力,但是,在舞蹈作品中表演高难度的技巧动作本身不是目的,而是一种表现人物思想感情、塑造人物性格和精神面貌的手段。如果在舞蹈作品中,以手段作为目的,演员高超的技艺不以反映生活、表现人物的思想感情为其存在的前提,或是不从舞蹈内容出发选取相应的舞蹈动作技巧,而是从展示演员所掌握的舞蹈技巧能力出发,那就会使舞蹈作品由于内容和形式的脱节,或是缺乏艺术的完整性而陷于失败,舞蹈演员的技艺本身也就沦为了杂技性的技巧表演,而丧失了舞蹈艺术的基本品格。

3. 根据话题 29 "我向往的地方"的要求,选择以下素材进行创造性复述,时间 3 分钟

法国

法国全称为法兰西共和国,位于欧洲西部。

首都巴黎是法国政治、经济、文化和交通中心,卢浮宫博物馆和巴黎圣母院誉满全球,香榭丽舍被誉为世界上最美丽的大街。巴黎地上与地下交通四通八达,非常方便,每天客流量达 1300 万人。巴黎的标志性建筑——埃菲尔铁塔像一个钢铁巨人一样高高地耸立在恬静的塞纳河畔。

在法国最大港口和第二大城市马赛,你可以造访大仲马在小说《基督山伯爵》里描写过的监狱——奇伊夫堡。

西南部城市波尔多酿酒历史悠久,其葡萄酒驰名于世。特等"波尔多红葡萄酒"被列为世界葡萄酒"皇后",一瓶百年陈酒在国际市场上可售 3 万多美元。

位于地中海岸边的戛纳,是一座风景秀丽、气候宜人的小城,每年在此举办的戛纳电影节热闹非凡,其颁发的金棕榈奖被公认为电影界最高荣誉之一。

法国的时装在世界上享有盛誉,选料丰富、优异,设计大胆,制作技术高超,使其一直引导世界时装潮流。在巴黎有2000家时装店,老板们的口号是:"时装不卖第二件。"而在大街上,几乎看不到两个妇女穿着一模一样的服装。

法国人天性率真、浪漫,喜欢大自然,有一半以上的法国家庭饲养各种小动物,总数量在3000万只以上。

美国

美利坚合众国是一个由五十个州和一个联邦直辖特区组成的宪政联邦共和制国家。

美国东濒大西洋,西临太平洋,北靠加拿大,南接墨西哥。

1776年7月4日,大陆会议在费城正式通过《独立宣言》,宣告美国诞生。

自19世纪70年代以来,美国国民经济总量就高居全球第一。

今天的美国是联合国安理会五个常任理事国之一,其在全球政治、经济、军事、娱乐等众多领域的庞大影响力更是其他国家所无法匹敌的。

4. 根据话题14"谈谈服饰"和话题18"我知道的风俗"的要求,按话题选择以下素材进行创造性复述,时间3分钟

少数民族的风俗习惯

哈萨克族:中华人民共和国成立前,哈萨克族绝大多数人过着逐水草而居的游牧生活。牧民们住的是一种轻便而又易于支撑和拆装的毡房。他们的饮食大部分是肉食和奶食。奶制食品多种多样,如酥油、奶屯疙、奶皮子、奶酪等。他们制作的马奶子是名贵的饮料。

牧民主要用牲畜的皮毛作为衣服的原料,多用冬羊皮缝制大衣,不挂布面。妇女夏天穿长的花布连衣裙,冬季外罩对襟棉大衣。牧民冬季戴三叶帽,热天则扎用三角布制的头巾。妇女头戴白布盖头,盖头外披白布大头巾,头巾左上端佩戴一件首饰,并戴耳环、戒指和手镯。哈萨克族人民热情好客,对来拜访和投宿的客人给以殷勤招待。

哈萨克族的丧葬习俗是先用清水沐浴尸体,再用白布缠身,然后进行土葬。

哈萨克族的主要节日有古尔邦节和肉孜节,还有"诺鲁孜"节,时间在旧历正月。过"诺鲁孜"节的那一天,人们互相祝贺,有如汉族的春节,是送旧迎新的节日。每逢节日喜庆时都举行传统的刁羊、赛马和姑娘追等游戏。

哈萨克族大多信仰伊斯兰教,有些牧民仍保留着萨满教的信仰。

土家族:土家族人民勤恳耕山,善于渔猎,并在冬春季节"赶杖"(围猎)。他们主食包谷、稻米,土家族地区最普及的风味食品是糯米粑粑、米烷腊肉和唐馓。在服饰方面,女装为短衣大袖,右衽开襟,滚镶2~3层花边,原着"八幅罗裙",后改为镶边筒裤;男装为对襟短衫,头缠2~3米长的青丝帕。很多地方土家族的服饰与汉族差不多,只有在隆重集会和节日,或偏僻山村,才能见到土家族传统服饰。

在住宅建筑方面,土家山乡的吊脚楼最为有特色。这是一种干栏式结构,楼下喂养牲畜或堆放杂物,楼上作姑娘们的闺房,是织布、绣花、绩麻、做鞋之所。这种设计,既克服了山区地势不平的限制,又最大限度地利用了空间;既通风,又防潮;既安全,又卫生。

土家族在古代曾流行过姑家女儿必嫁舅家(称为还"骨种")的交错从表优先婚姻,还有兄亡弟收嫂,弟亡兄纳弟媳的收继婚。男女原多对歌相爱结婚,随着封建经济的发展,婚姻逐步受到财产的限制和父母的约束,直至新中国成立前,盛行封建买卖婚姻。新中国成立后,自由恋爱、婚姻自主多了起来,但在农村父母包办婚姻依然存在。土家族过去多行火葬,送葬时请土老师(巫师)念经,道士开路,后来受汉族的影响,实行土葬。

在节庆方面,以过四月八、六月六和土家年为主要节日。最隆重的是过土家年,俗称过"赶年",即赶在汉族过年的前一天进行,大年为腊月二十九,小年为腊月二十八。

哈尼族:哈尼族一般用自己染织的藏青色土布做衣服。男子多穿对襟上衣和长裤,用黑布或白布裹头;西双版纳地区的人穿右襟上衣,沿大襟镶两行大银片做装饰,以黑布裹头。妇女多穿右襟无领上衣,下穿长裤,衣服的托肩、大襟、袖口和裤脚镶上彩色花边;西双版纳及澜沧一带的妇女,下穿短裙,裹护腿,胸前挂成串的银饰,头戴镶有小银泡的圆帽;墨江、元江一带的妇女,有的穿长筒裙或皱折长裙,有的穿稍过膝盖的长裤,系绣花腰带和围腰。妇女在服装和装饰上区别是否已经结婚,有的以单、双辫区分,有的以垂辫和盘辫区分,有的以围腰和腰带的花色区分,等等。

哈尼族多居住在半山腰,依山势建立村寨。红河、元阳、绿春等地的人住的是土墙草顶楼房,以石垫基,以木为柱,土基砌墙,屋顶铺茅草,少数用瓦。楼房有上、中、下三层,下层关牲畜,中层住人和存放粮食,上层堆放瓜菜等杂物。墨江一带多是土基楼房,平面屋顶,间间相连。西双版纳一带住的是竹木结构的楼房,旁设凉台,别具一格。

哈尼族的家庭形式基本上是一夫一妻制家庭,这在西双版纳比较严格。一般认为多妻不符合哈尼人的习俗,如果婚后多年不育男孩而娶妾则被允许。青年男女在婚前可以自由恋爱,但结婚要征得父母同意,也有一些地区实行包办婚姻。墨江碧约人有"踩路"订婚的习惯,就是男女双方情投意合后,由双方老人同走一段路,如果在路上没有遇到兔子等野兽,就算订婚了。

哈尼族仍然保留着古羌戎父子连名制的传统,即父亲名字后头的一个字或两个字作为儿子名字的起头字,世世代代连续下来。哈尼族的丧葬主要实行火葬。

第四节 说话训练的提纲和范文

一、说话训练的话题内容

国家级普通话水平测试用话题

说　明

1.30则话题供普通话水平测试中命题说话测试项使用,测试时由应试人从给定的2个话题中选定1个话题,连续3分钟说一段话。

2.30则话题仅是对话题范围的规定,并不规定话题的具体内容。

1. 我的愿望（或理想）
2. 我的学习生活
3. 我尊敬的人
4. 我喜爱的动物（或植物）
5. 童年的记忆
6. 我喜爱的职业
7. 难忘的旅行
8. 我的朋友
9. 我喜爱的文学（或其他）艺术形式
10. 谈谈卫生与健康
11. 我的业余生活
12. 我喜欢的季节（或天气）
13. 学习普通话的体会
14. 谈谈服饰
15. 我的假日生活
16. 我的成长之路
17. 谈谈科技发展与社会生活
18. 我知道的风俗
19. 我和体育
20. 我的家乡（或熟悉的地方）
21. 谈谈美食
22. 我喜欢的节日
23. 我所在的集体（学校、机关、公司）
24. 谈谈社会公德（或职业道德）
25. 谈谈个人修养
26. 我喜欢的明星（或其他知名人士）
27. 我喜爱的书刊
28. 谈谈对环境保护的认识
29. 我向往的地方
30. 购物（消费）的感受

二、说话训练的话题提纲

话题1　我的愿望（或理想）
1. 明确我的愿望（或理想）是什么。（可一个或数个）
2. 详细叙述萌发我的愿望（或理想）的原因以及我为此付出的努力。
3. 概括我的现状及对未来的向往。

话题2　我的学习生活
1. 概述我的学习生活，如紧张有序。
2. 记述我的学习生活。有计划地安排学习时间，学习内容丰富多彩。（课程安排有基础课和专业课，还有实训课程，可详细介绍每门课程学习的内容以及对我的影响）
3. 在校学习对我的意义。（丰富了我的知识，充实了我的生活等）

话题3　我尊敬的人
1. 我尊敬的人有很多，如：爸爸、妈妈、老师、雷锋、周总理等。（可逐一说）
2. 概括介绍：年龄、外貌、性格、职业等。
3. 通过一件或几件典型的事例，说出我对他/她的尊敬及尊敬的原因。（这些事情可以是他/她在生活、做人做事等方面给自己的触动，值得自己学习的，对自己有很大启发的）
4. 最后抒发我对他/她的感情。

话题4　我喜爱的动物（或植物）
1. 我喜爱的动物（或植物）有很多，如狗、猫、仙人掌等。
2. 以狗为例，谈自己对狗的认识（如人类忠实的朋友），狗的分类等。

3. 详细描述你家狗的外貌与生活习惯。
4. 具体讲述你喜欢狗的原因及与小狗的真情故事。(如体现狗的忠诚、勇敢等品质)

话题5　童年的记忆
1. 我的童年是无忧无虑的,童年时有很多的趣事,如钓鱼、捉迷藏、旅游等。
或简单交代小时候在假日的一次难忘、愉快的旅行。
2. 具体记叙:时间、地点、人物和事件的经过等。(到乡下过周末,和小朋友一起钓鱼、游戏。和小伙伴一块儿自制钓具、挖蚯蚓。钓鱼过程的趣事:有的钓到了鱼,有的没有,有的坐不住、调皮捣蛋,有的聚精会神……)
3. 结尾:表达对童年的怀念和对童年时伙伴的思念之情;或让我懂得了什么道理,让我学到了许多的知识等,所以才会难忘。

话题6　我喜爱的职业
1. 我喜爱的职业如教师、医生、警察、演员等。
2. 喜欢的原因。(如教师知识渊博、和蔼善良、有责任心、富有牺牲精神等)
3. 举一个或几个例子说明。(事例能体现老师渊博的知识,有责任心等)

话题7　难忘的旅行
1. 简单交代我在一个假日到某个地方旅行,那是一次难忘、愉快的旅行。
2. 具体记叙:时间、地点、人物和事件的经过等。(如去爬山)
　　①爬山的沿途风光;
　　②爬山的艰辛;
　　③爬山过程中朋友间发生的趣事。
3. 结尾表达对这次旅行的怀念以及从中悟出的道理,所以很怀念这次旅行。

话题8　我的朋友
1. 简介我的朋友有几位,概述其性格特点。
2. 在什么样的情况下认识的,朋友的年龄、性格等基本情况,与朋友发生的事情。(可具体介绍与一个朋友相识、相知的过程,也可以概括介绍几个朋友各自的特点、与我的关系。注意童年"玩伴"与朋友的区别)
3. 简介朋友的近况;总结结交朋友或培植友谊的经验教训。

话题9　我喜爱的文学(或其他)艺术形式
1. 我喜欢的艺术形式有很多,如文学、书法、相声、雕刻、绘画、舞蹈、唱歌等。
2. 喜欢的原因。(如增长知识、陶冶情操等)
3. 详细介绍喜欢的艺术形式(如书法的字体分类、渊源及各个时期的代表人物、作品等),它带给我生活的快乐和改变。

话题 10　谈谈卫生与健康

1. 简要说明卫生与健康的密切关系。
2. 详细举例说明饮食卫生与健康的关系。(不注意饮食卫生容易患肠炎、痢疾、肝炎等疾病)
3. 详细举例说明个人卫生与健康的关系。(勤洗澡、勤换衣裤、被褥常晒常洗等)
4. 详细举例说明公共卫生与健康的关系。(不随地吐痰、勤扫地、勤洒水等)
5. 总结健康与卫生的密切关系。

话题 11　我的业余生活

1. 我的业余生活丰富多彩,如看书、运动、唱歌、旅游、烹饪等。
2. 业余时间还不断丰富自己的知识,开阔视野,如看书(介绍我的读书生活是从何时,因何开始的;现在都读些什么书;我对读书生活的认识:苦的一方面,乐的一方面,要有选择地读,坏书可能误人一生,好书能让人终生受益等)、读报纸杂志等。

参加多种文体活动,锻炼身体。(我最喜欢的体育运动是什么;简单介绍这项运动的特点和我是怎样逐渐喜欢上它的;它如何丰富了我的生活,锻炼了我的身体,磨炼了我的意志)

业余时间了解各大菜系,烹饪各种美食,可详细介绍具体做法。

话题 12　我喜欢的季节(或天气)

1. 一年四季都喜欢,也可选择一个季节或天气着重说。
2. 概括说明四季的季节特点或天气特点。(如春季万物复苏,温暖,多风沙;夏季炎热,多雨等)
3. 具体说明喜欢的原因并举例说明在这样的季节或天气下会做些什么。(如春天万物复苏、充满生机,春游看到草木发芽、生机盎然等)

话题 13　学习普通话的体会

1. 简介我的家乡话属于什么方言类型,我的家乡话和普通话的区别。(结合自身举例:平翘舌音,前后鼻音,特别是一些常用词,如称呼等)
2. 介绍我学习普通话的经验。(如:如何改掉顽固的方言语音,在日常的生活、学习中坚持用普通话,多和别人用普通话交流,多听普通话广播等)
3. 说明坚持普通话学习带给我的成功和快乐。

话题 14　谈谈服饰

1. 俗话说:"人靠衣装,佛靠金装","三分长相,七分打扮",简介选择服饰的原则。
2. 分析市面服装的款式及材质(休闲装、运动装、职业装、棉、毛、丝、麻、化纤、莫代尔等)。还可以进行中西、古今、民族的服饰对比,讲述不同服饰的渊源和文化。
3. 可详细分析并举例说明不同的款式和材质适合不同的环境和对象,也可讲述自己喜欢的衣服、饰品款式和质地,还可举例说明不协调的装扮对日常交际的影响。

话题 15　我的假日生活
1. 选取一个或几个假日具有共性或特性的生活方式进行概括和评价。
2. 选取假日的一天做详细介绍，将自己的生活态度、生存状态进行展示；也可以选取一些有价值、有意义的事件详细介绍。
3. 总结、反思假日生活的质量，提出改进措施。

话题 16　我的成长之路
1. 概述成长的经历及其中关键的人和事。
2. 叙述成长道路1~3个阶段的历程、故事及得到的帮助、接受的教训。
3. 总结概括成长历程，对得到的帮助和启发表示感恩。

话题 17　谈谈科技发展与社会生活
1. 科技发展对社会生活产生了巨大的影响，如计算机网络技术、电子信息技术等。
2. 可从衣食住行几方面详细举例说明。（如电灯、电梯的发明；蒸汽机的发明、动车组的运用；网络可以使我们足不出户就知天下事，手机可以使我们联系更加方便等）
3. 总结科技发展对社会的影响是巨大的。

话题 18　我知道的风俗
1. 我所知道的风俗有很多。（汉族的春节、元宵节、端午节；西方的情人节、圣诞节、万圣节；傣族的泼水节；回族的开斋节；各地的婚葬、服饰、居住等习俗）
2. 详细介绍这些节日的来历和节日中有哪些风俗。（北方人过年要放鞭炮、吃饺子、贴春联的原因，春节的禁忌等）
3. 通过南北方、中西方及不同民族的习俗对比，突出风俗习惯的文化内涵。

话题 19　我和体育
1. 简介我对体育的好恶和原因。
2. 具体讲述我对体育好恶的形成过程，以及体育带给我的快乐和烦恼。（可具体分析不同项目训练的不同感受，分析自身体能、运动习惯、个性与体育好坏的关系）
3. 总结由我和体育的关系体会到的人生道理，表明今后将如何对待体育。

话题 20　我的家乡（或熟悉的地方）
1. 开门见山，简单介绍家乡的名称、位置、地域特色。
2. 分角度具体介绍家乡的历史、风景、物产、经济发展、教育水平、风土人情等。
3. 展望家乡的未来，表明自己建设家乡的决心或表达身居异地的思乡之情。

话题 21　谈谈美食
1. 简介喜爱的美食种类/所了解的美食知识。
2. 详细介绍自己喜爱的美食的特色或制作方法/美食的食材、营养价值、地域特色。

3. 补充说明美食的文化内涵。

话题 22　我喜欢的节日
1. 指出我喜欢的节日有哪些。(中国的、外国的、汉族的、少数民族的等)
2. 详细介绍我喜欢的节日有什么特色,自己是如何享受节日时光的。
3. 比较不同节日的文化内涵和氛围。

话题 23　我所在的集体(学校、机关、公司)
1. 概述我所在的集体(班、宿舍、社团均可)及其特点。(详细介绍集体的名称、人员构成、主要职能)
2. 详细讲述集体里的重大活动和突发事件。(全班同学参加运动会、广播操比赛等活动,均可详细讲述事情的起因、经过、结果,以及在这当中感人的事例和个人,如某同学突然生病或遭遇不幸,全班伸出援手等)
3. 总结:我所在的集体是团结友爱、温暖和谐、充满活力的,我在这当中学到了很多知识。

话题 24　谈谈社会公德(或职业道德)
1. 明确什么是社会公德。(全体公民在社会交往和公共生活中必须共同遵循的行为准则)
2. 社会公德包括的主要内容。(文明礼貌、助人为乐、见义勇为、拾金不昧、爱护公物、保护环境、遵纪守法、尊老爱幼等)
3. 逐条举例(正反对比)详细说明。

话题 25　谈谈个人修养
1. 明确修养的含义,列举名人事例说明什么是良好的个人修养。
2. 具体分析良好的个人修养包括哪些方面。(道德修养有理解宽容、诚信守约等;礼仪修养有谦虚随和、热情诚恳等;语言修养有谈吐文雅、和善亲切等;还有哲学修养、艺术修养、文学修养等方面)
3. 举事例正反对比,详细说明个人修养的重要性。(良好的个人修养乃立身之本)

话题 26　我喜欢的明星(或其他知名人士)
1. 开门见山,直接点明我喜欢的明星(或其他知名人士)是谁。(可一人或数人,但注意明星和知名人士的归类,如成龙是明星,袁隆平是知名人士)
2. 具体介绍明星(或知名人士)的经历、成就、品德,点明其受人尊敬和喜爱的原因。
3. 自己从明星(或知名人士)身上看到的是什么,对我和社会的影响是什么。

话题 27　我喜爱的书刊
1. 简介我喜爱的书或刊是什么,如《红楼梦》《福尔摩斯探案》《读者》《女友》等。
2. 详细介绍该书或刊的主要内容、特色,或自己与之结缘的原因。
3. 介绍喜爱它的原因,值得推荐的地方。

话题 28　谈谈对环境保护的认识

1. 列举环境污染的现象,说明环境保护的重要性、紧迫性。(水污染、光污染、噪音污染、空气污染、土壤污染、白色污染、野生动物濒临灭绝、草场退化、土地荒漠化等)
2. 分析造成目前恶劣的环境状况的原因。(因为乱砍滥伐,我国西北地区沙漠化严重,导致内地沙尘暴横行;由于一些企业违规排放污水、废气,造成水污染、空气污染)
3. 提出相应的对策。(如部分城市开展的无车日活动、"地球一小时"活动等)
4. 号召全社会保护环境,因为环境关乎着人类的生存与发展。

话题 29　我向往的地方

1. 指出我向往的地方,如法国、美国、云南、北京、海边等。
2. 向往的原因(如海边有细而软的沙滩、漂亮的贝壳、美味的海产品等),详细说明。
3. 抒发自己的向往之情。

话题 30　购物(消费)的感受

1. 概述自己购物的方式、习惯。(如:选日用品去超市集中购买或小商店零散选购;选衣物去商场品牌专柜或批发市场淘货;选书籍在淘宝网或到图书批发市场购买)
2. 详细讲述一次或几次印象深刻的购物经历。(如何选购商品的样式、材料、质量,如何进行讨价还价,如何选择合适的时间与地点等)
3. 总结购物过程中成功与失败的经验。(如何省钱,如何防止被骗等)

三、说话训练的话题范文

话题 1　我的愿望(或理想)

我的理想是当一名老师。

在上小学的时候,老师问同学们长大后要做什么样的人? 有的说要当科学家,有的说要做作家,做歌唱家……我从小的理想就是当一名优秀的老师。因为老师是世界上最不平凡的人,是太阳底下最光辉的职业。老师就像辛勤的园丁,用自己辛勤的汗水浇灌着祖国每一株花朵。不管是再伟大的科学家,还是再著名的歌唱家都不是天生的,都是在无数位老师的悉心教导下慢慢成长起来的,他们的成功离不开老师辛勤的汗水。

老师不是父母,却像妈妈一样爱我们,关心我们成长,表现了高尚的职业操守。作为老师,传授知识是岗位职责,关爱学生、教书育人更是让人敬佩。老师对学生的爱绝对是每一个学生都渴望的,一个老师把自己的真心和爱给了学生,学生也会更加地尊敬他/她、爱戴他/她,会更加努力地学习来报答他/她。于是,老师对学生的爱就有了回报,于是就有了"桃李满天下"的欣慰。

我之所以从小就把做一名光荣的人民教师当做自己的职业理想,也是跟我自己遇到过好老师分不开的。我从 5 岁的时候就去上幼儿园了,那时的老师蔡老师是位很慈祥的奶奶,她对待我们每一个学生就像对自己的亲孙子孙女一样爱护,带我们玩游戏,带我们上厕所,带我们睡觉,放学的时候耐心地领着我们在校门口等家长来接我们回家。蔡老师的好,让我滋生出新的梦想:以后长大了也要当像蔡老师这样对学生好的老师。

后来我上高中,上大学,读研究生,直到今天我终于实现了小时候的梦想——成了一名教师,我将把自己对蔡老师的怀念和自己的满腔热情投入到今后的教学上去,做一名优秀的人民教师。

话题2　我的学习生活
我的学习生活丰富多彩,它给我带来无穷的乐趣。

我是服务专业的学生。为了适应未来工作的需要,学校为我们开设了很多有趣又实用的课程,在这一过程中我既学到了知识,提高了各项技能,也感受到了学习的乐趣。

我们开设的课程有形体、礼仪、普通话、沟通技巧、客运组织、客运服务等。先说说形体课吧。在形体课上我知道站姿、坐姿都有好几种,以及良好的体态在日常交往和未来工作中的重要性。所以,课上我认真听老师讲课,在形体房认真地对镜子练习;课下我不断回味、仔细揣摩、反复练习,终于我能够站姿、坐姿端正,优雅自信地走在路上了。在礼仪课上,礼仪老师给我们讲述了礼仪的渊源,重点讲了服务礼仪,学会了如何称呼、手势、眼神的注意事项等,我知道了作为一名服务人员在接待客人时应有的礼仪。普通话老师不仅纠正我们的方言语音,还训练我们发音吐字的技巧,培养我们的语言表达能力,使我们不再害羞、不再胆怯,能在公众面前大大方方地表达自己。专业课上,老师不仅手把手地教我们技能的操作,还举出了很多具体生动的案例,让我们通过理论联系实际来学习知识。

为了培养我们的专业技能,学校在寒暑假安排我们到生产一线实习。有的同学到北京站、北京西客站售票,到动车做乘务员、餐售员;有的同学到云湖度假村、雾灵山庄、光明渔港、北京铁路局北戴河培训中心等地做服务员。这些社会实践是在校学习的延伸,它不仅检验了我们课堂学习的效果,还丰富了我们的视野、快速提高了我们的专业技能。

为了全面提升我们的专业素养,专业部为我们量身打造培养计划。外在的是为我们定制了全套校服,让我们从发型、着装到仪表都体现出服务行业的专业精神;内在的是丰富多彩的课余活动:篮球比赛、歌咏比赛、诗歌朗诵赛,礼仪讲座、专业讲座,普通话水平等级考试、餐厅服务技能鉴定、列车员技能鉴定等。每天清晨我们专业部的同学都要按规定跑步锻炼,晚上我们脚穿高跟鞋在教室站着看《新闻联播》,体育课、形体课从不同方面锻炼我们的体能,这些基本功训练让我们在同行中具有较强的竞争力。

虽然我们还没有离开学校,但是学校已尽自己所能让我们更多地掌握技能,以便适应未来的工作要求。这就是我的学习生活,它虽然辛苦但是非常充实,虽然紧张但是那么快乐!

话题3　我尊敬的人
在我的世界里,令我尊敬的人有许多,有我的爸爸、妈妈,还有一位陌生的大姐。

我的妈妈已经是40多岁了,她中等身材、齐肩的头发,衣服干净整洁,笑起来很慈祥。自我出生以来,妈妈就用心地呵护着我。记得小时候我生病了,着急的不是我本人,而是我妈妈,她会终日守在病床旁无微不至地照顾我,做我爱吃的饭菜,讲我喜爱听的故事,鼓励我与病魔作战。我的病好了,妈妈也瘦了。还有一次我做错事,妈妈用双眼盯着我,使我不敢正视她,因为我明白,妈妈这样看着我,是在告诉我下次别再犯同样的错误。在我考试失败的时候,妈妈以一双温暖的手将我从失败的沮丧中扶起来,鼓励我继续努力,不可灰心,帮助我分析失败的原因并找到对策。所以,我做事从不半途而废,也从不因失败而气馁,因为妈妈曾告诉我"失败是成功之母"。当我成功的时候,妈妈便会教导我不可骄傲,要我再接再厉,以后要更加努力学习,认真对待每一件事情。所以,我不曾为一点小成就而骄傲,因为妈妈曾告诉我"自满是成功的敌人"。我的妈妈虽然平凡,可是令我尊敬。

我还碰到一个陌生的大姐,她的包容令我钦佩。星期天的早晨,我乘公交车去姐姐家。那天乘车的人很多,车一到站,一位中年人刚离开座位,我就在那儿坐下。我把小包放在身上,长长地舒了一口气。今天总算运气不坏,抢了个座位。幸亏我抢得快,否则我非站得腰酸腿疼不可。不知不觉,车又到了一站,上来一位抱着小孩的大姐。我刚想把座位让给他们,谁知司机一个紧急刹车,把我颠了一下,站着的人全部向后仰。这时,一个非常响亮的声音传到我耳朵里:"你这个人怎么回事?"原来是那位大姐不小心撞了一个空着两手、翘着腿、叼着烟的小伙子。"对不起,我不是故意的。"小孩的妈妈红着脸小声赔礼,我发现她眼里闪着泪花,很显然有点委屈。我愤怒地把目光射向那个人,他撇撇嘴又叼上一支烟,用挑衅的目光看了我一眼,还吐出一个个烟圈,好像在说:"看什么看!"后面几个年轻人竟偷偷地笑起来。我站起身,转过头对那位大姐说:"坐我的位子吧。"那位大姐说:"谢谢你!"于是大姐抱着孩子坐了下来。

哎,现在这人的素质啊!下了车,我脑子里还在回想车里发生的事。很多人礼让的观念十分淡薄,日常生活中互不相让的例子不胜枚举,因一点小事而大打出手甚至闹出人命的大有人在。那位大姐不但没骂那位小伙子,反而在没做错的情况下向那小伙子赔礼!虽然表面上看有点不公平,可是我们想想为什么人与人之间不懂得互相礼让呢?我一直认为,声音大是本能,声音小是文明。那么,争先是本能,而礼让才是美德。像那位大姐那样礼让与人,自己明明知道受委屈,还要道歉,但避免了不必要的争吵。在当今社会中这样的人已经不多见了,所以我要说那位大姐非常令我尊敬。

话题4 我喜爱的动物(或植物)

我喜爱的植物很普通但是不平凡,那就是仙人掌。

说它普通,是因为它没有牡丹的娇艳,没有桂花的香味,没有菊花的多彩颜色。说它不平凡,是因为即使生长在沙漠,它也傲然挺立,不屈不挠,还会在不经意间开出漂亮的花朵,夺人眼球。仙人掌并不是从来都不开花,它很通人性。喜欢它还在于它顽强的生命力,不用每天给它浇水,它依然保持挺拔的身姿,而且它总是在不经意间让你感觉它的庞大和旺盛。旁边的菊花盛开很短的时间就凋零了,失去了原有的光彩,逐渐退出人们的视线。但是只有仙人掌,永远葱葱绿绿,一副茂盛不衰的常态,让人在寒冷的冬天也能感受到它的顽强和倔强。

据我所知道的,仙人掌分三种,非常有特色。第一种的特色是条状似的一根根往下垂,就像有很多的长头发。第二种的特色是像盛开的许多小花,一簇一簇,生长开来像个大帽子。第三种的特色就稍微普通些,就是一个圆球,上面长满小小的短刺。每天早上我都会跑到阳台,和仙人掌打招呼,然后轻轻地摸一下它的枝叶,像是和它们握手。

其实在生活中,人们也该像这些仙人掌一样,为自己的梦想努力,坚持不懈,顽强地和命运抗争。虽然命运不能一帆风顺,但是我们可以自己去把握,努力改变逆境,给自己创造好的生活条件,让自己的人生多姿多彩。

话题5　童年的记忆

随着时间的流逝,童年的许多往事都因为记忆力的减退而变得模糊和虚幻。我们总是为了明天而计划或者发愁,老想着明天怎么过。童年里那种无忧无虑的日子就显得异常珍贵起来,于是时不时地翻翻旧照片,回忆一下那童年的快乐。

童年记忆中最深的是每年的六一儿童节,那是我最高兴的一天。因为在这一天,我可以穿上妈妈买的新裙子,放下手中的作业,和小伙伴们一起捉迷藏、跳房子、做各种游戏,不用担心妈妈和老师的责备。此外,春节也是我童年记忆中最开心的时光。我家亲友多,每年过年我都能得到许多压岁钱,我可以用它买自己喜欢的玩具和图书。过年最高兴的是可以走亲访友,这样不仅能吃到许多美食,还可以和亲戚家的小伙伴一起玩。大人们忙着过年,对小孩子格外宽容,我们可以比平常玩得更尽兴。

记得小时候,晚上穿过那条黑得伸手不见五指的小胡同,我们几个小朋友手拉着手、麻着头皮、闭紧双眼、一步步小心翼翼地往里走,心里"扑腾扑腾"地跳个不停。这时,有人搞恶作剧,突然怪叫一声"鬼啊",我们一个个便尖叫着冲出来,然后喘着粗气对望着大笑。

还记得有一个暑假,我们一群女孩子站在街口高高的台阶上,虽然台阶的高度没过了我们的头顶,但在男孩子们起哄的叫喊声中,我们都一个个青蛙似的往下跳,心里想着"巾帼不让须眉,谁也不做胆小鬼"。有一次却不小心出现了意外,当我从上面往下跳时把胳膊划破了,而且由于是夏天,一个假期都没好。妈妈很生气,再也不允许我出去,但是我觉得从那之后我的胆子变得比以前大多了,人也不那么娇气了。

童年最难忘的还是暑假到乡下去探亲,与乡下小伙伴一起抓鱼的情境。我和许多土生土长的乡下孩子很快打成一片,我们是那么地贪玩和调皮。捉迷藏、过家家、爬树、下河摸鱼虾,这些可都是我们小孩子最喜欢玩的事,特别是下河捉鱼,这是我们最拿手的本领。一有空,我们就呼朋引伴向村边的那条小河奔去。大伙跑到河边时,连小裤管也顾不上挽起来,就争先恐后地纷纷跳进河里去了。其实这条小河严格来讲根本不是河,只是两块水田之间宽约一米的小水沟吧!水不深,只没到膝盖,水清澈见底,可以看到一小群一小群的小鱼游来游去。我们下水后,就在水里跑来跑去,两个小脚丫拍打着水面,"扑通扑通"的,水花乱溅,我们乐得哈哈大笑。不久,原来清澈的水已被我们搞得浑浊不清,甚至连水底的淤泥也翻上来了。这样一来,那些原本还在逍遥自在游玩的小鱼就被迫把头浮出水面呼吸,而我们呢,一看到那些小鱼就飞快地伸出小手把它们迅速地从水中捧起来,放进事先就准备好的盛有水的小塑料桶里。这些可怜却又可爱的鱼儿只能乖乖地在桶里游来游去了。每一次,我们都是采用这种方法,先把鱼儿搞得晕头转向,再来个"浑水摸鱼",于是几乎每次都能满载而归。但回到家总免不了挨大人一顿责骂,因为每次捉鱼回来,总搞得浑身上下湿漉漉的,衣服上、脸上,甚至头发上都沾着泥浆,活像一个小泥人。

现在,童年已离我远去。但童年那段无忧无虑、快乐无比的日子,在我的记忆中将永不褪色,童年的往事依旧散发着迷人的芬芳。

话题6　我喜爱的职业

教师是太阳底下最光辉的职业,我喜爱这个职业,希望做一个人类灵魂的工程师。中学毕业时,也许是受启蒙老师的影响,也许是受无数位老师的恩泽,在我面临人生第一个十字路口时,我毫不犹豫地报考了师范学校,实现了我多年的梦想。

如果说当年的选择仅仅是出于对教师的崇拜的话,那么从教十年以后的今天,我仍然喜爱"教师"这个职业,这种喜爱,是因为教师是那么地平凡,但平凡的职业却又富有成就感。

其实,和许许多多的老师一样,我每天所做的都是备课、上课、批改作业……如此简单的脑力劳动,并且又是日复一日、周而复始的循环,然而就在这么简单的循环中,饱含孩子们的欢笑,家长的苦恼,孩子们的成长,家长的欢乐……从斗大的字不识几个到能写出一篇文章,从含糊不清地数数到能解各种疑难的题目,从分不清是非曲直到能有条不紊地分析问题,学生们点点滴滴的成长,包含了我们老师辛苦的汗水,也许这就是为什么说老师像辛勤的园丁的原因了。

每天早晨,我总是急匆匆离家去学校,傍晚又因为要辅导学生而不能按时回家。在不断的教育教学实践中,我知道仅是深深地爱我的事业,爱我的学生,这还不够。当我们面对已经开启的21世纪的大门,当我们沐浴在"科教兴国"的春风里,我不断地问自己:"你准备好了吗?"联合国教科文组织出版的《学会生存》一书的作者埃德加说过:"未来的文盲不是不识字的人,而是没有学会怎样学习的人。"试想,如果我们呕心沥血地培养了一大批未来的文盲的话,那么我们的教育就真的像社会上某些论调所说的那样——"积重难返""误尽苍生"了。

这么多年的付出,让我觉得,自己的价值取向是正确的,自己的职业是崇高的,自己的精神世界是富有的,我的人生之路是通向辉煌的。我将继续在三尺讲台、一方黑板上,书写壮丽的人生篇章。如果有来生,我还会做教师!

话题 7　难忘的旅行

每年的节假日,我们都出去旅游,但最让我难忘的旅行就是有一次和一些同事去探险。

记不清那座山的名字,只知道那天天气很冷,又下着雨,不知是哪位同事心血来潮,建议大家去登山,大家也就同意了。

到了目的地,我们在一个同事的带领下,直奔我们要去登的山。却发现这是一座没有人走的山,或者路不在我们所走的地方。总之,我是糊里糊涂之中跟着同事去登一座没有路的山。这是我第一次也是最后一次探险活动,因为我天生胆小,如果一开始知道要进行这样的冒险活动,无论如何我也不会去的,但到了那里我就没有退路了,只好硬着头皮往上走。

起初,登山过程中还有一点点路的痕迹,但是当我们爬到一定的高度时,就没有什么可以让人放心的地方了。冷雨落在身上都没有感觉,因为所有的注意力已经集中到如何往上爬上。我偶然驻足一回头,发现自己已经处身于半山腰,下面已是悬崖峭壁,我感到头晕目眩,再也不敢往下看了。走到一处,发现一个大一点点的山洞,我们几个人就挤在山洞里,让一个同事先上去。上去之后,他找来一些藤条,放下去拉我们,我们就这样一个一个地被拉上去。正在这时,有个同事的手机却不合时宜地响了起来,接起来一听,发现是保险公司打来要他参加保险的,这让我更加为自己的处境而担忧。后来,我们听到了几声鸡叫,知道山顶上有人家,心里稍微放松了一些。于是派两个人先上去问路,后来他们带来了一个山里人和一根非常粗大的绳子,我们就这样一个个被拉了上去。

这样的经历真是难忘。

话题 8　我的朋友

在我们的一生中会拥有很多的朋友,遇到困难时朋友会伸出援手帮助我们解决困难,取得成功时朋友会为我们的成功真诚祝福。朋友对于我们每一个人都有着不同的意义,有朋友同行是一种安慰,有朋友鼓励是一种力量,有朋友帮助是一种温暖,有朋友忠告是一种激励,有朋友惦记是一种幸福。

在我的生活中也遇到过这样的朋友。她叫郭宝琴,柳叶眉、大眼睛,高高的个子,黑黑的头发,长得很漂亮。她性格温和,说话总是低声细语的,从来不知道着急生气。我很欣赏她的善良、友爱、坚强,所以我们是无话不谈的好朋友。

有一次单元测试,我的数学考差了,而郭宝琴考了满分,她不但没有嘲笑我,还真诚地鼓励我说:"胜败乃兵家常事。不要难过,下次努力,一定会得满分！来,咱们看看卷子,究竟问题出在哪?"我们一起分析了试题,她耐心地讲解了我没弄懂的地方,然后才去写自己的作业。还有一次,老师让我们把订校服的钱拿来,偏偏我却忘了,老师特别地生气:"你没有校服怎么办啊?今天不交钱就没机会了,那以后大型活动就你一个人没校服,我到哪里去借?"老师见我没有说话,就继续说:"你爸爸妈妈在家吗?叫他们把钱送来吧！"我说:"他们出差了。"老师说:"你啊,我真的不知道该怎么说你！"我听了老师的话以后,急得流下了眼泪。这时郭宝琴把自己买校服的钱塞到我的手中,悄悄地说:"拿去,我家离学校很近,我跑步回家拿钱,这钱你以后再还给我就行了。"说完,就气喘吁吁地向校门口跑去……

我们之间的故事有很多,最让我难忘的是初二那年她冒雨为我补课。那一天,离考试还有两个星期,我突然大病一场。我和妈妈都很着急：如果一个星期不学习,我的成绩一定会一落千丈的。那天晚上,滚滚的乌云像脱缰般的野马,黑沉沉地压下来。突然狂风发出尖厉的呼啸声,卷着地上的沙石,狠狠地抛到天上,倾盆大雨劈头盖脸地泼下来。"砰砰……"门外传来一阵敲门声,令我意想不到的是,原来是我平时最要好的朋友郭宝琴！我看见她的衣服都快湿透了,但手中的书却保护得很好。她先向我妈妈打过招呼,然后亲切地问候我："小如,你身体好点了吧?你知道我有多想你,全班同学有多想你吗?今天,我是来给你补课的。"我笑吟吟地说："真的啊！那谢谢你了,麻烦你帮我转告同学们,我没事,叫他们别担心。"她说："嗯,我会。下面我给你补课吧！"补完课已是 8 点 30 分了,临走前她再三叮嘱我准时吃药,早点休息,然后撑着雨伞走进狂风暴雨中,我站在窗口,望着风雨中她艰难前行的背影,感动得泪流满面。郭宝琴是我值得珍惜一生的朋友,她让我体会到友谊的可贵。

真诚的朋友是雨露,清甜、爽心,滋润着彼此的心田;是和煦的春风,温馨、醉人,吹拂着彼此的梦幻。结交一个朋友就像翻开一本词典一样,我们总能从他人的经验中得到可供自己借鉴的东西。朋友是真诚的花,是幸福的桥,只要大家都伸出双手献出真诚的友谊,那么,这个世界会更加美好！

话题 9　我喜爱的文学(或其他)艺术形式

我的兴趣爱好很广泛,尤其喜欢艺术。我喜欢的艺术形式有小说、诗歌、书法和绘画。中学时代,小说一度成了我的最爱。

童年时,爸爸妈妈送给我一套《安徒生童话选》《格林童话选》,我便开始喜欢上了文学。小学四年级时,爷爷引导我阅读四大名著,虽然并不能完全看懂,但还是被其中的情节深深地吸引了。看了神魔小说《西游记》,专门和爸爸妈妈参观了"西游记宫",回来后还和小朋友们表演小说中的内容;看了历史小说《水浒传》《三国演义》,迷上了小说中的人物,买了全套的人物卡片。

上了初中,作业一下子多了起来,但寒暑假我还是爱到书店买上几本小说阅读,这时我最喜欢的是推理小说《福尔摩斯探案》和魔幻小说《哈利·波特》了。我让妈妈为我买了全套的 VCD 光盘,看完小说看光盘,还上网查阅了大量的资料,反复揣摩,仔细研究,已经具有了一定的文学鉴赏能力。

到了高中一年级,我的阅读水平和理解能力提高了,尤其对人物的情感有了更深刻的理解,阅读中不但深受作品感染,产生情感共鸣,甚至还常常"移情",身陷人物的情感世界里无法自拔。妈妈总说我:"怎么了,一会儿哭,一会笑的。"后来,她发现我看得太投入,怕影响我的学业,开始限制我的阅读量,我也进行了理性的调整。

我喜欢读历史小说、武侠小说、言情小说和科幻小说,这些小说里面不仅有曲折的故事情节,还有主人翁自强不息、奋斗终生的坚强意志。比如金庸、池莉、卫斯理、西德尼·谢尔登等都是我喜欢的作家,读他们的作品于我而言就是一种享受。尤其是在午后的树荫下,捧一部他们的作品,伴一杯香郁的茶,那简直就是身在天堂了。

我最喜欢的作品有西德尼·谢尔登的《女强人》。主人公凯特与《乱世佳人》里的斯佳丽一样,好强、坚强、永不言弃。为了事业,她们可以不择手段,并且在任何危难时刻都不退缩,不轻言放弃;对于爱情,她们忠贞不贰。作品对纽约企业竞争的残酷来了一个大暴露,对资本主义人性的刻画深刻而传神。《红楼梦》也是我喜爱的一部小说。记得第一次读《红楼梦》的时候,正值青春萌动。最初完全是着迷于作者笔下缠绵的男情女爱,对"贾雨村"之类的"荒唐言""辛酸泪"并无太多感觉。现在读完小说,对人生就会有更深层次的理解了。

我喜欢小说,我想在未来的人生中它会一直陪伴着我。

话题10　谈谈卫生与健康

在当今物质文明和精神文明共同进步的时代,健康这个话题越来越受到人们的广泛关注。良好的物质生活配合健康的身体才能让生活更加丰富多彩。健康与卫生又是息息相关、不可分割的。卫生是健康的保证,要健康就离不开讲卫生。

俗话说"病从口入",那我就先来说说饮食卫生与健康的关系吧。"民以食为天",足见食物对于人的身体健康是多么重要和不可缺少。那么怎样正确地讲究饮食卫生,才能保证健康的身体呢？我认为,必须从日常生活做起,比如多吃蔬菜和水果,因为水果和蔬菜中富含多种人体所需的矿物质和维生素,有助于身体的吸收和成长。还要多吃粗粮,如面条、粉、年糕、饺子、馄饨等等,对小孩的身体发育很有好处。少吃油煎、烧烤之类的食品,因为这些食品含一些致癌物质,多吃对身体只会有害无益。不去那些卫生条件差的小吃店就餐,减少病菌感染机会。

再来谈谈个人卫生与健康的关系。人往往是因为不良的卫生习惯才导致疾病的发生。当你接触过钱、霉旧的书之类的东西,千万不要去揉眼睛,否则,沾在手上的细菌就会跑进眼睛,这样会使你患上沙眼,导致视力下降。所以要想身体健康就需要保持个人卫生,良好的卫生习惯是拥有健康身体的前提和保障。要保持个人清洁卫生,要勤换洗衣服,勤洗澡,勤剪指甲；饭前便后要洗手；经常打扫环境；适当参加体育锻炼，增强身体免疫力。只有做个生活的有心人，在生活中处处讲卫生，养成良好的生活习惯，锻炼身体，强健体魄，才能有个健康的身体，才能享受美好生活。

在当今这个快节奏的时代，来自工作和生活的压力常常影响到人们的心理健康。所以世界卫生组织扩展了健康的内涵，在健康的定义中加进了心理健康的内容。从健康的角度看，如果长期工作12小时以上，就会对人体产生压力，继而产生"失落感"也是必然。由失落感所衍生的情绪反应，会使人产生悲观、失望、没有信心甚至愤世嫉俗的心态。事业的压力对白领男人危害最大，经受不住这种压力，往往会有失落感，也就是人们常说的"灰色"心理。所以要学会减压，放慢工作速度。如果你被紧张的工作压得喘不过气来，最好立即把工作放一下，放慢一点，可能你会做得更好。合理地安排作息时间，使生活、学习、工作都能有规律地进行。正确地评价自己，永远保持一颗平常心，不要与自己过不去。"身体是革命的本钱"，要珍惜它，让它发挥最大价值。

在今天，越来越多的人意识到健康和卫生的重要关系，在寻求属于自己的养生之道。我想，要想真正健康，其实只有两点是最重要的，那就是：锻炼身体，注意卫生！

话题11　我的业余生活

我的业余生活是充实而愉快的，工作之余我最喜欢做的事就是养花了。

我喜欢养花，尤其喜欢种花，家里的花大部分不是买的成品，而是我精心培植的。许多花已经有十几年的历史了，有的还是二十几年的，它们构成了我记忆中最温馨的内容。每当看到这些花，都会勾起我对往事的回忆。

比如那盆吊兰吧，是十年前在一个同事办公室摘下的吊兰垂蔓上的小分枝培育的。当时，它小得像婴儿的手掌，现在已经长成帽子大的一片了。去年我还为它分了盆。每当我擦拭着吊兰那浅绿泛白的叶片时，以往的岁月就浮上心头，当时的对话好像还在耳畔。

还有那棵文竹，是十几年前我从教珠算的陈老师那"赖"来的。当时不知是附庸风雅，还是心血来潮，迷上了文竹那柔弱、优雅的姿态，恰逢看到陈老师办公室有两盆，我就劝他把最小的让给我。但是，文竹很不好养，每年冬天最冷的时候和夏天最热的时候，都会出现干枝黄叶现象。后来，我想了个高招，就是剪掉让它重新长。对付文竹长势过猛、造型不好也是用的这一招。现在它生生死死已经十几年了。

同样"死去活来"的还有那盆茉莉花。有一年夏天，我花了2元钱在路边买了盆茉莉花，当时开着花，双瓣的，特别漂亮。夜晚，微风吹来，香气溢满整个屋子，难怪叫"夜来香"呢！我专门买来了养花的书，精心地研究，根据书上说的"茉莉花需要大水、大肥、大阳光"来种植它，它也真给面子，花开了一茬又一茬。冬天到了，工作一忙，忘了它。一天打扫卫生时，看到放在阳台一角的茉莉花盆里竟然结了一盆冰！我想，完了！活不了了。仔细一看，它的叶子竟然还是绿的。出于愧疚心理，我把它移到了阳台靠近屋子的那一角。春节来了，家里人偶然来到阳台，惊呼起来："快看啊，茉莉花竟然开花了。"我急忙赶过来一看，真的，几朵白里透着些淡紫的小花幽幽地开着，有夏天的五分之三那么大，真奇了！

最近，我在研究如何让大叶海棠长得像树。那是因为，有一次去别人家串门，看到他家的大叶海棠高大粗壮，大拇指般粗细，一米多高，笔直笔直的，长得像树。当时他说："就是傻长,也不开花,别人都说长得跟我似的。"我笑了起来:"那我们家的大叶海棠长得像我,细细的、弯弯的,光开花,不长个儿。说实话,我还羡慕你呢!"为了让我家的大叶海棠长得像树一样直、一样高,回家后我把家里的大叶海棠换了个大花盆,而且给它用上肥力大的花土,每天勤浇水,就盼着它能长得像树。一个月,两个月……一年过去了,它现在长得比我还高,而且开着一嘟噜一嘟噜的大花,好看极了。唯一的遗憾是它不够直,我想可能是浇水太勤,长得太快了。还要继续研究如何让它长得更直。

现在,在我的精心浇灌下,我家阳台如同一个小花园,紫罗兰、彩叶草、君子兰、龟背竹、巴西木、鹤顶红……各种植物非常繁茂。业余时间,搬把椅子,拿本书,坐在我的小花园里,吹着凉风,听着窗外小鸟的鸣叫,实在太惬意了。

话题 12　我喜欢的季节(或天气)

一年四季我都很喜欢,但是最喜欢的是春天。

常言说:一年之计在于春。春季是万物复苏的季节,天气转暖,植物发芽。最明显的要数迎春花和柳树了。在北方,冬季是没有色彩的、冷清的。所以,每年一过春节人们就盼着春天的到来。"一九二九不出手,三九四九冰上走,五九六九隔河看柳,七九河开,八九雁来,九九一百",人们从寒冬就哼着这样的歌谣,熬着、等着、盼着,春天终于来了。正像诗人雪莱说的:"如果冬天来了,春天还会远吗?"

春天缓缓地来了,天气还有些凉的时候,迎春花就开了,黄色的花朵在早春里很显眼,大人和孩子看了都很喜欢,他们从柳树抽芽和迎春花黄色的花瓣里看到了春的希望。不久,三两支红杏隔着墙探出浅粉的花瓣来。碧桃树着急了,一夜之间开了满树艳丽的花朵。紫色的玉兰花像害羞的大家闺秀,半开半收着她雍容富丽的花容;白色的玉兰花更像一只只停留在枝头,随时振翅欲飞的白色鸽子。春风吹来,一阵幽香吸引了我,原来是丁香开花了,有洁白的、有淡紫的,连成一片。远处,紫藤萝像瀑布一样垂下它的枝条,紫色的花朵发出浓郁的香气。校园的樱花朵朵开放,吸引了许多拍照的同学。春天真美!

在春天我们还喜欢春游踏青,去感受自然的变化。记得有一年学校组织春游,本来我不想去,因为期末考试没有考好,过年的时候都没有精神,新学期开学后情绪很低落。但是老师说集体活动必须要参加,无奈只能去。一路上大家说说笑笑,可是我却没那个心思。突然有个同学说:"看,花都开了。"大家都转向窗外,窗外一片片的迎春花很显眼,我顿时觉得眼前一亮。下车了,山上绿绿的,虽然不是那种茂盛的绿,但是看着让人很舒服,我的心情也好了起来,觉得太阳好像照到了心里一样,很暖和,很兴奋,也突然感觉充满了希望。一次没考好,还有的是机会,不能就此颓废下去,下次努力一定会有好的成绩的。所以我很喜欢春天,因为它充满了希望,抓住了春季也就成功了一大半。

春天是充满希望的季节,正像青春年少的我们。应珍惜时间,在人生的春天做好奋斗的准备,在人生的征途上扬帆远航、乘风破浪。

话题 13　学习普通话的体会

学普通话以前,总认为普通话是很好说的,只要把家乡话变换一下就行了,有什么难的?可是一开口,才知道说普通话并不是我想象的那么容易。记得刚到这所学校的时候,自己不敢和同学说话,因为自己说的"普通话"别人一句也听不懂。而学校有文件规定,必须拿到普通话水平测试等级证书才能毕业,我真正认真学讲普通话就从这学期开始了。

要学会说普通话,必须从拼音 b、p、m、f 学起。每天早读的时候我就在教室练,不懂的就问同学,可是由于自己基础差,学起来特别艰难,有时为了读准一个拼音,经常练到嘴巴痛,舌头发硬。刚开始学发鼻韵母,自己一点都不懂,找不到发音的要领,我就虚心地问其他同学,有时候问多了,他们也不耐烦,所以只有自己艰难地学着。经过不断的努力,我的普通话发音终于有了很大的提高。除此之外,在普通话测试中还有语言表达部分,一开始三分钟的说话我说上一分钟左右就无话可说了。在准备的过程中,我阅读了大量的书籍,不光开阔了思路,而且读了很多故事,这样我就有话可说了。所以我觉得普通话测试不光是规范了我的语音,而且还提高了我的语言表达能力,对日后教学有很大帮助。

我有一些经验也说给大家听听:

第一,就是学好拼音字母,掌握发音部位,对于局部个别的方言音,要反复练习直至完全到位为止。

第二,多读些拼音报上的文章等,锻炼说普通话的感觉,或者看到一个字后,就暗暗地朗诵其标准音,并注意与方言音的对应关系,争取举一反三,触类旁通。

第三,不懂就查。字典是我们很好的老师,若有不懂,要虚心请教,直至完全正确为止。尤其要注意一些字的多音与多义等。

第四,读词典。翻开《现代汉语词典》,一字一字、一词一词、一句一句、一页一页地朗读,极为有效。

另外,坚持用普通话进行日常会话。有人说:语言取决于环境。在一个大家都说普通话的环境中,耳濡目染,近朱必赤,即使你方言音浓重,逐渐也会受感染的。

学说普通话的过程,有苦也有乐。苦的是自己对着那些音节,怎样读也读不准;乐的是自己说的普通话不再是别人一句也听不懂了。现在,我可以在公开场合和其他同学一起高声谈论天下大事了。学习普通话,使我又恢复了本来的自信,找回了自己,我不再是个沉默的人。

话题 14　谈谈服饰

俗话说"佛要金装,人要衣装",可见穿衣打扮的重要作用。在公共场合,一个人得体、大方的装扮,不仅是懂得社交礼仪的体现,还能带给人美丽自信的感受,留下既有修养又有气质的良好印象。那么如何选择得体的服饰进行装扮呢?下面我就谈谈个人的看法:

首先,要根据社交场所选择服饰。年轻人在日常生活中穿西装、打领带不但不舒服,而且显得古板保守,穿休闲装就很适宜。但如果去面试或见客户,穿西装、打领带就显得比较正式,对方也会从你的着装中感受到你的尊重和诚意。所以说人要根据场合来选择服饰。

其次,要根据年龄、职业选择服饰。有些年轻人的服饰选择过于成熟,结果把年轻人的蓬勃朝气淹没了;有些年长者穿衣不够庄重大方,失去了成年人的成熟稳重。有些女职员工作场合衣着暴露,员工觉得她不太自重;有些男职员社交场合衣着不洁,老板会质疑他的业务能力。有些教师穿衣太时尚,饰品太前卫,对学生会产生误导;有些教师不修边幅,服饰搭配太随意,也会影响师道尊严。所以说要根据年龄、职业选择服饰。

再次,要根据身材、肤色和个性选择服饰。身材瘦小的选择颜色浅、亮、艳的服装;人高马大的应选择深色系的、竖条服装。肤色深的不要穿太暗淡、太淡雅的服装,两者都会凸显缺点;肤色太白的人要避免对白色服装的选择,否则会看着不够健康。穿着打扮要符合个性气质,外向的人不宜选择太艳丽的服装,一身淡雅的服装会显得清新自然、娴静端庄;文静的人可以打扮得活泼些,既可以破除沉闷的气场,也可以适度调整自己的个性,变得亲和大方。

最后,要特别强调,一定要根据性别选择服饰。年轻人常模仿歌星、影星的服饰,但是舞台装多表现出另类和怪异,以新奇来制胜,日常生活和工作大可不必。刘欢的长发束辫、李宇春的中性打扮都不会在大众中普及,日常的工作生活中,这样的装扮不会被周围人认可,也得不到应有的尊重。

所以说,服饰在人的生活中起着重要作用。服饰的选择搭配,不但显示出我们的聪明智慧、礼仪修养,还体现了一个人对生活、对工作的态度。"一屋不扫,何以扫天下?"很难想象,一个对服饰这种脸面上的事都不重视的人,对工作态度会认真吗?所以,随着生活水平的提高,我们要重视服饰,尽情展示现代人良好的形象气质和精神风貌!

话题 15 我的假日生活

我的假日生活也许不够丰富多彩,但过得充实、愉快,主要分为家务、学习和旅游这三个部分。

一家人在一起生活,做家务是每个成员应尽的义务。家务中最繁琐的就是卫生和餐饮了。每个假日,首先要做的事就是大扫除。虽然辛苦,但是看到自己的家在劳动之后面貌一新,那种快乐是无法形容的。买菜、洗菜也是我常帮家里人做的事。开始很烦,后来发现有个最大的好处,那就是我买我做主,喜欢吃什么就买什么。有空的时候,我会走进厨房,照着菜谱炒上两个好菜,或者做一些自己力所能及的家务活儿,这样既可以帮助家人,又能使自己舒展筋骨,真是一举两得。我还喜欢养花,家里种的几盆花功劳全归我。在我的精心浇灌下,我家阳台如同一个小花园,各种植物非常繁茂。

学习是我假日生活中一项不可缺少的内容,因为人只有在不断的学习中,才会不断地提高。看书、上网、书法、绘画,这些都是我在假日时间里学习的方式。

我喜欢看书,它就像我的知己和朋友。平常闲暇时我看的书多为讲述人生道理、处理人际关系、卫生保健等方面的书,如果假日时间长,我会看些文学作品和理论专著。我爱鲁迅的"横眉冷对千夫指,俯首甘为孺子牛",我爱徐志摩的"轻轻的我走了,正如我轻轻的来";我爱手持双斧的李逵,我爱血战长坂坡的赵子龙;我爱孔子、庄子的哲思,我爱莎士比亚的文雅;我爱古今中外一切知识营养。它开阔了我的视野,陶冶了我的性情,提高了我的艺术审美能力。

作为一个现代人,上网是我每天都会做的事。通过上网来看新闻,能多了解社会最新发生的事情,丰富自我阅历;通过上网查阅资料,也是很好的学习提高的途径;通过上网,还可以和同学交流思想,交换最新资讯。

从小我就喜爱书法和绘画。假日时间充裕时,我会拿出画夹,画几幅素描或水彩画来自娱自乐。比如看鲁迅的作品,会临摹封面上他的肖像,看丰子恺的散文,会画两笔他的漫画,也算是看书之余的一种调节吧。人们常说"字如其人",为了练一手好字,假日我会拿出笔墨纸砚和古典诗词,写一页诗词小楷。字也许不太漂亮,但既练了字,又温习了诗词,可以说一举两得。同时,软笔书法还有一大妙处,就是静心。炎热的夏季,练练小楷能让你凝神定气,也是养生的好办法。

如果家人有时间,我们会一同外出度假,因为我很珍惜与家人相处的时光。虽然外出旅游可以和同学、朋友一起去,但是我始终认为欣赏景物"有景还要有情",与家人相守让所有的旅行都变得与众不同,甚至终生难忘。

总之,家务、学习、旅游构成了我快乐的假日生活,我的人生也正是因为有了这三部曲子才会变得如此充实而美丽。

话题16　我的成长之路

也许是自己的个性太要强,也许受应试教育的影响,从小到大我总是把第一当成人生目标,不允许自己落后半点。

2004年10月,我第一次走进大学,开始了我人生中一个新的起点。进入大学后,我保留了高中学习时一个非常不好的习惯,就是在学习的时候总喜欢和别人比上比下,每天弄得自己很紧张,考了第一名总怕考第二。

其实,总活在和人比的氛围下有什么好处呢?我们作为社会上一个独立的实体,每个人都有每个人的特点,每个人都有每个人的专长。如果你想方方面面都做到全校最优秀,是不太可能的,即使做到了,那么学校外更广阔的天空可能会给你更大的打击。人外有人,山外有山。经历过高考的我们,每一个人都是优秀的,都是独一无二的。我们不需要和其他人比,但要经常和自己比一比,比一比今天的我同昨天相比有没有进步,比一比今年的我和去年比有哪些收获,每天都要争做最好的自己。

如果说大学一年级的时候是一种被动的学习状态,对本专业不能揽其全貌,那么进入大学二年级以后的学习便是比较有针对性的了,但这种转变并非偶然,同样也是经过了艰苦的学习换来的。现在进入大学三年级的学习,是奋斗的一年,基本上专业基础课程已经结束了,大量的专业课程和专业选修课程成为学习的重点。遇到的困难也会更多,更需相信自己能行。只剩下一年的大学时间了,看看以前的路,觉得我的大学学习是走了不少弯路的,以至于没有在大学阶段做得足够好。但总的来说,我没有放弃自己的理想,一直在努力,也看到了自己在各方面的成长,希望通过以后的学习生活来更加充实自己。

话题17　谈谈科技发展与社会生活

自从改革开放以来,我国的科学技术得到了迅猛的发展,并且已经深深地影响着我们的日常生活,在经济社会发展中扮演着不可或缺的角色。祖辈梦想的"楼上楼下,电灯电话"的生活早已实现,父辈"自行车、手表、缝纫机"的结婚三大件,先被"电视机、洗衣机、录音机"取代,后换成"空调、电脑、音响……汽车、别墅和高楼洋房"。总之,科学技术在各个领域改变着我们的生活。

21世纪以来,科学技术更给中国百姓带来天翻地覆的变化。尤其是计算机网络技术、电子信息技术的飞速发展,使得手机、电脑这些曾经昂贵的奢侈品步入了寻常百姓家,成为我们生活的必需品。想象一下,如果没有手机,我们如何随心所欲地与亲人保持联系呢?如果没有网络,我们又如何与远在异国他乡的朋友谈天论地呢?如果没有高清晰度的电视技术,我们又如何享受华丽的好莱坞电影?"秀才不出门,能知天下事。"电视机的普及使偏远山区的百姓了解到汶川地震、"神五"飞天、日本海啸和中国的援助;私家汽车大量涌现,"缩短了生活的半径",使人们出行更加便捷;高速铁路的运营节省了旅客的时间,"朝发夕至"已不再是梦想。微波炉、电磁炉改变着我们的生活,莫代尔、竹炭纤维成了我们的贴身至爱……

当然,我们也必须承认,科学技术在一定程度上也改变着我们的生活方式,改变着我们的文化。小到人们的衣食住行,大到全社会的思想观念,无论农村还是城市,都发生了重大变革。联合收割机取代了农民几代人手中的镰刀,除草剂使农户的锄头派不上用场,蔬菜大棚让人们在寒冷的冬季吃上新鲜的青菜……正是因为科学技术具有如此的重要性,我们国家的领导人才在多种场合提出大力发展科学技术。我国在改革开放以后取得了很大的进步,步入了科技强国之林。但是,我们还应该认识到,我国很多技术都比发达国家落后,而且在科技发展上受到他们的限制。所以,我们应该奋起直追,迎头赶上。

作为一名青年学生,我们不仅应该认识到科技的重要性,还要热爱科学,尊重科学,努力学习科学技术,用科学技术来武装我们的头脑,具有献身科学的勇气和决心,具有用科学技术来贡献全人类的博大胸怀!

话题 18　我知道的风俗

我的身边生活着许多少数民族朋友,所以我了解了一些他们的风俗。下面谈谈苗族的风俗习惯吧。

苗族的服饰在各地各有其特点。黔西北、滇东北的苗族男子穿带有花纹的麻布衣服,肩披织有几何图案的羊毛毡;其他各地苗族男子一般都穿对襟或左大襟的短衣,下穿长裤,束大腰带,头缠青色长巾,冬天脚上多缠裹绑腿。古代苗族男子都蓄长发,挽椎髻于头顶,插木梳或发针,戴耳环、手镯、项圈等饰物。至清代末期,他们已不再蓄发挽椎髻,有的改梳长辫子。各地区苗族妇女的服饰差异较大,式样约几十种之多,但大多数地区妇女穿大领对襟短衣和长短不同的百褶裙,有的长及脚面,有的短至腿根,仅七八寸长。湘西、贵州松桃、凯里、广西大苗山、湖北宣恩等部分地区苗族穿大襟右衽上衣,下着宽脚裤。湘西苗族的上衣无领,衣袖和裤脚绣有宽大花边,头缠格子布或青布头巾,戴耳环、项圈、手镯等饰物。苗族妇女的头饰式样繁多,挽髻于头顶,配上各种式样的包头帕,有的包成尖顶、圆顶,有的把头发绕在支架上高竖于头顶上,别具风格。她们的盛装以黔东南独具特色,把银饰钉在衣服上做成"银衣",头上戴着形如牛角的银质头饰,高达尺余。

黔东南、湘西、海南岛和广西融水的苗族,主食大米,也有玉米、红薯、小米等杂粮;黔西北、川南、滇东北的苗族,则以玉米、土豆、荞子、燕麦等为主食。黔东南地区的苗族把糯米饭和蔬菜一起封存坛内,一两个月后再取食的醅菜,是一种独具风味的酸腌菜。苗族饮酒的嗜好十分普遍,凡遇婚丧、节日或亲友来访,都用酒招待宾客。

苗族的建筑在各地也有很大差别。黔东南居民住木制平房和楼房。楼房一般为两层,建筑形式多为"吊脚楼"(即按山坡斜度竖桩,在桩上建筑),屋顶为双斜面。顶棚上层贮藏粮食、杂物,吊脚楼下堆放杂物或圈养牲畜。湘西和贵州松桃等地,采用木质结构、双斜面瓦顶或草顶平房,每幢3~5间,"偏厦"作灶房或牲口圈。过去,地主或富裕人家还筑有庭院,并砌高墙或石碣围护。云南文山地区苗族居民住宅的墙壁多用竹条编织、外面糊上泥土的方法建造,屋顶为平形草顶。昭通地区的苗族居民多住"权权房",即一种用几根树干交叉搭糊,盖上茅草,用树枝或竹子编织、糊泥作墙的房屋。一般隔为两间,人畜各一。海南岛苗族住的是长而窄的茅草房,三间一幢,屋檐较长,檐下走廊是休息的地方。川南和黔西北的苗族多住土墙草顶或瓦顶的房屋。

苗族一般是一夫一妻的小家庭,财产由男子继承,主妇在家庭中享有较多的权力和地位。年老父母一般由幼子供养。有的地区,有父子连名的习惯,子名在前,父名在后,平时都只呼本名,不连父名。由于受汉族宗法封建的影响,有的制订字辈、建立宗祠、修纂家谱。苗族青年男女婚姻比较自由,男女青年通过"游方"(黔东南)、"坐寨"(广西融水)、"踩月亮"(云南文山、楚雄)、"跳花"(黔中、黔西)、"会姑娘"(湘西)等社交活动,自由对歌,恋爱成婚。云南楚雄等地有"姑娘房"制度,以便择配良偶。也有父母包办婚姻的,一般通过亲友撮合,讲门当户对。苗族妇女有婚后"不落夫家"的习俗,特别在黔东南至今仍有保留。有的地区苗族还有"还姑娘""转房""妻姊妹婚"等习俗。

我国是由五十六个民族组成的大家庭,了解各民族的风俗,尊重他们的习惯,可以使中华民族更有凝聚力。

话题 19 我和体育

看到这个话题,我有点儿发憷。说实在的,我从小就不怎么喜欢体育。上学时,我各科成绩都不错,唯独我的体育成绩一直在及格线上挣扎。在所有的功课中,我最不喜欢上的就是体育课。可偏偏学校提出"德智体全面发展"的口号,体育不及格还不能当三好学生。所以,我为此付出了很多辛苦。

我不胖,体质也不算弱,但不知道为什么体育就不能达到优秀。仰卧起坐相对而言好些,但也是指达标没问题。最怕跳高与长跑了,中考体育占 30 分,三项考试中长跑是最难的一项。每天下午放学后,操场上就出现许多练习长跑的人,谁也不想因为体育而给升学带来麻烦。"笨鸟先飞",像我这样体育不好的人,除了下午的长跑,自然早晨还要多加训练了。我打心底里羡慕那些轻而易举在体育方面拿高分的人。我知道他们努力过,但我付出的也不比他们少,甚至远远比他们还多,而成效却微乎其微啊!

尽管如此,体育还是给我带来了许多乐趣。可能是因为个子高吧,初一时我被老师选上参加学校的篮球比赛,记得那次比赛我们班还赢了呢!如果不是因为怕耽误学习,我就可能继续练下去了。后来我又迷上了乒乓球,还参加了课外乒乓球兴趣小组。每天下午放学后,我们在一起训练,从发球到扣球,每一种技巧都需要反复练习。一番折腾下来,还算小有成就,能打两下子了。现在觉得羽毛球也不错,虽然比乒乓球活动量大一些,但有时去打打,练的次数多了,技术也有了一点儿进步。去年又因为世界杯,对足球非常感兴趣,开始爱看球赛了,弄清了"角球""越位"等一些术语,并有点后悔上学时怎么没学足球。

对于体育运动,我不考虑比赛的结果,而是热衷于参与和享受运动的过程。其实我深深地知道,体育锻炼是很重要的,没有健康的身体,什么事情都做不成。

这就是我对体育的苦恼与快乐。

话题 20　我的家乡(或熟悉的地方)

我的家乡在河北。自改革开放以来,河北省发生了翻天覆地的变化,走上了健康发展的轨道。在这块美丽而富饶、繁荣而昌盛的土地上,居住着 6000 多万人口,有着灿烂而辉煌的历史。

雄伟壮观的万里长城是世界历史上的一个伟大奇迹。承德的避暑山庄是我国现存最大的皇家园林。横跨赵县洨河上的赵州桥,是隋代李春所建,是世界上最为古老的圆弧式拱桥。沧州铁狮子是我国最大的铸铁文物,1961 年被国务院列为第一批全国重点文物保护单位。铸于北宋的正定府大菩萨,在正定城内隆兴寺的大悲阁中,为千手千眼观音菩萨像,高 22.28 米,是北京周边地区四尊大佛之一,与北京雍和宫大佛、天津蓟县独乐寺大佛、承德普宁寺大佛齐名。

河北的自然风光优美,旅游胜地甚多,如星罗棋布一般,令人向往。单说那山,就让你流连忘返！兴隆的雾灵山,景色独特,如同仙境一般;赞皇的嶂石岩,匠心独运,如同天壁隔日;昌黎的碣石山,青山巅连,巍峨屹立,如屏似障,此外还有井径的苍岩山、石家庄的仙台山、天桂山、驼梁……数不胜数,是人们旅游、观光、度假的好去处。

再说那水,更使你赞不绝口！"华北明珠"白洋淀是中国海河平原上最大的湖泊,国家 5A 级旅游景区。这里四季景色分明,水光天色,美不胜收。抗日战争时期雁翎队的故事家喻户晓。衡水湖,是华北平原第二大淡水湖,国家级自然保护区。相传大禹治水时,在衡水湖处掘了一锹土,从而留下了这片大洼,历经时代变迁,最后演变成了现在的衡水湖。衡水湖的湿地生态系统现已成为鸟类的天堂。在衡水湖栖息的鸟类多达 317 种,其中国家一级保护的鸟类就有 7 种。湖内人鸟共生,更增添了几分诗情画意。

河北,人杰地灵,养育了很多伟大的人物和文化名人。河北任丘是战国名医扁鹊的故乡,"罢黜百家,独尊儒术"的西汉思想家董仲舒是河北省景县人,南北朝时期我国杰出的科学家祖冲之是河北涞水县人,元朝科学家郭守敬的家乡在河北省邢台县,中国共产党的主要创始人之一李大钊是河北乐亭人,当代著名数学家张广厚是河北唐山人,中国作家协会主席、著名作家铁凝是河北保定人……河北,真是青出于蓝胜于蓝！

河北是一个革命遗迹和爱国主义教育基地众多的省份,从李大钊故居、革命圣地西柏坡、清苑冉庄地道战遗址、八路军一二九师司令部旧址和将军岭等爱国主义教育基地中,可以领略河北在中国近、现代史中的重要地位。

我爱我的家乡——河北,爱这块希望的田野！

话题 21　谈谈美食

中国疆域广阔,人口众多,各地在食物上呈现不同的特点。出门去各地旅游,最惬意的除了观赏美景,就是品味当地美食了。

记得那年去陕西旅游,印象最深刻的就是品尝当地的羊肉泡馍了。羊肉泡馍是陕西闻名天下的美食,看起来很简单,就是把馍泡在羊肉汤里,可是不要小看这个馍,馍要用手掰成很小的颗粒泡在汤里才正宗。看似很普通,但是不管你在汤里泡多久它都很有嚼头,一点也不软。羊汤的味道也是香香的,一碗吃下去身上很暖和而且还不容易饿。

除了羊肉泡馍,在陕西还能吃到像裤带一样宽的面条,味道香香的、辣辣的,吃的时候很痛快。到陕西不吃凉皮绝对是白来,凉皮是格外地劲道美味,吃的时候恨不得把舌头都吃下去。

北方以面食为主,而在南方人们就更多地以大米为主食。在云南有一种很特别的小吃叫竹筒米饭。当地人把米饭放在竹筒里蒸,既有米香又有竹子的清香,保你吃了一个还想吃第二个。

北方人大都用小麦面粉做面条,做出炸酱面、打卤面等美味佳肴。而在云南,过桥米线也是一大美食,据说最好的过桥米线是用整只鸡熬成一碗汤做成的,在鸡汤中倒入米线、蔬菜、肉类等十几样,有时还有菊花瓣儿呢。一碗过桥米线端上来,看着都让人坐不住了,吃着味道更使你终生难忘!

如果你到广西旅游,在感受"桂林山水甲天下"的同时,一定要品尝广西菜。广西菜的特色是以当地特产为原料,在原料配制上突出主料,切配精细、讲究口味,具有浓郁的地方风俗。比如"啤酒鱼",采用从漓江捕来的活鱼烹制,色香味俱佳、鲜嫩可口。而制作"荔浦芋扣肉",选荔浦芋至关重要。一般选荔浦芋的母芋,椭圆形,皮呈棕色、粗糙,节间较密,剖面呈紫红色,槟榔花纹为最佳。荔浦芋扣肉肥而不腻,香味异常。

广西各民族善于制作风味小吃,并且食材比较广泛:天上飞的、地上爬的、水里游的、泥里钻的、树上生的、草里长的,都能纳入风味小吃的原料中。最出名的是"侗家酸鱼"和"壮家三夹"。侗家人喜欢将捕到的鲜鱼放入酸坛腌制成美味的侗家酸鱼。壮家三夹中的"三夹"是用红肠、猪肝、粉肠三种菜调配制成的。还有打油茶、老友面、凉粉等也是当地特色风味。

话题22 我喜欢的节日

一年当中节日很多,我最喜欢的节日是中秋节。

我喜欢中秋节,首先是因为它气候宜人。每年农历八月十五日,是传统的中秋佳节。因为处在一年秋季的中期,所以被称为中秋。北方的中秋节,没有端午节的炎热,没有春节的寒冷,却比清明节晴朗、舒适。

我喜欢中秋节,其次是因为它的瓜果飘香。金秋时节,庄稼丰收、鱼虾满塘、瓜果飘香,是农民的收获之际。当然,我们也能品尝到这丰收的果实,分享到劳动者的快乐。

我喜欢中秋节,更因为它是一个举家团圆的日子。中秋也称仲秋,又叫作"月夕""八月节"。中秋夜,一轮圆月高高地挂在天空,人们仰望天空的朗朗明月,自然会希望一家人团聚。那些远在异地他乡漂泊的游子,也会在月圆之夜寄托自己对故乡和亲人的思念之情,"举头望明月,低头思故乡"。所以,中秋又称"团圆节"。

我喜欢中秋节,还因为它有着悠久的历史。我国在古代就有"秋暮夕月"的习俗。"夕月",指的是祭拜月神。到了周代,每逢中秋夜都要举行迎寒和祭月。先摆设大香案,再放上月饼、西瓜、苹果、红枣等祭品,然后站在月光下,将月亮神像放在月亮所处的方向,接下来全家人依次拜祭月亮,最后由当家主妇切吃团圆月饼。

在我国唐代,中秋赏月、玩月非常盛行,许多大诗人的作品见证了这一点。

在北宋京师,八月十五中秋月圆夜,满城人家,不论贫富老小,都要穿上成人的衣服,焚香拜月,说出心愿,祈求月亮神的保佑。

在多灾多难的南宋时期,百姓妻离子散、家破人亡。每逢中秋来临,民间流行互赠月饼,用意是希望全家团圆、团聚,不分散。

明清以来,中秋节的风俗更加盛行,许多地方形成了烧斗香、树中秋、点塔灯、放天灯、走月亮、舞火龙等特殊风俗。

今天,月下游玩的习俗,已远没有古代那么盛行。但是,举家欢聚、设宴赏月依然是中秋节的特色。金风送爽,月色美好。人们欢聚一堂,把酒望月,分享着口味多样的各种月饼,品尝着丰收的新鲜瓜果,庆贺美好幸福的生活,共同遥祝远方的亲人健康快乐,千家万户在欢声笑语中庆贺着佳节的到来。

由于地域和时代的不同,中秋节的习俗、形式也各不相同,但都寄托着人们对生活无限的热爱和对美好生活的向往。

这就是我喜欢的节日,中秋节。我每年都期待着它。

话题 23 我所在的集体(学校、机关、公司)

我所在的班集体是一个团结友爱、温暖和谐、充满活力的大家庭。

我们班同学大多数来自农村,一样的乡村风俗,一样的淳朴善良,一样的青春年华,使得我们在一起生活、学习相处得很融洽。没有高贵贫贱之分,有的只是平等、互助和友爱。

我们的班集体是团结的。学校每学期都会组织体育比赛,活动分年级开展,有篮球赛、排球赛、足球赛、羽毛球赛等。无论是哪项比赛,我们班表现都很积极。赛场上,我们团结一致;赛场下,我们齐心合力。只要我们班有参赛的队员,你就会在赛场旁看到我们班其他同学的身影:有站在一旁认真观看的,有大声呼喊做拉拉队的,有跑前跑后做后勤服务的。队员们一下场休息,马上就会有同学拿出矿泉水或递上毛巾擦汗。正是因为场外同学的热情服务,鼓舞了赛场上的队员们的斗志,全校每次比赛,我们班的男生队、女生队都会获奖,男生队还多次得了篮球赛的冠军。当然,取得比赛的胜利,很大程度上取决于队员们的球技,但如果不能团结一致,赛场内的队员们彼此矛盾,不互相配合,胜利的结果能得到吗?所以,班集体团结的力量是巨大的,而我们班集体的团结友爱、积极进取是取得每次胜利的重要保障。

我们的班集体是友爱的。哪位同学遇到不能解决的问题,首先想到的是班集体,他(她)会寻求同学们的帮助,共同解决问题;哪位同学有了生活上的困难,首先向他(她)伸出援手的是我们班的同学;哪位同学的成绩落后了,班里的同学就组织力量,帮他(她)把学习赶上……团结友爱、和谐温暖、充满活力的班级风气,还让每个同学的心里都感到踏实、快乐。

我们班是一个充满活力、团结互爱、温暖快乐的大家庭。我爱我们的班集体。

话题 24 谈谈社会公德(或职业道德)

公德是我们每个公民都应共同遵守的道德准则,是全社会的义务和责任。在我们当今以德治国、依法治国的形势下,发扬助人为乐、扶贫助困、爱护公物、保护环境的社会公德,更是每个公民义不容辞的责任。

在当今社会,缺少社会公德的人大有人在。随便砸碎路灯泡、砸烂电话亭,在公共场所随地吐痰、乱扔垃圾、随意丢弃烟头,在公众场合大声喧哗、污言秽语等,都是缺少社会公德的行为。

每个节假日过后,在公园的草坪上都会看到游人随意丢弃的垃圾;在一些有众多人的景区,经常看到有些年轻人不排队等候;街头现代化的建筑常常被小广告玷污;社区的便民设施总有手痒的人损坏……不文明现象屡禁不止。

昨天,我在广场散步,却看到带小孩的家长竟然攀折花木,甚至还有人到喷水池里洗脚!这些不良现象,看似小事,其实暴露了一些人社会公德意识差的问题,如果不从思想意识上彻底改变的话,会造成很坏的影响。

曾经看到一则报道,我国一个少年演出团出国演出,由于队员们在宾馆不停地大声喧哗,遭到许多宾客的投诉,宾馆只能勒令这个演出团集体退房。表面看来,也许是因为第一次出国,又是一群孩子,难免兴奋过头导致大声喧哗。其实,是我们全社会公民素质和公德意识的体现。事出在少年身上,错误的根源却在成年人身上!

试想,每个百万富翁如果能够慷慨解囊帮助贫困,每个工人如果都能关心集体、爱护公物,做集体的主人,那每个集体定能蒸蒸日上。每个游人如果多走些路把垃圾丢进垃圾箱,每户人家如果都不把垃圾扔在马路旁,那我们就会拥有整洁的环境,也可呼吸到新鲜的空气,我们的祖国定会是人们互帮互助、环境整洁清新、风景优美怡人的国家。社会公德是全体公民在社会交往和公共生活中必须共同遵循的行为准则,是社会普遍公认的最基本的行为规范。在城市,社会公德是一个城市文明程度的标志。

在今天,社会公德具有维护和保障社会生活正常进行的功能,它对创造安定团结的社会环境,具有十分重要的意义。在人们日常的公共活动中,应当遵守维护公共利益、公共秩序、公共安全、公共卫生等守则。作为成年人的我们,更要以身作则,给孩子们带个好头,做一个讲秩序、讲卫生、守公德的好市民。从现在开始,大家弯下腰捡一点垃圾,伸出手帮助一下弱小,只要发挥这么一点公德心,我们的明天定会更美好。(可更多正反对比举例说明)

话题25 谈谈个人修养

说到"修养",人们立刻会想到许多没有素质的人及其表现,但对"修养"的含义并不真正理解。翻开商务印书馆的《现代汉语词典》,对"修养"是这样解释的:第一个义项是"指理论、知识、艺术、思想等方面的一定水平";第二个义项是"指养成的正确的待人处事的态度"。由此可见,生活中人们常说的"这人有修养,从不和人争吵"指的是第二个义项,它是一个人道德水平的体现,外化在人们具体的言谈举止和行为习惯中。

我们经常可以听见这样的评价:这个人的修养真好,和他交往是一件快乐的事。或者也有人说:这个人的修养真差劲,太粗俗了。修养常常与个人的文化水平有关,有文化气息的人,在谈吐举止之间,自然地流露出一种高雅,一种文质彬彬的感觉。古人形容一个世代文人之家为"书香门第",事实上,门是绝不可能透露出书香之气的。真正能透出书香,能够让人一交谈就感受到那种浓浓的书香气息的是人,只有人才能在举手投足之间就闪现出"修养"这两个字。当然,修养也包括举止、仪态、谈吐等,但文化气息却是其中不可或缺的重要部分。

如何提高自己的修养呢?我想不仅在日常生活中要注意自己的谈吐和举止,不做不文雅的举动,不说不文雅的话,而且更重要的一点是要让自己多看点儿书,从书里沾一些书香气息回来。总是有那样的一种感觉,文化是一种很神奇的东西,它不是有形的,你在看它时不会有任何的感觉,但它却能在不知不觉中改变你,也许你自己也不会那么深刻地感觉到那种变化,但是别人却会感觉到,发现你的变化,发现你令人刮目相看的进步。一个有修养的人,一定是你乐于交往的人。与这样的人交往,不论是谈古论今,或是只谈谈家常琐事,都会是人生快事,在这样的交往中,你会发现时间过得很快;反之,如果和一个毫无修养的人交往,你则会感觉如坐针毡,时间过得太慢,分秒秒都是一种折磨。相信这不只是我一个人的感觉吧!

修养是立身之本,我们大家都要争取做个有修养的人。

话题 26　我喜欢的明星(或其他知名人士)

我最喜欢杨澜了,杨澜是著名节目主持人,她是现代职业女性的典范。我喜欢她,因为她是一位敢于挑战自我的成功女强人。

杨澜毕业于北京外国语大学英文系,还在大学期间,她就从众多的竞争者中脱颖而出,担任了中央电视台《正大综艺》节目的主持人。与同时期的其他主持人比较,杨澜的主持风格极具亲和力,她那出色的口才和充满魅力的人格形象受到了全国观众的一致喜爱,并因此获得了中国首届主持人"金话筒奖",她的事业就是从这时起一步一步走向成功的。

在事业蒸蒸日上的时候,她却毅然放弃国内优越的条件,选择到美国哥伦比亚大学学习传媒。学成归来的她更加成熟,主持的节目也更加具有深度。她2001年制作并主持高端访谈电视栏目《杨澜访谈录》,2004年制作并主持针对中国都市女性的电视栏目《天下女人》。我是从她后来主持的《天下女人》节目中开始认识她的,《天下女人》是一个专门讲述经历过坎坷曲折的成功女性的故事的节目,这个节目道出了女人的心声,鼓励着新时代的女性要勇敢地追求自己的事业。

2001年,杨澜应邀出任北京申办2008年奥运会的形象大使;同年7月,她在莫斯科国际奥委会会议上代表北京作申奥的文化主题陈述,让全世界目睹了中国女性的风采。2003年11月在奥地利举办的"宋祖英维也纳音乐会"上,我再一次欣赏到了杨澜出色的口才。当时她与另外一名外国主持人同台主持了这场音乐会,她那流利标准的英文让我惊叹不已。

杨澜还是一位叱咤风云的女商人;2000—2003年创办了大中华区第一个以历史文化为主题的卫星频道——阳光卫视;2002年被评为"中国企业女性风云人物"之一。她还曾被评选为"亚洲二十位社会与文化领袖""能推动中国前进、重塑中国形象的十二位代表人物""《中国妇女》时代人物"。

一个方方面面都如此成功、出色的女强人,怎能不受人崇拜和喜爱呢?记得著名作家冰心曾说过:"成功的鲜花,人们只惊羡它现实的明艳,然而它当初的芽儿,却浸透了奋斗的泪泉,洒遍了牺牲的血雨。"是的,成功的鲜花固然令人羡慕,不过这成功的背后所付出的一切却鲜为人知。从中我悟出了一个道理:不要只羡慕别人的成功,只要自己肯努力付出,成功的鲜花也一样会属于你。

话题 27　我喜爱的书刊

我喜爱的刊物很多,但最喜欢的是《格言》。和它结缘,还要从高中说起,那个时候学习非常紧张,考试的书都没有时间全部看完,哪有心思看别的杂志。那一日经过报刊亭,我顺手拿起《格言》翻了翻,马上就被里面独特的内容吸引了,从此和《格言》结下了深厚的情谊。

《格言》杂志定位十分明确,读者多为14—20岁的青少年,这是一个被社会、家庭广泛关注和爱护的庞大群体,也是文化消费的主体。《格言》是引领青少年思维和阅读的精神之友。

《格言》是一本综合类杂志,内容丰富全面。卷首最大特点是对传统格言的新锐解读,作者往往使用新奇的观点针对我们耳熟能详的传统名言名句或进行剖析,或进行反驳,抑或以名言名句为基础另辟观点。例如有一期的名句是"小不忍则乱大谋",当诸葛亮用十足信任的眼光送马谡出帐篷领兵时,身为助手的王平就在一旁暗暗担忧:一方面预感马谡此行恐无善果,另一方面碍于诸葛亮军令已出、覆水难收。于是,"小忍"便成了王平的最佳选择,却不知这一"忍"竟忍出了失街亭的大乱子,也演出了"挥泪斩马谡"的悲情一幕。通过这个例子作者告诉我们,"小忍"也会"乱大谋"的。

除去对传统名言名句的新锐解读以外,《格言》还注重对于新颖名人名言和网络段子的收录和解读,许多近一段时间被人们挂在嘴边或者引起很大争议的精炼语句往往令人叫绝。

《格言》虽名为"格言",但并不只限于对新老格言的解读和收录,同时还包含了许多情感类的文章以及对时事问题的探讨。情感类文章一方面关注青少年在成长中面对的种种问题,包含励志、选择、明辨等众多方面,给读者以正面启发和引导;而时事类文章则摘取近期人们关注的热点话题,大多采用辩论的形式,从正反两方面完整全面地阐述观点和分析时事,力求展现客观的事实真相。

原创插图是《格言》的另一大特点。全彩印刷,原创插图,图文并茂,图片和文字巧妙地形成相互关联的关系,超前于现阶段文摘类杂志,也极大地符合了读图时代的阅读需求,读者对于文章的兴趣度因此而大大提升。

《格言》编选的语言作品精粹,可以帮助我们提高语言素养,丰富表达能力,从而使我们作文丰满深刻,谈吐高雅有趣,这些特点都使我对它爱不释手。

我喜欢《格言》,它给我带来了视觉享受,也带来了心灵关怀,让我无法不喜爱它。

话题 28　谈谈对环境保护的认识

环境保护是指人类为解决现实的或潜在的环境问题,协调人类与环境的关系,保障经济社会的持续发展而采取的各种行动的总称。

20 世纪中叶以来,环境问题已经成为整个地球的一大危机。人类赖以生存和发展的环境受到了严峻挑战,资源的迅猛开发与有效利用,使其日益枯竭,生态环境遭到了严重破坏,造成各种污染事故频频发生。环境问题已经成为当今人类面临的全球性问题之一,引起了各国的普遍关注。

1962 年美国生物学家蕾切尔·卡逊出版了一本书,名为《寂静的春天》,书中阐释了农药杀虫剂 DDT 对环境的污染和破坏作用。由于该书的警示,美国政府开始对剧毒杀虫剂进行调查,并于 1970 年成立了环境保护局,各州也相继通过禁止生产和使用剧毒杀虫剂的法律。由于此事,该书被认为是 20 世纪环境生态学的标志性起点。

1972 年 6 月 5 日至 16 日,由联合国发起,在瑞典斯德哥尔摩召开了"第一届联合国人类环境会议",提出了著名的《人类环境宣言》,这是环境保护事业正式引起世界各国政府重视的开端,中国政府也参加了这个会议。

中华人民共和国的环境保护事业也是从 1972 年开始起步的。北京市成立了官厅水库保护办公室,河北省成立了"三废"处理办公室,共同研究处理位于官厅水库畔、属于河北省的沙城农药厂污染官厅水库的问题，最终中国颁布法律正式规定在全国范围内禁止生产和使用 DDT。

我国于1973年成立国家建委下设的环境保护办公室，后来改为由国务院直属的部级国家环境保护总局。在2008年"两会"后，环保总局升格为"环保部"，并对全国的环境保护实施统一的监督管理。

政府环境保护部门的主要职责是执行各级会议（人民代表大会）制定的控制污染物排放政策，鼓励发展污染物排放控制技术以控制污染，保护和改善环境。环保在我们的生活中极为重要，我们要尽自己所能保护环境。

我认为要保护好环境，应增强环保意识，从思想上深刻认识环境保护对于人类生产和生活的巨大影响，应该从小就培养爱护环境、保护环境的意识，从身边的小事做起，从我做起。那应该在哪些具体方面做起呢？水是人类生存的重要物质，所以我们应该节约用水，保护好现有的水资源，防止水污染。

平时呢，注意少使用一些一次性塑料杯、泡沫饭盒、塑料袋和一次性筷子，这样可以减少白色污染，可以用陶瓷杯、布袋、纸饭盒和普通竹筷子代替。要遵守禁止乱扔废弃物的规定，尤其是不要乱扔废电池，因为一节废电池中的重金属，流到水里，污染会非常严重。

在学校里，学生就餐一定不要铺张浪费，要把环境保护的知识教给学生，使他们从小就知道环境对于人类的重要作用，主张节约，从小做起。保护环境的事还有很多很多，有些还需要政府和相关部门一同来管理和维护，才能彻底对我们的环境进行改善。但是我所说的上面这些事，却是每个人都可以做到的，只需要我们用一点心，用一点力，就可以为保护环境付出我们的一点努力，为我们的环境创造更多有利于人类生存的良好条件，为人类的生活增添更多的发展活力。

话题 29　我向往的地方

我向往的地方是北京，我希望能到北京铁路局工作，成为动车的乘务员，为来自世界各地的客人服务。

北京是中国铁路网的中心之一，主要有北京到香港九龙的京九铁路，北京到上海的京沪铁路，北京到广州的京广铁路，北京到哈尔滨的京哈铁路，北京到包头的京包铁路，北京到原平的京原铁路，北京到通辽的京通铁路和北京到承德的京承铁路。大同到秦皇岛的大秦铁路也经过北京。在国际铁路运输方面，去往俄罗斯各城市、蒙古首都乌兰巴托、朝鲜首都平壤以及越南首都河内的列车均从北京发车。京津城际铁路于2005年7月4日开始修建，2008年8月1日正式开通，北京和天津两地的路程缩短为半小时。中国最长的高速铁路即京港高速铁路已于2012年全线贯通。

为了将来更好地工作，我还了解到北京是有着三千年历史的国家历史文化名城。北京在历史上曾为六朝都城，北京故宫建筑宏伟壮观，完美地体现了中国传统的古典风格和东方格调，是我国乃至全世界现存最大的宫殿，是中华民族宝贵的文化遗产。天坛是明、清两代皇帝"祭天"的地方。北京还有很多有中国特色的建筑和古迹，比如颐和园、圆明园、长城等。

胡同和四合院是老北京城最主要的民居建筑。北京四合院源于元代院落式民居，而一座座青瓦灰砖的四合院之间形成的窄巷，就是著名的老北京胡同。外国人旅游最喜欢的就是胡同了。

北京周边最出名的就是燕京八景了。燕京八景指北京旧时的八个景观,包括蓟门烟树(西土城)、卢沟晓月(卢沟桥)、金台夕照(金台路)、琼岛春荫(北海公园)、居庸叠翠(八达岭)、太液秋风(中南海)、玉泉趵突(玉泉山)和西山晴雪(香山、八大处)。早期的燕京八景与之后的燕京八景略有出入,到清乾隆年间,乾隆皇帝亲自主持修订了燕京八景的说法并下旨建造御书燕京八景碑,燕京八景的景观和描述才固定下来。

此外,北京是世界第八大"美食之城",居内地首位。北京的风味小吃历史悠久、品种繁多、用料讲究、制作精细,堪称有口皆碑。京味小吃的代表有豆汁儿、豆面酥糖、酸梅汤、茶汤、小窝头、茯苓夹饼、果脯蜜饯、冰糖葫芦、艾窝窝、豌豆黄、驴打滚、灌肠、爆肚、炒肝等。

利用课余时间我也了解了相关的历史和背景,这样将来可以讲给来自各地的旅客朋友听,让他们对北京有一个全面而深入的了解。让世界了解北京,让中国走向世界!

话题 30　购物(消费)的感受

说起购物,很多人都习惯了日常的购物方式,那就是去商店买商品,自然商品是看得见摸得着的。你可以讨价还价,你可以东挑西选。但是现在一种新的购物方式也在流行当中,那就是网上购物。说起网上购物,想必经常上网的朋友都知道这个新生事物。但有些朋友害怕上当受骗,没有尝试过;有些朋友却在网络的世界里,享受到购物的便利和乐趣。由于每天都上网的原因,我也在网上购过物,那么就把我这点小小经历说给大家听听吧。

要想在网上购物,首先,你要选定信誉好的网站,比如淘宝网,易趣网等。其次,你必须有张网银卡,可以直接去银行申请,也可以在网上专门的银行网站申请,大概1~2个工作日就可以了。再次,在你喜欢的网站注册一个账户,如淘宝网,你申请账户后,还要支持他们所提供的一个交易平台——支付宝。这可是好东西,有了它既保证了买家的利益,也保证了卖家的利益。最后申请一个聊天工具淘宝旺旺,以便你挑选到合适的商品后第一时间与卖家进行沟通,了解商品的材料、质地、价格和运费等等。一切准备事项办好后,你就可以去网站购物了。一次我在商场看上一条围巾,标价要599元,我觉得很贵可是又很喜欢,回家后就上网找,在淘宝上果然找到了,牌子和材质同商场完全一样,价钱要便宜一半呢,于是我就拍下了。很快东西就寄过来了,跟商场里的一模一样,别提当时我心里有多高兴了。

有得便宜的时候当然也有吃亏的时候。一次我看上一件上衣,很别致,卖家说质地也很好,于是就买下了,可是当衣服寄过来时,完全不是照片上的样子,一下水就完全变形,没有办法穿了。从那以后我很是小心,一是选择信誉较好的店家,还有就是尽量选择代购,这样东西有质量保证。

网购给我们提供了便利,节省了时间,周围的朋友都很喜欢。

四、普通话测试中说话失分因素分析

(一)语音不规范,声韵调失误多

第一,方音重所致。存在着平翘不分、尖音、前后鼻音韵尾不分、o 与 e 不分等问题。
第二,习惯性误读所致。受周围人影响或长期习惯导致一些词发音不准确。如:友谊

(yì)、比较(jiào)、着(zháo)急、矩(jǔ)形、召(zhào)开、尽(jǐn)量、教室(shì)、劣(liè)质、挫(cuò)折、创(chuāng)伤、一会儿(yíhuìr)、血脂(xuèzhī)，等等。

第三，文化水平低所致。有些应试人文化基础差，日常表达白字较多，考试时更是错误百出。如：把"刽子手"说成"侩子手"，把"单于"说成"善于"，等等。

(二)词汇、语法不规范

第一，使用方言词汇或方言语法。如：浮头儿(表面)、咋啦(怎么了)、知不道(不知道)、我走先(我先走)、他有读书(他读过书)，等等。

第二，使用文言词汇或语法。如：这可如何是好(这该怎么办呢)、譬如说(比方说)，等等。

第三，使用时髦语汇、外语词汇、网络词汇。如：洪荒之力(非常大的力)、醉了(无奈)，等等。

(三)自然流畅度差

第一，重复。由于思维迟滞或表达能力较差，应试人下意识地、机械地重复着前一句话的最后几个音节。这样的重复往往是由于说话人准备不充分，思路跟不上，个别人是由于长期形成的坏习惯。

第二，口头禅。一些人在说话时不自觉地运用一些无价值的词语，如："嗯""啊""这个""那个""就是说""然后""后来""所以"，等等。这是长期习惯所致，必须下决心改掉。

第三，停顿。由于紧张或准备不充分，一些应试人会出现说话中断现象，从5～50秒不等。时间长了(10秒)会按缺时计算。应该精心准备，备考时找好素材、列出提纲，并反复训练。

(四)离题、雷同、无效话语多

第一，离题。一些应试人由于审题不当，误解题意导致离题，如将"我喜爱的一种艺术形式"说成体育，就是典型的离题。还有的应试人准备不充分，"移花接木"，把熟悉的话题生硬地套到应试话题上，也会出现部分内容离题的现象。如说"我知道的风俗"，却完全套用"我喜欢的节日"的内容，很少介绍风俗的内容，也是离题；还有的应试人考试紧张，把"我喜欢的节日"看作"我喜欢的节目"，导致整个说话内容文不对题。

第二，雷同。主要有两种情况：一种是与别人的内容雷同，如把陈钢的《音乐就在你心中》照搬到"我喜爱的一种艺术形式"中，或与别人共用稿件，出现雷同；另一种是与自己雷同，由于紧张或准备不充分，把自己前面讲过的事例又讲了一遍。

第三，无效话语。由于准备不充分，不断地重复某一句话，或背一首诗、一段歌词、一篇文章，等等。

【作业】
1. 说话的基本要求是什么？
2. 写出说话提纲。
3. 收集说话素材。
4. 计时抽签练习说话。

第五章 普通话水平测试应试训练

第一节 普通话水平测试概述

一、普通话水平测试的基本知识

(一)普通话水平测试的性质、方式

普通话水平测试(PUTONGHUA SHUIPING CESHI,缩写为 PSC)是一项国家级资格证书考试,是在国家语委领导下,按照统一的标准在全国范围内开展的国家级口语考试。它是推广普通话工作的重要组成部分,是使普通话推广工作逐步走向科学化、规范化、制度化的重要举措。

1. 性质

普通话水平测试是测查应试人普通话的规范程度、熟练程度并认定其普通话水平相应等级的标准参照性考试。目的在于检测、评估应试人普通话的语音标准化水平及词汇、语法运用的规范化程度。

首先,普通话水平测试具有法定性。普通话水平测试是《中华人民共和国国家通用语言文字法》所规定的,对播音员、节目主持人、影视话剧演员和教师、国家公务员有一定的强制性。

其次,普通话水平测试具有权威性。普通话水平测试作为国家级资格证书考试具有权威性;由政府授权的测试机构具体实施具有权威性;应试人的测试结果具有权威性。

最后,普通话水平测试具有实效性。普通话水平测试是社会资格证书的一种,同会计资格、律师资格证书一样,是社会成员从事特定职业(如播音员、主持人、教师等)的先决条件。

2. 方式

普通话水平测试以口语考试的方式进行。现阶段分为人工测试和计算机辅助测试两种。人工测试由两名测试员对应试人全程测试、同步计分;计算机辅助普通话测试运用科大讯飞公司研发的"国家普通话水平智能测试系统"对应试人测试的前三项内容进行计算机自动评测、第四题人工评测。

3. 测试内容和范围

(1)内容

普通话语音、词汇和语法。

(2)范围

国家测试机构编制的《普通话水平测试用普通话词语表》《普通话水平测试用普通话与方言词语对照表》《普通话水平测试用普通话与方言常见语法差异对照表》《普通话水平测试用朗读作品》《普通话水平测试用话题》。

(二)普通话水平测试的依据和等级标准

1. 依据

普通话水平测试是国家级考试。1994年10月,国家语委、国家教委和广电部联合发布了《关于开展普通话水平测试工作的决定》,并颁布了《普通话水平测试等级标准(试行)》,启动了普通话水平测试工作。1998年国家语委再次审订普通话水平测试标准,把普通话水平划分为三级六等正式颁布,同时还制定了《普通话水平测试大纲》。

2000年10月31日,全国人大又审议通过《国家通用语言文字法》,其十九条中明确规定:"凡是以普通话作为工作语言的岗位,其工作人员应当具备说普通话的能力。以普通话作为工作语言的播音员、节目主持人和影视话剧演员、教师、国家机关工作人员的普通话水平,应当分别达到国家规定的等级标准;对尚未达到国家规定的普通话等级标准的,分别情况进行培训。"

2. 等级标准

普通话是现代汉语的标准语。由国家语言文字工作委员会和国家教育委员会、广播电影电视部颁布的《普通话水平测试等级标准(试行)》(国语[1997]64号)把普通话水平分为三个级别,每个级别内划分甲、乙两个等次。三级六等是普通话水平测试中评定应试人普通话水平等级的依据。

(1)一级(标准的普通话)

一级甲等(测试得分:97—100分之间),朗读和自由交谈时,语音标准,词语、语法正确无误,语调自然,表达流畅。

一级乙等(测试得分:92—96.99分之间),朗读和自由交谈时,语音标准,词语、语法正确无误,语调自然,表达流畅。偶然有字音、字调失误。

(2)二级(比较标准的普通话)

二级甲等(测试得分:87—91.99分之间),朗读和自由交谈时,声韵调发音基本标准,语调自然,表达流畅。少数难点音有时出现失误。词语、语法极少有误。

二级乙等(测试得分:80—86.99分之间),朗读和自由交谈时,个别调值不准,声韵母发音有不到位现象。难点音失误较多。方言语调不明显。有使用方言词、方言语法的情况。

(3)三级(一般水平的普通话)

三级甲等(测试得分:70—79.99分之间),朗读和自由交谈时,声韵母发音失误较多,难点音超出常见范围,声调调值多不准。方言语调较明显。词语、语法有失误。

三级乙等(测试得分:60—69.99 分之间),朗读和自由交谈时,声韵调发音失误多,方音特征突出。方言语调明显。词语、语法失误较多。外地人听其谈话有听不懂的情况。

3. 证书

普通话水平测试等级证书是证明应试人普通话水平的有效凭证,证书由国家语言文字工作委员会统一印制。普通话一级乙等以下成绩的证书由省(自治区、直辖市)级语言文字工作委员会加盖印章后颁发,普通话一级甲等的证书须经国家普通话水平测试中心审核并加盖国家普通话水平测试中心印章后方为有效。有效的普通话水平测试等级证书全国通用。

国家语言文字部门发布的《普通话水平测试等级标准》是确定应试人普通话水平等级的依据。测试机构根据应试人的测试成绩确定其普通话水平等级,由省、自治区、直辖市以上语言文字工作部门颁发相应的普通话水平测试等级证书。

(三)普通话水平测试的对象和等级要求

《普通话水平测试等级标准》把普通话水平划分为三级六等,并从 1995 年起在教师、播音员、节目主持人等岗位逐步实行持普通话等级证书上岗制度。

根据《国家通用语言文字法》《国家普通话水平测试管理规定》和国家及有关部委的要求,现阶段各类人员的普通话水平应达到的等级标准如下:

表 5—1 现阶段各类人员普通话水平应达到的等级标准

测试对象	等级要求
广播电台、电视台的播音员、节目主持人	省级以上岗位达到一级甲等;市级岗位不低于一级乙等;县级岗位不低于二级甲等
教师和申请教师资格的人员	一般不低于二级乙等。语文教师不低于二级甲等;现代汉语语音教师不低于一级乙等
影、视、话剧演员及影视配音演员	不低于一级乙等
公务员和社会公共服务行业从业人员	一般不低于二级乙等;县乡不低于三级甲等
省市和行业系统主管部门规定的应试人	行业要求:如铁路系统站、车广播员不低于二级甲等;旅游业导游员不低于二级甲等
播音主持专业、影视话剧表演专业在校生	不低于一级乙等
师范院校在校生	一般不低于二级乙等。中文专业不低于二级甲等
旅游、交通、经贸、计算机等与口语表达密切相关专业在校生	一般不低于二级乙等

二、普通话水平测试的评分标准

普通话水平测试的内容包括普通话语音、词汇和语法。

普通话水平测试的范围是国家测试机构编制的《普通话水平测试用普通话词语表》《普通话水平测试用普通话与方言词语对照表》《普通话水平测试用普通话与方言常见语法差异对照表》《普通话水平测试用朗读作品》《普通话水平测试用话题》。

普通话水平测试试卷包括 5 个组成部分,满分为 100 分。

(一)读单音节字词(100 个音节,不含轻声、儿化音节,限时 3.5 分钟,共 10 分)

1. 目的

测查应试人的声母、韵母和声调读音的标准程度。

2. 要求

100 个音节里,70% 选自《普通话水平测试用普通话词语表》"表一",30% 选自"表二"。

100 个音节中,每个声母的出现次数一般不少于 3 次,每个韵母的出现次数一般不少于 2 次,4 个声调的出现次数大致均衡。

音节的排列要避免同一测试要素连续出现。

3. 评分

语音错误,每个音节扣 0.1 分。

语音缺陷,每个音节扣 0.05 分。

超时 1 分钟以内,扣 0.5 分;超时 1 分钟以上(含 1 分钟),扣 1 分。

【样卷】读 100 个单音节字词

昼	八	迷	先	毡	皮	幕	美	彻	飞
鸣	破	捶	风	豆	蹲	霞	掉	桃	定
宫	铁	翁	念	劳	天	旬	沟	狼	口
靴	娘	嫩	机	蕊	家	跪	绝	趣	全
瓜	穷	屡	知	狂	正	袭	中	恒	社
槐	事	轰	竹	掠	茶	肩	常	概	虫
皇	水	君	人	伙	自	滑	早	绢	足
炒	次	渴	酸	勤	鱼	筛	院	腔	爱
鳖	袖	滨	竖	搏	刷	瞟	帆	彩	愤
司	滕	寸	峦	岸	勒	歪	尔	熊	妥

(二)读多音节词语(100 个音节,限时 2.5 分钟,共 20 分)

1. 目的

测查应试人声母、韵母、声调和变调、轻声、儿化读音的标准程度。

2. 要求

词语的 70% 选自《普通话水平测试用普通话词语表》"表一",30% 选自"表二"。

声母、韵母、声调出现的次数与读单音节字词的要求相同。

上声与上声相连的词语不少于 3 个,上声与非上声相连的词语不少于 4 个,轻声不少于 3 个,儿化不少于 4 个(应为不同的儿化韵母)。

词语的排列要避免同一测试要素连续出现。

3. 评分

语音错误,每个音节扣 0.2 分。

语音缺陷,每个音节扣 0.1 分。

超时 1 分钟以内,扣 0.5 分;超时 1 分钟以上(含 1 分钟),扣 1 分。

【样卷】读多音节词语

取得	阳台	儿童	夹缝儿	混淆	衰落	分析	防御
沙丘	管理	此外	便宜	光环	塑料	扭转	加油
队伍	挖潜	女士	科学	手指	策略	抢劫	森林
侨眷	模特儿	港口	没准儿	干净	日用	紧张	炽热
群众	名牌儿	沉醉	快乐	窗户	财富	应当	生字
奔跑	晚上	卑劣	包装	洒脱	现代化	委员会	轻描淡写

(三)选择判断(限时 3 分钟,共 10 分)

1. 词语判断(10 组)

(1)目的

测查应试人掌握普通话词语的规范程度。

(2)要求

根据《普通话水平测试用普通话与方言词语对照表》,列举 10 组普通话与方言意义相对应但说法不同的词语,由应试人判断并读出普通话的词语。

(3)评分

判断错误,每组扣 0.25 分。

【样卷】词语判断:请判断并读出下列 10 组词语中的普通话词语

(1) 如靳　现在　而家　今下　目下

(2) 瞒人　边个　谁　啥侬　啥人

(3) 为么子　做脉个　为什么　为什里　为啥　为怎样

(4) 细小　细粒　幼细　异细

(5) 后生子　后生崽里　后生家　后牛仔　小伙子

(6) 目里向　日里　白天　日上　日头　日时　日辰头

(7) 婴儿　毛宅　冒牙子　苏虾仔　婴仔　啊伢

(8) 蚂蚁子　蚂蝇里　狗蚁　蚁公　蚂蚁

(9) 这里　个搭　咯里　个里　呢处　即搭

(10) 早上向　早晨　早间里　朝早　朝辰头

2. 量词、名词搭配(10 组)

(1)目的

测查应试人掌握普通话量词和名词搭配的规范程度。

(2)要求

根据《普通话水平测试用普通话与方言常见语法差异对照表》,列举 10 个名词和若干个量词,由应试人搭配并读出符合普通话规范的 10 组数量名短语。

(3)评分

搭配错误,每组扣 0.5 分。

【样卷】量词、名词搭配:请按照普通话规范搭配并读出下列数量名短语

(例如:一 → 个 只 粒 人)

一 → 把 张 棵 支 扇 辆 条 间 头 所

汽车 钥匙 桌子 钞票 树 笔 牛 学校 门 草

3. 语序或表达形式判断(5组)

(1)目的

测查应试人掌握普通话语法的规范程度。

(2)要求

根据《普通话水平测试用普通话与方言常见语法差异对照表》,列举5组普通话与方言意义相对应,但语序和表达习惯不同的短语或短句,由应试人判断并读出普通话语法规范的表达方式。

(3)评分

判断错误,每组扣0.5分。

【样卷】语序或表达形式判断:请判断并读出下列5组句子里的普通话句子

(1) 他大约要两三个月才能回来。

　　他大约要二三个月才能回来。

(2) 他好好可爱。

　　他非常可爱。

　　他上可爱。

(3) 你去去逛街?

　　你去不去逛街?

(4) 你矮我。

　　你比我过矮。

　　你比我矮。

　　你比较矮我。

　　你比我较矮。

(5) 那部电影我看过。

　　那部电影我有看。

选择判断合计超时1分钟以内,扣0.5分;超时1分钟以上(含1分钟),扣1分。答题时语音错误,每个错误语音扣0.1分;如判断错误已经扣分,不重复扣分。

(四)朗读短文(1篇,400个音节,限时4分钟,共30分)

1. 目的

测查应试人使用普通话朗读书面作品的水平,在测查声母、韵母、声调读音标准程度的同时,重点测查连读音变、停连、语调以及流畅程度。

2. 要求

短文从《普通话水平测试用朗读作品》中选取。

评分以朗读作品的前400个音节(不含标点符号和括注的音节)为限。

3. 评分

每错1个音节,扣0.1分;漏读或增读1个音节,扣0.1分。

声母或韵母的系统性语音缺陷,视程度扣0.5分、1分。

语调偏误,视程度扣0.5分、1分、2分。

停连不当,视程度扣0.5分、1分、2分。

朗读不流畅(包括回读),视程度扣0.5分、1分、2分。

超时扣1分。

【样卷】朗读短文(400个音节,限时4分钟)

那是力争上游的一种树,笔直的干,笔直的枝。它的干呢,通常是丈把高,像是加以人工似的,一丈以内,绝无旁枝;它所有的丫枝呢,一律向上,而且紧紧靠拢,也像是加以人工似的,成为一束,绝无横斜逸出;它的宽大的叶子也是片片向上,几乎没有斜生的,更不用说倒垂了;它的皮,光滑而有银色的晕圈,微微泛出淡青色。这是虽在北方的风雪的压迫下却保持着倔强挺立的一种树!哪怕只有碗来粗细罢,它却努力向上发展,高到丈许,两丈,参天耸立,不折不挠,对抗着西北风。

这就是白杨树,西北极普通的一种树,然而决不是平凡的树!

它没有婆娑的姿态,没有屈曲盘旋的虬枝,也许你要说它不美丽,——如果美是专指"婆娑"或"横斜逸出"之类而言,那么,白杨树算不得树中的好女子;但是它却是伟岸,正直,朴质,严肃,也不缺乏温和,更不用提它的坚强不屈与挺拔,它是树中的伟丈夫!当你在积雪初融的高原上走过,看见平坦的大地上傲然挺立这么一株或一排白杨树,难道你就只觉得树只是树,难道你就不想到它的朴质,严肃,坚强不屈,至少也象征了北方的农民;难道你竟一点儿也不联想到,在敌后的广大土//地上……

(五)命题说话(限时3分钟,共30分)

1. 目的

测查应试人在无文字凭借的情况下说普通话的水平,重点测查语音标准程度、词汇语法规范程度和自然流畅程度。

2. 要求

说话话题从《普通话水平测试用话题》中选取,由应试人从给定的话题中选定1个话题,连续说一段话。

应试人单向说话。如发现应试人有明显背稿、离题、说话难以继续等表现时,主试人应及时提示或引导。

3. 评分

语音标准程度,共20分。分六档:

一档:语音标准,或极少有失误。扣0分、0.5分、1分。

二档:语音错误在10次以下,有方音但不明显。扣1.5分、2分。

三档:语音错误在10次以下,但方音比较明显;或语音错误在10次~15次之间,有方音但不明显。扣 3 分、4 分。

四档：语音错误在 10 次～15 次之间,方音比较明显。扣 5 分、6 分。

五档：语音错误超过 15 次,方音明显。扣 7 分、8 分、9 分。

六档：语音错误多,方音重。扣 10 分、11 分、12 分。

词汇语法规范程度,共 5 分。分三档：

一档：词汇、语法规范。扣 0 分。

二档：词汇、语法偶有不规范的情况。扣 0.5 分、1 分。

三档：词汇、语法屡有不规范的情况。扣 2 分、3 分。

自然流畅程度,共 5 分。分三档：

一档：语言自然流畅。扣 0 分。

二档：语言基本流畅,口语化较差,有背稿子的表现。扣 0.5 分、1 分。

三档：语言不连贯,语调生硬。扣 2 分、3 分。

说话不足 3 分钟,酌情扣分：缺时 1 分钟以内(含 1 分钟),扣 1 分、2 分、3 分；缺时 1 分钟以上,扣 4 分、5 分、6 分；说话不满 30 秒(含 30 秒),本次测试项成绩计为 0 分。

【样卷】命题说话：请按照话题"我的业余生活"或"我熟悉的地方"说一段话(3 分钟)

> 说明：各省、自治区、直辖市语言文字工作部门可以根据测试对象或本地区的实际情况,决定是否免测"选择判断"测试项。如免测此项,"命题说话"测试项的分值由 30 分调整为 40 分。评分档次不变,具体分值调整如下：
>
> 语音标准程度的分值,由 20 分调整为 25 分。
>
> 一档：语音标准,或极少有失误。扣 0 分、1 分、2 分。
>
> 二档：语音错误在 10 次以下,有方音但不明显。扣 3 分、4 分。
>
> 三档：语音错误在 10 次以下,但方音比较明显；或语音错误在 10 次～15 次之间,有方音但不明显。扣 5 分、6 分。
>
> 四档：语音错误在 10 次～15 次之间,方音比较明显。扣 7 分、8 分。
>
> 五档：语音错误超过 15 次,方音明显。扣 9 分、10 分、11 分。
>
> 六档：语音错误多,方音重。扣 12 分、13 分、14 分。
>
> 词汇语法规范程度的分值,由 5 分调整为 10 分。
>
> 一档：词汇、语法规范。扣 0 分。
>
> 二档：词汇、语法偶有不规范的情况。扣 1 分、2 分。
>
> 三档：词汇、语法屡有不规范的情况。扣 3 分、4 分。
>
> 自然流畅程度,仍为 5 分,各档分值不变。

三、计算机辅助普通话水平测试评分标准

根据《普通话水平测试大纲》(教语用[2003]2 号),结合计算机辅助普通话测试实际,国家语委语言文字培训测试中心制定了计算机辅助普通话水平测试评分标准。

(一)"辅测系统"评定分数。普通话水平测试的"读单音节字词""读多音节词语""朗读短文"三项内容,由国家语言文字工作部门认定的"辅测系统"评分。

(二)人工评定分数。"命题说话"项由 2 名普通话水平测试员人工评分。

(三)"命题说话"项评分标准。

1. 语音标准程度,共 25 分。分六档:

一档:语音标准,或极少有失误。扣 0 分、1 分、2 分。

二档:语音错误在 10 次以下,有方音但不明显。扣 3 分、4 分。

三档:语音错误在 10 次以下,但方音比较明显;或语音错误在 10 次～15 次之间,有方音但不明显。扣 5 分、6 分。

四档:语音错误在 10 次～15 次之间,方音比较明显。扣 7 分、8 分。

五档:语音错误超过 15 次,方音明显。扣 9 分、10 分、11 分。

六档:语音错误多,方音重。扣 12 分、13 分、14 分。

2. 词汇语法规范程度,共 10 分。分三档:

一档:词汇、语法规范。扣 0 分。

二档:词汇、语法偶有不规范的情况。扣 1 分、2 分。

三档:词汇、语法屡有不规范的情况。扣 3 分、4 分。

3. 自然流畅程度,共 5 分。分三档:

一档:语言自然流畅。扣 0 分。

二档:语言基本流畅,口语化较差,有背稿子的表现。扣 0.5 分、1 分。

三档:语言不连贯,语调生硬。扣 2 分、3 分。

4. 说话不足 3 分钟,酌情扣分:缺时 1 分钟以内(含 1 分钟),扣 1 分、2 分、3 分;缺时 1 分钟以上,扣 4 分、5 分、6 分;说话不满 30 秒(含 30 秒),本项成绩计为 0 分。

5. 离题、内容雷同,视程度扣 4 分、5 分、6 分。

6. 无效话语,累计占时酌情扣分:累计占时 1 分钟以内(含 1 分钟),扣 1 分、2 分、3 分;累计占时 1 分钟以上,扣 4 分、5 分、6 分;有效话语不满 30 秒(含 30 秒),本测试项成绩计为 0 分。

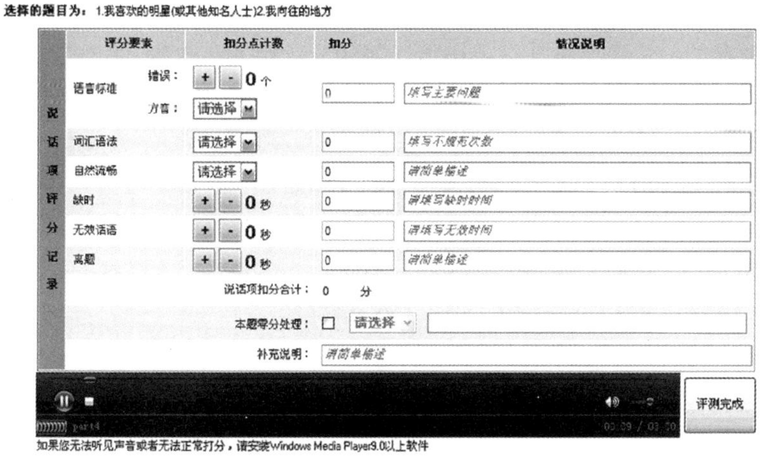

图 5-1　国家普通话水平智能测试系统人工评测打分界面

第四题(命题说话)打分规则为:

扣分点计数(非必选):允许打分员记录考生语音中的各评分要素的错误量,作为最终评分参考。

语音标准:记录语音不标准个数和方音的评分档(一档～六档)。

词汇语法:记录词汇语法的评分档(一档~三档)。
自然流畅:记录语音中自然流畅评分档(一档~三档)。
缺时:记录语音缺时的时间长度(步进单位为 10 秒)。
无效话语:记录语音中无效话语时间长度(步进单位为 10 秒)。
离题:记录语音中离题时间长度(步进单位为 30 秒)。

普通话水平测试模拟测试指导

普通话水平测试模拟试卷	测试技巧
一、读单音节字词(100 个音节,共 10 分,限时 3.5 分钟) 暖 快 酒 除 缺 杂 搜 税 脾 锋 日 贼 孔 哲 许 尘 谓 忍 填 颇 残 涧 穷 歪 雅 捉 凑 怎 虾 冷 囊 驯 辱 碟 栓 来 顶 墩 忙 哀 霎 果 憋 捺 装 群 精 唇 亮 馆 符 肉 梯 船 溺 北 剖 民 邀 旷 躲 莫 虽 绢 挖 伙 聘 英 条 笨 敛 墙 岳 黑 巨 访 自 毁 郑 浑 蹦 耍 德 扰 直 返 凝 秋 淡 丝 炯 粗 袄 瓮 癣 儿 履 告 筒 猫	一、单音节字词测试技巧 1. 横排读,一秒一字 2. 多音字读一音 3. 不轻声和儿化 4. 调值完整到位 5. 读错及时复读 6. 不认识字不隔过去 7. 不漏行,看清字形
二、读多音节词语(100 个音节,共 20 分,限时 2.5 分钟) 存留 上午 按钮 佛教 新娘 逗乐儿 全面 采取 利索 荒谬 少女 电磁波 愿望 恰当 损坏 昆虫 兴奋 恶劣 挂帅 针鼻儿 排斥 包括 不用 培养 编纂 扎实 推测 吵嘴 发作 侵略 钢铁 孩子 光荣 前仆后继 若干 加塞儿 浪费 苦衷 降低 夜晚 小熊儿 均匀 收成 然而 满口 怪异 听话 大学生	二、多音节词语测试技巧 1. 先找轻声并读准 2. 读好儿化 3. 易误读词识清读准 4. 读好三、四音节词
三、朗读短文(400 个音节,共 30 分,限时 4 分钟) 作品 16 号	三、朗读短文测试技巧 1. 深呼吸,不紧张 2. 看清字词,注意节奏 3. 流畅自然,一气呵成
四、命题说话(请在下列话题中任选一个,共 40 分,限时 3 分钟) 1. 难忘的旅行 2. 谈谈卫生与健康	四、说话测试技巧 1. 言之有序,有条有理 2. 言之有物,娓娓道来 3. 自然流畅,合乎语法 4. 不用方言、时髦词汇和句式

四、普通话水平测试模拟试卷

普通话水平测试模拟试卷 10 套

模拟试卷 1 号	测试指导
一、读单音节字词(100 个音节,共 10 分,限时 3.5 分钟) 卧　鸟　纱　悔　掠　酉　终　撤　甩　蓄 秧　四　仍　叫　台　婶　贼　耕　半　掐 布　癣　翁　弱　刷　允　床　改　逃　春 驳　纯　导　虽　棒　伍　知　末　枪　蹦 港　评　犬　课　淮　炯　循　纺　拴　李 赛　捡　梯　呕　绳　揭　陇　搓　二　棉 桩　皿　宋　狭　内　晴　字　环　州　秒 抛　代　关　停　祛　德　孙　旧　崔　凝 烈　倪　荆　擒　案　砸　垮　焚　帝　聊 颠　涌　牛　汝　粤　篇　竹　草　迟　泛 二、读多音节词语(100 个音节,共 20 分,限时 2.5 分钟) 参考　　船长　　艺术家　聪明　　她们　　红军　　煤炭 工厂　　发烧　　嘟囔　　黄瓜　　效率　　别针儿　责怪 大娘　　喷洒　　保温　　产品　　佛学　　童话　　男女 做活儿　缘故　　谬论　　穷困　　今日　　完整　　决定性 斜坡　　疲倦　　爱国　　能量　　英雄　　口罩儿　让位 叶子　　封锁　　核算　　而且　　转脸　　人群　　飞快 牙签儿　丢掉　　往来　　罪恶　　首饰　　此起彼伏 三、朗读短文(400 个音节,共 30 分,限时 4 分钟) 作品 3 号 四、命题说话(请在下列话题中任选一个,共 40 分,限时 3 分钟) 　　1. 我尊敬的人 　　2. 谈谈服饰	一、单音节字词测试指导 1. 画出五度标调图,用打调法读准调值 2. 找出难点字、多音字,查字典读准 二、多音节词语测试指导 1. 找出轻声词,读准 2. 读准儿化词 3. 找出易错词,读准 4. 读准三字、四字词 三、朗读短文测试指导 1. 浏览全篇,找出生字词,查字典读准 2. 外国人名、地名按汉字读音 3. 不在已错内容上纠结 四、命题说话测试指导 1. 迅速选定话题,并围绕话题构思 2. 不离题、不雷同、不说无效话语 3. 不长时间停顿,说够三分钟再停止

普通话水平测试模拟试卷 10 套

模拟试卷 2 号	测试指导
一、读单音节字词(100 个音节,共 10 分,限时 3.5 分钟) 电 远 日 韦 仄 尖 黄 塌 眉 艘 临 赚 池 憎 饶 促 丝 国 伞 床 觅 丢 裙 瓯 庞 恩 俘 拢 醉 劳 肉 萌 倦 准 内 熏 仰 抬 袜 您 黯 虫 篾 朽 糟 并 枪 蠢 羹 不 激 牌 瓜 粤 而 梳 你 块 雄 另 巴 让 条 攥 硫 鸟 瘸 磕 统 驱 我 跤 苟 章 景 瞎 海 搭 女 饭 许 黑 抵 摹 炒 跌 蕊 神 哑 签 甩 蹿 坠 恐 破 磁 圣 法 授 炯	一、单音节字词测试指导 1. 画出五度标调图,用打调法读准调值 2. 找出难点字、多音字,查字典读准
二、读多音节词语(100 个音节,共 20 分,限时 2.5 分钟) 勾画 刚才 松软 半截儿 穷人 吵嘴 乒乓球 少女 篡夺 牛顿 沉默 富翁 傻子 持续 佛像 被窝儿 全部 乳汁 对照 家伙 灭亡 连绵 小腿 原则 外国 戏法儿 侵略 咏叹调 愉快 撒谎 下来 昆虫 意思 声明 患者 未曾 感慨 老头儿 群体 红娘 觉得 排演 赞美 运输 抓紧 儿童 症状 机灵 昂首	二、多音节词语测试指导 1. 找出轻声词,读准 2. 读准儿化词 3. 找出易错词,读准 4. 读准三字、四字词
三、朗读短文(400 个音节,共 30 分,限时 4 分钟) 作品 6 号	三、朗读短文测试指导 1. 浏览全篇,找出生字词,查字典读准 2. 外国人名、地名按汉字读音 3. 不在已错内容上纠结
四、命题说话(请在下列话题中任选一个,共 40 分,限时 3 分钟) 1. 我喜欢的节日 2. 我喜爱的动物(或植物)	四、命题说话测试指导 1. 迅速选定话题,并围绕话题构思 2. 不离题、不雷同、不说无效话语 3. 不长时间停顿,说够三分钟再停止

普通话水平测试模拟试卷 10 套

模拟试卷 3 号	测试指导
一、读单音节字词(100 个音节,共 10 分,限时 3.5 分钟) 拐　搏　掌　弱　法　弯　脓　柳　腔　呕 揪　舔　日　彼　粗　狂　销　凑　舌　捉 字　歼　值　扔　拟　汉　窘　攥　胚　径 摆　忙　岁　谋　女　而　征　妄　吟　掠 雅　阔　怀　瓮　三　故　踢　浑　胸　卦 鹰　肋　广　笨　舱　抱　涡　酿　筛　找 疲　翻　树　昂　软　词　捐　扯　巡　宽 平　雪　秸　诚　花　头　总　擒　稻　晨 废　辖　犬　愣　虞　吹　咬　拿　损　爹 甫　店　瞭　凌　讨　庙　群　改　颇　酶	一、单音节字词测试指导 1. 画出五度标调图,用打调法读准调值 2. 找出难点字、多音字,查字典读准
二、读多音节词语(100 个音节,共 20 分,限时 2.5 分钟) 电压　火候　争论　拥有　难怪　被窝儿　维持 跨度　谬误　贫穷　资格　媒人　规律　钢铁 情况　客气　军阀　名称　教师　缺少　从而 好歹　乡村　佛寺　合作社　新娘　上层　跳高儿 东欧　撒开　选拔　妇女　小瓮儿　云端　头脑 决定性　温柔　诊所　疲倦　水灾　蒜瓣儿　昂然 状态　处理　临终　专家　凉快　潜移默化	二、多音节词语测试指导 1. 找出轻声词,读准 2. 读准儿化词 3. 找出易错词,读准 4. 读准三字、四字词
三、朗读短文(400 个音节,共 30 分,限时 4 分钟) 作品 4 号	三、朗读短文测试指导 1. 浏览全篇,找出生字词,查字典读准 2. 外国人名、地名按汉字读音 3. 不在已错内容上纠结
四、命题说话(请在下列话题中任选一个,共 40 分,限时 3 分钟) 　　1. 我喜爱的职业 　　2. 我的家乡(或熟悉的地方)	四、命题说话测试指导 1. 迅速选定话题,并围绕话题构思 2. 不离题、不雷同、不说无效话语 3. 不长时间停顿,说够三分钟再停止

普通话水平测试模拟试卷 10 套

模拟试卷 4 号	测试指导
一、读单音节字词(100 个音节,共 10 分,限时 3.5 分钟) 券 允 凡 笋 拎 雪 负 搜 最 禾 谬 帮 灭 郭 绒 窃 许 刁 虫 恨 零 些 字 清 法 炉 绢 夺 产 词 扔 浴 擦 桃 闭 支 楼 姜 甩 雄 窄 驳 炯 旁 歪 蹦 偏 辱 方 条 嫁 鸟 盘 扯 纳 短 昂 镁 您 袜 押 贼 蜂 袄 团 逗 雷 够 脊 筐 讼 伸 稿 破 遣 廊 裘 跃 酌 光 凝 眯 怒 香 史 搔 僻 艇 刷 往 钩 孔 殿 水 而 改 宽 魂 蹭 枕	一、单音节字词测试指导 1. 画出五度标调图,用打调法读准调值 2. 找出难点字、多音字,查字典读准
二、读多音节词语(100 个音节,共 20 分,限时 2.5 分钟) 沙漠　主人翁　去年　红娘　似乎　平民　群落 穷苦　肚脐儿　设备　旋转　接洽　包涵　干脆 日益　障碍　测量　婴儿　开玩笑　铁索　脑子 配偶　作怪　伤员　利用　打垮　痛快　略微 邮戳儿　创造　票据　苍白　沸腾　佛经　酒盅儿 坚持　整个　霜冻　分成　先生　绿化　角色 温柔　导体　扇面儿　宾馆　循环　下跌　困难	二、多音节词语测试指导 1. 找出轻声词,读准 2. 读准儿化词 3. 找出易错词,读准 4. 读准三字、四字词
三、朗读短文(400 个音节,共 30 分,限时 4 分钟) 作品 10 号	三、朗读短文测试指导 1. 浏览全篇,找出生字词,查字典读准 2. 外国人名、地名按汉字读音 3. 不在已错内容上纠结
四、命题说话(请在下列话题中任选一个,共 40 分,限时 3 分钟) 1. 我知道的风俗 2. 我和体育	四、命题说话测试指导 1. 迅速选定话题,并围绕话题构思 2. 不离题、不雷同、不说无效话语 3. 不长时间停顿,说够三分钟再停止

普通话水平测试模拟试卷 10 套

模拟试卷 5 号	测试指导
一、读单音节字词(100 个音节,共 10 分,限时 3.5 分钟) 墙　换　戳　告　蹄　庄　陕　控　娃　段 锥　百　瞥　逆　添　壤　究　群　法　残 揩　末　厅　裂　宣　耳　瞎　瘦　温　揍 硼　晚　察　吞　持　比　昧　孙　日　脖 总　徐　粗　随　奉　汝　劝　黑　定　皆 谬　夺　享　杂　捞　滑　死　德　坏　此 瞧　女　冻　鸟　及　奶　罐　砂　扯　逛 粉　狼　抄　锦　绳　窘　驻　撅　或　揉 冢　悦　连　新　牙　藕　蕴　贴　吾　永 歪　进　篇　尝　坎　鳌　筛　本　绫　勉	一、单音节字词测试指导 1. 画出五度标调图,用打调法读准调值 2. 找出难点字、多音字,查字典读准
二、读多音节词语(100 个音节,共 20 分,限时 2.5 分钟) 背后　特别　冲刷　战略　农民　胆固醇　馒头 浅显　加速　所有制　疲倦　标准　佛教　红娘 飞船　恰好　夸张　配套　扎实　藏身　快乐 双方　明确　军队　未来　四周　挨个儿　英雄 跳蚤　力量　胡同儿　蜗牛　昂贵　仍然　原因 底子　难怪　小鞋儿　麻醉　篡改　穷人　富翁 雨点儿　遵循　何况　上层　陡坡　轻而易举	二、多音节词语测试指导 1. 找出轻声词,读准 2. 读准儿化词 3. 找出易错词,读准 4. 读准三字、四字词
三、朗读短文(400 个音节,共 30 分,限时 4 分钟) 作品 14 号	三、朗读短文测试指导 1. 浏览全篇,找出生字词,查字典读准 2. 外国人名、地名按汉字读音 3. 不在已错内容上纠结
四、命题说话(请在下列话题中任选一个,共 40 分,限时 3 分钟) 　　1. 我的愿望(或理想) 　　2. 我喜爱的文学(或其他)艺术形式	四、命题说话测试指导 1. 迅速选定话题,并围绕话题构思 2. 不离题、不雷同、不说无效话语 3. 不长时间停顿,说够三分钟再停止

普通话水平测试模拟试卷 10 套

模拟试卷 6 号	测试指导

一、读单音节字词(100 个音节,共 10 分,限时 3.5 分钟)
 	
蛇 洼 构 产 败 抿 耗 隔 软 无
册 痴 月 旁 乖 内 癣 恰 袄 香
抖 腊 许 陪 脚 题 翁 鼻 跨 诀
态 栓 气 茧 方 痕 捅 之 臀 江
砸 狱 霞 腮 自 窘 嫩 镭 反 梭
彩 珠 炒 窝 耍 坑 拟 遍 群 孔
疗 椎 堵 霖 捐 死 槐 墓 搓 扭
疮 儿 蔫 用 偶 冰 婆 邓 允 怯
捧 刘 铁 挥 吮 鸣 罪 逢 对 公
让 貂 罄 然 装 虫 摸 靠 蚕 面
 	
二、读多音节词语(100 个音节,共 20 分,限时 2.5 分钟)
 	
规矩 作家 核算 战略 增强 谩骂 细菌
篡改 火锅儿 履行 魅力 英雄 穷尽 飞船
动画片 丧失 钟表 衰弱 拳头 红娘 佛法
腐朽 医院 政委 确定 从此 天鹅 因而
贫困 脖颈儿 尿素 节日 有趣 爽朗 来往
认真 稳当 寻找 热爱 分裂 葡萄糖 报酬
黑暗 门口儿 拍子 不快 吹奏 典雅 大褂儿
 	
三、朗读短文(400 个音节,共 30 分,限时 4 分钟)
 	
作品 12 号
 	
四、命题说话(请在下列话题中任选一个,共 40 分,限时 3 分钟)
  1. 我喜欢的明星(或其他知名人士)
  2. 我向往的地方
	一、单音节字词测试指导
	1. 画出五度标调图,用打调法读准调值
	2. 找出难点字、多音字,查字典读准
	
	二、多音节词语测试指导
	1. 找出轻声词,读准
	2. 读准儿化词
	3. 找出易错词,读准
	4. 读准三字、四字词
	
	三、朗读短文测试指导
	1. 浏览全篇,找出生字词,查字典读准
	2. 外国人名、地名按汉字读音
	3. 不在已错内容上纠结
	
	四、命题说话测试指导
	1. 迅速选定话题,并围绕话题构思
	2. 不离题、不雷同、不说无效话语
	3. 不长时间停顿,说够三分钟再停止

普通话水平测试模拟试卷 10 套

模拟试卷 7 号	测试指导
一、读单音节字词(100 个音节,共 10 分,限时 3.5 分钟) 改 肋 农 面 蹄 逢 畔 辈 岛 踏 磕 坏 俊 强 峡 掷 疮 润 邹 涮 存 涩 欧 园 翁 丝 痤 葬 忍 诗 岔 巷 捉 穷 夹 鹤 筐 沟 磷 锯 苔 叮 诽 秒 聘 下 鸣 泼 否 堤 涂 撵 粒 逛 建 哼 绝 挠 播 美 圈 辙 熏 冲 闪 若 籽 铀 损 窜 御 而 雌 嘴 痛 臊 耍 味 软 铡 许 桩 瘸 嫌 胶 红 铐 流 瞪 挂 赖 闷 俯 蚌 瞥 笨 趟 捏 揣 裆 二、读多音节词语(100 个音节,共 20 分,限时 2.5 分钟) 拱桥 反悔 魔术 法庭 内疚 快乐 贬低 跑腿儿 列入 疟疾 磁场 疹子 愣神儿 凯旋 婆家 隔壁 水果 夏天 抽屉 尊重 拐弯 党羽 治学 耳朵 撒谎 费用 色彩 绕远儿 搜查 使唤 猥琐 聪明 人群 凶猛 产业 安全 民族 热情 爱护 标准 确信 村庄 旅行 恐怕 平均 别扭 夸奖 凝固 有点儿 三、朗读课文(400 个音节,共 30 分,限时 4 分钟) 作品 8 号 四、命题说话(请在下列话题中任选一个,共 40 分,限时 3 分钟) 1.我的业余生活 2.谈谈个人修养	一、单音节字词测试指导 1. 画出五度标调图,用打调法读准调值 2. 找出难点字、多音字,查字典读准 二、多音节词语测试指导 1. 找出轻声词,读准 2. 读准儿化词 3. 找出易错词,读准 4. 读准三字、四字词 三、朗读短文测试指导 1. 浏览全篇,找出生字词,查字典读准 2. 外国人名、地名按汉字读音 3. 不在已错内容上纠结 四、命题说话测试指导 1. 迅速选定话题,并围绕话题构思 2. 不离题、不雷同、不说无效话语 3. 不长时间停顿,说够三分钟再停止

普通话水平测试模拟试卷 10 套

模拟试卷 8 号	测试指导
一、读单音节字词(100 个音节,共 10 分,限时 3.5 分钟) 老 腮 洽 恩 曹 刷 恒 踪 夏 拔 闽 建 娶 捉 肥 病 苦 扬 外 子 糠 嫌 略 耳 颇 陈 袜 体 爱 戳 蒋 贼 迅 鳖 日 举 叼 述 习 窦 枝 裙 睬 宾 瑟 仍 苑 推 皱 感 咂 手 汪 寡 浓 羽 雄 劝 丰 幻 滕 盏 怀 广 烦 若 掌 鹿 口 磁 积 篓 隋 关 嘱 耐 麻 诵 惹 挥 领 瓢 久 兰 靠 团 窘 谜 滚 方 盆 妙 屯 丢 偿 宴 嘴 栓 宝 捏	一、单音节字词测试指导 1. 画出五度标调图,用打调法读准调值 2. 找出难点字、多音字,查字典读准
二、读多音节词语(100 个音节,共 20 分,限时 2.5 分钟) 能源 风俗 私自 爱人 只有 面前 海军 针对 伺候 来龙去脉 决战 铁路 奖品 好玩儿 尺寸 巴结 破旧 怎么 口袋 美术 老头儿 倒霉 儿童 被子 厕所 放大 难得 包干儿 批发 模型 暖和 在于 询问 旷工 水果 轻快 春季 抓紧 聊天儿 胸怀 捐款 常用 安心 空虚 大自然 纲要 融洽 抢救 刷洗	二、多音节词语测试指导 1. 找出轻声词,读准 2. 读准儿化词 3. 找出易错词,读准 4. 读准三字、四字词
三、朗读课文(400 个音节,共 30 分,限时 4 分钟) 作品 42 号	三、朗读短文测试指导 1. 浏览全篇,找出生字词,查字典读准 2. 外国人名、地名按汉字读音 3. 不在已错内容上纠结
四、命题说话(请在下列话题中任选一个,共 40 分,限时 3 分钟) 1. 我喜爱的书刊 2. 购物(消费)的感受	四、命题说话测试指导 1. 迅速选定话题,并围绕话题构思 2. 不离题、不雷同、不说无效话语 3. 不长时间停顿,说够三分钟再停止

普通话水平测试模拟试卷 10 套

模拟试卷 9 号	测试指导
一、读单音节字词(100 个音节,共 10 分,限时 3.5 分钟) 多 推 肿 狂 缺 选 灭 评 托 绿 兄 民 扑 而 伞 内 桃 家 色 词 翁 高 记 学 侵 开 寺 烟 资 合 爸 坡 飞 投 缸 列 讲 请 瓜 甩 从 云 播 盘 粉 地 用 娘 乖 困 虹 倦 取 寻 拥 杯 盆 凤 丢 棉 漆 虾 多 体 恰 团 瓦 绕 志 插 手 粗 且 屯 球 山 周 完 视 肉 赞 伤 寒 章 扔 走 岁 如 胜 先 若 钱 戏 喘 拆 潦 银 组 让 鸟	一、单音节字词测试指导 1. 画出五度标调图,用打调法读准调值 2. 找出难点字、多音字,查字典读准
二、读多音节词语(100 个音节,共 20 分,限时 2.5 分钟) 预赛 咨询 播送 恒星 墨水儿 徘徊 悬挂 犹如 贫乏 转化 最初 穷人 力争 尺寸 检查 否决 聊天儿 能够 妇女 邻居 采访 胆怯 狭窄 军装 削弱 供给 身边 尊敬 稍微 球场 声调 表彰 态度 没事儿 果然 聪明 熊猫 原谅 背后 服务员 教训 这样 此外 专业 别有用心 好玩儿 鸦片 光荣	二、多音节词语测试指导 1. 找出轻声词,读准 2. 读准儿化词 3. 找出易错词,读准 4. 读准三字、四字词
三、朗读课文(400 个音节,共 30 分,限时 4 分钟) 作品 53 号	三、朗读短文测试指导 1. 浏览全篇,找出生字词,查字典读准 2. 外国人名、地名按汉字读音 3. 不在已错内容上纠结
四、命题说话(请在下列话题中任选一个,共 40 分,限时 3 分钟) 1. 我喜欢的明星 2. 谈谈服饰	四、命题说话测试指导 1. 迅速选定话题,并围绕话题构思 2. 不离题、不雷同、不说无效话语 3. 不长时间停顿,说够三分钟再停止

普通话水平测试模拟试卷 10 套

模拟试卷 10 号	测试指导
一、读单音节字词（100 个音节，共 10 分，限时 3.5 分钟） 寺　映　寻　乙　弦　捏　祸　吞　眨　搀 多　捅　泼　掷　揪　挎　堤　免　蒜　旅 病　闹　滑　约　较　共　接　矿　准　扶 梦　仅　拐　夺　折　闪　早　枪　浪　瘦 凡　盆　床　白　愿　胸　捕　趁　肉　鱼 岁　吹　针　湿　歪　暗　刺　梨　抓　响 顶　猜　二　胃　俩　日　登　瞧　走　黑 擦　宽　扔　抑　些　劝　甩　托　肥　隔 瞥　阔　怒　内　穴　硅　崖　莫　翁　聘 掐　总　偿　湾　岔　优　蹭　涌　溜　匀	一、单音节字词测试指导 1. 画出五度标调图，用打调法读准调值 2. 找出难点字、多音字，查字典读准
二、读多音节词语（100 个音节，共 20 分，限时 2.5 分钟） 否则　广场　寻求　聊天儿　窗户　旅行　举重 角色　儿童　小孩儿　演讲　藕粉　棉被　英语 绿豆　烟嘴儿　甘苦　南宁　青蛙　磁铁　北京 女兵　体力　讨论　发动机　改良　了解　粉笔 玻璃　处理　一直　黑暗　司机　烹调　月夜 飘扬　声音　聪明　小组　紫花　汹涌　三轮儿 善良　尺寸　内脏　容易　血液　脉搏　迥然不同	二、多音节词语测试指导 1. 找出轻声词，读准 2. 读准儿化词 3. 找出易错词，读准 4. 读准三字、四字词
三、朗读课文（400 个音节，共 30 分，限时 4 分钟） 作品 24 号	三、朗读短文测试指导 1. 浏览全篇，找出生字词，查字典读准 2. 外国人名、地名按汉字读音 3. 不在已错内容上纠结
四、命题说话（请在下列话题中任选一个，共 40 分，限时 3 分钟） 1. 我所在的集体 2. 我向往的地方	四、命题说话测试指导 1. 迅速选定话题，并围绕话题构思 2. 不离题、不雷同、不说无效话语 3. 不长时间停顿，说够三分钟再停止

五、普通话水平测试语音评定的基本类型

根据宋欣桥的《语音评定参照细则框架》，测试员在语音评定中会碰到三类"语音错误"，一是误读产生的读音错误，包括读错字、别字、白字以及异读词读音错误等。例如把"涮"读作"shuā"；把"拔"读作"bō"；把"闩"读作"guān"或"chā"；把"葡"读作"táo"；把"呆"读作"ái"等。这类读音错误，测试员容易判定，不列入本书。二是完全按汉语方言读音，即指声、韵甚至声、韵、调都按方言读音的情况。例如把"鞋"读作"hai"，把"街"读作"gai"，把"全"读作"chuan"。这同前面一类相近，测试员不难判定，一般不列入本书。三是受汉语中方言语音系统的影响，在说普通话时字音遗留某类声母、某类韵母或某类声调调值的读音。本书所列的"语音错误"主要指这类情况。

"语音缺陷"（在研讨时，有的专家提出，"缺陷"可能和生理缺陷混淆，建议改为"欠缺"）是测试员语音判定的难点，也是本书要着重解决的问题之一。语音缺陷也可分为三类情况：一是遗留汉语方言语音系统的某类声母、某类韵母或某类声调的读法。例如：遗留齿间音；用舌叶音代替舌面前音；遗留喉塞音入声韵尾；阴平调（在重读音节）调值偏低，读作半高平调44。二是在学习普通话语音系统过程当中，纠正发音不到位，没有达到标准要求的程度。例如：舌尖后音发音部位靠前，实际舌尖是接触或接近上齿龈（上牙床）；卷舌韵母虽有卷舌色彩，但相当不自然。三是由于语音教学训练不当，形成语音缺陷。例如：训练舌尖后音时，没有要求舌头整体后缩，而是过分要求舌尖后卷，造成"大舌头"色彩；当读音节 zhi、chi、shi 时，强调声母发音部位"抵住"的时候，实际使舌尖韵母丢失；过分强调发好鼻音韵尾-n 和-ng，使韵尾延长，音节结构发生变化；强调上声曲折，但没有注意突出上声（实际忠实描写调值应为2114）中低调段11的特点，稍延长则在214后带降尾等。

（一）声母

1. 判定声母为"语音错误"的基本类型举例
(1)把舌尖后音（翘舌音）读作舌尖前音（平舌音）。
(2)把舌尖前音（平舌音）读作舌尖后音（翘舌音）。
(3)把舌尖中鼻音 n 读作舌尖中边音 l。
(4)把舌尖中边音 l 读作舌尖中鼻音 n。
(5)把舌面后清擦音（韵母是合口呼）读作齿唇（唇齿）清擦音。
(6)把齿唇（唇齿）清擦音读作舌面后清擦音（韵母是合口呼）。
(7)把送气音读作不送气音。
(8)把不送气音读作送气音。
(9)把舌尖后浊擦音 r 读作舌尖前浊擦音。
(10)把舌尖后浊擦音 r 读作舌尖中边音 l。
(11)把舌尖后浊擦音 r 读作齐齿呼零声母。
(12)把零声母（即无辅音声母开头）读作舌尖中鼻音 n。
(13)把零声母（即无辅音声母开头）读作舌面后（舌根）鼻音。

(14)把舌面前音读作舌尖前音。
(15)把部分合口呼零声母读作双唇鼻音。

2. 判定声母为"语音缺陷"的基本类型举例
(1)舌尖后音的发音部位靠前,实际发音部位舌尖是接触或接近上齿龈(上牙床)的。
(2)齿唇清擦音上齿作用不明显,带有双唇摩擦,接近双唇清擦音。
(3)舌面后擦音发音部位靠后,即发作喉门擦音。
(4)舌面前音发音部位明显靠前,但还未纯粹读成舌尖前音,实际音色接近舌叶音。
(5)把舌尖前音分别读成齿间音。
(6)把韵母 u、uo 的零声母读成齿唇浊擦音。
(7)把重读音节中不送气的清塞音、清塞擦音声母读作不送气的浊塞音、浊塞擦音。
(8)齐齿呼前面的声母 t 带有腭化色彩。
(9)发舌尖后音时,舌尖过于后卷,产生"大舌头"的色彩。

3. 声母不作为"语音错误"或"语音缺陷"处理的语音现象举例
(1)把非重读音节(主要指轻声音节)不送气的清塞音、塞擦音读作浊塞音、浊塞擦音。
(2)把轻声音节送气的清塞音、清塞擦音读作不送气的清塞音、清塞擦音。
(3)合口呼零声母(除 u、uo 的零声母外)带齿唇通音[v]。
(4)零声母带轻微的喉塞音。
(5)零声母带软腭通音或舌面后通音。
(6)在齐齿呼、撮口呼韵母前面,把舌尖中鼻音声母读作舌面前鼻音。

(二)韵母

1. 判定韵母为"语音错误"的基本类型举例
(1)把后半高不圆唇元音 e 读作前半低元音 ê,或读作前半高元音。
(2)卷舌韵母 er 没有卷舌色彩。
(3)舌尖前元音-i(前)没有保持单元音的状态,明显向央元音的舌位滑动。
(4)舌尖后元音-i(后)没有保持单元音的状态,明显向央元音的舌位滑动,有的同时带有卷舌色彩。
(5)前高不圆唇元音 i 没有保持单元音的状态,明显向央元音的舌位滑动。
(6)当后半高不圆唇元音 e 处在舌尖后音(翘舌音)声母后面,舌位靠前,带有卷舌色彩。
(7)把圆唇音复合的复韵母 uo 读作后半高不圆唇的单元音。
(8)把韵母 ie、üe 中的前半低不圆唇元音 ê 读作后半高不圆唇元音。
(9)把复韵母 uo 明显读作后高圆唇的单元音。
(10)把撮口呼韵母读作齐齿呼韵母。
(11)宽窄(即舌位移动幅度的大小,并伴随口形的开合)复韵母相混、宽窄鼻韵母相混,特指韵头、韵尾相同,而韵腹元音舌位高低不同的韵母相混,即:ai→ei,ao→ou,ia→ie,ua→uo,iao→iou,uai→uei,ei→ai,ou→ao,ie→ia,uo→ua,iou→iao,uei→uai,an→en,ang→

eng,ian→in,iang→ing,uan→uen,uang→ueng(ong),üan→ün,en→an,eng→ang,in→ian,ing→iang,uen→uan,ueng(ong)→uang,ün→üan。

(12)把有韵头的韵母读作无韵头的韵母。
(13)把无韵头的韵母读作有韵头的韵母。
(14)把带鼻辅音韵尾-n 的韵母(前鼻音韵母)读作带鼻辅音韵尾-ng 的韵母(后鼻音韵母)
(15)把带鼻辅音韵尾-ng 的韵母(后鼻音韵母)读作带鼻辅音韵尾-n 的韵母(前鼻音韵母)。
(16)把二合前响复合元音读作单元音。
(17)把三合复合元音读作二合元音。
(18)把鼻韵母读作鼻化元音。
(19)鼻韵母没有鼻辅音(包括半鼻化音)收尾,变成开尾韵。
(20)遗留入声双唇塞音韵尾以及明显遗留舌尖中塞音韵尾、明显遗留舌面后塞音韵尾。
(21)把与唇音声母相拼的舌面前高不圆唇元音读作舌尖前元音。
(22)鼻韵尾-n 没有产生音变而读作鼻韵尾-m 。

2. 判定韵母为"语音缺陷"的基本类型举例
(1)把单韵母(央低元音)a 明显读作前低不圆唇元音或后低不圆唇元音、后低圆唇元音。
(2)单韵母(高元音)i、u、ü 带有摩擦,实际已经成为或接近半元音。
(3)单韵母 u 的舌位靠前,接近央元音 u。
(4)卷舌韵母 er 虽有卷舌色彩,但相当不自然。
(5)舌尖前韵母-i 有摩擦,接近舌尖后浊擦音。
(6)舌尖后韵母-i 有摩擦,接近舌尖后浊擦音
(7)舌尖后韵母-i 有拢唇的动作。
(8)二合前响复合元音动程明显不到位,但还没有发成单元音。
(9)三合前响复合元音动程明显不到位,但还没有发成二合元音。
(10)把韵母 ao、iao 中韵腹后低不圆唇元音读作央低不圆唇元音或前低不圆唇元音。
(11)把韵母 ai、uai 中的前低不圆唇元音读作接近央低元音,甚至读作后低不圆唇元音或后低圆唇元音。
(12)韵母 ie、üe 中的前中不圆唇元音读音接近央中元音(也称作"混元音")。
(13)把韵母 ie、üe 中的前中不圆唇元音读作前半高不圆唇元音。
(14)韵母 ou、iou 中韵腹、韵尾整体舌位靠前,即 ou 发音接近[ʊu],iou 发音接近[iʊu]。
(15)韵母 iou、uei、uen 在声调是上声、去声时,或 uei、uen 同舌面后(舌根)声母相拼时,韵腹弱化或消失。
(16)韵母 ian 中的韵腹[æ]开口度大,韵腹实际成为前低不圆唇元音。
(17)韵母 üan 中韵腹[æ]开口度大,韵腹实际成为央低不圆唇元音。
(18)韵母 an 开口度小,舌位高,大体相当于[æn]。
(19)在有介音(韵头)-i-的音节中,i 介音音长太短。
(20)在有介音(韵头)-u-的音节中,u 介音圆唇度明显不够(常同 u 舌位靠前有关)。

(21)在有介音(韵头)-ü-的音节中,ü介音圆唇度明显不够(常同ü舌位偏低有关)。
(22)鼻韵母 in、ing 中 i 和鼻韵尾之间(特别是在读阴平、阳平时)明显嵌入央元音 e。
(23)元音韵尾-i、-u(o)过于强调或突出。
(24)遗留轻微的入声喉塞音韵尾。
(25)过分强调鼻音韵尾使韵尾延长。

3. 韵母不作为"语音错误"或"语音缺陷"处理的语音现象举例
(1)鼻韵母韵腹(主要元音)没能鼻化,韵尾-n、-ng 以半鼻化音收尾。
(2)轻声音节或一部分明显读作轻音的音节中,二合的前响复合元音变为单元音。
(3)轻声音节或一部分明显读作轻音的音节中,三合的复合元音变为二合的复合元音。

(三)声调

1. 判定声调为"语音错误"的基本类型举例
(1)把阴平调调值 55(高平调)读作升调,包括高升调 35、中升调 24、低升调 13、全升调 15 等。
(2)把阴平调调值 55(高平调)读作降调,包括高降调 53、中降调 42、低降调 31、全降调 51 等。
(3)把阴平调调值 55(高平调)读作曲折调,包括高降升调 535、中降升调 424、低降升调 313、全降低升调 513、低降全升调 315、高升降调 353、中升降调 242、低升降调 131、高升全降调 351、全升高降调 153,以及低降升调 214 等。
(4)把阴平调调值 55(高平调)读作半低平调 22、低平调 11,以及在重读音节读作中平调 33。
(5)把阳平调调值 35(高升调)读作平调,包括高平调 55、半高平调 44、中平调 33、半低平调 22、低平调 11。
(6)把阳平调调值 35(高升调)读作降调,包括高降调 53、中降调 42、低降调 31、全降调 51 等。
(7)把阳平调调值 35(高升调)读作曲折调,包括高降升调 535、中降升调 424、低降升调 313、全降低升调 513、低降全升调 315、高升降调 353、中升降调 242、低升降调 131、高升全降调 351、全升高降调 153,以及低降升调 214 等。
(8)把阳平调调值 35(高升调)在重读音节读作低升调 13 或 12 等。
(9)把上声调调值 214(降升调)读作升调,包括高升调 35、中升调 24、低升调 13、全升调 15 等。
(10)把上声调调值 214(降升调)读作降调,包括高降调 53、中降调 42、低降调 31、全降调 51 等。
(11)把上声调调值 214(降升调)读作平调,包括高平调 55、半高平调 44、中平调 33 等。
(12)把去声调调值 51(全降调)读作升调,包括高升调 35、中升调 24、低升调 13、全升调 15 等。
(13)把去声调调值 51(全降调)读作曲折调,包括高降升调 535、中降升调 424、低降升调 313、全降低升调 513、低降全升调 315、高升降调 353、中升高降调 153,以及低降升调 214 等。
(14)把去声调调值 51(全降调)在重读音节读作低降调 31 或 21。

2. 判定声调为"语音缺陷"的基本类型举例

(1)虽阴平调保持平调调型,但在重读音节音高低,读成半高平调 44,而又没有明显低于中平调 33。

(2)阴平调调值读作微升调 45。

(3)阴平调调值读作微降调 54。

(4)阳平调调值中间略带曲折,不太明显,还没有同上声调值相混,调值大体相当于 335 或 325。

(5)阳平调在重读音节调值读作微升调 34。

(6)上声为曲折调,但开头略高,相当于 31-或 41-开头,例如 412、312 等。

(7)上声在第一部分"单音节字词"或在第二部分"双音节词语"中第二个音节读作"半上"211。

(8)上声(在非重读音节)发音大体相当于低平调 11 或半低平调 22。

(9)上声注意了曲折,但没有突出低调的基本特点,稍延长则在 214 后带了降尾。

3. 声调不作为"语音错误"或"语音缺陷"处理的语音现象举例

(1)在去声音节后的阴平调调值(特别是以浊音声母开头的音节)为半高平调 44。

(2)阳平调在非重读音节调值读作 34。

(3)在"朗读"和"说话"两项中,由于语气的需要在单念句尾以及非重读音节读音时,上声调调值读作"半上"211。

(4)在"朗读"和"说话"两项中语速较快时,去声调调值在非重读音节读作高降调 53。

(四)变调、音变、轻重音等

1. 判定变调、音变、轻重音等为"语音错误"的基本类型举例

(1)《现代汉语词典》《普通话水平测试大纲》注音没有分歧的轻声词中的轻声音节没有读作轻声。

(2)轻声音节音长等同于前一个音节或长于前一个音节。

(3)《现代汉语词典》《普通话水平测试大纲》在词语条目中注明"一儿"尾并注音为儿化的,没有读作儿化韵。

(4)儿化音节读得近乎两个音节,即有"儿"未"化"。

(5)把儿化音节中带有 ar 的儿化韵读作带有 er 的儿化韵。

(6)把儿化音节中带有 er 的儿化韵读作带有 ar 的儿化韵。

(7)把儿化韵 ur 读作 uer。

(8)把儿化韵 aor、iaor 分别读作 ar、iar。

(9)把儿化韵 our、iour 分别读作 er、ier。

(10)把儿化韵 er[ɣr]读作 er[er]。

(11)把儿化韵 iːer、üːer 分别读作 ier、üer。

(12)上声音节和上声音节相连没有按规律变调的,即前一个上声音节变调调值为 211(也

称为"半上"),后一个上声音节变调调值为35(也称为"直上")。前后两个音节均判定为错误。

(13)"一""不"变调错误,包括朗读中应变调而读作原字调的情况。

(14)语气助词"啊"的音变错误。

(15)叠字形容词中AA式带上"—儿"尾读儿化韵时,在朗读中没有变调。

2. 判定变调、音变、轻重音等为"语音缺陷"的基本类型举例

(1)儿化音节卷舌色彩生硬或卷舌色彩不明显。

(2)"一""不"除朗读外应变调时读作原调,即"一"读作 yī,"不"读作 bù。

(3)把双音节词应读"中·重"轻重音格式的或三音节词应读"中·次轻·重"轻重音格式的,读作第一个音节为重读音节。

(4)三个上声音节相连,第一个音节处在被强调的逻辑重音的位置(单双格)时,调值没能变为211。

3. 变调、音变、轻重音等不作为"语音错误"或"语音缺陷"处理的语音现象举例

(1)叠字形容词中ABB式、AABB式,除部分口语中习惯读变调的情况外(例如慢腾腾、马马虎虎、清清楚楚等少量词),在朗读中可以不变调。

(2)读作"重·次轻"轻重音格式,即第一个音节读重音,后一个音节读次轻的情况,读作"中·重"格式,即第一音节读中音,后一个音节读重音。

(3)《现代汉语词典》《普通话水平测试大纲》注音不一致的所谓"轻声词"。

(4)《现代汉语词典》《普通话水平测试大纲》在词语条目中没有注明"—儿"尾,但在口语中可以儿化的词语。

第二节 计算机辅助普通话水平测试

一、计算机辅助普通话水平测试简介

计算机辅助普通话水平测试工作是通过计算机语音识别系统,部分代替人工评测,对普通话水平测试中应试人朗读的第一至三题的语音标准程度进行辨识的评测工作。

计算机辅助普通话水平测试是国家语言文字应用"十五"重点课题项目,2006年1月该项目通过了国家语委科研规划领导小组的鉴定,2006年国家语用司批准13个省市开展计算机辅助测试普通话试点工作,2009年国家语委开始在全国开展计算机辅助测试的全面铺开工作,2010年国家语言文字测试中心出台了《计算机辅助测试普通话评分试行办法》,对普通话水平测试试题中人工评测的第四题进行了规范,科研人员也使国家普通话水平智能测试系统不断完善,更加高效便捷。

安徽科大讯飞信息科技股份有限公司研发的国家普通话水平智能测试系统(PSCP)基于国家普通话水平测试大纲,准确地对命题说话之外的所有测试题型实现自动评测,并可自动检测发音者存在的语音错误和缺陷。由于评测分离,降低了组织测试员集中时间测试的难度,由于人工测试只有命题说话一项,一定程度上减轻了测试员的劳动强度,对提高普通

话测试效率、保证测试结果的客观公正性具有积极的意义。

(一)计算机辅助普通话水平测试步骤

1. 组织机测报名阶段
(1)应试人报名:①提供应试人信息;②应试人现场拍照。
(2)核对应试人信息。
(3)上传应试人信息:①设置报名与测试时间期限;②网络上传应试人信息。
(4)打印和领取准考证。

2. 布置考场与考务阶段
(1)机测考场现场环境布置:①机测考场分区设置;②机测考区分布图公示。
(2)机测分组人员公示。
(3)机测相关考务工作:①考场记录单;②测试员监考分组;③应试人分组名单。
(4)计算机测试系统分组试题任务分配。

3. 应试人备考阶段
(1)应试人进入候测室等候点名,应试人抽机位号和备考样题。
(2)应试人进入备考室准备应试内容。
(3)应试人进入指定的测试考场。
(4)应试人戴好耳机准备测试,应试人上机准备测试。

4. 考点现场测试阶段
(1)主考机现场分发测试试题。
(2)应试人输入并核对考生信息;并调试音量。
(3)应试人依照计算机给定的第一至三题所示文字,按要求读出测试内容;应试人依照计算机给定的第四题命题说话题目,二选一,口头围绕题目表述相关内容。
(4)应试人测试完毕摘下耳机离开测试现场。
(5)机测系统自动对应试人第一至三题语料进行评测。
(6)测试任务全部完成后上传考生已测语料包。

5. 第四题打分任务评测阶段
(1)设置第四题接收打分任务和参与打分的时限;第四题打分任务分组分发。
(2)普通话测试员接受打分任务,对第四题进行打分,并在规定时间内完成任务。
(3)对打分成绩差异超过设定值的成绩进行复审;认定复审和打分成绩。
(4)汇总打分成绩。

6. 机测普通话测试等级办证阶段
(1)网上确认成绩并打印证书。
(2)报省级语言文字培训测试中心,对测试成绩表的有效性盖章确认。
(3)报省语委办,核对成绩并在证书上盖印确认。
(4)对达到合格等级的应试人发证。

(二)计算机辅助测试操作规程

1. 候测

应试人按照规定的时间到候测室报到,交验准考证和身份证,按准考证号顺序入座。考务人员按批次点名,并提示应试人员掌握测试的操作程序和有关注意事项,遵守《计算机辅助普通话水平测试考场规则》。

2. 备测

应试人员按照准考证号的顺序由候测室到备测室进行测前准备。在备测室入口处,工作人员负责应试人抽取座位号,应试人员入座准备,每个座位号前准备一份试卷,其座位号、试卷号与机位号应一致。备测时间为10分钟。

3. 机测

备测时间结束,应试人将试卷放在原位,按座位号顺序排队到测试室相应机位进行测试。考务人员再次核对应试人员身份证、准考证和座位号,指导应试者正确佩戴耳机,正确操作计算机,按照计算机提示核对个人信息,试音,按顺序进行第一至四项的测试,测试时声音要清晰,音量要适中,并收回座位号退回备测室继续使用。检查中如发现作弊或替考者要及时报告考务办公室严肃处理。

4. 离场

每场次测试结束,负责监考机的考务人员检查应试状况,确认无误后方可允许应试人离开测试室。对测试中出现的异常情况应及时处理,将测试失败的应试者及时登记在《计算机辅助普通话水平测试失败人员登记表》,通知本人另行安排测试时间。同时,考场工作人员填写《计算机辅助普通话测试考场情况记录表》,交考务办公室汇总;测试站系统管理人员通过"管理系统"及时将测试信息和数据上传至省语言文字培训测试中心服务器。

5. 评定成绩

评定测试成绩,应严格执行《普通话水平测试大纲》评分标准,严格执行教育部语用司印发的《计算机辅助普通话水平测试评分试行办法》。试卷第一至三项的测试成绩,由"计算机辅助普通话水平测试评分系统"评定;试卷第四项的成绩,由各测试机构管理人员通过"管理系统"分配给2名测试员评定。测试员应在规定的时间内,登录"辅评系统",按时完成第四项评测任务,将评分结果填入"辅评系统"相应位置,并在《计算机辅助普通话水平测试"命题说话"项评分表》上做详细评分记录。

6. 复审

测试各项得分通过"辅评系统"合成,合成后的分数应为应试人测试初始成绩。一级乙等的初始成绩须由各测试实施机构全部进行复审;二级甲等以下(含二级甲等)的初始成绩,经测试实施机构抽查复审通过后,确认为最终成绩。省级测试机构负责对所有等级成绩进行抽查,其中对一级乙等成绩按人数比例抽查,人数在30人以下的全部复查,31~100人的抽查50%以上,101~200人的抽查40%以上,200人以上的抽查30%以上。一级甲等的初始成绩,须经省级测试机构复审合格后上报,由国家测试机构组织复审确认。

二、计算机辅助普通话水平测试考试规则

计算机辅助普通话水平测试考场规则

一、应试人须携带准考证和身份证,双证齐全,否则不予测试。

二、应试人必须在准考证规定的候测时间报到,迟到 30 分钟以上者,取消测试资格,测试费不予退还。

三、测试流程:

1. 报到。应试人进入候测室时,需交验准考证和身份证,等候编组,并仔细阅读《计算机辅助普通话水平测试指南》和《计算机辅助普通话水平测试考场规则》,了解计算机辅助普通话水平测试注意事项。考务人员按照报到顺序对应试人分组编号。

候测室应保持安静,未经考务人员允许,应试人不得擅自离开。

2. 备测。应试人按照准考证号的顺序排队进入备测室,抽取座位号对号入座。其座位号、试卷号与机位号相一致。每个座位前准备一份试卷,应试人不得在测试卷上作任何标记,不得与他人交谈,备测时间为 10 分钟。

3. 测试。应试人在考务人员的引导下排队进入测试室(考场),按抽取的机位号入座,并按照计算机辅助测试系统提示的要求进行操作和测试。测试时应关闭通讯工具,不得携带任何资料。

四、应试人在测试过程中如有问题询问,向考务人员举手示意,不得大声喧哗。

五、测试结束,经考务人员准许后,方可轻轻离开考场。

六、应试人员如出现评测失败,由测试工作人员安排重测。

七、应试人违反考场规则,取消本次测试成绩;发现替考等作弊行为,应试人和代考人三年内不准测试,情节严重的提请其所在单位给予处理。

候测室规则

一、工作人员职责

1. 维持候测室纪律。

2. 验看应试人身份证,发放考生准考证。

3. 答复应试人有关测试规程的咨询,指导应试人阅读《计算机辅助普通话水平测试应试指南》和《计算机辅助普通话水平测试应试注意事项》。

4. 编排应试人测试顺序。

5. 引导应试人进入备测室。

二、应试人应试规则

1. 应试人必须在规定的时间内报到。迟到 30 分钟以上者,将取消其应试资格。

2. 应试人需交验身份证,等候编排考试顺序。

3. 应试人应仔细阅读《计算机辅助普通话水平测试应试指南》和《计算机辅助普通话水平测试应试注意事项》。

4. 候测室应保持安静,应试人未经许可不得擅自离开。

5. 应试人按顺序进入备测室。

备测室规则

一、工作人员职责

1. 指导应试人按顺序就座。

2. 发放试卷。

3. 核对应试人准考证、身份证并请应试人核对考生个人信息。

4. 填写《考生个人信息更正单》。

5. 维持备测室纪律。

6. 引导应试人进入测试室。

二、应试人应试规则

1. 应试人按顺序入座。

2. 应试人配合考务人员核对准考证、身份证及个人信息。

3. 应试人准备测试,时间为10分钟左右。

4. 应试人不得在试卷上作任何记号。

5. 应试人不得与他人交谈。

6. 应试人不得向考务人员作任何有关考试内容的提问。

7. 应试人准备完毕,应将备测试卷留在原处,在考务人员引导下进入测试室。

测试室规则

一、工作人员职责

1. 引导应试人按测试机房号上机操作。

2. 巡视考场,检查计算机运行情况,保障测试系统正常运行。

3. 填写《测试室情况记录表》。

二、应试人应试规则

1. 应试人进入对应测试机房。

2. 应试人配合考务人员核对准考证和身份证。

3. 应试人严格按照计算机测试系统的提示和程序进行操作和测试。

4. 应试人应关闭通讯工具,不得夹带任何资料进入测试机房。

5. 应试人在测试中如出现问题,应及时报告考务人员。

三、计算机辅助普通话水平测试流程

(一)机辅测试流程

1. 候测

(1)参加普通话水平测试的考生应在规定测试时间之前三十分钟到候测室报到。

(2)测试时间前十五分钟,考务人员通知考生准备测试,考生交验准考证和身份证(或学生证)后,领取测试试卷。

2. 备测

(1)领取试卷后,考生随考务人员进入备测室准备测试。

(2)考生在备测室准备试题内容,不得在备测室内大声喧哗。

(3)得到考务人员上机测试的通知后,进入测试室进行测试。

3. 测试

(1)考生进入测试室后即可按照考试机页面提示开始测试。

(2)测试过程中除必要的操作外,考生不得随意设置和操作计算机。

(3)测试过程中出现死机等异常现象,考生应报告管理人员,不要擅自处理。

(4)测试结束后考生应摘下耳机,轻声离开测试室。

(二)机辅测试操作程序

系统简介

· 国家普通话水平智能测试系统是参加普通话测试考生的考试应用软件,在考试过程中,考生可以按照测试程序的提示,逐步完成考试内容及相关操作。

· 完整的操作流程为:

考生登录——核对考生信息——试音——考试——提交试卷

第一步:佩戴耳麦

· 考生入座后,考试机屏幕上会提示佩戴耳麦。

· 考生戴上耳麦,将麦克风调节到离嘴2~3厘米的距离,注意麦克风在左侧。

· 耳麦为头戴式或后挂式,考生需注意佩戴。

· 戴好耳麦后,即可点击"下一步"按钮。

图5-2 佩戴耳麦提示页面

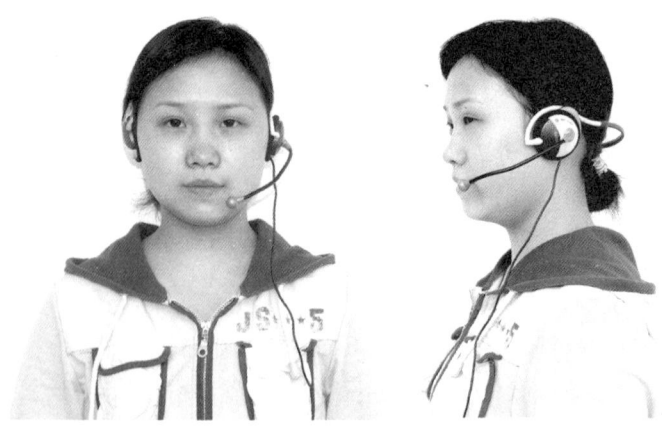

图 5—3 后挂式耳麦佩戴图式

第二步:登录

- 屏幕出现登录界面后,考生填入自己的准考证号最后四位。
- 填写完成后,点击"进入"按钮登录。
- 如果输入有误,单击"修改"按钮重新输入。

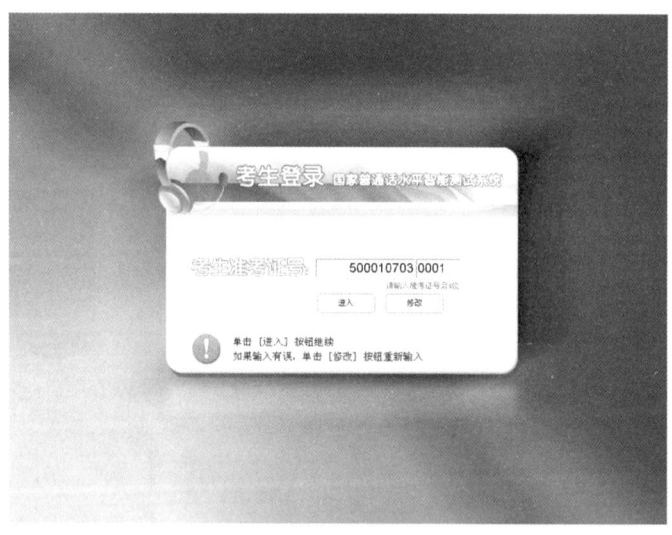

图 5—4 考生登录页面

第三步:核对个人信息

- 考生登录成功后,考试机屏幕上会显示考生个人信息。
- 考生认真核对所显示信息是否与自己相符,核对无误后,单击"确认"按钮继续。
- 核对时若发现错误,可以点击"返回"按钮重新登录。

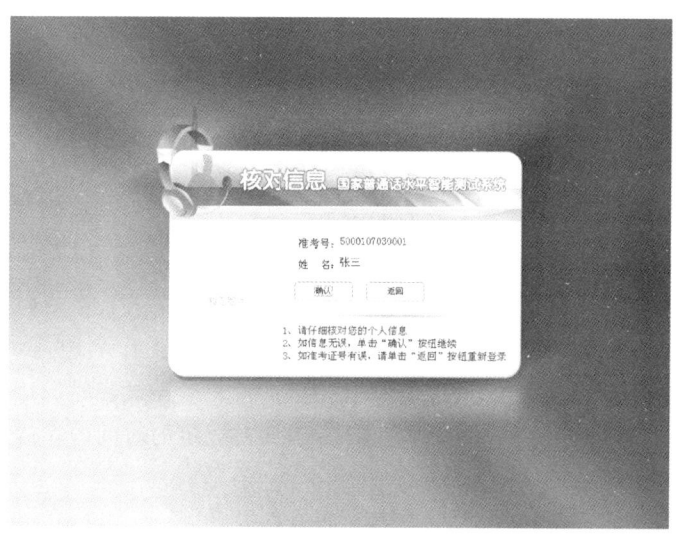

图 5—5　核对个人信息页面

第四步：试音

· 进入试音页面后，考生会听到系统的提示语，提示语结束后，请以适中的音量和语速朗读文本框中的个人信息，进行试音。

· 本系统会自动调节以适应考生的音量，采用平时正常说话的音量即可，不必做任何操作。

· 若试音失败，请提高朗读音量重新进行试音。

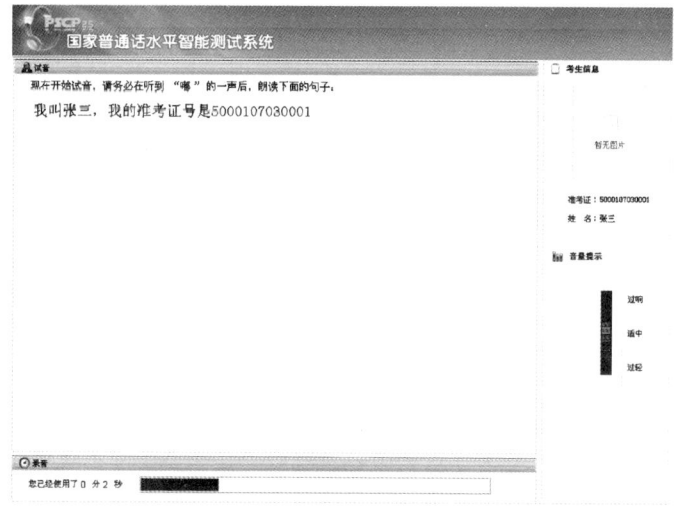

图 5—6　考生试音页面

· 试音结束，系统会弹出提示试音结束的对话框。

· 点击对话框中的"确认"按钮，进入正式测试程序。

第五步：测试

• 普通话水平测试共有4项题目，系统会依次显示各项内容，考生只需根据屏幕显示的试题内容进行录音。

• 测试开始时，每一题都会有语音提示，请在语音提示结束并听到"嘟"的一声后再开始朗读试题内容。

• 测试时第一题、第二题试题要横向朗读。

• 朗读试题时注意不要漏行、错行。

• 完成每项试题后立即点击右下角"下一题"按钮，防止录入太多空白音影响成绩。

• 朗读过程中不要说与试题内容无关的话，有问题可举手示意。

• 录音过程中注意心态平稳，吐字清晰，语速适中，音量与试音时保持一致。

• 录音过程中请注意主屏下方的时间提示，确保在规定的时间内完成每项考试。

第一题页面

• 应在提示语结束并听到"嘟"的一声后，再开始录音。

• 如该项试题时间有余，单击屏幕右下角的"下一题"按钮，可进入下一项试题。

• 务必横向朗读，蓝黑字体是为了分行醒目，不要跳行读题。

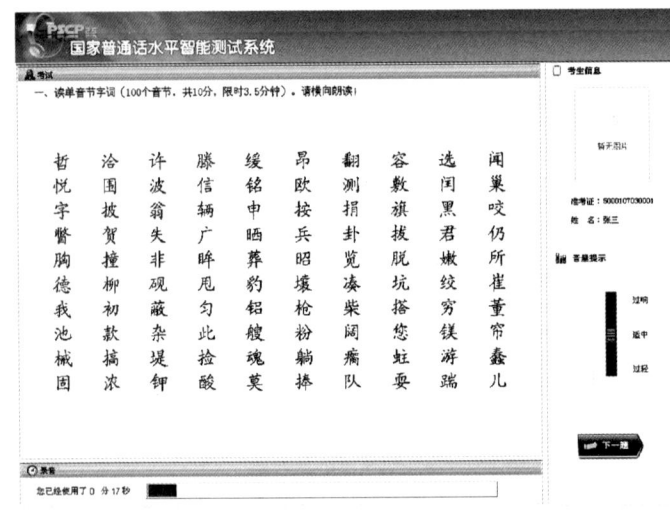

图5-7 第一题页面

第二题页面

• 应在提示语结束并听到"嘟"的一声后，再开始录音。

• 如该项试题时间有余，单击屏幕右下角的"下一题"按钮，可进入下一项试题。

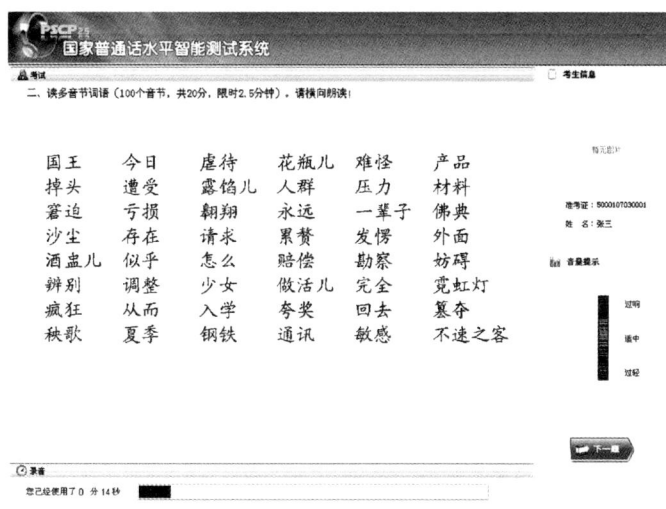

图 5—8　第二题页面

第三题页面

- 应在提示语结束并听到"嘟"的一声后,再开始录音。
- 朗读过程中保持音量稳定,大小与试音音量一致,音量过低会导致评测失败。
- 如该项试题时间有余,单击屏幕右下角的"下一题"按钮,可进入下一项试题。

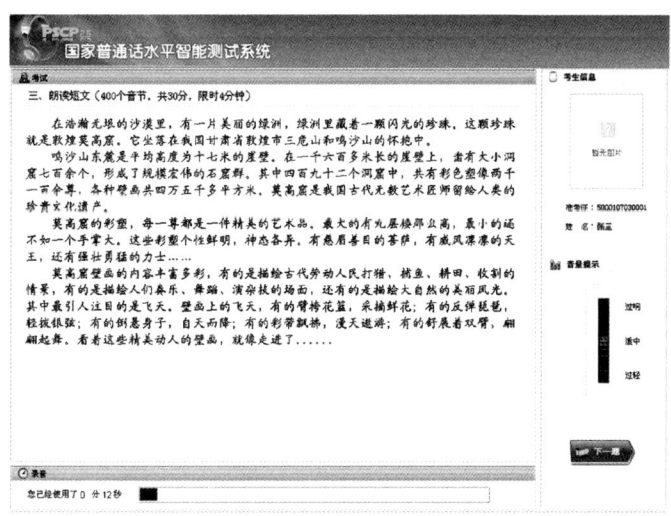

图 5—9　第三题页面

第四题页面

- 录音开始时,先读出所选话题名称。如:"我说的话题是'我尊敬的人'。"
- 说话内容需符合所选话题,离题或不具评判价值语料均会导致丢分。
- 本题必须说满 3 分钟(可按照主屏下方的时间提示条把握时间)。

- 说满三分钟后，系统会自动提交试卷，便可结束考试。

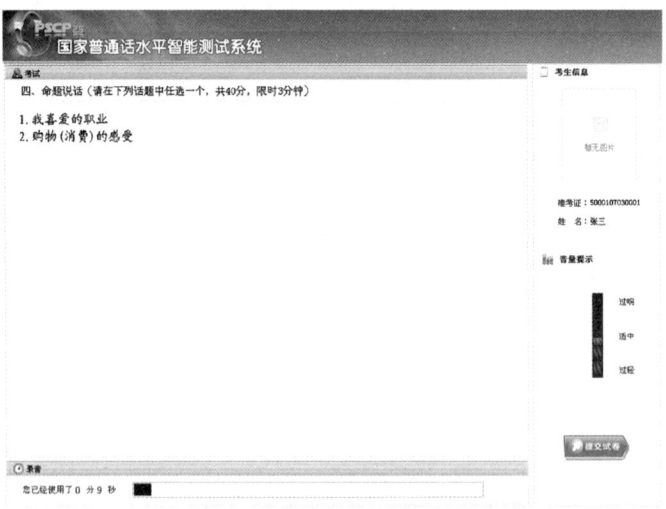

图 5－10　第四题页面

考试结束页面

- 提交试卷后，系统会自动弹出如下提示框，表示考生已成功结束本次考试。

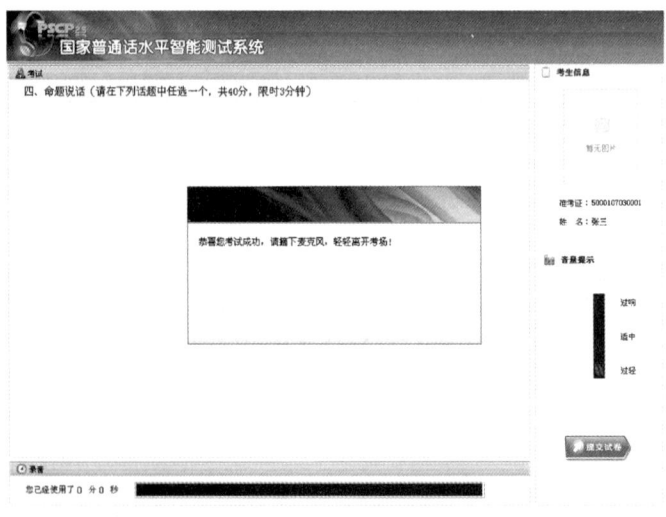

图 5－11　考试结束页面

- 单击屏幕中央的"确定"按钮，结束整个考试程序。
- 摘下耳机放在桌上，然后离开考场。

注意事项

- 考生应正确佩戴耳麦，并根据提示音进行试音；测试结束离开座位时，注意摘下耳麦。
- 考试试音时，要以正常适中音量朗读试音文字，正式测试的时候朗读音量要与试音时保持一致。
- 进行测试的过程中,手不要触摸麦克,同时避免麦克与面部接触。

再次提醒
- 测试试题为横向排列,考生朗读时注意横读,不要漏行。
- 测试过程中,考生不要说与测试无关的内容,以免影响测试成绩。
- 考生读完每一题后,应及时点击"下一题"进入下一部分测试,以免录入太多的空白杂音影响测试成绩。
- 第四题说话部分由人工评分,请考生注意不要离题、不要背稿;说话满三分钟后,即可停止答题,结束测试。

第三节 临测紧张心理调控对策

一、临测怯场心理调控对策

生活中有些人平时走路摆手、迈步潇洒自如,可一旦开会迟到了,在众目睽睽下走进会场,会感到浑身不自在,甚至有的人干脆吓得不敢进去了。有些运动员或球队,平时训练各方面都能够达到指标,技术发挥得非常全面,然而一到比赛场上就发昏,失去了常态,屡战屡败。有些演员平时能唱能念的,外在条件不错,可一登台嗓子就哑了,词也记不起来了,手脚甚至整个身子都不是自己的了。这是什么原因呢?说得简单些,是因为这些人一到特殊场合,思想就背上了包袱,俗称"怯场"。说得复杂些,因为这些人往日那一套应付客观环境的常规被打破了,由此而产生了威压感,因而应付不了这种超常的情况,心理学称"刺激—反应定型"。生活、运动、表演有这种情况,说话也有如此情况。有的人平时说话天南地北、海阔天空、头头是道,话匣子关也关不住,可是让他在大会上发个言却张口结舌、语无伦次了。据说美国某公司一位副董事长,平时能说会道,可要当着顾客发表他那准备得都能倒背如流的演说时,舌头就不听使唤了,只会翻来覆去地说:"各位女士,各位先生……"有一次竟然一头栽倒在演说台的过道中。美国的格兰特将军在占领维克斯堡之后,当着欢呼的士兵与民众发表演说时感到"像得了脊髓病一样"。英国前首相狄斯累里也承认"宁愿带领一队骑兵冲锋战死,也不愿首次在国会发表演说"。就是一些著名的演说家,他们在最初开始演讲时也有这种紧张感、害怕感。西塞罗是古罗马著名的演说家,可他也说:"演讲一开始我就感觉自己面色苍白,四肢和整个心灵都在颤抖。"美国著名的幽默大师、小说家、演说家马克·吐温也形容他的第一次当众演说感觉"嘴里像塞满了棉花,脉搏跳得像在争夺赛跑奖杯"。连老练的演说家丘吉尔也感到"心窝里似乎塞着一个几寸厚的冰疙瘩"。这是因为演说者产生了心理压力,这个压力使之心跳脸红,冒汗打颤,仿佛有人扼住了喉咙,使其发不出音,说不出话,仿佛有人肢解了身体,使其想动的部位动不了,不想动的部位乱动,语言和动作完全失去了协调性。

普通话测试是口语测试,产生紧张恐惧心理,是每一个应试者正常的生理和心理反应,只不过有的人重些,有的人轻些,有的人时间长些,有的人时间短些罢了。但这种恐惧感、紧张感往往会影响测试的效果。要想表达自如、发挥正常，就必须学会控制自己的情绪。

如何控制呢？

人在从事某种活动之前，活动的结果已经作为行动的目的存在于他的头脑之中，并且以这个目的来指引自己的行动。然而在行动的过程中，道路是曲折的，难免会出现这样或那样的干扰。积极、果断、坚韧的人不仅能够推动自己去实现预定目的，而且能够抑制自己的不良情绪，排除来自各方面的干扰。

(一)自控情绪，战胜紧张

自控指的是一种自制的能力。不少应试者还没临场心就怦怦乱跳，身不由己了。这就必须加强自制力。

如何加强自己的自制力，掌握自控的技能呢？

1. 充分准备

俗话说"艺高胆大"。林肯曾经在白宫中说，我相信，不论我怎么老练，如果站在人家面前而无话可说，那一定会感觉到十分窘迫。有人形象地说，如果准备了一半去演说，就像是半裸着身体站在众人面前一样难堪。美国著名的演讲教授戴尔·卡耐基说："预备得十分充足的一篇演说，等于讲去了十分之九。"普通话水平测试中第四题"说话"，是在没有文字凭借的情况下围绕一个话题连续说3分钟，而且要语音准确、语法规范、语言流畅，这对一般人是一个挑战，必须充分准备才会有话可说。一般情况下，说话的速度为每分钟180～240个音节，三分钟测试可以说540～720个音节，所以，每个话题至少要准备600～700个字才能说够3分钟。如果准备少了，考试时话已将完但时间未到，硬逼着自己坚持说往往会因不流畅而扣分。另外，考虑到临场由于紧张会出现暂时性遗忘，准备话题是要留有余量的。一般来说，由于年轻人语速偏快，再加上紧张也会造成语速快的现象，建议应试者准备800字的内容，平时练习3分钟的说话时，要按3分10秒准备，自己计时多次训练，直到"脱口秀"的水平。这样不但可以从容应考，也能真正达到"以测促学"、全面提高口语表达能力的目的。

2. 充满自信

每个人都有理想的自我和实际的自我。自己对自己的评价是主观自我，别人对自己的看法则为客观自我。主观自我低于客观自我则必然缺乏自信。因此应试者不仅考前要做好充分的准备，临场时也应客观评估自己，投入而"忘我"。但必须指出，充满自信，即正确估价自己，不能盲目自信、放松大意，才能顺利通过测试，取得优异成绩。

3. 战胜自我

临场时出现紧张、恐惧的心理，主要是由于主观上患得患失，自我意识太强，对自己抱有很高的期望值，担心这种期望落空，就格外紧张、恐惧。克服这一毛病的最好办法是转移自己的注意力。测试时不要有杂念，不要老是想着自己的成败得失，而应该把心思全部集中在内容上，想着如何准确顺畅地表达，考出自己的最佳水平。如果做到了这一点，就必定会减轻或消除心理的紧张状态。

4. 当成知音

要控制住自己紧张、恐惧的心理状态,还有一个好办法,就是在考试的过程中尽快调整心态,把电脑当成知音,与其倾诉、沟通。这样便会很快地进入"角色",从而变得轻松自然起来。

5. 勤于练习

鲁迅曾说:"急不择言的原因不是没时间准备,而是有时间时未认真准备。"应该承认这个事实,一个未经过训练的人或方言浓重、平时不爱发言的人,临场时的紧张、恐惧总要比那些经过培训或经常在社会活动中发言的人厉害得多。什么道理呢?因为经验太少,练习不够。我们平时总是评论某人比某人处事老练。什么叫"老练"呢?"老练"就是富有某种经验。怎么才能老练呢?顾名思义,老练老练老是练才会老练。所以,平时要多参加社团活动,争取多发言、多锻炼,上课认真训练提高,只有勤于练习,才能应对自如。

美国的戴尔·卡耐基在他的《雄辩有术》一书中就说:"发表演说的第一个方法,也是最末的方法,而且是永不会失败的方法,就是第一要练习,第二仍是要练习,第三还是要练习。"书中他还引用了罗斯福的一段话:"每一个新手,常常都有一种心慌病。心慌并不是胆小,乃是一种过度的神经刺激。一个人初次立在许多听众面前讲话,正像突然地见到一只牡鹿,或是走上战场。这种人所需要的,不是勇气而是冷静的头脑。这是可以从练习上得来的。他必须用习惯和反复的练习来克服自己,使他的脑子可以完全受他的统治。如果他是具有适当才能的,那么,他每一次的练习,便能增强一次的能力。"因此,要想克服紧张、恐惧的心理,就必须学会控制自己,要想临场控制住自己,就必须多练习,不断增强自己的心理承受能力。当萧伯纳被问及他是如何学得声势夺人地当众演说时,他答道:"我是以自己学会溜冰的方法来做的——我固执地、一个劲儿地让自己出丑,直到我习以为常。"结果,他成了20世纪上半叶最具信心、最出色的演说家之一。

(二)心理调节,战胜怯场

1. 心境调节法

在临场前应注意创造良好的外界环境来影响自己。在坚信自己能成功的心境下,去听听轻音乐,读读小画册,听些幽默故事,与人开个玩笑,或者闭目养神,用心静想自己曾经生活过的一个静谧、优雅的环境,以及在那种环境中的舒适感受。

2. 语言暗示法

可以自我暗示,也可以他人暗示;可以用语言暗示,也可以用手势暗示。如对自己说:"我已经准备得很充分了,没有必要紧张",也可以做相反的暗示:"那些来自方言区的、没经过培训的都通过了,我文化基础很好而且努力学习了这么久,怕什么呢?"以增强自信心。有些人觉得机测面对电脑比人工测试放松,有些人面对机器却说不出话来。这时可以自我暗示,把电脑幻化为多年未见的好友,有许多话要倾诉,便可以自如地交流了。

3. 分散注意法

临场前可以对一只杯子、扩音器等细心地"研究""揣摩",也可以欣赏考场建筑的艺术特点。还可以登高望远,用转移注意力的方式疏解紧张的心理。切不可紧张得团团转,这会强化紧张心理,也会传染给同伴,导致群体紧张。总之,力求以对某一事物产生的新兴趣来抑制紧张情绪。

4. 深呼吸法

许多考生平时不紧张,但进入考场的一瞬或马上考试的时候,可能受周围环境的影响,突然紧张起来,呼吸急促、手心冰凉、面色苍白、六神无主。这时做几个深呼吸可使情绪平稳,有效地缓解压力。

5. 假装自信法

指在临场前明明非常害怕,但努力假装得非常自信,像一位稳操胜券的应试者那样进入考场。这样往往能有效地战胜怯场。

在发现自己怯场时,可以交叉或同时使用几种方法来对付怯场。另外,上述种种方法并非对每个人都有很大的效果,有必要找出对自己最有效的方法,以便在关键时刻及时发挥作用。

二、考场意外情况应对技巧

(一)中途卡壳怎么办

在说话测试中,遇到干扰和意外会出现突然卡壳的情况,这时不可中断说话。最好的办法是随方就圆,想到哪里,就由哪里接着讲下去。还可运用过渡句给自己思考和反应的时间,自然地顺接到下面的内容。

(二)讲错了怎么办

紧张的情况下很容易说错话。首先绝对没有必要声明"这句我讲错了",更不要重述一遍来修正该错误。如果这句话有原则问题,则可以自圆其说地在错话后面反问:"刚才这种说法对不对呢?"或者说:"刚才这种说法明明是错误的思想,偏偏有个别人信奉为真理",等等。

(三)考场嘈杂心不静怎么办

在测试中,十几人一场,而且由于担心录不上音大家都在大声地读、说,考场变得嘈杂,内心便躁动起来,不能专注于测试内容。怎么办?最好的办法是忘我和投入,心里暗示自己:"其他的一切与我无关、与考试无关。我要专注、专注,我能行。"然后沉浸于考试的内容中。

(四)考场异常安静怎么办

由于集体测试,每场十几人,有的人语速快、操作快,所以结束得早;有的人语速慢、操作慢,所以结束得略晚;当全场突然静下来,所有的人静静地等着一人时,应试人会感到异常尴尬:还有十几秒时间未到,不说吧,会因缺时扣分,继续说吧,这么多人都听着,没经验的应试人会变得慌乱,语无伦次地草草收场。正确的做法是迅速调整心态,依然忘我而自信地从容应战,善始善终地完成任务,不受环境因素的影响。

(五)考试失败怎么办

由于声音小、考试系统故障会出现测试失败的情况,这时应试人不要心慌、气急,而应迅速地调整心态,重新备考、测试,一样能考出好成绩。

(六)考试时电脑出现异常怎么办

首先要端正心态:"这是难免的,是正常现象。"不要大吵大闹,影响他人考试,影响自己的状态。其次,每个考场有专业的技术人员负责,应试人只需站起身示意即可。最后,会有监考人员重新安排应试人的考试,不会对测试有任何影响。

【作业】
1. 普通话水平测试中"三级六等"分别指什么?
2. 各行业普通话水平测试应达到的等级标准是什么?
3. 计算机辅助普通话测试的流程是怎样的?
4. 如何克服临测紧张心理?

参考文献

1. 国家语言文字工作委员会普通话培训测试中心. 普通话水平测试实施纲要[S]. 北京:商务印书馆,2009.
2. 黄伯荣,廖序东. 现代汉语:第4版[M]. 北京:高等教育出版社,2007.
3. 宋新桥. 普通话语音训练教程[M]. 北京:商务印书馆,2005.
4. 袁钟瑞. 话说推普[M]. 北京:语文出版社,2004.
5. 刘照雄. 普通话水平测试大纲[M]. 长春:吉林人民出版社,1994.
6. 李珉. 普通话口语交际:第2版[M]. 北京:高等教育出版社,2003.
7. 吴弘毅. 实用播音教程:普通话语音和播音发声[M]. 北京:中国传媒大学出版社,2002.
8. 盖林海. 普通话强化训练教程[M]. 北京:高等教育出版社,2005.
9. 王晖,唐建雄. 河北省普通话培训测试教程[M]. 石家庄:河北教育出版社,2004.
10. 宋宝兰. 普通话水平训练与测试[M]. 北京:对外经贸大学出版社,2005.
11. 曲明鑫. 新编普通话学习与水平测试教程[M]. 北京:北京交通大学出版社,2012.

图书在版编目(CIP)数据

普通话口语训练教程/李秀然编著.–2版.--北京:中国传媒大学出版社,2017.7(2021.10重印)
(播音主持入门训练丛书)
ISBN 978-7-5657-2056-7

Ⅰ.①普… Ⅱ.①李… Ⅲ.①普通话—口语—教材 Ⅳ.①H193.2

中国版本图书馆CIP数据核字(2017)第136152号

普通话口语训练教程(第2版)
PUTONGHUA KOUYU XUNLIAN JIAOCHENG(DI-ER BAN)

编　　著	李秀然
责任编辑	黄松毅　李唯梁
特约编辑	李克俭　张　静
封面设计	卡古鸟设计
责任印制	李志鹏
出版发行	中国传媒大学出版社
社　　址	北京市朝阳区定福庄东街1号　邮　编　100024
电　　话	010-65450532　65450528　传　真　65779405
网　　址	http://cucp.cuc.edu.cn
经　　销	全国新华书店
印　　刷	艺堂印刷(天津)有限公司
开　　本	787mm×1092mm　1/16
印　　张	16.5
字　　数	391千字
版　　次	2017年8月第2版
印　　次	2021年10月第4次印刷
书　　号	ISBN 978-7-5657-2056-7/H·2056　定　价　48.00元

版权所有　　翻印必究　　印装错误　　负责调换